WEI GONGHEGUO
ZHUZAO
GANGTIE JILIANG

赵智奎　毛立言/主编

为共和国铸造
钢铁脊梁

莱 钢 道 路 与 莱 钢 经 验 研 究

社会科学文献出版社
SOCIAL SCIENCES ACADEMIC PRESS (CHINA)

CONTENTS 目录

引　言

20 世纪 70 年代末，中国开始了历史性的经济体制改革与新一轮赶超型发展。从此，这个具有五千年文明史的东方大国，其艰难曲折的现代化进程开始了高歌猛进。这场新型现代化的全面推进，从世界现代化进程来看，虽然是后发的，却有其新的历史内涵，它肩负着新的历史使命。这个巨型发展中国家在近代落伍之后的历史性伟大复兴，无论对中国还是对全世界，都有着极其深远的影响。

工业化与现代化的快速推进，计划经济向市场经济的深刻转变，意味着中国要进入“企业和企业家”时代。从世界历史看，一批又一批大型企业如波浪般接续崛起，发挥了舰船发动机和舰队主力舰的巨大作用，推动了西方工业化和现代化狂飙突起，对西方经济社会的发展和文明的提升发挥了举足轻重的作用。

而中国正在发展的现代化，与西方的现代化既有相同的内涵又有不同的性质与特征。它是社会主义的现代化，是社会主义与工业化、与商品经济、与现代化的历史性契合。中国国有企业与西方大型企业相比，呈现出了演进路径的不同：西方发达市场经济国家的企业是随着商品经济的发展自然演进的；而中国的国有企业则是从计划经济条件下“企业”缺失的状态，通过改革自觉地构建为适应市场经济的真正“企业”，即创建社会主义市场经济条件下的新型企业。这种新型国有企业在性质和功能上与西方现代企业有相同的一面，它肩负着推动工业化和生产力大幅提升、带动国家实现赶超型发展这样的历史重任，呈现出生产力层面的相同功能；不同之处则是它自身内含的生产关系及其作用，肩负着奠定社会主义经济制度基础、推动中国特色社会主义不断巩固和发展的新的伟大使命。

国有企业体制改革是整个经济体制改革的核心和难点。制度体制变革是这场历史性变革的核心部分。作为微观层次的企业制度变革，是整个制度变革中的基础性部分。而国有企业的体制和制度变革，是在整个制度变革中位居前沿的最有难度的部分。改革国有企业的基本制度及其体制机制，不仅决定着企业的性质和发展目的，决定着企业发展动力的强弱，而且决定着现代化的性质和动力源泉，关乎中国社会的性质和发展方向。因此，国有企业体制改革是决定社会主义市场经济能否建立、中国特色社会主义能否成功的关键。

国有企业虽然是社会的微观主体，却包含着社会的全部要素。作为一个多系统的构成，改革的任务是全方位的。除了体制制度这个重要方面外，还有多个领域的内容和任务，总括起来有这样一些需要破解的问题：能否科学地体现党的领导在国有企业改革与发展过程中的作用；能否在这个新时代实现新的“经理革命”，造就一大批社会主义企业家；能否构建中国特色的市场型公有制企业；能否构造出新型现代企业制度及其治理结构；能否尽快提高管理水平，创建既现代高效又具有中国特色的经营管理体系；能否快速实现技术进步，尽快达到世界前沿水平并进一步推进自主创新、推动生产力的快速发展；能否走上科学发展的轨道，实现循环经济的发展和生态企业的创建；能否创建中国特色的先进企业文化，培育和塑造出既有传统根基又具时代气息的企业精神价值系统；能否自觉履行社会责任、带动区域经济快速发展；能否在促进生产力快速发展的同时实现全体人民共享改革与发展的成果，实现效率与公平的历史性统一。

国有企业在改革中，面临着上述一系列问题和任务。这些问题在改革中能否解决，对于中国的社会主义现代化事业、对于中国的经济起飞具有决定性的意义。

从现实来看，国有企业曾长期被人诟病与责问，有人对国有企业能否搞好存有疑虑，有人贬低国有企业的成就，否定国有企业的地位和作用。令人可喜和振奋的是，经过 30 多年的改革开放，中国国有企业改革取得了重大进展。中国实行改革开放后 30 多年的高速增长与发展，成为令世界瞩目和震惊的“中国奇迹”。改革开放后国有企业的发展就是这一奇迹的重要支撑力量。典型的案例是，地处中国鲁中山区的省属钢铁企业——莱芜钢铁集团有限公司，以其惊人的快速发展和辉煌的业绩，为中国钢铁产业的发展、为国有企业党的建设、为中国特色现代国有企业的改革与发展，作出了令人赞叹的成就，堪称“中国奇迹”的缩影。

莱钢作为中国国有企业体制改革与发展中的一员，既普通又不平凡。在中国特色社会主义理论体系的指导下，莱钢人以自己的坚定信念和大胆探索精神，努力解答了“国有企业在市场经济条件下能否搞好”这个意义重大的难题；在国有企业体制改革与发展中走出了一条成功的道路；以他们成功的实践成果，为破解这个历史性难题，作出了有价值的探索与贡献。

国有企业是当代中国经济的缩影，国有企业改革与发展中蕴涵着一系列重大的理论与实践问题。解析和总结“莱钢”这个成功典型的价值和意义是不言而喻的。同时，由于这些问题具有前沿性，解析和总结工作的难度也是不言而喻的。然而，作为社会科学工作者，研究国有企业、解析“莱钢”这个典型案例，是我们义不容辞的责任。本书就是中国社会科学院马克思主义研究院课题组经过调研后形成的研究报告。

一　艰苦奋斗的曲折历程与赶超型发展的辉煌成就

——“中国奇迹”的一个缩影

在山东省中部，有一片神奇的土地。这里生活、工作着一群淳朴而伟大的工人，他们倾力铸造着共和国的钢铁脊梁。这里有共和国的骄傲、改革开放的骄傲。这里是“中国奇迹”的一个缩影。

这里就是莱芜，一座因钢铁发展而建立起来的地级城市。

这里就是莱钢，一个全国著名的特大型国有企业集团。

莱钢艰苦奋斗的历程和辉煌业绩，可歌可泣。莱钢道路和莱钢经验，值得深入研究。

历史几经沧桑。当世界的眼光又一次投向东方，中国所取得的巨大成就令世人感到震惊。惊羡中国或者妒忌中国者有之，学习中国或者妖魔化中国者有之。经过改革开放30多年的实践，中国已经成长为世界第二大经济实体，演绎了赶超型发展的“奇迹”。人们不禁要问：中国为什么能发展这样快？“中国奇迹”是怎样发生的？中国的国有企业在“中国奇迹”中发挥了什么作用？“莱钢道路”对“中国道路”的开拓与创立作出了什么贡献？

这些问题的答案，需要从中国无数个个案中来寻找并解读。聚焦莱钢、解剖莱钢，能够找到好的答案。这是因为，莱钢是“中国奇迹”的一个缩影，莱钢是中国钢铁战线上的一面旗帜，莱钢经验彰显着中国工人阶级的智慧和经验。于是，我们站在全国高度审视莱钢，就是要研究莱钢、面对莱钢并反思中国。

通过调查研究，我们认为，莱钢道路和莱钢经验具有重大的理论价值和现实意义。莱钢赶超型发展的辉煌成就，用事实证明和回答了上述问题。

（一）发展的阶段性战略决策与赶超型发展的实现

莱钢从建厂至今，已经走过了43年的历程。如果从20世纪60年代国家筹划建设“三线”算起，已接近半个世纪。43年来，莱钢走过了建设、改革与发展几个阶段，在新的历史时期实现了赶超型跨越式发展；莱钢人艰苦创业，勇于拼搏，谱写了中国工人阶级为共和国铸造钢铁脊梁的英雄篇章。

莱钢是怎样建成的？莱钢发展的阶段性战略决策是怎样作出和实施的？莱钢赶超型跨越式发展是怎样实现的？

1. 历史从这里开始（从1969年11月开始）

（1）谋划和运筹——历史的起点。

①选址建设莱钢的国际和国内背景：中央决定建设“大三线”和“小三线”①。

1964年6月6日，毛泽东在中央工作会议上指出，只要帝国主义存在，就有战争的危险。我们不是帝国主义的参谋长，不晓得它什么时候要打仗。决定战争最后胜利的不是原子弹，而是常规武器。毛泽东提出：“要搞三线工业基地建设，一、二线也要搞点军事工业。各省都要有军事工业，要自己造步枪、冲锋枪、轻重机枪、迫击炮、子弹、炸药。有了这些东西，就放心了。攀枝花钢铁工业基地的建设要快，但不要潦草，攀枝花搞不起来，睡不着觉。”② 讲话的实质是“三线”建设要抓紧。国务院负责这项工作的专案小组向毛泽东和中央提出了《关于国家经济建设如何防备敌人突然袭击的报告》。该报告根据毛泽东提出的“大分散、小集中”和“依山傍水扎大营”的指示，将“分散、靠山、隐蔽”作为“三线”选址原则，“三线”建设的战略决策终于确定并付诸实施。

---

① 所谓“三线”，是地理区域和战略位置划分的。沿海地区称为“一线”，中部地区为“二线”，后方地区为“三线”。“三线”分为两大片，一片是包括云、贵、川三省的全部或大部及湘西、鄂西地区的西南“三线”；另一片是包括陕、甘、宁、青四省区的全部或大部及豫西、晋西地区的西北“三线”。“三线”又有大小之分，西南、西北为“大三线”，中部及沿海地区省区的腹地为“小三线”。莱芜钢铁基地建设属于鲁中腹地“小三线”。

② 参见薄一波《若干重大决策与事件的回顾》（下卷），中共中央党校出版社，1993，第1199～1200页。

1965年3月，中共中央华东局遵照毛主席及中共中央其他领导人关于“小三线”建设的一系列指示，决定在山东建设一个“小三线”特钢厂，为本省“小三线”工厂提供制造步枪、机枪、火箭筒等常规武器需用的钢材；中共山东省委、省人大根据华东局指示于4月成立了山东钢厂筹建处，为保密起见，对内称山东钢厂，对外称新成铁工厂，厂地代号为泰安（甲）四号邮政。

②珍宝岛事件促使“三线”建设加速，准备打大仗。

1969年3月，发生了震惊中外的“珍宝岛事件”。3月15日，苏军先后出动50余辆坦克、装甲车和100多名步兵，运用直升机和纵深炮火掩护，侵入我珍宝岛。中国边防部队同入侵苏军共激战9个多小时，顶住了苏联边防军的6次炮火急袭，击退了苏联边防军的3次进攻，胜利地保卫了珍宝岛。

珍宝岛事件发生之后，战争的危险似乎已日益迫近。而此时，国内“文化大革命”仍在“如火如荼”地进行，没有任何停止的迹象。

正是在此背景下，中国共产党第九次全国代表大会于4月1～24日在北京举行。

8月13日，我外交部照会苏联驻华大使馆，指出该日上午苏军侵入新疆裕民县铁列克提地区制造新的流血事件，中国政府对此向苏联政府提出强烈抗议。

8月28日，《华盛顿明星报》在醒目位置刊登了一则消息，题目是《苏联欲对中国做外科手术式核打击》。文中说：“据可靠消息，苏联欲动用中程弹道导弹，携带几百万吨当量的核弹头，对中国的重要军事基地——酒泉、西昌导弹发射基地、罗布泊核试验基地，以及北京、长春、鞍山等重要工业城市进行外科手术式的核打击。”毛泽东听取了周恩来的汇报后说：“不就是要打核大战嘛！原子弹很厉害，但鄙人不怕。”① 同时果断提出了“深挖洞、广积粮、不称霸”的方针，全国很快进入了“要准备打仗”的临战态势，许多企业转向军工生产，国民经济开始转向临战状态，大批工厂转向交通闭塞的山区、“三线”，实行“山、散、洞”配置，北京等大城市开挖地下工事。

这就是选址建设钢铁厂的国际和国内形势背景。总的来说，就是准备打大仗。

③党中央和国务院在莱芜地区选址建设钢铁厂。

莱芜地处东经117°19′～117°58′、北纬35°59′～36°33′，总面积为2246平方公里，位于泰山东麓，北邻济南市所辖的章丘市，东邻淄博市博山区和沂源县，

---

① 《毛泽东：原子弹很厉害　但鄙人不怕》，星岛环球网，http://www.stnn.cc/culture/reveal/t20060112_118654.html，最后访问日期：2013年8月29日。

南邻泰安市所辖的新泰市，西邻泰安市郊区。

20 世纪 60 年代中后期，党中央、国务院决定在山东莱芜地区选址，建设钢铁厂。几经周折，到了 1969 年下半年，终于将厂址选择在这片荒山区中。

莱钢厂区布局分散，大体上分为 5 个自然区域。冶金厂区是总厂所在地，“位于莱芜市南缘地带，莱钢厂部位于东经 117°48′、北纬 36°04′；厂区东南与沂源县接壤，西南与新泰市毗邻，西自徐家庄，东至朱家庄，东西长 7 公里，南北宽 3 公里。铁矿区地处莱芜城西北郊，与冶金厂区相距 30 公里。石灰石矿区位于冶金厂区与莱芜城之间的港里村附近，距冶金厂区 13 公里。特钢厂区建在冶金厂区北侧 2 公里处的赵家峪村周围的山谷之中，与冶金厂区一山之隔。有色冶炼厂区坐落在冶金厂区西南 20 公里的新泰市城郊”①。

为什么会选择在莱芜地区建厂，原因有三个方面。

第一，这里是鲁中腹地，地形地势符合“三线”建设的要求。

莱芜地区是呈北陡南缓、向北突出的半圆形盆地。北、东、南三面环山，北部为泰山余脉，南部为徂徕山余脉，走向与北部泰山余脉大体平行。中部为低缓起伏的平原，西部开阔。整个地势由东向西倾斜，北、东、南三面又向盆地中部倾斜，大汶河由东向西横贯盆地中部。海拔最高为 994 米，最低为 148. 13 米。山地有 12. 67 万公顷，占 60%，丘陵约有 4 万公顷，超过 20%，其余为平原。具体分为低山岭坡、岭坡梯田、近山阶地、山前倾斜盆地、河谷平原、水库、坑塘 7 个微地貌类型。

境内河流有汶河和淄河两大水系，汶河水系主要干流是牟汶河，最大支流是嬴汶河（亦称汇河）；和庄河属淄河水系。此外，尚有近 400 条支流。南部支流河短，多为源短流急的季节性河。北部支流河长，多为常年河。

上述莱芜的地形地势，完全符合党中央关于“三线”建设“分散、靠山、隐蔽”的要求，符合毛泽东提出的“依山傍水扎大营”的战略思想。

第二，这里有丰富的自然资源特别是矿藏资源。

莱芜资源丰富，境内现已探明的金属和非金属矿有 50 余种，主要矿种有铁、煤、铜、金、石灰石、花岗石、大理石、石英石、白云岩等。铁矿石储量达 4. 8 亿吨，占山东总储量的 33%；其中莱钢厂区的铁矿石储量达 1. 7 亿吨。“主要集中在莱芜铁矿。莱芜铁矿共有 11 个矿床，其中除铁铜沟、温石埠 2 个矿床外，

① 《莱钢志》第 1 卷，第 1 页。

均分布在矿山岩体周围，集中在莱芜市西北一带。”① 莱芜地区的煤炭储量很丰富，储量为4亿吨，是全国地方煤矿重点产煤县市区之一。莱钢附近“有石灰石矿，地质总储量为7000万吨”②。

第三，这里有3000多年的冶炼史。

莱芜市情网介绍道：“根据史料记载和实物佐证，冶铜肇始于殷商，成熟于两周，发展于秦汉，延续于魏晋，兴盛于唐宋，元明以后逐渐衰退。冶铁历史肇始于战国，成熟于秦汉，延续于魏晋，发展于隋唐，鼎盛于宋元，衰败于明末，清和民国跌入低谷，新中国成立后逐渐恢复、发展、壮大，再现辉煌。”

早在1956~1957年，地质部勘探局4个队与北京地质学校、山东省冶金地质勘探公司物探队、第二勘探队对莱芜矿区进行磁法普查与详查。1958年3月，莱芜铁矿筹备处成立，1963年投产。同年，莱芜被列为济南市和山东省钢铁生产基地，中共莱芜县委、莱芜县人民委员会从鞍钢、包钢等大型钢铁企业聘请技术人员协助建厂。不久，山东省沂蒙生建钢铁厂成立。同年，十里铺铁厂成立，1959年4月投产。1962年6月，山东省营沂蒙生建钢铁厂“下马”停产。1964年，山东新成铁工厂（山东钢厂）破土动工。1968年，沂蒙生建钢铁厂1号、2号100立方米高炉投产。

（2）党中央、国务院的部署和关怀。

①国务院业务组成员余秋里提出具体要求。

按照“备战备荒”的最高指示，山东被划为独立作战区。党中央要求，独立作战区要有自己的钢铁基地，以适应现代化战争的需要。“1969年10月，国务院业务小组成员余秋里向山东省革命委员会生产指挥部负责人传达了中共中央的指示：山东必须做好坚持独立作战的准备，要有枪钢、炮钢、弹钢；必须集中力量加速莱芜地区钢铁工业建设。11月，中共山东省革命委员会核心领导小组决定成立山东省重点基建工程会战指挥部及其所属的莱芜钢铁工程指挥部，把莱芜钢铁基地作为全省重点基建项目突击建设。同年，泰安地区在莱芜筹建地区钢铁厂，厂址选在矿山南侧、大曹村以北，下设钢铁厂、焦化厂、铁矿，主要冶炼铸造生铁和炼钢生铁。”③

---

① 《莱钢志》第3卷，第4页。

② 《莱钢志》第2卷，第3页。

③ 参见《山东钢铁生产和深加工基地》，莱芜市情网，http：//www.lwsqw.cn/display.asp？id=520，最后访问日期：2013年7月20日。

1969年10月，冶金部向马鞍山钢铁设计院下达了莱芜钢铁基地工程设计任务。冶金部副部长叶志强会同山东省负责人一起带领技术人员进行了实地考察，认为到1972年前，莱芜地区有条件建成年采矿能力150万吨、年产铁80万吨、钢55万吨、材38万吨的钢铁联合企业，并于“四五”末期形成一个100万吨钢的生产基地。12月上旬，冶金部根据山东省向国务院报告的请求，派出以冶金部基建局副局长陈星为首的工作组到达莱芜，陈星被任命为莱钢工程指挥部副指挥，参与了工程建设领导工作。

②济南军区司令员杨得志进行了实地考察。

济南是独立作战区。1966年2月26日，中共中央军委副主席叶剑英在济南听取杨得志和中共山东省委书记、济南军区政治委员谭启龙的汇报后说：“对济南战区初次接触有了个印象。经营了多年开始形成了能够独立作战的地区。有饭吃，有武器，这样一个几千万人的地区，这样好的地势，有独立作战的条件，要准备长期作战，独立坚持。你们这几年的做法，是与你们的地位相符的，你们是独立作战的，你们要大力经营胶东、沂蒙山区，两个山区建设好了，整个战区就巩固了。”① 同年8月，在党的八届十一中全会上，杨得志被补选为中共中央委员。

1968年2月26日至3月5日，济南军区召开作战和生产会议。杨得志在会上分析了国际形势，谈了搞好战备工作的具体意见，并对认真贯彻毛泽东的“五七”指示，搞好军队生产工作提出了要求。

1969年4月28日，中国共产党第九届中央政治局第一次会议通过中共中央军委成员名单，杨得志任中共中央军委委员。党的九大闭幕后，中央决定由杨得志负责山东省的工作。

杨得志组织中共山东省委一班人，着手恢复和发展濒临瘫痪的山东工农业生产。他亲自担任山东省重点工程建设总指挥，抓了齐鲁石化总公司、山东拖拉机厂、山东莱芜钢铁厂、兖州煤矿、济南钢铁厂、淄博化纤厂等重点项目的生产和建设，使山东的工业生产有了很大发展。农业生产也获得了大丰收，过去靠从外省调粮吃，当年不仅不用外进，还有余粮。

1969年11月，杨得志带领有关方面负责人到莱芜地区为建设钢铁基地选厂

---

① 《叶剑英副主席、杨成武代总长在济南南郊宾馆接见杨得志、谭启龙时的谈话记录》，1966年2月26日，解放军档案馆。

址，进行现场实地考察。当时对冶金厂区的厂址提过三个方案：一是位于莱芜城东郊至莱芜火车站一带，二是在莱芜城南25公里的徐家庄火车站附近，三是由徐家庄火车站向东延伸到铁铜沟一带，沿着沂蒙生建钢铁厂所建的两侧分散布置。最后选择了第三个方案。

1970年1月，中共山东省委决定将新成铁工厂、莱芜铁矿、沂蒙生建钢铁厂、新泰冶炼厂和即将建设的谷家台铁矿划归莱芜钢铁工程指挥部，对外开始使用“山东省701指挥部”代号名称。

从此，莱钢诞生了。

(3) 莱钢：国有企业的历史使命。

莱钢的诞生，是党中央、国务院在纷繁复杂的国内外形势下筹划的结果，是按照建设“三线”准备打仗的方针设计的。因此，莱钢的诞生，在当时的形势下，具有“军工”企业的特征，是国防建设的产物。

①国家准备打仗，亟须发展钢铁，企业应运而生。

莱钢是名副其实的国有企业。作为国有企业的莱钢，从诞生那一天起，就肩负着神圣的职责：为国防建设作贡献。国有企业的主要职责，就是为国家积累物质财富，满足国民经济建设和发展的需要。国有企业的生产资料为全民所有，所有制为全民所有制。作为国有企业，比之其他所有制企业承担着更为繁重而光荣的使命。国有企业不仅要按照国家计划生产出急需的合格产品，还要负担诸多社会责任，除了缴纳税金，还要负责就业、教育、医疗等大量的社会工作。莱钢的诞生，正可谓应国防建设需要而生；国家对莱钢充满了期望，人民对莱钢充满了期望。

②推进工业化、现代化。

在社会主义建设的伟大实践中，推进工业化进程，向现代化强国的目标前进，一直是中国共产党的追求。20世纪60年代，在中苏关系交恶以后，随着苏联专家中途撤走，中国又遭遇三年自然灾害，中国工业的发展举步维艰。尽管我国在核工业方面取得了巨大的成就，例如原子弹、氢弹爆破试验成功，但从总体上看，工业发展特别是重工业发展还不能适应形势发展的需要。莱钢的诞生，虽然直接原因是为了备战，但也顺应了我国工业化发展的趋势，为共和国工业发展增添了实力；莱钢跻身于钢铁行业，对于推进国家工业化和现代化具有重要的现实意义。

③为共和国铸造钢铁脊梁。

莱钢在为共和国铸造钢铁脊梁。其中，伟大的生力军、生产建设者，就是莱钢人。正是他们，在为共和国铸造钢铁脊梁的伟大实践中，奉献了热血和一生，导演了波澜壮阔的、活生生的、可歌可泣的历史活剧。钢铁行业在一个国家的经济发展中占有极为重要的地位。世界上所有发达强国，其钢产量都占有相当大的比重。把钢比喻为一个国家的脊梁，以此来说明其强弱，是符合常理的。换言之，钢铁就是国家的脊梁。莱钢的诞生，初衷虽然是国防建设的需要，生产枪钢、炮钢，但从总体上看，不仅增强了国防的实力，也不断增加了国家钢生产的总量，增强了国家的整体实力。

这就是莱钢的历史起点。莱钢诞生后，正如一个呱呱坠地的婴儿一样，在未来的岁月里，将经风雨见世面，茁壮成长；当然，也要历经坎坷，经受各种磨难和考验。

2. 艰苦创业筑钢铁长城（1970 年 1 月至 1982 年 12 月）

莱钢的创业史是中国共产党领导亿万人民创造历史、建设新世界的生动展现与缩影。莱钢的诞生，是国防建设的产物。“备战、备荒、为人民”，国家急需钢材。其背后更深刻的动因，是我国工业化与现代化这一基本历史进程的要求。

众所周知，旧中国的钢铁工业非常落后，产量很低，从 1890 年建设汉阳钢铁厂至 1948 年的半个世纪中，钢产量累计仅 760 万吨，到了 1949 年，年产量也只有 15.8 万吨。

新中国成立以后，在毛泽东和党中央的领导下，针对钢铁工业在国民经济发展中的重要作用，国家制定了“以钢为纲”的工业发展指导方向。鞍钢的扩建，包钢、武钢的建设标志着新中国钢铁产业开启了新纪元。在“一五”初期，几大钢铁企业逐步由恢复开始发展起来。苏联 156 个援建项目中有 8 个是钢铁项目。

1956 年 4 月毛泽东发表《论十大关系》之后，中国钢铁工业的发展在认真总结苏联经验和教训基础上，转变到从中国国情实际出发，充分发挥中央和地方两个积极性，走大、中、小相结合之路。确立了除鞍钢、武钢、包钢外，还要在山西太原、四川重庆、湖南湘潭、安徽马鞍山、北京石景山创办中型钢铁企业；在河北邯郸、河南安阳、山东济南、江苏南京、新疆乌鲁木齐、贵州贵阳、安徽合肥等 18 个省市创办小型钢铁企业的产业布局。钢铁产业逐步建设发展形成了

“三大”“五中”“十八小”的格局①。

1958年9月13日，毛泽东亲临武钢1号高炉观看出铁。这一刻标志着武钢建成投产，也标志着新中国兴建的第一个“钢都”诞生。经过全国上下的一致努力，我国仅用了10年时间，钢产量就从1949年的15.8万吨，增长到1959年的800多万吨。“一五”计划规定1957年钢铁工业产值为33.1亿元，实际达到46.5亿元，平均每年增长29.8%。钢铁产量1957年为生铁594万吨、钢535万吨、钢材436万吨，平均增长率分别达到25.2%、31.7%和31%。钢材品种1952年全国能冶炼的钢种有170个左右，到1957年增加到352个，1952年可生产的钢材品种有300多个，到1957年增加到4000多个。

20世纪60年代中期，动荡的国际环境和国内经济建设的曲折发展，使我国钢铁工业发展举步维艰。更加严重的是，我国生产板材的设备远远落后于发达国家，家电、轮船、汽车等工业所需要的板材几乎全部依赖进口。

按照中共中央和国务院确定的“三五”计划（1966~1970年），1970年要达到1600万吨钢。“三五”计划实质上是一个以国防建设为中心的计划，要从准备应付帝国主义早打仗、打大仗出发，把国防建设放在第一位，抢时间把“三线”建设成具有一定规模的战略大后方。在国防工业方面，首先把常规武器中最基本的东西搞起来，同时保证最尖端方面一些最急需和周期长的工程项目的建设。“到1970年，主要装备的生产能力，除造船外，三线地区占一半左右。经过5年或稍多一些时间的建设，三线地区将成为一个门类比较齐全的新的工业基地。”②

1970年，当莱钢建设起步时，中国的钢产量如何？资料显示，1968年为904万吨；1969年为1333万吨，1970年为1779万吨。而此时的美国为11931万吨，苏联为11589万吨，日本为9332万吨，西德为4504万吨，英国为2831万吨，法国为2377万吨。1970年，美国国内生产总值为10383亿美元，德国为2089亿美元（含东德），日本为2030亿美元，法国为1470亿美元，英国为1241亿美元，中国仅为919亿美元。这一年，美国经济总量首次突破1万亿美元，日本虽然仍居资本主义世界第二位，但德国的总量则以微弱的优势超过日

---

① 所谓“三大”是继续进行鞍钢、武钢、包钢三个大型钢铁基地建设；“五中”是扩建、新建五个中型钢铁企业，即扩建太钢、重钢、马钢、石景山钢铁厂，新建湘钢；“十八小”是新建18个小型钢厂，即邯钢、济钢、临钢、新余、南钢、柳钢、广钢、三明、合钢、长特、新疆八一、杭钢、鄂钢、涟钢、安钢、兰钢、贵钢、通钢。

② 薄一波：《若干重大决策与事件的回顾》（下卷），中共中央党校出版社，1993，第1208页。

本，法国开始扩大对英国的领先优势。

我国急需钢材是形势发展的迫切需要，是国防建设的迫切需要，是国家工业化的迫切需要。钢产量在国民经济中占有极为重要的地位。石油是国家发展的血液，钢铁是国家发展的骨架和脊梁。一个国家钢铁业不发达、不强大，国家的骨架和脊梁就不强健，就无法昂首挺胸站立于世界。纵观第一次、第二次世界大战以来的历史，无不如此。在传统战争中，战争的对峙，从某种意义上讲就是钢铁的对峙，有钢铁作为坚强的后盾，战争的胜算已占50%，因此各主要军事国都将钢铁作为重要的战略物资。此外，战争爆发时，需要钢材；战争结束时，重建家园也需要钢材。因此，对钢材的需求，始终是刚性需求。

从国防建设建立“三线”的意义上说，莱钢的选址和初建，无疑是为国家安危作准备的重要举措。从全局看，中国不仅需要军队这个长城，还需要“钢铁长城”。莱钢已成为“钢铁长城”的一员，在未来的发展中，将成为“钢铁长城”的中坚。

（1）起步和创业。

①白手起家，从零开始。

莱钢的创业史，基本上是白手起家、从零开始。尽管当时已将新成铁工厂、莱芜铁矿、沂蒙生建钢铁厂、新泰冶炼厂和即将建设的谷家台铁矿划归莱芜钢铁工程指挥部，但是在“文化大革命”期间，这些企业几乎都处于“半生不死”的状态，有的“下马”后才恢复不久。更主要的是，这时的莱钢，一吨钢也没有，没有条件炼钢。

②“701”钢铁大会战。

1970年2月，莱芜钢铁工程指挥部由济南迁至工程现场办公，对外使用“山东省701指挥部”代号名称。4月，按照边勘探、边设计、边施工的建设方针，工程会战全面展开。

“701”大会战得到了全国各地的支持。有资料记载，全国冶金战线上的大批专家和技术骨干，“文化大革命”中山东省委、省政府机关已被解放的大批干部，从解放军这所大学校招来的5000多名复员军人，纷纷从全国各地云集莱钢。同时，在莱芜及周边县区，一场支援“701”建设的群众运动也掀起了热潮。按照军队建制组建的民工团从四面八方浩浩荡荡地开进了“701”工地，群山沸腾，炮声隆隆，仿佛打响了第二次莱芜战役①。“会战时期，全省参加莱钢工程会战

① 参见柳尧杰《鲁中腹地挺起钢铁脊梁》，《莱芜日报》2009年9月15日。

的设计、勘测、施工、运输等队伍有59个单位、20000多人，参加设备制造会战的生产厂矿共有356家。莱芜、新泰、沂源、沂水等市县，选派了15000多名民工，支援了莱钢建设，担负着土石方开挖和运输任务。”①

在大会战中，有一支重要的技术队伍。

据资料记载，冶金部从鞍钢、马钢等众多钢铁企业抽调技术骨干力量充实到莱钢工程建设之中，山东省动员了全省的物资力量和技术力量，全力支持“701”工程会战。全省有360多家企业承担了莱钢设备制造任务。一时间，建设莱芜钢铁基地成为山东省和济南军区的一件大事，“到三线去，那里是毛主席最放心的地方”，成为许多技术人员、知识分子的梦想。在会战中，技术队伍发挥了重要作用。

在大会战的队伍中，有一支重要力量是民兵团。

据材料记载，民兵团共分3种类型。第一类是国营专业施工单位，共11个，如冶金部第十七冶金建设公司等，他们主要承担建筑安装工程的施工任务；第二类是地方集体建筑队，如颜庄建筑队、黄庄建筑队等，他们主要承担平房、沟堑、护坡、挡土墙等建筑工程的施工任务；第三类是由莱芜等地的农民组成的4个民兵团，他们主要承担土石方工程施工任务，这一部分人员最多，劳动强度最大，也是参加莱钢建设会战的主体队伍。这3类民兵团分工协作，在莱芜大地上展开了具有划时代意义的大会战②。

在大会战的队伍中，还有一支重要力量就是能顶半边天的妇女。

在参加会战的人中，莱芜的劳动妇女也积极参加了进来。妇女在会战中也干着和男劳力一样的活。她们推独轮车，抡大锤，与男劳力一样挥汗如雨，不停歇地奔波在工地上。在空闲时，她们拿起针线给男劳力们缝补。黄宪翠和徐敏花就是当时参加会战的女民兵，她俩在工地上抬着大筐与男民兵比赛，肩压肿了，腰累酸了，但从不叫苦叫累。在15000多名民工大军中，她们只是其中的两名。

在大会战中，莱芜人民为莱钢作出了巨大贡献。

为了保证莱钢的顺利建设，莱芜人民在艰苦的条件下为整个大会战作出了巨大的贡献。担负嘶马河改道工程的，便是来自寨里、方下两个公社的民工。建厂

---

① 参见《莱钢志》第1卷，第6页。

② 参见《大钢崛起立华夏——莱芜人民全力支持莱钢建设纪实》，新浪博客，http://blog.sina.com.cn/s/blog_4433f70e01011rt9.html，最后访问日期：2013年7月20日。

要占用耕地，在那个完全靠种地维持生存的年代里，莱芜人民毫不犹豫地放弃了祖辈们开垦耕种的田地。开山需要炸药，莱芜县政府全力提供保障，不给莱钢建设增加一点负担。钢材运输铁路线要穿过村子，安家岭全村搬迁让路。各地民工需要有地方住宿，周边村子的居民热情腾出房子安排民工。从天明干到天黑，从酷夏干到严冬，莱芜人民不计报酬不求回报，用无私的奉献谱写了莱钢建设的感人篇章。在大会战中，莱芜县地方政府大力支持，鼎力相助。为了保障莱钢建设和生产的秩序，保护国有资产，莱芜县人民政府采用特事特办的方式，为大会战保驾护航。

大会战取得了阶段性成果。

据 1972 年 1 月 19 日山东省革命委员会生产指挥部《关于报请审批莱芜钢铁基地设计任务书的报告》称，根据中央指示，该工程于 1970 年开始组织全省大会战，两年来，在中央和省委的领导下，全省军民努力会战，工程进展较快，已完成工程量 1. 3 亿元，铁矿已部分投产，1971 年完成铁矿石 38 万吨；4 座 100 立方米高炉已投产，1971 年完成生铁 8 万吨；特钢正在配套，1971 年完成钢 2. 5 万吨。即将建成的项目有 50 平方米烧结机 2 座，620 立方米高炉 1 座，42 孔焦炉 1 座和 2500 吨水压机 1 台①。

大会战历时 3 年，直至 1972 年底结束。“这一阶段全厂集中力量进行基本建设，劈山开岭，修路建厂房，形成声势浩大的工程会战局面，史称‘三年会战’时期。”②

（2）艰苦奋斗，百折不挠。

莱钢人的创业景象，可歌可泣，催人泪下、令人感奋的历史画面将永远镌刻在历史篇章中。

①生活条件。提起生活条件，一位叫“天涯”的网友为了纪念父辈所经历的艰难岁月，写了一首歌词《莱钢 40 年》，颇能说明当时的情形：

1969 年，热血男儿汉；泪别亲人脸，涌入山沟间。寒冬腊月天，开拓着石岩；三砖一个碗，燃烧着心愿。炼钢男儿汉，不分昼夜天；参天的熊焰，成就着梦圆；曾经的云烟，为之赞叹；今日的火焰，耸入云天。中国 60 年，辉煌烟花燃；莱钢 40 年，步步紧相连。岁月轮回转，多难勤为先；汗洒悬崖间，山川变

① 参见《莱钢志》第 1 卷，第 403 页。

② 参见《莱钢志》第 3 卷，第 9 页。

画卷。炼钢男儿汉，不分昼夜天；参天的熊焰，成就着梦圆。曾经的云烟，为之赞叹；今日的火焰，耸入云天①。

我们认为，这个叫“天涯”的朋友写得很生动、很感人，写出了第一代莱钢人创业的艰辛，表达了后辈人对他们的敬爱。对此，我们课题组也有同感。故将原文抄录如上。

②工作条件。43 年前，大会战使用的工具非常简陋。但是，莱钢人克服了种种困难，搞基本建设，硬是完成了就连今天也不可想象的艰巨任务。例如青石山，即便用现在的施工机械也很难在短期内顺利开平，但在那时的施工现场，民兵团却用最原始的劳动工具完成了最艰巨的施工任务。

一份材料描写了当时的工作条件：

安家岭的整平，炮锤、铁钎，是最有战斗力的工具。……碎石块和泥土的转运也完全靠人工。独轮木车，便是当时民工们最先进的运输工具。会战的劳动强度大，劳动条件差，伙食虽然能及时供应，但在定量供给的制度下，很多人都不能吃饱。更多的民工需要从家里自己带饭，那时候的主食便是莱芜煎饼，菜就是自家腌制的咸菜疙瘩。由于工期紧任务重，所以不管刮风下雨劳动都不能停下来。防雨工具是斗笠、蓑衣和塑料布，很多民工在雨中根本不用雨具，冒雨干活，顶风下力，光着脚在工地上的泥泞中继续会战。

就是在这种艰苦的条件下，1970 ~ 1975 年，莱钢从艰难中起步、成长起来。当时的目标是：1972 年 1 月，确定为铁矿石 200 万吨、生铁 80 万吨、钢 55 万吨（包括电炉钢 5 万吨）、钢材 50 万吨的设计规模。9 月改称莱芜钢铁厂，为省属地区级企业。1973 年起，转入边搞基建边生产阶段。1975 年 5 月第二铁厂 620 立方米高炉投产后，转为以生产为主。

---

① 作品简介：网友“天涯”于 2008 年底在莱钢医院儿童病房陪儿子打针时，认识了一位莱钢的退休老人，听他老人家述说着莱钢 1969 年刚建厂时是多么的艰难，整荒燃草，开山辟岭，寒冬腊月天，三个石头垒成一个锅，北风呼呼地刮着，他们相拥着围成一个圆，挡着寒风，锅里煮着野菜，没有一点油。“天涯”深深感怀：感怀莱钢老前辈——夏天天作被，冬天草挡寒。春秋两季不得闲，每月给远在千里的亲人寄钱（一个月 20 元人民币）。他深情写下了《莱钢 40 年》。

（3）生死边缘，困难重重。

初步建设起来的莱钢，步履维艰。

①转炉钢系统有铁无钢，几近解散下马；亏损、亏损、再亏损。尽管620立方米高炉投产，但是也只是能够炼铁而已。当时，炼成的铁还要运到青岛钢铁厂去，在那里炼成钢。莱钢620立方米高炉，由于受“文化大革命”及矿山配套工程等影响，推迟到1975年5月20日投产，当年生产生铁12.87万吨，1976年达到20万吨，1980年增加到22.89万吨。1982年高炉大修时，炉缸、炉底采用自焙炭砖砌筑，上料系统增加了槽下筛分设施。据《莱钢志》第1卷称，1976年度全厂亏损3905万元，超过建厂以来任何一年①。《莱钢志》第3卷则称：“1975年5月，莱钢工程会战主体工程620立方米高炉的建成投产，标志着莱钢转入以生产为主的历史阶段。但由于工艺不配套，装备水平不高，基础管理工作落后，在相当一段时间内全厂的生产情况不正常，企业亏损严重。”②

②痛苦的徘徊。据1979年国家基本建设调试简报第1期《清理在建项目是一项艰巨复杂的任务——山东莱钢厂骑虎难下》一文称，莱钢处于濒临下马的境地。一篇文章记录了莱钢亏损的情况：“由于10年动乱和国家调整压缩基建规模的影响，莱钢部分主体工程停建缓建，致使工艺不完善，生产不配套，电炉炼钢系统年产钢只有6万吨，转炉钢系统‘有铁不炼钢、开坯不成材’，那时的莱钢，名为钢铁联合企业，实为生铁输出基地。以至于在改革开放之初的1979年，莱钢全年仅完成工业总产值13164.5万元，产钢5.46万吨、铁36.06万吨、钢材3.65万吨。至1982年，莱钢已连续亏损13年，累计净亏损达22895万元，相当于总投资的近1/2。”③“‘六五’末期莱钢生产的最大特点，一是现有的设备潜力没有充分发挥出来，生产水平较低；二是普碳钢系统没有形成综合生产能力，铁多钢少、开坯不成材、工序不配套、能力不平衡。”④

（4）磨炼坚忍不拔的意志和培育莱钢精神。

坚定的信念和坚忍不拔的意志，是莱钢人取得大会战胜利的思想保证。在莱

---

① 参见《莱钢志》第1卷，第357页。

② 参见《莱钢志》第3卷，第8页。

③ 《沂蒙西麓，走出一支钢铁劲旅——莱钢三十年发展纪实（上）》，《中国冶金报》2008年12月23日。

④ 《莱钢志》第2卷，第67页。

钢工人和干部心目中，一心想的是社会主义建设事业，一心想的是把“三线”建设好，争取早日把厂房建成，多建高炉，早日出钢，多出钢。

①奉献青春和热血。在“701”大会战中，在莱钢建设的初期，莱钢的工人和干部经受了考验和洗礼。他们以无与伦比的冲天干劲，投入建设之中。他们奉献的是青春和热血，奉献的是自己的聪明和智慧。莱钢厂区的每一块土地，都曾洒过工人、干部的汗水甚至鲜血；每一棵绿树，都有他们辛勤汗水的浇灌；每一座厂房和车间，都是他们亲手建造的。莱钢有一句话颇为感人：“为了莱钢，奉献青春、奉献一生、奉献子孙。”

②莱钢精神的培育。在艰苦的环境中，莱钢精神在酝酿，莱钢精神在培育，莱钢精神在形成，莱钢精神在成长。“20 世纪 70 年代初，数万名建设者抱着‘建设三线’、‘备战、备荒、为人民’的崇高愿望，从全国各地来到了远离城市的泰沂山区腹地，在荒山窝里扎了根。建设者们住草棚，睡地铺，三块石头架口锅，吃的是高粱面窝窝，风餐露宿，生活异常艰苦。面对如此恶劣的条件，建设者们没有被吓倒，他们以苦为荣，以苦为乐，斗志昂扬，日夜奋战，用汗水甚至鲜血移走了一个个山包，填平了一道道沟壑，建起了一座座厂房，开出了一条条铁路，在群山之中建起了初具规模的十里钢城，并使之成为山东省钢铁生产的重要支柱企业，靠的是团结奋斗、艰苦创业的精神。”①

“团结奋斗、艰苦创业”的莱钢精神形成于20 世纪 70 年代至 80 年代初。这是一种得天独厚的精神，是一种忘我奋斗的精神，是一种能吃苦耐劳，敢于拼搏、奋发向上的精神。要问莱钢人为什么能有这样的精神？因为莱钢人心系国家，心系国防建设。他们舍小家，不怕牺牲、乐于奉献，在穷山沟里战天斗地，贡献自己的青春。莱钢精神体现了伟大的工人阶级对国家的忠诚，对党的事业的忠诚，对社会主义建设事业的忠诚。

共和国不会忘记，人民不会忘记那些曾经奋战在“701”工程大会战中的所有建设者，永远铭记那些创业者的历史功勋，永远铭记他们的光辉业绩。

“在加强三线建设的过程中，集中了我们国家一大批优秀干部、优秀科技人才和其他优秀知识分子。他们克服了种种困难，数十年如一日地在三线企业中默默无闻地工作着、生活着，为了祖国的国防建设、工业建设贡献了自己的宝贵的青春和聪明才智。他们在我国的社会主义建设史上是功不可没的。这一大批成绩卓著、经

① 《莱钢志》第 2 卷，第 402 页。

验丰富的科技专业人才，今天仍然是我们国家现代化建设中的宝贵财富。”① 这是薄一波对“三线”建设的部分总结和思考。正是这些干部和科技人员及知识分子，与广大工人群众合力，共同创造了英雄的莱钢。

莱钢精神陶冶和熏陶了莱钢人，成就了莱钢人。什么是莱钢人？莱钢人的内涵是什么？我们认为，莱钢人的内涵是：热爱莱钢、奉献莱钢，具有艰苦奋斗的优良品格和坚忍不拔的思想意志的这些人。他们来自五湖四海，凝聚了一种气壮山河的团队精神。这是一个大家庭，他们以钢铁事业为己任，是在莱芜山区生生不息、默默奉献的这些人。改革开放以后，他们又是解放思想、勇于创新，走在时代前列的这些人。

如上所述，可以看出，建厂初期（大会战）至“六五”前期，孕育并初步形成的“莱钢精神”在莱钢发展史上具有决定性的意义。从战略发展阶段的视角看，更具有统摄全局的意义。诚然，“团结奋斗、艰苦创业”的莱钢精神还只是雏形，但已深深地在莱钢人身上扎下了根。此后，这一精神不断丰富和发扬光大，成为莱钢人不断取得胜利的法宝。无论在任何困难面前，无论在何时何地，莱钢精神始终激励着莱钢人披荆斩棘，奋勇向前。

1970～1982 年这个历史阶段，是莱钢艰辛创业的阶段。万事开头难。这个阶段在莱钢发展史上，具有奠基式的历史地位，为未来奠定了物质基础，特别是播下了莱钢精神的种子。烈火炼真金，磨难成大材，这预示着莱钢在未来的发展中将成大气候。

3. 抓机遇成功实现转型（1983～1999 年）

对历史和对莱钢人而言，无论怎样说，1983 年都是不平凡的一年。因为这一年是莱钢的转折年。1983 年以前的艰苦岁月，无论怎样困难都能克服，但是不堪回首的是连年亏损。以莱钢人的性情来看，怎么能够忍受习惯于戴亏损帽子？莱钢人憋足了气，要摘掉亏损帽子。莱钢人在等待，在寻找机遇。

机遇和契机从来都青睐于有准备的人们，眷顾历经沧桑和磨难的人们。莱钢人终于在寻找中抓住机遇，成功地实现了转型。莱钢的转型，是在原有基础上迈上了新的台阶，鸟枪换炮，草鸡变凤凰。此间，其阶段性的转变是在长期亏损的情况下不放弃，坚定地走下去，对莱钢的未来作出了正确的战略决策，直到 1999 年 5 月以组建莱钢集团为标志，完成了一次质的转变。

---

① 薄一波：《若干重大决策与事件的回顾》（下卷），中共中央党校出版社，1993，第 1218 页。

（1）转机和契机。

在莱钢发展史上，莱钢人终于迎来了转机的1983年。

由于采取边设计、边施工、边生产的方式，影响了投资效果；中期，国家缩减基建投资，莱钢停建或缓建了大部分主体工程项目，使得转炉钢工序之间脱节，没有形成一条完整的生产线。在相当长的一个时期内，是有铁无钢，加之管理落后，企业处于长期亏损状态。1983年，莱钢实行了全面整顿。1月，按照莱钢党政联合制定的《莱芜钢铁厂关于集中统一改革现行体制的试行方案》，全厂开始实行人财物、供产销初步集中统一管理体制。3月30日至4月1日，召开了中共莱钢第一次代表大会。党委负责人作了题为《振奋精神，开拓前进，为开创莱钢建设的新局面而努力奋斗》的工作报告，提出了“全厂齐动员，奋战八三年，甩掉亏损帽，开创新局面”的口号。

全面整顿使莱钢发生了变化。当年实现利润110万元。1983年12月31日莱钢建成第一座25吨转炉，结束了转炉钢系统有铁无钢的局面。

进入“七五”期间，莱钢抓住国家以煤代油政策，制定并实施了30万吨钢配套规划，1985年11月10日，莱钢第二座25吨氧气顶吹转炉建成投产，1988年建成500毫米热轧窄带钢生产线，具备了年产30万吨钢的生产能力（包括电炉5万吨的生产能力）。

但是，由于产品结构不合理、工序之间不匹配、装备落后、劳动生产率低等因素，企业经营仍举步维艰，处于微利状态。

（2）抓住机遇：“八五”“九五”时期利用外资改扩建。

20世纪80年代中期，我国的改革开放加快了步伐。对于国有企业，党中央和国务院出台了一系列政策，促进企业发展。例如，1985年9月1日《国家经委、国家体改委关于增强大中型国营工业企业活力若干问题的暂行规定》指出：“给部分大型企业直接对外经营权。先选择少数企业进行试点。……经批准的试点企业，在国家统一的对外方针、政策和计划指导下，有与外商谈判、签约的权力，直接对外开展与本企业出口产品有关的技术引进、技术合作、合资经营、合作生产、合作开发、补偿贸易、来料加工、来件装配、工程承包等对外业务；自行进口本企业所需的设备、仪器、零配件。”① 1986年10月11日，《国务院关于

① 中共中央文献研究室编《十二大以来重要文献选编》（中卷），人民出版社，1986，第777页。

鼓励外商投资的规定》指出，为了改善投资环境，更好地吸收外商投资，引进先进技术，提高产品质量，扩大出口创汇，发展国民经济，“国家鼓励外国的公司、企业和其他经济组织或者个人，在中国境内举办中外合资经营企业、中外合作经营企业和外资企业”①。1986 年 12 月 5 日，《国务院关于深化企业改革增强企业活力的若干规定》指出：“各地可以选择少数有条件的全民所有制大中型企业，进行股份制试点。企业之间互相投资，或联合投资新建企业，一般宜采取股份制形式。”②

当时得知亚洲开发银行拟在中国选 10 家企业投资，莱钢立即抓到这次机遇，实现企业的再发展。1986 年，根据原冶金部有关通知，莱钢敏锐地捕捉到了千载难逢的机遇，迅速组织精干力量，积极准备并形成了翔实的利用外资改扩建方案和可行性报告。1986 年 7 月 30 日，山东省人民政府以鲁政函 64 号文向国家计委和冶金部就莱钢利用外资改扩建提出意见。1987 年 3 月，国家计委批准了山东省和冶金工业部联合上报的《莱钢利用外资进行改扩建项目建议书》，确定了利用亚洲开发银行贷款，并把这一项目列入国家利用外资增加 1000 万吨钢生产能力的总体规划。莱钢成功搭上了利用外资新增千万吨钢的早班车，拓宽了发展空间，迎来了脱胎换骨的良机。

1989 年 7 月 18 日，国务院国办通〔1989〕37 号文件对莱钢利用外资改扩建项目进行了批复。利用外资改扩建，为莱钢腾飞搭建起高耸的脚手架。改革开放为莱钢利用外资提供了契机。通过配套改造，莱钢变成了一个现代化的钢铁联合企业。莱钢拥有了 20 世纪 90 年代世界先进水平的生产设备和工艺技术。

对此，一份材料这样写道：“20 世纪 90 年代初，莱钢抓住利用外资发展钢铁工业的机遇，争取到全国冶金系统首家利用亚洲开发银行贷款进行改扩建的项目，共利用外资 2.53 亿美元，加上国内配套资金，共计投入 41.34 亿元人民币进行改扩建工程。先后建成了 50 吨超高功率电炉、中小型轧机生产线、中型型钢生产线、3 台连铸机等 13 个重点项目。在同类企业中，装备水平和技术档次明显胜出一筹。从原料供应、烧结到高炉都采用计算机控制，高炉采用无料钟炉顶和富氧喷煤等一系列新技术，使 2 座高炉系统达到了国内先进水平；转炉炼钢工

---

① 中共中央文献研究室编《十二大以来重要文献选编》（下卷），人民出版社，1988，第 1191 页。

② 中共中央文献研究室编《十二大以来重要文献选编》（下卷），人民出版社，1988，第 1209 页。

序实现了铁水预处理—转炉—炉外精炼—连铸四位一体的组合优化工艺技术，利用转炉冶炼合金钢，大大提高了产品的技术含量和附加值；从日本引进LF/VD炉外精炼和在建中的中型轧机，从意大利引进的中小型轧机和150方坯合金钢连铸机等，都达到了钢铁行业国际先进水平。”①

（3）莱钢精神的丰富和确立。

莱钢有意识地总结、培养、倡导莱钢精神是从1985年开始的。1987年3月，在莱钢第三届职工代表大会第二次会议上，“团结奋斗，艰苦创业”被正式确认为莱钢精神。这次会议上，时任厂长作了题为《团结奋斗，艰苦创业，全面完成1987年生产建设任务》的工作报告。在同年6月召开的中共莱钢总厂第二次代表大会上，总厂党委书记在党委工作报告中再次强调要发扬莱钢精神。此后，在历次职代会、党代会、政治工作会议、计划工作会议等重大会议上，党委都把莱钢精神作为一项重要的内容，加以倡导。

1989年4月，赵志浩省长到莱钢调查研究，听取了总厂领导关于莱钢建设的情况汇报后，对“团结奋斗，艰苦创业”的莱钢精神给予了充分肯定，并建议增加“改革创新，争创一流”，使莱钢精神更加完整，更加符合莱钢的情况和特点。4月15日，总厂召开职代会代表团团长会议，讨论并确立“团结奋斗，艰苦创业，改革创新，争创一流”为莱钢精神。会议认为，充实后的莱钢精神符合莱钢实际，既反映了莱钢的过去，又展示了莱钢的未来，充满时代特点②。之后，总厂发出通知，要求在全厂范围内大张旗鼓地宣传莱钢精神，使之家喻户晓，深入人心。一个广泛、持久地宣传、学习和发扬莱钢精神的群众性的教育活动在全厂铺开。

莱钢精神的形成和确认，得到了中共山东省委的充分肯定。由省政协常委王方明等在莱钢调研后写成的《培育企业精神，促进莱钢振兴》的调查报告，经姜春云、马忠臣批示并刊登在1989年第26期《山东通讯》上，对弘扬莱钢精神、促进两个文明建设产生了积极重要的影响③。

（4）成功转型。

①1997年莱钢股份成功上市。1997年莱钢股份成功上市，无疑是莱钢历史

---

① 《莱钢股份大力发展新型钢材并不断加大资本运营力度》，千龙网，http：//finance. qianlong. com/26/2002 -7 -4/180@ 315736_ 1. htm，最后访问日期：2013年7月20日。

② 《莱钢志》第2卷，第404页。

③ 《莱钢志》第2卷，第404页。

转折中的重大事件。

1997年8月21日公司召开创立大会暨首届股东大会，审议通过了公司章程、公司筹建工作及筹建费用报告和莱芜钢铁总厂与莱芜钢铁股份有限公司签订的《服务合同》《供应合同》《产品包销合同》，选举产生了公司第一届董事会、监事会。选举李景常为董事长，姜开文为副董事长，聘任了公司高级管理人员。

股份制改组为莱钢资本运营成功铺路。莱钢通过积极推进股份制改组，组建企业集团，通过对资本结构、产品结构、组织结构、工艺技术结构和管理结构的调整和优化，构建了现代企业制度的基本框架，实现了工厂制向公司制的转化。从此开始，莱钢股份以一个负责任的上市公司形象出现在广大投资者面前。

自1997年上市以来，在短短几年内，累计实施现金分红24.69亿元，堪称重视回报股东的典范。莱钢还在资本市场上连续挥出大手笔：入主鲁银投资，通过资产置换，使这个连续三年被冠以ST（特别处理）的上市公司实现盈利；参股齐鲁证券，重组天同证券，莱钢不仅成为其第一大股东，而且成为山东资本市场上举足轻重的企业。

②1999年5月组建莱钢集团。莱钢股份的上市，既募集了资金，又给莱钢带来了较大的经济效益和社会效益。1998年度实现主营业务利润为57428.26万元，比1997年增加15.03%；其他业务利润为641.78万元；净利润为36780.44万元，比1997年增加21.25%。截至1998年12月31日，莱钢股份公司主要产品产量完成情况良好：全年共生产钢1822744吨，生铁1591210吨，钢材1452720吨，连铸坯、初轧坯、烧结矿、球团矿、焦炭、大锻件等都较好地完成了年度计划。公司占主营业务收入10%以上的产品为钢材和钢坯，分别占到主营业务收入的81.52%和10.74%。公司《1997年年度报告》披露的1998年盈利目标为利润总额38000.00万元，1998年公司实现利润总额43552.93万元，完成了预测数的114.61%。公司本年度利润实现数超出盈利目标数，超出部分为利润目标数的14.61%。1998年公司实现净利润36780.44万元，每股税后利润0.463元①。

在此基础上，1999年5月，莱芜钢铁总厂已完成了企业改制工作，更名为莱芜钢铁集团有限公司。此前，1998年9月8日，召开了莱芜钢铁股份有限公司第一届董事会第五次会议。会议经过充分讨论，决定将公司第一铁厂、第二铁厂重

---

① 参见《莱芜钢铁股份有限公司1998年年度报告摘要》，搜狐网，http：//business.sohu.com/stock_individual/com_doc/ndbg/600102_7.html，最后访问日期：2013年7月20日。

组为烧结厂、炼铁厂和设备维修厂；将轧钢厂重组为中型型钢厂和轧钢厂；决定将公司经山东省阳光会计师事务所评估后的各类汽车以及为汽车配套的装载机、汽车吊、汽修设施、备品备件、货车场、办公用房等相关的财产物资 1710.51 万元有偿转让给莱芜钢铁总厂。1999 年 5 月改制后，莱芜钢铁总厂已不复存在，形成了一个大型的钢铁集团公司，其中包括了已组建的莱钢股份有限公司、鲁碧建材有限公司、莱芜矿业有限公司、鲁南矿业有限公司、矿山建设有限公司、商业有限公司、万和建材有限公司、新泰铜业有限公司、淄博锚链有限公司、济南经贸有限责任公司、冶金建设有限公司等 29 个子公司，还包括自动化部、动力部、运输部、生活城房部、医院、党校/培训中心、离退休职工管理服务部、教育处等 10 个直属单位。

这时的莱钢已今非昔比，从一个钢铁总厂一跃而成为大型的钢铁集团公司，完成了质的转变，实现了新的飞跃。

（5）企业改革的重大成果。

“七五”时期确立厂长负责制，积极推进承包经营责任制，改革管理模式。莱钢是国有企业改革的先行者。

第一是领导体制的改革。1985 年 4 月确定了莱钢领导体制改革的初步方案，实行厂长负责制，提出厂长任期目标责任制。第二是推行经营责任制，即实行承包经营责任制。第三是改革生产经营管理方式，对供销体制、基本建设管理体制、集体经济管理体制进行改革。第四是改革管理模式，提出了“长计划，短安排，精心经营、灵活经营、以优取胜、以新取胜”的生产经营方针，从走规模效益型道路到走质量品种效益型道路，确定了走质量品种效益型发展道路的战略方针。第五是改革劳动工资制度，实行劳动合同制，建立企业内部工资浮动升级制度。

1992 年开始改制改组，探索用股份制形式改组国企，选择锻压厂和特钢冷带车间进行股份制改组的内部试点。1993 年在亚洲开发银行的帮助下，积极推进股份制改组工作，1997 年 8 月 21 日成立了莱芜钢铁有限公司，8 月 28 日莱钢股票在上海证券交易所上市交易。同时，积极深化内部配套改革，进行三项制度改革，实行精干主体、分离辅助、下岗分流、减人增效和再就业工程，实施了集中统管、住房制度改革、医疗制度和劳动保险制度改革等一系列改革。

创立莱钢集团公司，组建莱钢集团，是莱钢发展史上的大事，是企业改革的重大成果，也是莱钢发展的里程碑。江泽民在党的十五大报告中指出：“建立现代企业制度是国有企业改革的方向。要按照‘产权清晰、权责明确、政企分开、管理科学’的要求，对国有大中型企业实行规范的公司制改革，使企业成为适应市场的法人实体和竞争主体。”① 党中央明确提出用三年左右的时间，通过“三改一加强”，使大多数国有大中型亏损企业摆脱困境，大多数国有大中型骨干企业初步建立现代企业制度。莱钢作为重点国有改制企业，在实行公司制改造、实施集团化发展战略方面，迈出了坚实的一大步，符合党的十五大关于国有企业改革的总体要求。

（6）处理事故的辩证法。

随着莱钢股份成功上市和莱钢组建成为集团公司，应该说，莱钢的实力已经发生了质的变化。莱钢已经脱胎换骨为现代化的大型钢铁企业了。但是，这仅仅是针对硬件来说的，就生产管理、技术水平特别是职工的素质来说，与一个现代化的大型钢铁企业的要求还有不小的差距。

1999 年 3 月 10 日，莱钢的炼钢厂发生了“转炉喷爆事故”②。这起事故震惊了整个莱钢。不仅炼钢厂的干部和工人需要反思，就是整个莱钢的领导层和广大工人也在反思为什么会出现这样严重的事故。事故发生以后，炼钢厂领导班子坐下来，认真寻找事故发生的原因。他们发现在管理制度上有漏洞，工人的技术水平和安全意识也需要提高，必须从根本上解决这些问题。发生严重事故是坏事，如何把坏事变成好事，也就是从根本上解决问题，从此杜绝严重失误的发生，从中吸取宝贵的经验和教训，这里面有辩证法。

炼钢厂党委带领全厂认真总结教训，对教训的认识深刻，分析总结到位，采取了应对措施，寻找从根本上解决问题的办法。1999 年 12 月，炼钢厂的干部在一份杂志上，看到了由国际组织学习协会创始主席、世界管理大师彼得·圣吉等人倡导的学习型组织理论及其实践的案例，觉得方法独特，很想拿来试一试。炼钢厂党委进行了研究和讨论，最后决定引进学习型组织理论。炼钢厂引进学习型组织理论，从管理的高度上系统思考和应用学习型组织理论，不断探索，大胆实践，取得了很大的成绩。此后，炼钢厂的面貌发生了巨变，一举成为整个莱钢集团公司的先进典型。

回顾上述莱钢发展这一阶段，其正确的战略选择、制定并实施，首先是坚持

---

① 《江泽民文选》第 2 卷，人民出版社，2006，第 21 页。

② 参见《莱钢志》第 4 卷，第 47 页。

不下马，利用改革开放的时机，下决心全面整顿，迅速转亏为盈，莱钢没有失去在即将到来的中国经济腾飞时期涌入发展大潮的基础；接着是利用外资改扩建，全面实施科教兴厂战略，加大对技术改造的投资力度。这一时期，国家经济体制发生了由计划经济向市场经济转化的重大变革，与此同时，国家对整个国民经济进行宏观调控。“在企业全面走向市场和银根紧缺的双重压力下，莱钢借国家改革开放之机，依靠科技进步，加强科技管理，充分利用外资和内资进行大规模改扩建，使生产能力不断扩大，经济效益大幅度提高。”①

事实上，早在“七五”时期的1986年7月，莱钢就提出过利用外资改扩建的设想。1987年国务院批准莱钢利用外资改扩建，总投资为3.6亿美元，主要建设内容包括矿山、炼铁、炼钢、轧钢及辅助配套设施，整个工期分两期进行。但是，由于1989年发生政治风波后，以美国为首的西方国家对中国实行经济制裁，亚洲开发银行的贷款未能即时生效，整个工程只进行了前期准备。“1991年在各个方面的努力下，亚洲开发银行对莱钢利用外资扩建工程进行了再评估，并于1992年4月正式签订了利用外资贷款协议。莱钢利用外资分为两个部分，其中亚洲开发银行2.21亿美元（包括亚洲开发银行普通贷款1.33亿美元，亚洲开发银行融资贷款8800万美元），商业贷款3200万美元。”②

改扩建工程分两期建设，先后通过了国家验收。与此同时，莱钢加大对技术改造的投资力度，展开较大型技术改造项目15个。“莱钢利用外资改扩建工程的投产，使莱钢由一个工艺装备水平落后的地方钢铁企业，一跃发展成为一个生产工艺配套、主体设备达到国内先进水平、部分设备达到国际先进水平的大型钢铁联合企业。”③

莱钢在国民经济由计划经济向市场经济转轨，将企业完全推入市场化迈出较大步伐的转折时期，及时地抓住了利用外资的机遇，正确选择制定了利用外资改扩建、实施科教兴厂战略这一重大战略举措，是富有远见卓识的。这不仅解除了莱钢面临的困境④，而且为莱钢铺就的未来跨越式发展之路创造了良好的基础和

---

① 参见《莱钢志》第3卷，第9页。

② 参见《莱钢志》第3卷，第14页。

③ 参见《来钢志》第4卷，第273页。

④ 到“八五”末期，莱钢生产的产品由“七五”末期的自销70%，变为全部自销，钢铁价格从1989年下半年开始回落，市场疲软，加上原材料动力能源涨价，资金紧张，莱钢面临着走出困境的考验。

条件。

“九五”时期莱钢股份上市、成立莱芜钢铁集团有限公司、推进战略性资本运营，无疑是莱钢重大的战略举措。

莱钢集团有限公司的成立，一举使莱钢集团成为“以莱芜钢铁集团有限公司为核心企业，联合钢铁行业和其他行业的企业组建而成的集科研、生产、贸易、金融、服务为一体的经济联合体，是以钢铁产品为主，实行多元化经营的多层次、多行业大型钢铁企业集团”①。莱钢集团调整和优化了产业结构、企业结构、产品结构，促进了生产要素合理配置，形成了群体优势，进一步实现了规模效益，提高了市场竞争能力。

此外，“九五”末期，莱钢炼钢厂引进学习型组织理论，是颇具战略眼光的重大举措，为日后整个集团公司创建学习型企业特别是创建学习型党组织，先行探索，勇于实践，走出了一条学习型党组织建设之路，具有深远的历史意义和重大的现实意义。

综上所述，在1983～1999年这一历史阶段，莱钢抓住了机遇，其转型是成功的，为跨越式发展奠定了坚实的基础。

4. 实现跨越发展新辉煌（2000～2010年）

当历史的车轮驶入21世纪时，无论是在中国还是整个世界，都在发生着急剧的变化。就全社会发展而言，世情、国情、党情都发生了新的变化；就钢铁行业本身来说，其变化之快，令人惊讶。

从世界范围来看，高新技术的突破引发世界经济结构调整，极大地提升了全球钢铁生产能力，钢铁生产的重心从发达国家向发展中国家转移，发展中国家的钢铁生产潜力进一步得到发挥。同时，由于全球经济增长放缓，投资者对钢铁需求影响巨大的两个行业（建筑和汽车）的发展前景不甚乐观，影响了大众对钢铁行业的预期。钢铁生产企业为降低成本，增强实力，纷纷走上了联盟、重组的道路。全球钢铁企业在进行联盟、重组的同时，为降低成本和降低单一经营风险，有的企业还采取了纵向一体化的战略。随着炼铁、炼钢材料的多样化以及钢铁产品的替代品的增加，客户对钢铁产品的品种和质量要求越来越严格，迫使钢铁生产商积极开发研究高新技术产品。日本、欧洲和美国的三大主要钢铁组织宣布，

① 《莱钢志》第4卷，第253页。

以后钢铁工业的技术发展目标为高效、环保的炼铁技术，认为新的钢铁产品应有益于资源的重复利用。钢铁贸易国际市场竞争日趋激烈，竞争主要集中在高附加值产品上。一些世界著名的钢铁企业不惜耗费巨额投资对现有企业的先进生产线进行超前性的技术改造，以确保在高附加值产品领域的竞争优势。钢铁贸易保护主义兴起，钢铁出口形势困难。各国政府在本国钢铁企业的呼吁下，加强了对进口钢材的监控，并采取了一系列贸易保护措施，导致全球钢铁出口形势更加严峻①。

从中国国内来看，2000 年在现有 290 家产钢企业中，只有 34 家企业年产钢超过 100 万吨，其中 7 家年产超过 300 万吨，总产量占国内钢铁总产量的不到 50%。这说明企业行业集中度低，生产专业化程度低，不能达到规模经济，在一定程度上限制了钢铁企业的竞争力。同时，钢铁产品生产专业化程度低。国内钢铁联合企业大多是“万能型”工厂，板、管、棒、线、型材等都生产，专业分工不明确，产品生产专业化程度低。此外，企业平均技术装备水平低，结构不合理，技术改造和产业升级任务十分艰巨。钢铁企业的集中度和专业化分工程度低，以及技术装备水平落后等原因，导致钢铁产品生产成本高。不仅如此，钢铁产品的实物质量水平与国外相比还存在一定的差距。钢材产品销售服务水平也相对较低。我国是世界主要产钢国，但由于钢铁生产结构不合理，同时也是世界主要钢铁进口国。近几年的钢铁进口远远超过出口。以 2000 年为例，2000 年我国钢铁产品出口额为 30.47 亿美元，而进口额为 95.6 亿美元，贸易逆差达 65.13 亿美元。鉴于国际和国内严峻的形势，国家对钢铁工业采取了“控制总量、调整结构、淘汰落后”的产业政策。这项政策对缓解钢铁产品供求失衡、改善品种质量、提高装备水平从而提高行业的竞争能力具有重要意义②。

2000 年对于莱钢来说，是具有决定性意义的一年。正是在这一年，莱钢拉开了创建学习型企业和建设学习型党组织的序幕，走在了全国的前列。

---

① 参见外经贸研究院摘编《世界和中国钢铁行业的发展状况》，中华商务网，http://www1.chinaccm.com/00/0004/000401/news/20020923/121714.asp，最后访问日期：2013 年 7 月 20 日。

② 参见外经贸研究院摘编《世界和中国钢铁行业的发展状况》，中华商务网，http://www1.chinaccm.com/00/0004/000401/news/20020923/121714.asp，最后访问日期：2013 年 7 月 20 日。

至2000年底，莱钢实际具备了年产270万吨钢的生产能力。但是，产品结构没有得到根本性改观，仍以长材为主；工序之间不平衡更为突出，材的能力大于钢的能力，铁成为制约生产系统产能发挥的瓶颈；工艺装备水平参差不齐，落后工艺装备仍占据较大比重；劳动生产率低，人均产钢不足50吨；特殊的地理环境，使得莱钢不得不承担社会职能，过重的社会负担严重制约着企业的发展，而要解决这些问题，必须通过发展来实现。

2001~2010年这10年，莱钢经历了“十五”和“十一五”两个五年计划建设时期。这两个“五年”计划建设时期在莱钢历史上是最重要的历史阶段。特别是“十五”阶段，莱钢实现了赶超型的历史跨越，取得了发展的先机，奠定了在全国钢铁行业中的重要地位。莱钢“十五”时期的发展得益于“十五”发展战略的制定与实施，相继制定的钢铁主业规划、非钢产业规划、走工业化道路实施方案及2003年进行的战略规划调整，都是在“十五”发展战略指引下开展的。正是由于“十五”阶段的跨越式发展，奠定了莱钢成功实现“十一五”阶段战略转移的基础。由此，莱钢顺应了世界钢铁行业发展的潮流，占据了主动地位，并制定了具有世界眼光的莱钢发展战略，实施和采取了一系列正确的方针和措施，走进了中国钢铁行业发展的最前列。

（1）创建学习型企业和学习型党组织①。

莱钢创建学习型企业，经历了从理论导入推广入手，由点带面、全面推进这样一个发展过程。2000年1月8日，炼钢厂首次请人来讲学习型组织理论，成为莱钢创建学习型企业和建设学习型党组织的开端。此后，轰轰烈烈的创建学习型企业和建设学习型党组织活动在莱钢展开，并一直延续下去。

与此同时，2000年4月8日，集团公司领导层进行了调整。新领导站在国内外钢铁行业发展的战略高度审视莱钢的工作，以发展为主题，以结构调整为主线，积极谋划企业发展战略，与集团公司领导班子一道带领广大职工走上了钢铁主业与非钢产业并举、生产经营与资本运营并行的快速、健康、持续发展的道路。为应对加入世界贸易组织带来的挑战和国内钢铁市场急剧变化的新形势，莱钢领导班子在世纪之交确定并实施了尽快做强做大的发展战略。新领导在“十

① 关于莱钢学习型党组织建设的情况，参见中国社会科学院马克思主义研究院课题组的另一成果《学习的伟大力量——学习型党组织建设在莱钢》（赵智奎、戴立兴主编，社会科学文献出版社，2013）。

五”期间的思路与做法以及取得的成绩得到了山东省委、省政府领导的充分肯定和高度赞誉。

（2）莱钢“十五”建设发展。

“十五”建设阶段，是莱钢实现跨越式发展的重要阶段。在这个阶段中，莱钢主要采取了以下措施。

①以创建学习型企业为突破点，坚持以“严细实”管理为基础。“坚持以‘严细实’管理为基础，以创建学习型企业为突破点，将‘严细实’管理、学习型组织理论与其他先进管理理论相结合，创造性地运用于莱钢管理的实践，实现了思维创新、体制创新、机制创新和企业文化创新，创造了具有莱钢特色的管理经验。”① 正是因为莱钢的管理理念发生了深刻的变化，使莱钢的管理水平有了较大的提升。

②制定《莱钢走新型工业化道路实施纲要》（以下简称《实施纲要》），走新型工业化道路。莱钢人充分认识到，钢铁企业进入了新一轮规模扩张，随着新增产能的释放，市场竞争将更加激烈。企业发展品质的差异，必将成为决定未来竞争成败的关键因素。谁在发展中能够正确处理发展速度和发展质量、经济效益和社会效益、企业发展与职工发展的关系，谁就可能在经济全球化和竞争国际化的新型经济时代，重塑企业核心竞争力，实现可持续发展。面对这样的形势，莱钢人必须从更高的角度和更宽的视野，审慎考虑莱钢的发展品质问题。

为此，2003 年，莱钢制定了《实施纲要》。

莱钢人认为，要按照党的十六大报告所指出的那样，“坚持以信息化带动工业化，以工业化促进信息化，走出一条科技含量高、经济效益好、资源消耗低、环境污染少、人力资源优势得到充分发挥的新型工业化路子”②。工业化是社会经济发展的重要阶段，是实现现代化的基础。历史上许多发达国家工业化的实现，是以对资源的过度使用和环境的破坏为代价的，中国绝不能重蹈覆辙。

《实施纲要》明确指出，钢铁企业必须适应形势变化的要求，树立新的经营理念（九大理念），在调整结构、扩大规模的同时，提高企业的发展品质，走新型工业化道路，以最少的资源消耗获取最大的效益，持续追求企业发展与社会发

---

① 《莱钢志》第 5 卷，第 5 页。

② 中共中央文献研究室编《十六大以来重要文献选编》（上卷），中央文献出版社，2005，第 16 页。

展、生态环境的和谐统一①。

在这份《实施纲要》中，莱钢确定了今后的发展目标：

——建设“科技莱钢”。完善技术创新机制，实施科技领先战略，既注重自主研究开发又坚持技术引进移植，抢占技术前沿，培育一批具有自主知识产权的核心产品、核心技术，提高产品科技含量，打造产品品牌。

——建设“数字莱钢”。提升莱钢信息化水平，以数字技术覆盖生产经营的全过程，建成先进、实用、高效的信息化体系，实现生产过程自动化、智能化和管理信息化。

——建设“生态莱钢”。运用工业生态学原理指导企业经营行为，实现能耗最小化、废物资源化、效益最大化，达到与自然和社会环境相协调，实现可持续发展。

——建设“人文莱钢”。坚持以人为本的管理，树立“双赢”理念，充分发挥人力资源优势，在实现企业价值最大化的过程中充分体现人的价值最大化和社会效益最大化②。

《实施纲要》系统策划了提升企业发展品质、拓展企业综合价值的指导大纲，与“三步走”的目标共同对发展战略作了重要的补充和支持，开启了钢铁主业、非钢产业和资本运营共同发展的新纪元，实现了超常规、跨越式发展。

③实施“十五”技改工程，登上年产1000万吨钢台阶。为了适应钢铁主业结构调整，提升冶炼工艺技术和水平，使莱钢真正壮大起来，从2002年起，莱钢进行了大规模的技术改造。2003年1月8日，莱钢“十五”技改工程指挥部举行揭牌仪式。同时，大型H型钢生产线工程开工。标志着大型H型钢生产线工程建设拉开序幕。

“十五”技改工程抓住机遇，大干快上，创造了冶金发展史上前所未有的建设奇迹——莱钢速度。只用了11个月22天，就打通了从焦化、制氧、原料、烧结到炼铁、炼钢、连铸复杂的钢铁生产线，达到了国内冶金工程建设吨钢占地最少、工期最短、投资最省、“又快又好又省”的工程目标。整个工程决策快、行动快、建设快、见效快，创造了冶金建设史上的奇迹。

---

① 莱钢提出的新的“九大理念”分别是：比较优势的理念、抢占资源的理念、快速推进的理念、数一数二的理念、不断整合内部资源的理念、创造“双赢”的理念、抢占技术前沿的理念、经营资产的理念、资本运营的理念。

② 参见《莱钢志》第5卷，第669~671页。

随着“十五”技改工程的深入，独具特色的莱钢模式已经形成。主要表现在：建立了精干、高效、扁平化的管理机构；创造了提前介入、全面参与的运行模式；形成了目标先进、责任清楚、考核严格的管理制度；推行了施工单位、项目部、质监站“三位一体”的质量控制模式；完善了从工程到设计、采购到施工为一体的工程建设投资控制体系；连续作战，战无不胜，打造了一支新时期特别能吃苦、特别能战斗、特别能打胜仗的职工队伍——莱钢工程建设团队。

莱钢人在“十五”技改中发扬并丰富了“莱钢精神”，形成了一种浓厚创业氛围。与莱钢精神交相辉映的是莱钢速度，享誉国内钢铁行业。莱钢速度促使莱钢发生了巨变，创造了一个又一个奇迹。例如，据莱钢大事记记载，2004 年 8 月，经过中国钢铁工业协会和全国高炉煤气全干法除尘工艺技术推广会的评审，莱钢的高炉煤气全干法除尘技术已达到了国际先进水平。2005 年 2 月 26 日，莱钢 2 号 1880 立方米高炉点火投产仪式在高炉平台举行。该项目建设周期仅为 9 个半月，比计划目标提前 1 个多月，创世界高炉建设速度之最，也为莱钢 H 型钢生产线提前贯通第二条线提供了保障。2005 年 9 月 1 日，莱钢生产的热轧 H 型钢获“中国名牌产品”称号。这是莱钢的第一个中国名牌产品，也是全国冶金行业首批、山东省冶金行业第一个钢材类的中国名牌。2005 年 12 月 21 日，莱钢实现年产 1000 万吨钢目标。22 时 45 分，莱钢在 1 号 120 吨转炉前举行实现（年产）1000 万吨钢出钢仪式。

莱钢登上 1000 万吨钢台阶，是莱钢发展史上又一个重要的里程碑。实践证明莱钢的发展战略高屋建瓴，决策是正确的。

时任集团公司主要领导对“十五”技改工程作出了这样的评价：“‘十五’期间我们把工作的重点放在了规模扩张上。由于当时全行业企业数量多、产业集中度低，在‘车多路宽’的情况下，谁抢先一步，谁就能抢得发展先机。如果发展步子慢了，就会丧失机遇，就会被汹涌而来的发展浪潮所淹没。而我们具备了年产 1000 万吨钢的生产规模之后，就拥有了支撑企业持续发展的矿石、煤炭、电力、运输、土地等重要战略资源，扩充了企业运营的现金流量，最大限度地占领市场份额，并赢得国家扶大扶强政策的支持……实践证明，‘十五’期间，我们确定首先把莱钢做大，用发展的办法解决前进中的困难和问题，决策是非常正确的，各个方面围绕莱钢发展大局，所做的重要工作是卓有成效的。”①

---

① 《银山作证》，第 2 页。

(3)“十一五”建设，实施战略转移。

①“实施以发展速度为主向以质量效益为主的阶段性战略转移”。

莱钢人清醒地认识到，尽管莱钢已形成年产1000万吨钢的生产能力，但从总体上看，只是大而不强。主要表现在：一是没有规模化的高端产品生产线，缺少高档次、高质量、高技术含量、高附加值的深加工产品，企业的盈利水平相对较低，综合竞争力不强；二是莱钢的产品结构不尽合理，主要以长材和型钢以及“十五”期间建设的1500毫米热带为主，品种结构缺乏竞争优势；三是工艺装备参差不齐，还存有部分落后的、不符合产业政策的工艺技术装备；四是能耗较高，能源回收、转化和利用效率较低，环境污染的状况没有得到根本改善。

莱钢人认为，如果说“十五”时期是以规模扩张、抢占资源为主的群雄并起的时代，谁发展慢了，谁就会落伍，谁抢占了先机，谁就拥有了发展的资源，那么“十一五”时期就应是进行结构调整、抢占市场的时期，谁抢占了先机，谁就赢得了市场，否则，“十五”期间获得的资源也会拱手让出。

针对经济社会发展和行业转型的新形势，以及资源能源、环境约束的巨大压力，在2005年产量即将达到1000万吨钢之际，莱钢实施了“以发展速度为主向以质量效益为主的阶段性战略转移”，并制定实施了以“突出结构调整，着力自主创新，打造钢铁精品，做出莱钢特色，建设一流强企”为核心内容的发展战略，把工作的着重点放到“做强”上。

②由“做大”转向“做强”。2006年是莱钢由做大转向做强的起步年，也是“十一五”建设的起始年。莱钢在系统总结“十五”期间跨越式发展的基本经验的基础上，确立了把工作重心转到“做强”上来的阶段性战略转移发展思路。这种战略性工作思路的确立，有力地统一并凝聚了全集团各级领导班子及广大干部职工的思想和意志，大大增强了广大干部职工做强莱钢的信心，为各项工作的开展奠定了坚实的思想基础。

为适应“做强”的需要，莱钢党委按照加强党的先进性建设的要求，持续加强党的思想建设、组织建设和作风建设，各级党组织、领导班子和党员队伍的凝聚力、战斗力显著提高。集团公司党委围绕中心任务，思想政治工作成效明显，广大干部和职工群众的思想政治素质、道德水平不断提升。通过每个季度评选感动莱钢“十大好人好事”并在年底举行颁奖典礼、双十佳评选和“明亮窗口行动”等活动，特别是通过及时贯彻党的十六届六中全会精神并推广炼钢厂、板带厂、焦化厂、炼铁厂等单位的经验，全面部署并展开了和谐企业建设，深化了文明莱钢创建工作，在全集团形成了倡文明、树新风、重和谐、促发展，建设“文明莱钢”“和谐企业”的浓厚氛围。

③企业发展质量和效益明显提高，盈利水平实现了历史性突破。2007年，莱钢把握机遇，克服困难，开拓进取，生产经营建设改革等各项工作都取得了显著成绩。主要表现在以下几个方面。

其一，价值创造能力大幅提升。在钢铁主业的强力拉动下，各子公司（不含股份、银山和齐鲁证券）以改制为契机，优化配置资源，着力培植主导产业，发展态势良好。全集团利润总额突破55亿元，实现了莱钢发展的历史性跨越。

其二，产销研一体化运作成效显著。在逐步理顺运作体制的基础上，完善以利润为主的考核政策，极大地调动了产销研各个环节、各道工序的积极性和创造性，销售、生产、研发、机动、采购、供应联动应对市场变化，较好地发挥了市场导向作用。

其三，科技支撑引领作用进一步显现。山东省首家钢铁知识产权信息中心落户莱钢，硬件建设和机制完善齐头并进，促进了创新力量的迸发。莱钢稳妥推进了焦炉、高炉、转炉及成材工序淘汰落后、优化升级项目建设，工艺结构不断优化。产品结构调整力度加大，已开发出51个品种的高附加值新产品，中低速磁悬浮列车磁轨F型钢的开发成功，标志着莱钢在型钢研究方面有了新的突破。

其四，资源节约型、环境友好型企业建设富有成效。投资、考核力度加大，干部职工节能环保意识空前增强，公司与各单位签订的节能减排目标责任书有效履行。部分节能环保项目投入运行，干熄焦量已达65%，自备发电比例达到25%，主要生产工序烟尘治理项目进展顺利；环境建设的质量和水平持续提升，完成了与上级制定的节能减排指标。

其五，主辅分离、辅业改制取得重大进展。积极稳妥地推进实施改制方案，各个单位以改制为契机，进一步完善治理结构，深化内部改革，强化经营管理，市场竞争能力、盈利能力、自我发展能力明显提高。莱钢集团实施重组，建立了以产权为纽带关系的新型管控模式，走上了科学化、规范化、制度化的发展轨道。

2007年，是莱钢以科学发展观统领全局，实施新战略、推进阶段性战略转移取得重大进展的一年，生产、经营、建设、改革等各项工作都取得了显著的成绩，发展质量和效益明显提高。全集团实现销售收入572亿元，利税96亿元，其中利润57.93亿元，同比分别增长28.94%、118.3%和159.64%。全年生产钢

1169.9万吨、生铁1079.1万吨、坯材1177.5万吨，同比分别增长8.4%、6.95%和10.7%；全年开发新产品52个，实现产量270万吨；质量异议同比下降50%，质量异议损失同比下降81.6%。全年出口钢铁产品197万吨，同比提高38.6%，约占销售总量的20%；创汇10.4亿美元，同比提高76.4%，出口产品实现利润2.43亿元。全年钢材平均售价3970元/吨，同比提高646元/吨，升幅为19.43%；内销直销率达42.61%，超计划2.61%，同比提高11.53%。省内区域销售比例达61.42%，超计划目标11.42%。全年轧材成材率为98.2%，比行业平均水平高2.7%，在全国排序由2006年的第七位提高到第五位。全集团实现可比成本降低率2.95%，其中股份公司3.23%，银山型钢公司2.52%。节能减排和循环经济纳入公司考核的274项指标，累计完成259项，完成率为94.5%；全年吨钢综合能耗（本部）为663.78千克、吨钢耗新水3.43吨，节能14.63万吨标准煤，化学需氧量排放量减少4%，二氧化硫排放量减少5%，主要污染物排放达到国家清洁生产标准。

（4）融入山钢集团。

山东钢铁集团有限公司（简称“山钢集团”）于2008年3月17日注册成立，注册资本为100亿元，是由莱芜钢铁集团有限公司、济钢集团有限公司（简称“济钢”）和山东省冶金工业总公司所属单位的国有产权划转而设立的国有独资公司，注册地为济南高新技术产业开发区。集团公司下辖济钢、莱钢、山东工业职业学院、矿业有限公司、日照有限公司、山东省耐火材料公司、张店钢铁总厂、山东金岭铁矿、烟台钢铁企业集团公司等子公司（单位）。截至2011年底，有职工8.9万人，总资产达1545亿元，企业信用等级为AAA。2011年生产钢2402万吨、铁2502万吨、钢材2306万吨；实现营业收入1243亿元，利润总额为32.9亿元。山钢集团列2011年“中国企业500强”第73位、“中国制造企业500强”第28位。

站在新的历史起点上，山钢集团坚持以科学发展为主题，以加快发展方式转变为主线，紧紧抓住国家批准山东为钢铁产业结构调整试点省的重大历史性机遇，全力推进“突出沿海、优化内陆，精品与规模并重”的发展战略，推进结构调整，努力把山钢集团建设成为布局合理、产品优化、技术先进、环境友好、发展协调、具有国际竞争力的世界一流钢铁强企。

融入山钢集团，是莱钢发展史上的又一重大事件。莱钢既面临着新的挑战，也面临着新的机遇；莱钢人将继续为铸造共和国钢铁脊梁作出自己的贡献。

（5）在金融危机中迎难而上。

①积极应对，保持平稳发展。“2008 年 3 月以来，由美国华尔街引爆的世界金融危机有如飓风海啸，迅速波及全球。不论是同属发达国家的西欧、澳大利亚和日本，还是新兴经济体或是经济欠发达的非洲国家，以及坐享石油美元的中东，都在感受着这场金融飓风带来的狂扫与震撼。在不断全球化的今天，已经没有一个国家可以置身于美国金融危机影响之外。”①

面对严峻的经济和市场形势，莱钢广大干部职工按照集团公司的统一部署，服从大局，团结协作，行动迅速，形成了攻坚破难的强大合力，经受住了自然灾害、金融海啸等诸多困难和挑战的考验。

集团公司深入贯彻落实科学发展观，深入扎实地开展形势任务教育和思想政治工作，围绕实施新战略，加快转变发展方式，依靠科技创新和技术进步，持续推进结构调整，全面推进产销研一体化运作，克服了一系列自然灾害和全球金融危机带来的影响，生产、经营、建设等各项工作基本保持了平稳发展。

2008 年，全集团实现销售收入达 669. 27 亿元，利税总额达 55. 6 亿元，其中利润总额为 12. 83 亿元，分别完成计划的 110%、65. 65% 和 27. 38%；全年生产钢 1062. 8 万吨，生铁 992. 6 万吨，坯材 1074. 6 万吨，分别完成计划的 87. 5%、87. 8% 和 89. 3%；全年完成投资 50 亿元，其中集团公司 3. 5 亿元，股份公司 13. 5 亿元，银山型钢公司 31 亿元，其他子公司 2 亿元。全年共开发 35 种新产品，销售新产品总量为 286 万吨，占国内销售总量的 40. 4%。实现国际贸易总量 1396 万吨，国际贸易总额为 30 亿美元，其中出口钢铁产品 125 万吨，包括其他商品出口，共创汇 11 亿美元。

②坚定信心，迎难而上，直面挑战，以扭亏增盈为中心，以降本增效为主线，有效抵御了国际金融危机带来的冲击。

2009～2010 年，钢铁行业仍面临着复杂多变的严峻形势。从国际上看，世界经济复苏的道路曲折漫长，欧洲主权债务危机还在蔓延，进一步拖累了欧洲经济的复苏。从国内看，需求增长缓慢，国家出台的一系列遏制房价过快上涨等措施持续发挥作用，在一定程度上抑制对钢材的需求。从钢铁行业自身看，一是钢铁产能高增长、供大于求的态势明显。二是钢铁生产成本上升，而国内市场价格持续下跌。三是出口形势非常严峻。世界范围内贸易保护主义加剧，针对我国钢铁

---

① 参见陈铁铮《社会学视野中的 2008 世界金融危机》，《改革与战略》2009 年第 8 期。

企业的贸易争端明显增多，钢材出口面临诸多挑战。

尽管形势十分严峻，但莱钢人认真贯彻落实科学发展观，坚定信心，迎难而上，直面挑战，以扭亏增盈为中心，以降本增效为主线，有效地抵御了国际金融危机带来的冲击，生产、经营、建设等各项工作都取得了较好的成绩，实现了平稳较快发展。2009 年全年生产钢 1038.3 万吨、生铁 1073 万吨、商品坯材 1040.3 万吨，同比分别降低 2.3%、增长 8.1%、降低 3.2%。实现销售收入 502.59 亿元、利税总额 65 亿元、利润总额 37.13 亿元，同比分别降低 16.6%、增长 14.8%、增长 149%。钢铁主业累计挖潜增效 9.7 亿元。重点工程建设快速推进。2010 年，集团公司的钢、铁、材增幅均高于行业平均水平，实现了 20% 以上的增长，分别占山钢集团总量的 57.8%、57.5% 和 59.2%；销售收入同比增长 19.1%，本部钢铁主业同比减少亏损 10.5 亿元。公司主要产品产量、销售收入以及归属母公司净利润完成了山钢集团下达的考核指标。

“十一五”期间这五年，莱钢在战略规划指导下，实现了新的发展。具体表现在以下几个方面。

一是经济实力明显增强。集团钢、铁、材分别由 2005 年的 1034 万吨、765 万吨、1049 万吨，增长到 2010 年的 1250 万吨、1348 万吨、1249 万吨；销售收入、利税、利润分别由 2005 年的 394 亿元、32 亿元、16 亿元，增长到 2010 年的 668 亿元、56 亿元、30 亿元。

二是结构调整迈出实质性步伐。适时淘汰了小高炉、小电炉等落后设备，3200 立方米高炉、宽厚板等一批技改项目相继建成投产，主体工艺装备实现了大型化、智能化；形成了型钢、板带钢、棒材、优特钢四大系列产品，品种结构得以优化，质量档次不断提升。

三是自主创新能力不断增强。制定实施了做强莱钢技术支撑体系，搭建了产销研一体化运行平台，坚持引进与消化吸收再创新相结合，积极采用国内外先进工艺技术，加大科技投入和攻关力度，一大批科研成果相继转化为现实生产力和效益。

四是改制改革不断深化。先后有 11 个子公司完成改制，形成了“一业为主、相关多元”的发展新格局。发挥大企业品牌优势和证券金融业等资本运营优势，着力提高集团价值创造能力，齐鲁证券、永锋公司、鲁银投资及各个改制单位实现了良好发展。

五是实现了和谐稳定发展。全心全意依靠职工办企业的方针得到有效贯彻；建立完善了“五条保障线”，职工收入逐年提高，环境面貌发生了显著变化，企业的凝聚力进一步增强。

综上所述，“十五”时期和“十一五”时期这10年，是莱钢辉煌发展的10年，是莱钢实现跨越式发展由做大转向做强的10年，是莱钢发展史上最重要的时期。这一时期的莱钢，已今非昔比，从过去只具有省属地方企业的生产规模，一跃而走在全国钢铁行业的前列，创造了钢铁工业发展的奇迹，成为“中国奇迹”的一个缩影，彰显了工人阶级的伟大智慧和创造力。莱钢这一时期的战略性决策和颇具战略眼光的重大举措，完全具备了一个特大型钢铁企业走在全国前列的应有品质，彰显了一个现代化钢铁企业的基本特征。

其一，建设学习型党组织，开了全党基层特别是国有企业建设学习型党组织的先河；通过不断创新，使莱钢成为全党基层建设学习型党组织名副其实的标兵。其二，及时调整和完善发展战略，“适度发展钢铁主业，大力发展非钢产业，积极稳妥地推进资本运营，尽快地把莱钢做强做大”①。这是完全正确的。其三，实施技改工程，是出台的一个妙招，走出的一步好棋，对做大做强莱钢起到了至关重要的作用。其四，实施以发展速度为主向以质量效益为主的阶段性战略转移，由“做大”转为“做强”，是富有前瞻性的明智之举。

“十五”期间，国内钢铁企业竞争越发激烈，联合、兼并、重组大潮风起云涌。与此同时，全国各大钢厂规模快速扩张，民营企业异军突起。国家对钢铁产业开始实行严格的宏观调控政策，对重点企业加以扶持。在这种态势下，莱钢领导者清醒地认识到，尽管利用外资对主体生产线实施了改扩建，2000年已具备了年产200万吨钢的生产能力，生产规模在全国冶金骨干企业已排在第15位左右，产品结构得到了一些改善，但是“螺纹钢等产品仍占主导地位，产品结构不尽合理，板带比例偏低，产品附加值较低，市场竞争能力差，国家要求淘汰的小电炉和小高炉依然存在，无法适应国家宏观政策和自身持续健康发展的需要”②。于是，集团公司超前思考，果断决策，用战略眼光谋求莱钢的大发展，快速启动了对“十五”时期及2010年钢铁发展规划纲要的研究和论证，决定将“十五”发展规划中的一期工程和二期工程一起上，最终确定了突出H型钢比较优势、进军板材市场、向千万吨级钢铁联合企业迈

① 参见《莱钢志》第4卷，第254页。

② 参见《莱钢志》第5卷，第297页。

进的宏伟目标。

“十五”时期，莱钢不是简单地搞规模扩张，而是通盘考虑莱钢整个大系统工艺的合理匹配和先进实用。在产品结构上以H型钢为主导，富有远见地选择银山北麓作为一个全新系统的新领地，一下子打开了莱钢大发展的局面。“技改工程推进了莱钢由200万吨钢到1000万吨钢的历史性跨越。老区的工艺结构填平补齐，银山型钢区的550万吨的现代化钢铁新区建成，又用170天建成了银山前区新炼钢系统及210万吨的公辅系统，莱钢从2003年的289万吨钢到2005年生产1000万吨钢，连续3年钢铁产量增长速度位于全国前列，使莱钢在激烈的市场竞争中抢得先机，经济效益大幅增长，资金链条得以衔接；推进了莱钢的钢铁主业系统优化，初步实现了工艺、装备和产品的‘三大结构’调整和‘完善、调整、优化、衔接、提高’的十字方针。”①

实施技改工程，脚踏实地，精心设计，精心施工，一丝不苟地落实。“从具体项目上看，每一个工程项目的决策，都是根据实际情况，按领导出题、专业研究、方案多样、优中选优的程序进行，论证过程广泛吸纳诸多专家的意见和建议，并在此基础上，能够适时抓住发展机遇，果断而准确地作出决策，在瞬息变化的市场形势下赢得主动。”②

“富有远见、未雨绸缪、抢占先机、适时调整、果断决策”，是莱钢实施其阶段性发展战略的主要特点。“十一五”时期，针对经济社会发展和行业转型的新形势，以及资源能源、环境约束的巨大压力，莱钢实施了“以发展速度为主向以质量效益为主的阶段性战略转移”，工作的着重点由“做大”转为“做强”。

由“做大”转向“做强”的阶段性战略转移的发展思路，凝聚了全集团各级领导班子及广大干部职工的思想和意志，增强了广大干部职工做强莱钢的信心，为各项工作的开展奠定了坚实的思想基础。这一阶段性战略的实施，取得了很好的效果，达到了预期的目的：企业发展质量和效益明显提高，盈利水平实现了历史性突破；价值创造能力大幅提升；产销研一体化运作成效显著；科技的作用进一步显现；资源节约型、环境友好型企业建设富有成效；主辅分离、辅业改制取得重大进展。

---

① 参见《莱钢志》第5卷，第301页。

② 参见《莱钢志》第5卷，第298页。

莱钢“十一五”时期实施以发展速度为主向以质量效益为主的阶段性战略转移，这一发展思路，直接导致莱钢“十二五”时期实施“坚持系统提升，创新运营模式，推进产业协同，做强钢铁主业，支撑山钢发展”，这是一脉相承的。特别是在当前钢铁行业发展遭遇严寒，上市公司“失血”成为各行业之最的态势下，只有企业“强大”，具有雄厚的实力，才有可能抵御严寒、化解危机。

5. 新起点、新方向、新征程（从2011年起）

“十一五”时期，我国粗钢产量由3.5亿吨增加到6.3亿吨，年均增长12.2%。钢材国内市场占有率由92%提高到97%。2010年，钢铁工业实现工业总产值7万亿元，占全国工业总产值的10%；资产总计6.2万亿元，占全国规模以上工业企业资产总值的10.4%，为建筑、机械、汽车、家电、造船等行业以及国民经济的快速发展提供了重要的原材料保障。

此外，“十一五”时期，我国钢铁产品结构进一步优化，钢材品种齐全，产品质量不断提高，大部分品种自给率达到100%。技术装备水平大幅度提高；节能减排成效显著；联合重组步伐加快；布局优化取得进展；钢铁行业工业化和信息化融合水平不断提升，融合程度不断加深；铁矿资源勘探开采迈出新步伐。

但是，我国钢材产品实物质量整体水平仍然不高，只有约30%可以达到国际先进水平，品种质量亟待升级。钢铁工业“北重南轻”的布局长期未能改善，布局调整进展缓慢。铁矿石价格大幅上涨极大地挤压了钢铁行业的盈利空间，严重制约了钢铁行业的健康发展。自主创新能力不强，创新基础薄弱。面对上述情况，《钢铁工业“十二五”发展规划》明确了发展的指导思想、基本原则和主要目标。

在这种态势下，莱钢制定了“十二五”发展思路和发展目标。

（1）莱钢面临的形势及“十二五”发展思路和目标。

莱钢认为，在“十二五”及今后一个时期内，面临的发展环境更加严峻复杂。国际金融危机仍在持续，欧洲债务危机导致多国信用等级被下调，世界经济将震荡下滑。我国经济发展的基础仍比较薄弱，经济稳定上行的条件尚不具备；钢铁产能严重过剩，各种品种均处于激烈的竞争之中，上游国际资源垄断趋势突出，大宗原料价格居高不下，下游供大于求的矛盾加剧，钢铁行业利润空间非常有限，多数钢铁企业主业处于亏损状态，经营发展步履维艰。

莱钢人清醒地认识到，莱钢同全国钢铁企业一样，钢铁主业的发展也受到了各种冲击和影响，到目前为止，已连续四年亏损，经营性现金流日趋紧张，资金运作捉襟见肘，导致资产结构失衡，财务成本负担过重，工艺改造、新项目投资资金匮乏，这种状况持续下去是非常危险的。“皮之不存，毛将焉附?”如果钢铁主业出现经营危机，也必将危及非钢产业的健康发展。

为了尽快改变钢铁主业盈利能力不强的状况，也为了使非钢产业更好更快地发展，集团公司研究制定了“十二五”战略规划，确定了莱钢“十二五”及今后一个时期的发展思路和奋斗目标。战略规划的核心思想可概括为：“坚持系统提升，创新运营模式，推进产业协同，做强钢铁主业，支撑山钢发展。”这个战略规划以新思维、新视野、新角度，对钢铁主业、非钢产业的未来发展以及它们之间的关系进行了科学定位，为全集团提高科学发展水平提供了有益指导。

莱钢认为，不论是钢铁主业还是非钢产业，都要创新运营模式，不要拘泥于传统的思维方式，不要受条条框框所限，只要符合客观规律和市场规律，有利于解放和发展生产力，有利于整合各类资源，都可以大胆地探索，创新性地运用。关于推进产业协同问题，这是大集团化运作的一个突出特征，就是要坚持“一业为主、相关多元、共同发展”的原则，主业发展为辅业做大创造载体、提供市场，辅业发展为主业经营运作提供保障和服务，两者相互依托，相辅相成。就非钢产业发展而言，要继续坚持“支持发展、强化管控、战略合作、市场化运营”的原则。

莱钢的发展目标非常明确和具体：“十二五”期间，全集团要坚持以科学发展观为指导，以战略规划为统领，深化转方式、调结构，持续推进工艺结构、产品结构、组织结构、产业结构调整，促进产业优化升级，提高管理绩效和运营质量。在提升钢铁主业盈利水平的同时，积极推进非钢产业发展，延伸产业链条，做好钢铁产品精深加工的文章，培植新的经济增长点；拓展资本运营领域，提升资本运营和资产运作水平，进一步提高价值创造能力。通过全集团的共同努力，到“十二五”时期末，实现年销售收入1000亿元以上，利润70亿元以上；非钢产业收入达到集团总收入的30%以上，真正把莱钢建设成为核心竞争力强、经济实力强、抗风险能力强的现代化钢铁企业集团。

（2）新阶段、新战略、新思考、新举措。

①莱钢面对严峻复杂的国内外形势，坚持以科学发展观为指导，以“转方

式、调结构，创新超越，系统提升”活动为抓手，走内涵挖潜、创新驱动、绿色发展之路。

首先，对发展方式有新的认识，更深刻地理解了“转方式、调结构”的重要意义，科学发展、和谐发展意识进一步增强。《莱钢钢铁主业“十二五”战略规划》确定以产品升级、成本改善、创新提升为核心内容的发展思路和重点，为做强莱钢奠定了基础。

其次，结构调整取得积极进展。在产品结构调整方面，坚持适应性调整和新产品开发相结合，高专比、高效比增幅在20%以上。在工艺结构布局调整方面，重点推进特钢系统产品升级改造项目、新疆喀什钢铁工程，以及以带钢升级改造为代表的一批技改项目；在原料炉料结构调整方面，不断深化和优化炉料结构配比，拓展了采购渠道，提高了经济料比例，取得了明显的经济效益。

最后，管理创新能力进一步提高。深化月度滚动预算管理，强化产销研、产供研两个运行平台，可比产品总成本实现了每年2%以上的降幅。创新工程管理模式，优化投资方案。财务资产管理富有成效，资产结构得到优化。节能减排、环境建设、现场整治成效明显。调整优化生产组织结构，理顺了管理体制。通过深入开展“转调创提”活动，钢铁主业盈利水平与行业的差距明显缩小，消化增支减利因素的能力明显提高。

②建立完善“三大体系”和两大考核机制。所谓“三大体系”，一是全面预算指标体系，二是绩效目标评价体系，三是责任目标考核体系。“三大体系”对领导干部、中层干部和二级单位的考核不断深化和优化，更加贴近实际，使考核机制更为有效地发挥了作用。两大考核机制，即相对量和绝对量的考核机制，主要是对领导班子实施考核，对中层干部的考核，充分调动各级干部的积极性和创造性。

③加强协同配合、责权利联系，构建产销研和产供研一体化运作体系。加强单位之间、工序之间、生产单位和管理部门之间，尤其是营销口密切的协调配合。产供研即生产厂、原料部门和技术部门密切联系，在确保高炉稳定顺行的基础上，进行大原料结构优化，充分了解市场、价格、变化和趋势，尤其是生产部门有很重要的话语权。产供研协同配合方面需进一步加强。通过责权利联系，能够快速适应新的要求，把原料、炉料结构包括配煤结构等提升到一个新水平。产销研一体化也需要进一步提升，注重市场需求、市场价格、新产品和高专产品的效益，紧紧抓住这“两个一体化”，围绕结构增效、营销增效做好文章。

④推动“转调创提”再上新水平。“转调创提”，是为莱钢在新时期提供的转变观念、转型升级的平台。莱钢认为，转方式是国家、行业、时代的要求和战略调整，是大势所趋；调结构是主线和重点目标；创新超越，系统提升是手段、措施和目的。管理创新是生产经营、深度挖潜、提质增效的根本措施。做好管理创新这篇大文章，需要各个管理层次深度思考，结合实际，创新思维，创新方法，大胆实践，持续深化。加大技术创新力度，优化整合内外部技术和创新资源，各级技术部门要面向市场、面向现场，着眼于为用户提供技术服务，着力解决影响效率效益的关键技术问题，提高技术创新对效益的贡献率，加大管理创新力度。

⑤调整、反思、变革，苦练内功，积蓄力量。总的来看，莱钢面对纷繁复杂的市场形势，积极应对，及时地调整策略，反思已有的成就和经验，对不适应发展的制度和机制进行变革，创新技术和管理机制，同时苦练内功，积蓄力量，时刻准备迎接新机遇、新挑战。

2012 年春季以来，在集团公司新任董事长的领导下，集团公司出现了新的面貌。他号召集团公司全体职工既要看到完成任务的艰巨性、复杂性，又必须坚定信心；同时，面对钢铁工业发展的严峻态势，他实事求是地提出了一系列新举措，不断进行新的探索，稳定地推进企业向前发展。

⑥“外学唐钢、新兴际华，内学型钢炼铁。”以学唐钢、新兴际华为目标，推进降本增效向纵深拓展。制定实施了钢铁主业吨钢深度挖潜提质增效 300 元、全年 30 亿元的实施方案，在职代会提出降本增效确保 20 亿元目标的基础上再加码。将型钢炼铁厂作为标杆，使降本增效工作有目标、有标准、有方向。2012 年上半年，各单位均完成预算成本目标，型钢炼铁厂、型钢炼钢厂分别比计划降低 5411 万元和 2456 万元。这就说明措施得当，效果显著。

⑦积极稳妥地推进机构调整和人员优化工作。为了适应形势发展的需要，集团公司按照战略导向、专业化、扁平化、精简高效的原则，本着总体策划、分段实施、积极稳妥、适时推进的基本思路，既要实现岗位和人员精简优化的目标，又要为新建项目、新设机构充实管理人员和技术骨干，逐步达到机构精简、层次减少、运行顺畅、管理高效、适应战略规划要求的总体目标。目前，精简机构和优化科级干部工作进展顺利，完成了预期目标；职工分流新疆喀什在建项目，也取得了好的结果，充分体现了莱钢干部和职工的良好素质。

⑧形成新的良好局面。目前，集团公司形成了内外和谐、齐头并进的良好局

面。各级党群组织围绕中心、服务大局，深入开展主题系列活动、各类劳动竞赛和技术比武；加强形势任务教育和心理疏导，有针对性地做好思想政治工作，在深化“转调创提”活动，推进“学唐钢、新兴际华”“学型钢炼铁”，以及“两转一提”活动中，实现了思想一致、目标一致、行动一致。反腐倡廉工作得到了巩固和深化，社会治安综合治理工作全面加强。企地合作层次不断提高，与莱芜市签署了“企地共建、协同发展”战略合作协议。莱钢钢铁精深加工产业园开工建设，在非钢产业发展方面迈出了新的一步。

（二）赶超型发展取得辉煌成就

43 年前，莱钢还只是一个名不见经传的“三线”小厂，如今已成为中国钢铁工业的中坚，跻身于国内钢铁行业的前列。

1995 年 12 月 26 日，国家经贸委、财政部、劳动部、人事部联合以国经贸企〔1995〕851 号文公布 1994 年度全国大型工业企业名单，莱钢被认定为特大型企业。此后，莱钢先后成为中国冶金行业首批通过 ISO 9002 质量体系、ISO 14001 环境管理体系和 OHSAS 18001 职业安全健康管理体系国家认证企业；被授予“全国名优产品售后服务优秀企业”“全国再就业先进企业”“全国用户满意企业”“国家技能人才培育突出贡献企业”“全国 AAA 级信用企业”“全国创建和谐劳动关系模范企业”“全国企业文化建设优秀单位”。

莱钢取得的成就，为全国瞩目。

1. 取得重大经济效益，跻身全国钢铁行业前列

莱钢 1970 年建厂，直到 1982 年，由于种种原因，一直处于亏损局面。1983 年摆脱亏损，当年实现利润 110 万元；1985 年实行厂长责任制以后，当年实现利润 2211 万元。1970 ~ 1985 年（包含“五五”时期至“六五”时期），全厂累计完成工业总产值 20. 27 亿元，缴纳税金 9729 万元，生产生铁 417 万吨、钢 83 万吨、钢材 54 万吨。

“七五”期间（1986 ~ 1990 年），莱钢共生产生铁 295 万吨、钢 192 万吨、钢材 97 万吨，比“六五”时期分别增长 69%、317% 和 194%，净增生铁 120 万吨、钢 146 万吨、钢材 64 万吨。累计实现利税 4. 80 亿元，比“六五”期间净增 3. 99 亿元，上缴国家利润 9577 万元、税金 2. 55 亿元，分别比“六五”期间增加

7854 万元和 1.97 亿元①。其中，1988 年实现利税首次突破 1 亿元②，跨入地方骨干钢铁企业前 10 名的行列；1989 年实现利税 1.3 亿元，创下建厂以来最好水平。“七五”期间，1990 年，在市场疲软、资金紧张、增支因素多等困难条件下，实现利税 1.17 亿元，在全国地方骨干企业中名列第八位。

1991～1995 年的“八五”时期，“累计实现销售收入 905414 万元，实现利税总额 122657 万元。其中利润 54385 万元、税金 68272 万元，分别比‘七五’时期增加 74657 万元、44808 万元和 42772 万元，创莱钢建厂以来最高水平”③。“1993 年利税达到 3.91 亿元，按销售收入排序，在全国 500 家最大工业企业中名列第八位。1994 年钢产量突破 100 万吨大关，当年产钢 102 万吨。1995 年产钢 112 万吨，在全国地方骨干企业中排序第五位，被国家经贸委、国家计委、国家统计局、财政部、劳动部、人事部联合以〔1995〕851 号文件认定为 1994 年度全国特大型企业”④。

1996～2000 年的“九五”时期，“5 年累计生产钢 908.37 万吨、生铁 782.37 万吨、钢材 727.22 万吨；实现销售收入 216.54 亿元，利税 16.3 亿元，利润总额 6.42 亿元。主要技术指标在全行业的位置不断前移，总成本大幅度降低，特别是 2000 年可比产品总成本比上年降低 3.56 亿元，降低率为 11.08%”⑤。需要特别指出的是：“莱钢改扩建自 1991 年 5 月开工，1998 年末工程全部结束，历时 8 年，扩建改造共完成投资 50 多亿元。铁和钢的生产能力分别增加 106 万吨和 160 万吨，形成了年产 200 万吨钢材的生产能力，吨钢投资约为 3400 元，比新建厂吨钢节省约 5000 元。”⑥“据测算，莱钢负债建设 1996～2016 年的 20 年中需还本付息 52.5 亿元，相当于给国家赚回一个莱钢；20 年间上缴利税也在 50 多亿元，相当于上缴一个莱钢。”⑦

2001～2005 年的“十五”时期，“累计生产钢 2648.62 万吨，生铁 1931.19 万吨，钢材 2729.2 万吨；钢、铁、材产量分别由 2000 年的 214 万吨、170 万吨、196 万吨，上升到 2005 年的 1033 万吨、765 万吨和 1049 万吨，分别增长 3.8 倍、3.5 倍和 4.4 倍，实现了‘三步走’的战略目标。钢产量在全国钢铁行业的排名，由 2000 年的第十七位上升到 2005 年的第六位，增长速度连续三年名列全国重点钢铁企业

① 《莱钢志》第 2 卷，第 5 页。原文有误，现为核对资料后改正数字。
② 《莱钢志》第 3 卷，第 8～9 页。
③ 《莱钢志》第 3 卷，第 17 页。
④ 《莱钢志》第 3 卷，第 9～10 页。
⑤ 《莱钢志》第 4 卷，第 4 页。
⑥ 《莱钢志》第 4 卷，第 9 页。
⑦ 《莱钢志》第 4 卷，第 9 页。

第一位”①。“5年内累计实现销售收入963.8亿元，利税88.98亿元，利润44.48亿元。销售收入、利税、利润总额分别由2000年的60亿元、5亿元和2亿元，增长为2005年的393亿元、32亿元和16亿元，分别增长5.6倍、5.4倍和7倍。到2005年末，公司总资产为340亿元，形成固定资产原值226.7亿元，净值170.54亿元。莱钢的社会地位、社会影响力和对地方经济的辐射带动力明显增强。”②

2006～2010年的“十一五”时期，累计生产钢5601万吨，铁5492.7万吨，钢材5616.4万吨；实现销售总收入2881亿元，利税总额313.6亿元，利润总额157.39亿元。其中2006年生产钢1080万吨，生铁1000万吨，坯材1075万吨；实现销售收入430亿元，利税总额41亿元，利润总额21亿元。2007年生产钢1169.9万吨，生铁1079.1万吨，坯材1177.5万吨；实现销售收入572亿元，利税总额96亿元，利润总额56亿元，分别完成计划的110%、65.65%和27.38%。2008年，全年生产钢1062.8万吨，生铁992.6万吨，坯材1074.6万吨，分别完成计划的87.5%、87.8%和89.3%；全集团实现销售收入660亿元，利税总额55.6亿元，利润总额13.69亿元，分别完成计划的110%、65.65%和27.38%。2009年全年生产钢1038.3万吨，生铁1073万吨，坯材1040.3万吨；实现销售收入551亿元，利税总额65亿元，利润总额36.7亿元。2010年钢、铁、材分别为1250万吨、1348万吨、1249万吨；销售收入、利税、利润分别为668亿元、56亿元、30亿元。在此期间，2007年全年轧材成材率98.2%，比行业平均水平高2.7%，在全国的排序由2006年的第七位提高到第五位。2008年实现国际贸易总量1396万吨，国际贸易总额为30亿美元，其中出口钢铁产品125万吨，包括其他商品出口，共创汇11亿美元。

2011年是“十二五”时期的第一年，生产钢1411.2万吨、生铁1448.8万吨、钢材1415.9万吨；实现销售收入726亿元、利税总额49.1亿元、利润总额25.26亿元。销售收入和钢铁主体利润分别超山钢年度预算51亿元、1.81亿元。全年累计出口钢铁产品48.24万吨，创汇3.49亿美元。实现了“十二五”发展的良好开局。

2012年生产钢1450万吨、生铁1490万吨、钢材1450万吨，其中，本部生产生铁1030万吨、钢980万吨、钢材960万吨。铁、钢、材产量比上年略有增长，但比计划目标略有降低，主要是为适应市场变化调低了产量。全年实现销售

---

① 《莱钢志》第5卷，第4页。

② 《莱钢志》第5卷，第4页。

收入706亿元，利税总额20亿元，集团公司盈亏基本持平。

总的来看，莱钢从1970年建厂至2011年，已经为国家生产出生铁1.08亿吨，钢1.13亿吨，钢材1.09亿吨，实现销售总收入约4878亿元，利税总额486亿元，利润总额240亿元。截至2011年，莱钢拥有总资产840亿元（见表1－1、表1－2、图1－1、图1－2）。

表1－1　莱钢建厂以来铁、钢、材产量贡献

单位：万吨

时期＼项目	铁	钢	材
1970～1980年	242	37	21
“六五”时期	175	46	33
“七五”时期	295	192	97
“八五”时期	390.48	419.26	263.20
“九五”时期	782.37	908.37	727.22
“十五”时期	1931.19	2648.62	2729.20
“十一五”时期	5492.70	5601.00	5616.40
“十二五”时期			
2011年	1448.80	1411.20	1415.90
2012年	1490	1450	1450
总计（不含2012年）	10757.54	11263.45	10902.92

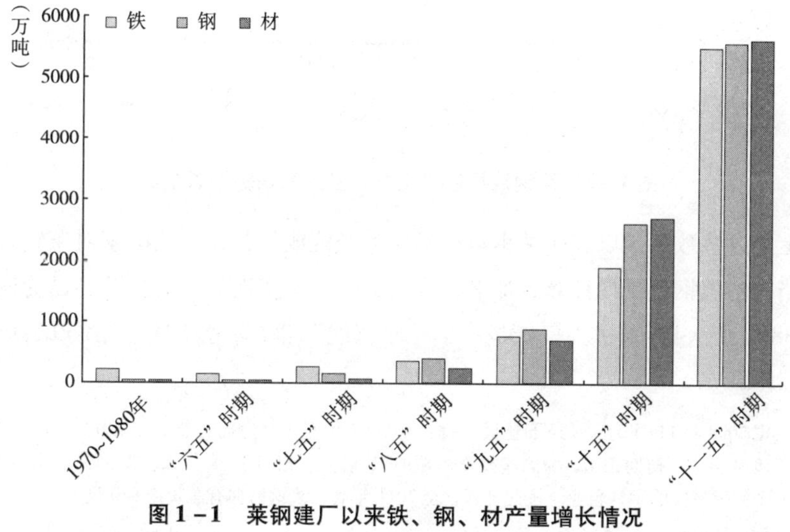

图1－1　莱钢建厂以来铁、钢、材产量增长情况

表 1－2　莱钢建厂以来主要经济效益指标

单位：亿元

时期＼项目	销售收入	利税总额	利润
“六五”时期	暂缺	0.81	0.1723
“七五”时期	暂缺	4.80	0.9577
“八五”时期	90.5414	12.2657	5.4385
“九五”时期	216.54	16.3	6.42
“十五”时期	963.8	88.98	44.48
“十一五”时期	2881	313.6	157.39
“十二五”时期			
2011 年	726	49.1	25.26
2012 年	706	20	
总计（不含 2012 年）	4877.8814	485.8557	240.1185

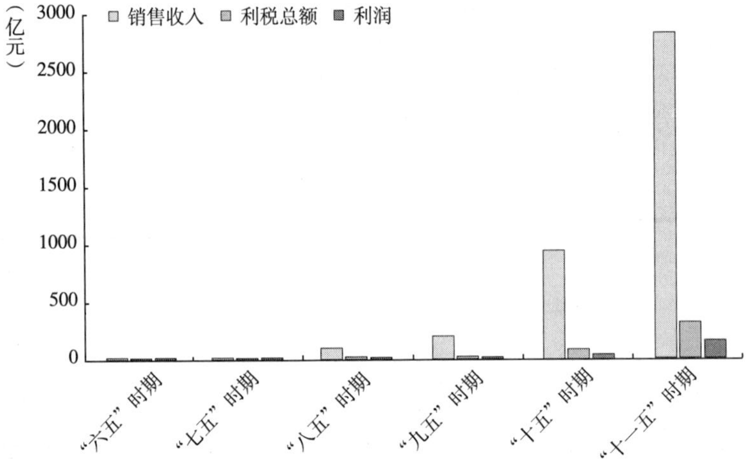

图 1－2　莱钢建厂以来主要经济效益指标增长情况

上述这些数字足以表明莱钢取得的巨大经济成就，如果从国家对莱钢投资总额和当初对莱钢的预期计算，那么，今天的莱钢所实现的经济指标，已为国家赚回了 38 个莱钢①。从过去仅仅是一个“小三线”钢厂，预期年产钢 50 万吨，今

① 据 2008 年 11 月 3 日《经济导报》称：至 2007 年底，莱钢拥有总资产 620 亿元，净资产与 1970 年建厂初期相比，为国家投资总额的 28 倍多。相当于 38 年来，莱钢为国家新建了 28 个同等规模的钢铁企业。按此计算，至 2011 年底，莱钢已拥有总资产 840 亿元，是建厂初期国家投资总额的 38 倍多。

天已达到年产钢1400多万吨，是预期的28倍。从作为地方的钢铁骨干企业，到地方骨干企业的排名不断前移，再到“十五”时期全国排名第六位，连续三年全国钢铁行业增速第一名，这足以表明莱钢的增长速度是惊人的，已经成长为国家钢铁工业的骨干力量之一，不仅在山钢集团中占有重要地位，而且在全国钢铁行业中也具有较强的影响力。

上述巨大成就，说明莱钢实现了跨越式的发展。这也是中国改革开放取得巨大成就的缩影。

从表1－1中可以看出，加上2011年的钢产量，总产量累计已经超过1亿吨钢的规模。这1亿吨钢意味着什么？意味着一个莱钢贡献出1996年全国钢产量的总和。因为这一年，全国的钢产量刚刚超过1亿吨。莱钢的这1亿吨钢，如果从“九五”时期算起至今（含2012年钢产量），仅仅用了17年的时间！这样的发展速度，就是在西方发达国家，也是绝无仅有的。资料显示，世界钢产量较大的企业从5000万吨增长到1亿吨，都用了21年的时间①。而莱钢年产钢1300万吨的能力，早已超过英国的粗钢年产量。资料显示，英国2001～2009年每年的钢产量也就在1300万吨上下徘徊②，此后不断下降。如果以莱钢2011年生产1400多万吨钢的产量，比较当年（2011年）其他国家的产量，那么，低于莱钢的国家依次是：加拿大1310万吨、伊朗1300万吨、英国950万吨、波兰880万吨、比利时810万吨、奥地利750万吨、荷兰690万吨、南非670万吨、埃及650万吨、澳大利亚640万吨、马来西亚600万吨、阿根廷570万吨……而2011年西班牙和法国的钢产量分别是1560万吨和1580万吨，仅仅高于莱钢100多万吨而已。

从表1－1中可以看出，产量最高是在“十一五”时期，“十五”时期次之，两者合计占总产量的82%。从“八五”时期到“九五”时期，产量翻了一番，“九五”时期到“十五”时期翻了两番多，“十五”时期到“十一五”时期，也翻了两番多。

总结莱钢的发展成就，其经济总量和增长速度，还可以从国内横向上作比较。例如，1970年前和莱钢建厂时间相近、也属于国防“三线”建设的钢铁厂，

① 参见《世界粗钢历年产量表（1875～2010）》，网易博客，http：//xxw3441.blog.163.com/blog/static/7538362420101120815511 8/？suggestedreading，最后访问日期：2013年7月20日。

② 参见《世界六强粗钢产量表（1990～2009）》，网易博客，http：//quejh97nju.blog.163.com/blog/static/，最后访问日期：2013年7月20日。

即现在的四川攀枝花钢铁集团公司，有一定的可比性。

攀钢是党中央、国务院在20世纪60年代中期选定建设的“三线”钢厂。1965～1980年为一期建设和创业阶段。攀钢于1965年春开工建设，1970年出铁、1971年出钢、1974年出钢材，1980年主要产品产量和技术经济指标达到或超过设计水平，形成了150万吨钢的综合生产能力。1981～2000年为攀钢建设二期工程，规模迈上新台阶，品种结构实现调整，实现从“钢坯公司”到“钢材公司”战略性转变的重要历史阶段。攀钢二期工程新建了四号高炉、板坯连铸、板材等三大主体系统，总体装备水平达到80年代末90年代初国际先进水平，新增铁、钢、坯、材各100万吨，后经挖潜达到年产400万吨钢的规模。目前，攀钢已形成年产铁830万吨、钢940万吨、钢材890万吨、钒制品（以五氧化二矾计）2万吨、钛精矿30万吨、钛白粉9.3万吨的综合生产能力。攀钢坚持依靠科技进步深度开发和利用钒钛磁铁矿资源，在中国钢铁工业中具有独特地位。

经过40多年的发展，攀钢已发展成为我国西部最大的钢铁生产基地，中国最大的铁路用钢生产基地、品种结构最齐全的无缝钢管生产基地、最大的钛原料生产基地和唯一的氯化法钛白生产基地，是中国最大的钒制品生产基地及世界第二大产钒企业。我们从互联网上仅得到攀钢2006年和2007年的部分数字。攀钢以2006年营业收入384.42亿元排名中国企业500强第99位，在钢铁企业中排名第10位。2007年攀钢实现主营业务收入367.44亿元，利润20.09亿元。而莱钢2006年和2007年的主营业收入分别为430亿元和572亿元，2007年利润为56亿元，生产钢、铁、材均已超过1000万吨。2010年中国钢铁企业销售收入排名顺序是：①上海宝钢集团公司；②首钢总公司（集团）；③鞍山钢铁集团公司；④武汉钢铁（集团）公司；⑤江苏沙钢集团有限公司；⑥莱芜钢铁集团……⑪攀枝花钢铁集团。

2.“特色”产品在国民经济发展中彰显重要地位

莱钢是全国规模最大、规格最全的H型钢精品生产基地，全国品种、规格、标准最全的螺纹钢生产基地，全国产销量最大的齿轮钢生产基地，全国规模最大的粉末冶金生产基地。钢铁主业主要产品有型钢、板带、棒材、优钢等系列，其中，热轧H型钢获“中国名牌产品”称号，齿轮钢和轴承钢获“国家冶金产品实物质量金杯奖”，螺纹钢获“国家免检产品”称号。

莱钢拥有小型、中型、大型3条H型钢生产线，具有年产330万吨以上的能力。在大型H型钢生产线生产的大型H型钢、工字钢及其他型钢中，所产大规格H型钢填补了国内空白。莱钢积极开发研制建筑用耐火、耐候、抗震系列H型钢，高强度控轧控冷H型钢，轻型薄壁、不等宽不等厚异型H型钢，铁道车辆用H型钢，输变电铁塔塔桅结构H型钢，海洋石油平台用H型钢等产品，已成功应用于核工业、造船业、航天业、铁道桥梁业等诸多领域。

莱钢生产的钢材被三峡工程、京沪高速、上海轻轨工程、南水北调工程、青藏铁路、南极长城站、秦山核电站、大亚湾核电站、奥运工程等国家著名重点工程所采用。除了被用于核工业、造船业、航天业、铁道桥梁业外，还被用于汽车、机械、冶金、建筑等行业，销往全国25个省、市、自治区，用户1500多家①。“形成了以H型钢为主，工字钢、槽钢、角钢、矿U钢为辅的5大产品系列，品种规格多达58个，为H型钢占领市场、赢得用户铺平了道路，并且远销韩国、东南亚、中东、澳大利亚、中国香港等10个国家和地区。”②

莱钢H型钢钢结构绿色节能住宅建筑体系的研究和应用，在国内处于领先地位，其成果多次获奖。《莱钢钢结构建筑体系绿色节能住宅技术导则》成为我国钢结构绿色住宅领域第一套较完整的企业技术导则。代表性钢结构项目有：“滨州国际会展中心”获中国建筑钢结构金奖；“上海‘世福汇’钢结构工程”获中国建筑钢结构金奖（国家优质工程）和上海市金属结构建筑工程“金刚奖”；“上海中福城三期119号、97号工程”获“金刚奖”和并成为建设部科技示范工程；“陕西咸阳丽彩·天玺”楼盘为我国西北地区钢结构建筑第一高楼和首座按照抗震设防8度设计的高层高档钢结构住宅，是建设部示范工程；“济南艾菲尔花园”被建设部认定为A级住宅、国家优质工程；“莱钢樱花园小区”是国内第一个全部利用国产热轧H型钢建设的住宅小区，为山东省钢结构节能住宅示范工程。

莱钢生产的锚链圆钢，“1989年通过了英国劳埃德船级社、中国船检局工厂认可，供应量占全国用量的1/3以上”③。1994年，船用II级锚链钢获国家优质产品银质奖，II级、III级锚链钢通过中、日、英、韩4国认证④。此后，锚链钢被评为国家级重点新产品，并获英国、日本、德国、韩国、挪威、法国6国船级

① 参见《莱钢志》第5卷，第3页。
② 参见《莱钢志》第4卷，第505页。
③ 参见《莱钢志》第2卷，第139页。
④ 参见《莱钢志》第3卷，第17页。

社认证[①]。从 1994 年起，莱钢开始生产锚链。1996 年安装改造了具有国内先进水平的采用微机控制的调质炉，1998 年抓三期工程，1999 年三期工程顺利建成投产，实现了从锚链钢入库、出库、消耗到成品入库、销售全过程的网络控制。2000 年，生产锚链 12074. 08 吨，销售 10031. 03 吨，产量比 1996 年增长了近 9 倍[②]。

3. 一些技术水平处于国内钢铁工业领先地位

1990 年 12 月 23 ~ 24 日，莱钢 2500 吨水压机台车式锻造加热炉应用水煤浆技术通过了试验鉴定，该项成果属于国内首创，居世界领先地位[③]。

1994 年 12 月 3 日，莱钢中期焦炉改烧高炉煤气应用项目通过国家鉴定，该项目总投资为 163 万元。1 号炉改烧高炉煤气后，每小时可置换出焦炉煤气 4000 立方米，年经济效益达 1200 多万元，属于国内首创[④]。

莱钢的中低速磁悬浮轨道 F 型钢，更为莱钢赢得了赞誉。

据 2011 年 9 月 19 日中钢协网站称，500 多吨中低速磁悬浮 F 型钢在山东钢铁莱钢集团型钢厂成功轧制，这标志着莱钢中低速磁悬浮轨道 F 型钢成功实现了高精度批量化生产。为实现磁悬浮轨道交通系统产业化，北控磁浮技术公司、国防科技大学与莱钢签署了长期排他性合作协议，由莱钢独立承担研发生产轨排用 F 型钢。莱钢经过 3 年 16 次实验，10 多次计算机模拟，7 次工业试验，终于破解了这一世界级技术难题，2009 年成功开发出我国第一支“热轧 F 型钢”，也是世界第一支热轧 F 型钢成品，为中低速磁悬浮列车轨道交通实现产业化扫清了最后一道技术障碍。

莱钢共申请了热轧 F 型钢等发明专利和技术秘密 12 项，在 20 多个国家申请了国际发明专利，并制定了 9 项国家标准、行业标准和企业标准，成为中低速磁悬浮列车轨排制作的国内唯一供应商。热轧 F 型钢是莱钢具有自主知识产权的高附加值产品，2007 年 11 月 19 日成功下线，之后被用于中低速磁悬浮列车磁轨轨排制作，并投入唐山实验线进行实验运行。经过一年多的反复实验，得到负责实验的北控磁悬浮技术公司有关负责人的高度赞誉：莱钢热轧 F 型钢制作的轨排比

---

① 参见《莱钢志》第 4 卷，第 3 ~ 4 页。

② 参见《莱钢志》第 4 卷，第 109 页。

③ 参见《莱钢志》第 2 卷，第 553 页。

④ 参见《莱钢志》第 3 卷，大事记。

焊接后F型钢制作的轨排磁性提高20%，其余各项性能指标也相当稳定，完全能满足中低速磁悬浮列车的需要。同时，一次性热轧F型钢相对焊接的F型钢，具有成本低、制造周期短的优点。

莱钢还实现了“一键式”炼钢。2008年6月，经过一年多的研发，莱钢开发出9个用于转炉炼钢的计算机模型，把过去的数十项工作程序浓缩为一，成功实现了“一键式”炼钢。该技术使莱钢的钢水终点碳一次命中率由过去的不到70%提高到90%，钢铁料消耗、氧耗、合金等原料消耗大幅度降低，全年可降低生产成本1700余万元。“一键式”炼钢，就是利用数字化、信息化技术改造传统炼钢技术装备，是提升钢铁企业技术装备和操作水平的重要标志。莱钢于2007年初启动“一键式”炼钢项目的研发工作，组成了由自动化信息技术部门、专业生产厂参加的技术创新攻关组，根据原料条件、冶炼钢种、设备条件和转炉操作人员的经验，研发了加料控制、枪位控制、转炉底吹、钢包底吹的6个加料模型和3个氧枪枪位模型，形成了以生产控制、过程控制和基础自动化为主的三级控制系统，实现了对冶炼过程的全自动控制。这标志着莱钢转炉炼钢核心技术跻身于国内领先行列。炼钢的所有过程全部由计算机模型控制，大大降低了职工的劳动强度，提高了冶炼精度、产品质量，降低了能耗。

在莱钢，运用专利抢占、保护市场的战略意识已经明显提高，莱钢的自有知识产权逐步增多。“九五”期间，莱钢共申请专利39项，其中发明专利7项，实用新型专利32项；授权专利28项①。“十五”期间，共申请专利106件，PCT申请4件，分别向俄罗斯、印度、乌克兰等7个国家提出申请；授权专利79件。多项成果居国际领先或先进水平，其中“轿车用高性能水雾化粉末材料的规模化生产技术”成果获2003年国家科技进步二等奖②。此外，R4级海洋系泊链用钢已成为具有自主知识产权的国家专利产品③，“高炉顶燃式热风炉、高炉煤气全干法除尘及TRT发电、高炉冷却壁检漏、转炉煤气干法除尘、干熄焦、数字化加热炉等国内领先的‘十大亮点技术’，已成为莱钢的技术亮点”④。

① 参见《莱钢志》第4卷，第239页。
② 参见《莱钢志》第5卷，第10页。
③ 参见《莱钢志》第4卷，第502页。
④ 参见《莱钢志》第5卷，第11页。

4. 闻名遐迩的“莱钢速度”和蜚声中外的莱钢品牌

闻名遐迩的莱钢速度和蜚声中外的莱钢品牌，反映了莱钢提升钢铁企业发展品质的管理水平。莱钢速度是莱钢跨越式发展的重要特征。但是，莱钢认为，未来企业的竞争优势不仅在于企业发展的速度和规模，更在于企业的发展品质。“品格炼钢，提升企业发展品质”成为莱钢又好又快发展的理念之一，实现了发展速度与经济效益的统一、当前效益与发展后劲的统一、规模扩张与生态效益的统一、企业发展与社会效益的统一。莱钢速度和莱钢品牌的有机统一，也是莱钢发展成就的重要体现。

（1）莱钢速度。

由于“十五”期间的跨越式发展，从2002年的200多万吨钢增长到2005年的1000万吨钢，创造了“莱钢速度”。可以佐证的例子比比皆是。例如，在“十五”技术改造工程中，只用了11个月22天，就打通了从焦化、制氧、原料、烧结到炼铁、炼钢、连铸复杂的钢铁生产线，达到了国内冶金工程建设吨钢占地最少、工期最短、投资最省、“又快又好又省”的工程目标。整个工程决策快、行动快、建设快、见效快，创造了冶金建设史上的奇迹。

关于“莱钢速度”，《莱钢志》第5卷称：“1号750立方米高炉易地大改造工程5个月19天完成，3天达产；1号1880立方米高炉建设工期比国内同类型高炉缩短了半年；4号焦炉施工工期不到11个月，创下了国内焦炉工程的最短工期纪录；1500毫米热轧带钢工程历时仅13个月23天；银山前区265平方米烧结机创下了不到5个月建成的新纪录。无论是整体工程，还是单项工程，建设工期都比行业内的先进工期还要短，创出了冶金工程建设新纪录，在全国冶金行业被誉为‘莱钢速度’。”①

（2）莱钢品牌。

莱钢作为全国特大型工业企业，特别注重培育莱钢品牌。莱钢品牌表现在管理、科技、设备、产品、建设、环保、文化、服务、人物等多个方面。这些品牌蜚声中外，具有广泛、良好的影响。这里仅撷取管理、科技、设备、产品、建设五个方面的部分事例来阐明。

在管理品牌上，莱钢实施廉政效能管理体系，进一步完善企业管理制度，得

---

① 参见《莱钢志》第5卷，第8页。

到了中央有关部门领导和专家的高度评价，全国有20多家国有大型企业到莱钢考察学习。此外，厂务公开也是莱钢管理的亮点，走在全国厂务公开的前列。

在科技品牌上，处于国际领先的有低硅烧结技术、高炉炉衬烧蚀检测技术、高炉冷却壁检漏技术、顶燃式热风技术、750立方米高炉智能控制专家系统、连铸中间包定径水口不断流快速更换技术、能源计量管控一体化信息网络平台，处于国内领先的有高炉内窥视高温工业电视监视系统、粒煤喷吹技术、高炉炉顶余压全干式TRT发电技术、转炉溅渣护炉技术、数字化加热炉技术、短应力线轧技术、轿车用高性能水雾化粉末材料的规模化生产技术，等等。

在设备品牌上，主要有全国作业率最高的转炉连铸生产线，全国最大、品种最全的H型钢生产线，代表当今先进技术的1500毫米热轧带钢生产线，国内首次设计制造的第一条全连轧窄带钢生产线，装备精良的中小型生产线，具有国内先进水平的烧结生产线，国内规模最大、品种最齐全的粉末冶金生产线，技术先进的钢结构生产线，等等。

在产品品牌上，主要有H型钢、宽厚板、热轧带肋钢筋、热轧钢带、轴承钢、齿轮钢、合金结构钢热轧圆钢、优质碳素结构钢热轧圆钢、碳素结构钢热轧带钢、锚链等80余种，400多个号类；非钢产品主要有钢结构、粉末冶金及制品、叉车货叉、硫酸铜、煤化工产品等。莱钢以其完美的产品质量和优良的售后服务在国内外享有较高声誉。

在建设品牌上，主要有荣获国家建筑最高奖——鲁班奖——的中型H型钢工程，荣获国家优质工程银质奖和泰山杯的大型H型钢轧钢工程，冶金部样板工程——中小型轧钢工程，比额定工期缩短10个月的750立方米高炉系统工程，高效实施的大型H型钢标志性工程——1号1880立方米高炉、265立方米烧结机、120吨转炉、异型坯连铸机、大型H型钢轧机工程，工期仅5个月的银山前区炼钢系统工程，等等。

此外，关于环保品牌、文化品牌、服务品牌、人物品牌的事例，也非常丰富，这里不一一列举①。

5. 取得重大社会效益，承载社会责任，乐于奉献社会

莱钢不仅取得了巨大的经济效益，而且取得了巨大的社会效益。这是全国人

---

① 详情参见本书“莱钢品牌”相关部分。

民有目共睹的。

莱芜“因钢建市”，莱钢支撑了莱芜市的发展。莱钢1970年建厂初期，莱芜还只是一个县，1983年8月，经国务院批准，撤销莱芜县，改设省辖县级市，由泰安市代管。1990年8月，设立莱芜市钢城办事处（副县级），为莱芜市人民政府的派出机构，莱芜市、新泰市和沂源县的部分乡镇归其管辖。1992年11月，经国务院批准，莱芜市由县级市升为地级市，辖莱城、钢城2个区，30个乡镇、办事处。

应该指出的是，莱钢在各个时期取得的建设成就，都对莱芜地区有着重大的影响和促进作用。可以说，莱钢就是莱芜地区经济社会发展的引擎，起着举足轻重的作用。莱钢跨越式的发展，给莱芜市带来了巨大的变化。在发展中莱钢和莱芜市早已融为一体，你中有我，我中有你。莱钢冲锋在前，莱芜为莱钢保驾护航。莱芜市人民感谢莱钢的卓越贡献，莱钢感谢莱芜市父老乡亲的大力支持。莱芜为有莱钢而感到骄傲，莱钢和莱芜人民水乳交融。总之，如果说莱钢的跨越式发展是中国改革开放实现赶超的一个缩影，那么，莱钢也给莱芜地区培育他们成长的人民带来了发展的机遇和希望。莱钢已成为莱芜的形象和品牌。这就是莱钢取得的重大社会效益。

作为国有企业，莱钢从来都把社会责任摆在最重要的位置。在莱钢看来，社会责任重于泰山。莱钢始终把国家、社会和人民的根本利益放在第一位，融入自己的发展前景和发展战略，确立了“共创、共进、共赢”的核心价值观，用优质的产品和服务回报客户和消费者，用优秀的业绩和分红回报股东和债权人，关键时刻伸出援助之手，为政府分忧解难，积极参与公益事业和慈善活动，彰显社会大爱。

莱钢不仅带动了地方经济发展，而且营造了和谐的企地关系。“同住一个城市，共建美好家园”，成为莱钢和莱芜人民的共同追求。莱钢积极参与市政基础设施建设，改善城市居住环境，建设“生态莱钢”“绿色钢城”，坚持义务植树，历时10年；实施“牟汶河治理工程”，治河道、修公路、建公园、搞绿化，完善医疗、教育、商业、娱乐等公共设施，改善了莱芜市民的城市居住环境和生活设施，丰富了物质文化生活。

莱钢在发展中注重维护当地居民利益，在“十五”时期进行的技改工程中，提出大型H型钢建设项目不占用一寸良田。积极进行节能减排，保护环境，高标准推广应用国际先进清洁生产技术和污染治理技术，还有一流的节水技术。“十五”时期以来，实现了由年产200万吨向1000万吨钢的跨越，而耗水总量仅与1995年112万吨钢时的耗水总量持平，创造性地实施了“三干、多串、零排放”节水模式，闯出了特大型钢铁企业节水的新路。

6. 获得多项荣誉称号

43年来，莱钢获得了多项国家、省部级荣誉称号。下面仅撷取“七五”时期以来至“十五”时期被国家和冶金部等部门授予的荣誉称号。

（1）“七五”时期。

1986年1月11日，冶金部命名莱钢动力部为“清洁工厂”。1987年6月5~9日，冶金部在酒泉钢铁公司召开了全国钢铁企业动力竞赛总结评比会，莱钢获得1986年度地钢组“银杯奖”。1987年9月23~28日，冶金部在吉林召开的全国第五次节能工作会议上，授予莱钢中轧加热炉为“全国节能冠军炉”称号。12月，莱钢生产的40 Cr热轧圆钢获“冶金部优质产品”称号；经国家计量局审定，莱钢取得计量一级合格证，被国家计量局授予国家计量先进单位。1988年1月4日，冶金部命名莱钢机修厂为1987年度“清洁工厂”。8月，莱钢620立方米高炉值班室QC小组荣获冶金部1988年全国“钢铁工业优秀质量管理小组”光荣称号。9月，冶金部授予莱钢第一钢厂“安全文明生产先进单位”称号。11月19日，莱钢短应力线轧机推广技术获国家级一等奖。1989年1月，莱钢锻压厂被冶金部命名为“清洁工厂”。3月，莱钢炼铁厂转炉炉龄攻关组获全国“讲理想、比贡献先进集体奖”。1990年5月18日，莱芜钢铁总厂被中宣部、国家计委、中华全国总工会授予1989年度全国思想政治工作优秀企业称号。5月24日，被冶金部评为全国思想政治工作优秀企业①。

（2）“八五”时期。

1991年1月24日，莱钢焦化厂、轧钢厂被冶金部命名为1990年“清洁工厂”；7月，莱钢被国家技术监督局授予“国家计量先进单位”称号。9月，莱钢审计处被冶金部授予“全国冶金审计工作先进单位”称号。10月，炼钢厂综合管理QC小组被中国科协、中华全国总工会、共青团中央授予“全国优秀质量管理小组”称号。11月，莱钢供销处被评为全国钢铁信息先进单位。12月，冶金部授予莱钢老干部工作先进单位。1992年4月，全国总工会授予

① 参见《莱钢志》第2卷，大事记。

特钢厂中轧车间甲班全国五一劳动奖章。1991 年 5 月，《莱钢报》在全国企业报展览中获二等奖。1993 年 3 月，《莱钢志》第 2 卷被中国地方志指导小组、中国革命博物馆、山东地方志编纂委员会评为“全国新编地方志成果展览会”山东良好成果奖；《莱钢报》在全国企业报晋京展评中获一等奖。4 月 29 日，全国总工会授予炼钢厂车间一工段甲班“全国先进班组”称号和“五一劳动奖章”。10 月 30 日，莱钢工会被全国总工会评为“全国模范职工之家”，特钢厂中轧车间工会被评为“全国职工模范小康之家”。1994 年 3 月，莱钢女职工委员会获“全国女职工工作先进单位”称号。6 月 4 日，莱钢二级、三级锚链钢及 40 Cr 合结钢被冶金部授予“用户欢迎的可信产品”称号。8 月《莱钢报》获“全国企业报展一等奖”。1995 年 5 月，莱钢被评为 1994 年度“全国固定资产投资统计工作先进单位”。8 月 18 日，在中国第三届专利技术博览会上，莱钢“620 立方米高炉气化冷却”“装有特种组合式轴承的螺旋输送机”两项获金奖，“消烟沥青燃气加热熔化炉”“中间包水口烘烤装备”获银奖①。

（3）“九五”时期。

1996 年 1 月 3 日，《莱钢报》获首届全国企业报“十佳”称号。4 月 4 日，轧钢厂获冶金部 1995 年度“设备管理先进集体”称号。5 月 1 日，炼钢厂 1 号连铸机拉钢丙班获“全国五一劳动奖章”。10 月 20 日，莱钢被冶金部授予“冶金系统职工教育先进单位”称号。11 月 15 日，《莱钢年鉴》1991～1992 年卷、1994 年卷获全国新闻出版系统产品质量评比“国家优质图书奖”。11 月 16 日莱钢被中国设备管理协会授予 1995 年度“全国设备管理优秀单位”称号。同月，莱钢被评为“全国冶金工业普查先进单位”。1997 年 3 月，莱钢被评为“全国冶金造林绿化先进单位”。4 月 26 日，锻压厂车间甲班获“全国五一劳动奖章”。5 月 30 日，莱钢被评为“全国冶金系统出口优秀单位”。1998 年 3 月 19 日，莱钢中小轧钢工程被评为“冶金部优质样板工程”。4 月 20 日，焦化厂 1 号炉被评为中国炼焦行业“一级红旗炉”。6 月，炼铁厂高炉一车间主控室 QC 小组获“全国优秀质量管理小组”称号。7 月 3 日中国诚信证券评估有限公司，依据国际惯例将莱钢股份公司评定为企业信用等级“AA^+”，这是国内工商企业的最高等级。8 月，莱钢被中华全国总工会授予“全国集体合同制先进企业”称号。12 月，《莱

① 参见《莱钢志》第 3 卷，大事记。

钢报》晋京展评获一等奖，并获“全国企业报二十优”称号。1999年3月17日，莱钢被评为全国冶金系统1998年度钢材（坯）“出口先进单位”，在全国冶金企业中排名第六位。4月，焦化厂化产回收车间鼓风机班获“全国五一劳动奖章”。6月13日，莱钢被国家经贸委等6部委（局）授予1999年度钢材以产顶进工作“先进集体”称号。11月6日，莱钢生产的热轧带肋钢筋被国家冶金局授予“产品实物质量金杯奖”①。

（4）“十五”时期。

2001年9月9日，在全国红旗炉等级检查评比中，莱钢3号焦炉被评为“特级炉”。12月26日莱钢获国家级“重合同、守信用”企业称号，成为国家工商行政管理总局首批公布的“重合同、守信用”企业。2004年9月1日，莱钢获“全国质量管理先进企业”称号，这是继2002年后莱钢又一次获此殊荣②。

“十一五”时期和2011年、2012年莱钢被授予的荣誉称号还有很多，这里不再列举。

总之，莱钢取得的成就是巨大、辉煌的，为共和国的钢铁工业作出了卓越的贡献，也为自己赢得了地位和尊严，赢得了荣誉，将永远载入共和国建设史册。

（三）莱钢道路与莱钢经验：中国改革与发展视阈的思考

综上所述，我们从历史的角度鸟瞰式地展示了“莱钢奇迹”；回顾了莱钢“赶超型发展的辉煌成就”，用铁一般的事实证实了“莱钢奇迹”的存在。如果人们有机会到山东莱芜，亲眼看到莱钢的现代化面貌，就会作出与我们相同的判断。同时，肯定也会想了解这个奇迹产生的“奥秘”。

43年发展的历史与成就已经表明，在中国共产党的领导下，莱钢走出了一条从小到大、从弱到强、不断攀登高峰、实现跨越式发展的道路。在内陆地区，一个偏僻的山区，没有城市作为依托，几代莱钢人，在社会主义建设和改革的伟大实践中，求真务实，锐意进取，使莱钢由一个钢产能不足5000吨的“三线”

① 参见《莱钢志》第4卷，大事记。

② 参见《莱钢志》第5卷，大事记。

小厂，发展成为今天拥有 1000 万吨钢产能的特大型钢铁联合企业，实现了由单一产业到相关多元产业共同发展的提升，创造了震惊国内同行的“莱钢速度”。同时，莱钢的发展带动了地方经济的快速发展，使莱芜由一个偏僻、落后的小县城，发展成为今天拥有百万人口的地级市，建成了环境优美的十里钢城，贡献了伟大工人阶级的智慧和力量，描绘了党领导人民创造历史的辉煌画卷，谱写了伟大工人阶级为共和国铸造钢铁脊梁的英雄篇章。

道路引导发展，道路趋向目标，道路造就奇迹。谜一般令人惊叹的“莱钢速度”与“莱钢奇迹”的背后，究竟有什么奥秘？这就需要解析和把握“莱钢道路”的本质与内涵，需要系统、全面、深刻地研究莱钢道路，总结莱钢成功的经验。

莱钢奇迹不是孤立的现象，莱钢现象是中国现象的具体呈现。莱钢奇迹与莱钢道路是时代的产物，是“中国奇迹”和中国道路的一个缩影。中国改革开放以来呈现出的现代化迅猛推进与经济高速增长，令世界感到震惊，已被称为“中国奇迹”。这是一幅人类历史上罕见的由执政党领导人民群众自觉创造历史、实现民族复兴的壮丽长卷，它生动、具体地展现在中华大地上，由莱钢这样的无数绚丽花朵和篇章组成。

因此，对莱钢奇迹的研究、对莱钢道路的思考，绝不能孤立地进行，要有开阔的视野，要联系中国奇迹和中国道路这个大现象和大趋势，在中国历史性改革与发展的视阈中加以考察与思考。只有深刻认识中国道路的本质与内涵，才能准确清晰地理解与评价莱钢的具体实践及其成果。换言之，对莱钢道路的本质、内涵的解析和把握，是以正确认识和把握中国道路的本质和内涵为基础的，这个大前提和大背景，不可忽略。

1. 中华民族的历史使命与中国道路的开拓

莱钢道路是中国道路的缩影，莱钢奇迹是中国奇迹的缩影。莱钢道路和莱钢奇迹，是和中国的现代化发展道路息息相关的。

（1）中国道路的历史条件与现实选择。

中国道路是由中国社会所处的现实历史位置和发展阶段决定的。从世界现代化进程来考察中国经济发展的历史位置，我们就会感到这是一个被延迟的艰难的后发现代化过程。在人类 6000 余年文明史上，中国曾经有 4000 年左右走在文明发展的前列，对世界文明的发展作出了举世公认的贡献。在 1840 年鸦片战争以前的2600多年的时间里，中国的经济总量始终占世界经济总量的25%～30%①。18世纪与19世纪的交叉点，是中国历史坐标系上的一个重要转折点。这是中国与西方国家的发展水平由远远超出的两条曲线逐渐接近相交后，又迅速向反方向拉开距离的一个历史拐点。在工业革命发生以来的200多年间，中国从18世纪的世界一流强国下降为19世纪的世界二流国家，到20世纪初又跌落到世界三流国家的境地。这就是中国没有抓住由农业文明向工业文明转化的历史机遇而付出的沉重代价。

近代以来，中国处在深刻的历史转折过程中，“走什么道路，向何处去”成为一个需要深刻认识与正确选择的严峻问题。

新民主主义革命的成功，宣告了中国自1840年鸦片战争以来“屈辱的世纪”的结束。独立统一的新中国的成立，为中国实现民族复兴和社会发展奠定了基础。现实对多次失去历史机遇的中国现代化提出了更高的要求。通过社会主义道路来实现民族复兴、建设社会主义是中国共产党带领中国人民作出的历史性选择。但是，如何搞社会主义经济建设，在已有先行者苏联的情况下，开始时学习苏联的经验和模式，是很自然的事情。

在新中国成立以后的30年里，充分发挥了传统计划经济体制的高度动员能力，充分利用了新社会制度诞生使全体劳动人民地位改变的巨大政治效应和政治热情，迅速动员和集中使用了全国的资源，并借助苏联的援助，以苏联模式为样板，在旧中国极其落后的基础上，以外延扩展型经济增长与高积累、低消费的投入带动型赶超发展战略并重，使现代工业体系初步建立，使现代教育和科研体系基本形成。这些不可低估的巨大成就，奠定了中国工业化的初步基础。

随着苏联模式逐渐暴露出其缺点和弊端，作为一贯从实际出发考虑中国问题的极具独创性的毛泽东，提出了寻找适合中国国情的社会主义建设道路的问题。他明确指出：“最近苏联方面暴露了他们在建设社会主义过程中的一些缺点和错误，他们走过的弯路，你还想走？过去我们就是鉴于他们的经验教训，少走了一些弯路，现在当然更要引以为戒。”②

事实证明，在中国这样一个经济文化落后的国家，如何通过社会主义道路实现现代化，这是摆在中国人面前的一个有极大难度的历史性课题。要探寻到一条

---

① 参见〔英〕安格斯·麦迪森《世界经济千年史》，伍晓鹰等译，北京大学出版社，2003。

② 《毛泽东文集》第7卷，人民出版社，1999，第23页。

中国经济现代化的科学道路，没有一个在实践中不断提高认识、积累经验的过程，是不可能的。从认识到要走出一条自己的发展道路，到真正探寻到一条中国特色的发展道路，必然要经历一个认识与实践相互作用的反复探索过程。其间，发生一定的偏差与失误也是难以避免的。到“文化大革命”结束前，我国经过20多年充满曲折的社会主义实践，特别是经过10年“文化大革命”的动荡，虽然取得了辉煌的成就，但也出现了种种失误，遭遇了重大挫折。邓小平在1988年明确地说：“我们过去照搬苏联搞社会主义的模式，带来很多问题。我们很早就发现了，但没有解决好。”①

历史提出了进一步提升中国道路的科学性与准确性的要求。邓小平经过对原来走过道路与体制模式的全面总结与深刻反思，分析20世纪下半叶以来世界发展的新情况，作出了进行改革开放探索一条适合中国实际情况的发展道路的伟大抉择。邓小平指出：“不改革就没有出路，旧的那一套经过几十年的实践证明是不成功的。过去我们搬用别国的模式，结果阻碍了生产力的发展，在思想上导致僵化，妨碍人民和基层积极性的发挥。”② 党的十一届三中全会以后，波澜壮阔的改革开放在中华大地上展开。

（2）中国发展面临的“三大问题”与中国道路的内涵要素。

在20世纪初期和中期，东亚和东欧一些经济文化落后、现代化还未展开的国家，革命胜利后，充满着强烈的建设社会主义的美好愿望。然而令人遗憾的是，长期以来，存在对“马克思、恩格斯未来社会设想”实现条件的忽视，对社会主义实践的现实条件没有清晰认识，误以为马克思和恩格斯已经提供了一个非常确定、清晰的蓝图，我们的任务只是按照这一蓝图来抓紧“施工”，因而不顾社会历史条件简单地照搬和“复制”这一设想，结果造成现实社会主义历史定位和模式设定的一定失误。一个严峻的现实摆在人们面前：以往的社会主义建设实践是在人们对社会主义“没有完全搞清楚”的情况下进行的。社会主义在实践中存在必须面对的重大问题。

第一大问题：什么是社会主义，怎样建设社会主义？

“什么是社会主义，怎样建设社会主义？”这是社会主义改革运动的发端性问题，是社会主义复兴的思想起点。中国的改革开放是从这一思想起点肇始的，中

---

① 《邓小平文选》第3卷，人民出版社，1993，第261页。

② 《邓小平文选》第3卷，人民出版社，1993，第237页。

国特色社会主义理论与中国特色社会主义道路的探索与开拓一直是围绕这一核心问题展开的。

这个问题的内涵非常丰富，但最基本的是，在东方这样经济文化落后的国家建设的社会主义是什么样的？应该怎样建设这样的社会主义？换句话说，就是“什么是符合现实社会历史条件的社会主义？”邓小平的结论是：“马克思主义必须是同中国实际相结合的马克思主义，社会主义必须是切合中国实际的有中国特色的社会主义。”① 以邓小平为核心的党中央第二代领导集体，科学地回答了“什么是社会主义，怎样建设社会主义”这个核心问题。

历史和现实表明，虽然主观上认识了要走中国自己的道路，但怎样科学地解决这条道路，仍然面临着一系列难题。选择和认识发展道路问题，必须从实际出发，也就是要准确确定社会发展阶段，客观全面地认识中国的基本国情，要找到中国确立经济社会发展道路的总依据。

党的十三大系统地论述了社会主义初级阶段理论，对我国经济社会发展阶段作出了科学的判断。“什么是社会主义，怎样建设社会主义”这个核心问题还有一个具体表现，就是在商品市场经济的基础上能否建设社会主义？怎样建设社会主义？社会主义与商品经济的关系问题，是社会主义理论与实践中一个不可回避的、涉及社会主义模式与道路的问题。社会主义与商品（市场）经济的相斥和对立，是一个根深蒂固、流传已久并在现实社会主义运动中产生了很深影响的理论观念。现实社会主义运动的全部困惑和失误，都根植于这一具有巨大难度的历史性课题未解的奥秘之中。对此，邓小平明确指出，社会主义也可以搞市场经济。

第二大问题：建设什么样的党、怎样建设党？

从改革开放新时期一开始，中国共产党就启动了这一方面的探索，确立了新时期党的思想路线、政治路线、组织路线，进一步明确了要把党建设成为领导社会主义物质文明和精神文明建设的马克思主义执政党。以江泽民同志为核心的第三代中央领导集体，集中全党智慧提出了“三个代表”重要思想，深刻认识和把握新的历史条件下世情、国情和党情的变化，在进一步回答“什么是社会主义、怎样建设社会主义”问题的同时，鲜明地提出了“建设什么样的党、怎样建设党”的问题。在新的历史条件下怎样坚持和发展党的先进性、提高党的执政能

① 《邓小平文选》第3卷，人民出版社，1993，第63页。

力？怎样进一步明确界定我们党的历史方位？怎样保障党的这种核心作用的发挥？怎样使党的政治领导和思想引领作用与一般社会管理职能、经济管理职能既相分离又相配合？用什么样的制度和机制来有效实现这种职能分化与协调配合？只有科学地解决了这些问题，才能更好地发挥党的政治核心作用。这是与“中国道路”直接相关的“第二问题”，是从宏观层次到微观层次都需要探索与创新的问题。在企业中，特别是在国有企业中，这个问题非常突出，具有紧迫性且解决起来有相当大的难度。

第三大问题：实现什么样的发展、怎样发展？

到世纪之交，在经济全球化进一步加深的条件下，经过20多年的高速发展，所取得的成就和面临的挑战表明，我国经济社会正在发生重大的阶段性转变，要求在更高层次上思考和解决怎样进一步发展的问题。在社会主义现代化发展道路的体制问题基本解决以后，“实现什么样的发展，怎样发展”，就成为新发展阶段凸显的重大问题。在“发展是硬道理”对发展作了肯定而明确的回答以后，“怎样才能科学发展”就成为我国下一步经济社会发展面临的根本问题。以胡锦涛为核心的党中央领导集体，以我国改革开放和现代化建设的实际问题为中心，基于对我国经济社会发展进入新阶段及其特征的深刻把握，吸收人类现代文明进步的新成果，在马克思主义发展理论的指导下，实现了对以往全部发展思想的新综合，完整地提出了科学发展观，使它成为国家发展战略思想，把发展问题提到体现以人为本、体现社会公平正义、体现人的全面发展和社会的全面发展以及资源环境的可持续发展的高度，为中国道路的完善和提升指出了方向。党的十八大已将科学发展观确定为全党的指导思想。

中国道路的开拓：多要素融合创新

中国道路就是在上述三大问题的思想觉醒与理论创新中开拓与发展的。对三大问题的探索与解决过程，就是对现实历史阶段存在的基本要素的综合创新过程。中国现实发展阶段蕴涵的基本要素有现代化、商品市场经济、社会主义、党的领导、革命精神与中国传统文化、科学发展理念。中国的新型现代化进程就是这些基本要素的历史性契合。

要正确地选择与创建道路，就要在客观全面地认识决定基本国情的各种要素的基础上，正确认识各个要素相互之间的关系，解决由这些要素的相互关系产生的若干基本问题，而认识各个要素相互之间的关系的目的，就是要实现这些要素的历史性契合。因此，中国发展道路的提升与开拓，就是要实现这些因素的历史性融合与系统重构，从而实现中国发展道路和发展模式的历史性再造。

要解决这些问题，没有现成的答案，必须进行理论与实践的双重探索。正如邓小平所说："我们党的十一届三中全会的基本精神是解放思想，独立思考，从自己的实际出发来制定政策。因为在中国建设社会主义这样的事，马克思的本本上找不出来，列宁的本本上也找不出来，每个国家都有自己的情况，各自的经历也不同，所以要独立思考。"①

列宁曾经提出过一个著名的社会主义公式："乐于吸取外国的好东西：苏维埃政权 + 普鲁士的铁路秩序 + 美国的技术和托拉斯组织 + 美国的国民教育等等等等 + + = 总和 = 社会主义。"② 我们党也一再提出要吸取一切人类文明成果，吸收世界现代化发展的一切有益的东西。这些都告诉人们，要完成历史交给我们的实现这些要素的综合与融合的任务。

中国共产党在解答"三大问题"、实现"多要素融合创新"的过程中，开拓了符合中国实际的发展道路。就是打破了僵化的、单一的、脱离现实的、背离现代化基本因素和要求的、不能趋向实现现代化目标的社会主义发展道路。然而，怎样在改革中实现这种多要素的融合与创新，不仅需要理论上的探索，更重要的是需要在实践中创新。作为社会主义国有企业的莱钢，以其鲜活、生动的实践，验证和体现了"中国道路"的开拓和"中国奇迹"的实现。

2. 历史性改革与发展大潮中的"莱钢道路"

莱钢道路之所以成为"中国道路的缩影"，是由于中国道路的开拓是中华民族的整体性行为，莱钢是其中的微观组成部分，两者在本质上是相通的，是整体与局部的关系，是一般与特殊的关系。因此，只有对中国道路的共同本质与创建的整体特征有正确的认识，才能对莱钢道路的具体开创及其贡献和意义有比较清晰和有深度的把握。

（1）党的基本路线与"中国道路"的开拓。

中国特色社会主义道路的开拓与发展，是坚持马克思主义实践第一的观点、尊重人民群众首创精神奋勇前进的历史进程。列宁曾经说过："生气勃勃的创造

---

① 《邓小平文选》第3卷，人民出版社，1993，第260页。

② 《列宁专题文集——论社会主义》，人民出版社，2009，第381页。

性的社会主义是由人民群众自己创立的。"① 中国道路的开拓与发展是人类历史上前所未有的、执政党领导亿万人民共同参与的历史创造过程，是自上而下与自下而上相结合的道路开拓与制度创新过程，是中华民族共同创造的民族复兴之路。

党的基本路线是指引中国道路开拓与创新的灯塔。1987 年 10 月召开的党的十三大在总结改革开放实践的基础上，依据对社会主义初级阶段国情的认识，明确提出了党在新时期的基本路线，这就是："领导和团结全国各族人民，以经济建设为中心，坚持四项基本原则，坚持改革开放，自力更生，艰苦创业，为把我国建设成为富强、民主、文明的社会主义现代化国家而奋斗。"② 这条路线的核心内容被概括成"一个中心，两个基本点"。党的十一届三中全会所确立的党的基本路线可以称为"中国现代化发展路线"，就是引导中国人民探索和开拓一条正确发展道路的指导路线。

1992 年，邓小平在南方谈话中强调："基本路线要管一百年，动摇不得。"③ 党的十四大明确提出了"坚持党的基本路线不动摇"的口号。党的十五大郑重指出，在把我们的事业全面推向 21 世纪的历史时刻，"全党要毫不动摇地坚持党在社会主义初级阶段的基本路线"④。党的十八大在展望我国未来发展时又强调指出："党的基本路线是党和国家的生命线，必须坚持把以经济建设为中心同四项基本原则、改革开放这两个基本点统一于中国特色社会主义伟大实践。"⑤

中国道路，是全国各族人民在党的基本路线指引下，进行历史性改革与发展这一伟大实践的创造性成果。中国道路的开拓，是中国人民在一个由不断发展的理论、路线、政策与战略指导下自觉地创造历史的过程。这是理论探索与实践探索结合在一起的探索过程。实践是在理论指导下进行的，不是自发的，而是自觉的，但又不是理论充分准备和理论比较完备条件下的实践创造过程，"摸着石头过河"就是这种状况的反映。随着实践的推进，理论也在随时总结实践经验的基础上得到提炼和发展，是理论探索与实践探索相互促进的过程，是理论创新与实

---

① 《列宁专题文集——论社会主义》，人民出版社，2009，第 399 页。

② 中共中央文献研究室编《十三大以来重要文献选编》（中卷），人民出版社，1991，第 1216 页。

③ 《邓小平文选》第 3 卷，人民出版社，1993，第 371 页。

④ 中共中央文献研究室编《十五大以来重要文献选编》（上卷），人民出版社，2000，第 18 页。

⑤ 胡锦涛：《坚定不移沿着中国特色社会主义道路前进　为全面建成小康社会而奋斗——在中国共产党第十八次全国代表大会上的报告》，人民出版社，2012，第 16 页。

践创新相互作用的过程。

中国道路是实实在在的，既需要理论层面的探索与创新，更需要现实层面的实际开拓与创造。道路是要通过实践来具体开拓的，中国道路在现实中的开拓，需要在改革开放和经济建设第一线的干部和群众去具体实践和探索。因此，必须尊重人民的首创精神，改革开放在认识和实践上的每一次突破和发展、改革开放中每一个新生事物的产生和发展、改革开放每一个方面经验的创造和积累，无不来自亿万人民的实践和智慧。

实践中的各个地区、领域、行业和企业中的发展道路的开拓，是中国道路的开拓与创新的具体展现，党和人民是中国道路的探索者与参与者。这种具体发展道路的开拓既是党的基本路线和政策指导下的实践活动，也为这一理论的提升与创新不断提供了新鲜丰富的养料；不仅为企业创造着发展道路，也为中国道路的开拓作出了贡献。在全国优秀企业中，不乏杰出的代表，莱钢就是一个突出的典型。

（2）莱钢道路的开拓及其意义。

莱钢奇迹，是在我国社会主义经济建设时期（特别是改革开放新时期），在党的社会主义初级阶段基本路线的指引下，莱钢人创造性实践的产物，是在实践中迸发出来的前所未有的现实成果。莱钢道路，是党的改革开放政策、党在社会主义初级阶段的基本路线与莱钢改革发展实践相结合的产物，是中国特色社会主义在莱钢的具体实践中产生的优异成果。

莱钢道路，是中国道路的具体体现。中国道路，是贯彻党的基本路线的成果，莱钢道路自然也是莱钢历届领导层和全体职工在改革与发展的实践中贯彻执行党的基本路线、在企业各个系统中进行改革与创新的成果。莱钢道路，是莱钢人自觉地、创造性地贯彻党的基本路线的产物。从中国道路开拓与创建的整体特征角度考察，应该说，这就是莱钢道路的本质，也是莱钢经验的本质。

莱钢道路，是中国道路的缩影。之所以如此，是因为莱钢发展所面临的问题，是中国发展面临问题的缩影。莱钢道路，是在解决它面临的一系列有难度的问题中开拓出来的；莱钢道路的内涵与意义，是由这些问题的性质及其难度决定的。

中国道路是中国社会大系统全面改革与发展的体现，既有宏观层次的问题，也有微观层次的问题。大型国有企业是中国社会的微观存在，莱钢更是一个具体的存在，虽然不可能包含中国道路要解决的全部问题，但包含着中国社会在现阶段要解决的基本问题。国有企业改革与发展面临的问题和任务，是中国发展道路要解决的问题的微观缩影，在“建设什么样的莱钢，怎样建设莱钢”这个基本问题中就蕴涵着“什么是社会主义，怎样建设社会主义”“建设一个什么样的党，怎样建设这样的党”与“实现什么样的发展，怎样实现这种发展”这三大基本问题。“三大基本问题”在新时期一经提出，就在实践中不断展开和深化。

由于国有企业面临的问题，往往都是中国存在的典型问题，国有企业自然而然地肩负着为解决中国道路问题进行探索与创造的艰巨而光荣的任务。莱钢道路就是按照党的基本路线对“建设什么样的莱钢，怎样建设莱钢”这个问题的成功解答。

莱钢人是开创中国道路的实践者、探索者与排头兵，莱钢走出了一条中国特色现代国有企业改革、创新、发展的成功之路。

通过调研和思考，我们把**“莱钢道路”**内涵初步概括为：**始终坚持中国共产党的领导，全心全意依靠工人阶级，以生产力和产业发展为中心，以钢铁主业的赶超型发展为根基，走新型钢铁产业发展道路，全面推进企业现代化；坚持“五不动摇”，坚持全面改革与创新，创建了适应市场经济要求的、具有很强竞争力和可持续发展能力的、具有高效完善制度体系的现代大型国有钢铁企业集团，实现了由赶超型快速发展向全面协调可持续发展的转变与提升；以学习型组织建设为“总抓手”，全面推进“科技莱钢”“数字莱钢”“生态莱钢”“人文莱钢”等社会主义新莱钢建设。**

莱钢道路取得成功的**基本经验**可以概括为：**扭住一个中心，坚持五不动摇，坚持全面改革与创新，实现八个结合，握紧学习型党组织建设“总抓手”，促进“五位一体”全面发展。**

扭住一个中心。对中国来讲，发展是硬道理，就是由我国生产力发展在世界经济发展中所处的后发位置和落后状况决定的，是实现生产力赶超型跨越式发展的历史任务决定的。我国在社会主义初级阶段要以经济建设为中心，莱钢作为一个钢铁企业，本身就是直接进行经济建设的，钢铁产业又是中国工业化过程中的基础性产业，理所当然地要以把钢铁产业做大做强为全部工作的中心。莱钢人清楚地认识到我国经济发展的基本趋势与紧迫任务，他们始终以生产力和产业发展为中心，坚持科学技术是第一生产力。他们充分发挥后发优势，不断增加现代化因素，尽快吸收现代生产力、现代科技、现代管理等各个方面的现代文明成果，在企业各个系统全面推进现代化，最大限度地扩大生产、创造财富，奋力实现赶超型发展，建设全面现代化的大型钢铁产业。他们决心把莱钢的发展问题解决好，把莱钢做大做强，为解决中国一切问题的关键——经济发展——作出贡献。这是莱钢历届领导层和全体莱钢人的工作中心和核心奋斗目标。这是“以经济建设为中心”“社会主义的根本任务是发展生产力”这一基本任务与目标在莱钢实践中的具体体现。

我国基础经济结构的现代转型，是人类历史上规模最大的超大型产业分化与提升的过程。工业化是整个现代化过程中的基础环节，钢铁工业又是整个工业化的基础性产业，推动产业升级、加快向制造业强国迈进，需要钢铁产业的支撑。中国经济发展所处的历史位置和经济发展目标，要求工业化不能再走发达国家先工业化后信息化的老路。快速推进的世界现代化进程，要求中国走新型工业化道路①。

中国新型工业化道路的骨干或重点之一，是中国新型钢铁产业发展道路。在我国的新型工业化发展中，钢铁产业也要纳入新型工业化轨道。按照国家提出的新型工业化道路的要求，莱钢结合自己的实际，努力探索钢铁产业的新型发展道路，认清企业自身在国家工业化过程中的位置，承担起企业在国家工业化历史进程中的具体任务。他们努力找准切入点，推进信息化与工业化融合，探索传统钢铁产业向新型钢铁产业转变的道路。

莱钢探索出了一条中国特色新型钢铁产业发展道路，在传统产业充分发挥推动我国工业化和现代化发展作用的同时，主动进行产业升级与产品升级，积极推动钢铁产业的信息化建设进程，而且不断探索自己在中国钢铁产业中的特定位置与特定发展方向，不断开拓技术进步、创新与产业升级相互促进的莱钢技术进步道路，促进产业发展与提升。

坚持五不动摇。坚持党的领导不动摇；坚持公有制主体地位与优势不动摇；坚持工人阶级主人翁地位不动摇；坚持马克思主义中国化的新成果——中国特色社会主义理论指导不动摇；坚持从实际出发、实事求是的思想路线、尊重客观规律的科学精神不动摇——这是“坚持四项基本原则”在莱钢的具体体现。坚持“五不动摇”是莱钢道路开拓与发展的方向保障。

---

① 2002年11月党的十六大提出了“新型工业化道路”这个新的重要命题。走新型工业化道路，以信息化带动工业化，以工业化促进信息化，推动工业化与信息化有机融合，实现跨越式发展，是党和国家在我国工业化加速发展的关键时期作出的重大战略决策。

改革开放是一场深刻的革命，必须坚持正确方向，才能开拓正确的道路。莱钢领导层和广大职工，在莱钢企业的性质和发展方向上，头脑十分清醒，信念非常坚定。他们深刻地认识到，社会主义是一种全新的人类社会制度，由于原来的社会主义体制存在这样那样的问题，客观上需要改革，但绝不是要改掉社会主义本身，在改革中必须坚持和发挥社会主义固有的优势，避免资本主义社会的毛病和弊端。计划经济虽然存在弊端，需要进行深刻的改革，但中国特色社会主义经济的发展不能没有计划性。国有企业进行适应市场经济要求的体制改革，企业的实现形式发生了很大变化，但国有企业的公有制性质不能变。改革和发展必须在党的领导下进行。中国现阶段的基本历史进程是推进现代化，我们搞的现代化，虽然在许多内涵上与其他各国的现代化是相同的，但基本性质不同。这种现代化是与社会主义基本制度相联系的，是以公有制为制度的主体的，国有企业要适应市场经济的要求，但工人阶级的主人翁地位不能变。不管世界风云如何变幻，东欧国家如何动荡，他们始终坚持党的领导不动摇，坚持公有制的主体地位与优势不动摇，坚持工人阶级主人翁地位不动摇，坚持中国特色社会主义理论不动摇。他们认为，走社会主义道路是中国人民的选择，是历史的选择，是实现中国社会主义现代化的必由之路，是莱钢改革与发展必须坚持的基本方向。

改革与发展要取得成功，必须有正确的思想路线，必须坚持科学精神，不能蛮干，不能仅凭主观愿望和想象。莱钢人在企业创建与改革发展中深深认识到，一切从实际出发是莱钢改革与发展的前提，只有脚踏实地，才能稳步前进；实事求是是探寻企业改革与发展之路的法宝，尊重客观规律的科学精神是企业发展与创新的成功保障。

坚持全面改革与创新。我国新时期最鲜明的特点是改革开放。我国的改革开放与现代化全面快速推进，是一场历史性的全面创新，是全国各个领域和地方的创新，既包括国家创新，也包括地方创新、企业创新和人民创新。中国道路是伟大创新的总成果，是党的创新与人民的创新有机地结合在一起，自上而下与自下而上互动创新，从而共同完成的创新。

中国道路，是一条改革与创新之路；莱钢道路，也是一条改革与创新之路；是从理念到实践、从制度到体制、从技术到管理、从企业实体到企业精神文化的全面创新之路；是在坚持开放的条件下企业各个系统进行全面的改革与创新，实现企业大系统的全面转型与创新性构建。莱钢人充分认识到了改革与创新的重要性，他们坚持改革的深刻性，要实现企业体制由计划型向市场型的深刻转变；他们坚持改革的全面性，在企业大系统的各个子系统中都进行改革；他们坚持改革与创新相结合，在改革中实现创新；他们坚持改革的持续性，认为不断创新是一个企业迅速发展、迅速崛起、迅速强大的根本动因，而衰败的根源就在于不能创新，压抑创新。在莱钢，“人人可创新，事事可创新，时时可创新”深入人心，创新成了家常便饭，创新成了常态，创新促进了莱钢的突破性发展。

实现八个结合。莱钢道路的开拓与发展，是中国特色现代国有企业的各项制度、体制、机制的改革、创新与构建的过程。大型企业是一个内部构造复杂的多系统的综合体。莱钢道路具体表现于企业各个系统的改革与发展过程中。莱钢道路是一个总命题，是莱钢多系统组合体中的各个方面改革与发展道路的总称，是在各个具体的领域中体现出来的。

43年来，特别是改革开放30多年的时期内，发生了历史上罕见的制度变迁与构建现象，无论是在时间的急迫性、变化的深刻性，还是在系统性方面，都是独特的。莱钢道路在企业各个系统、各个方面具体展开与实现，构建了系统完备、科学规范、运行有效的制度体系，使各个方面的制度更加成熟和定型。

在改革开放中，莱钢人针对企业各个子系统面临的问题，按照党的基本路线指出的方向，实现了“八个结合”，对企业系统的各个方面进行了全面的改革与创新。“莱钢道路”就是在解决各种问题、全面改革创新中开创出来的。

第一，“在改革与发展中怎样发挥党的领导与党建创新的作用”，是新时期“建设什么样的党、怎样建设党”这个问题在国有企业中的具体表现。**莱钢人在实践中回答了在国有企业改革与发展过程中如何发挥党的领导作用的重大问题，始终坚持党的领导与充分发挥企业行政、职工群众的作用相结合，以党的建设统领和促进生产经营发展。**在实现党的领导作用方面，既坚持党的领导不动摇，又结合企业发展的新实践进行党的领导体制、职能和实现方式的创新，创建有利于确立党的政治核心地位的体制和机制，努力发挥这种体制和机制的作用。**在社会主义市场经济条件下，走出了一条构建现代企业制度、实现党的领导并不断进行党建创新的道路。**

第二，国有企业如何在市场经济条件下发展？国有企业怎样改革为适应市场经济的商品生产主体？国有企业如何探寻适应市场经济的实现形式？计划经济条件下的国有企业，能否转换为市场经济条件下的现代国有企业？公有制企业或以公有制为主体的企业如何与现代企业制度相结合？这些就是社会主义与市场经济能否真正结合、在国有企业中如何具体体现的问题。**莱钢人坚持公有制与市场经济相结合、坚持现代企业制度与国有企业及中国国情相结合，开拓了一条在体制改革中构建中国特色现代企业制度及企业治理结构的道路，走出了一条成功的企业体制创新之路**。实现了由计划型工厂制企业向市场型现代国有企业的企业制度变革，在很短的时间内实现了企业制度的历史性变迁与提升。

第三，国有企业怎样构建起现代高效的、有中国特色的管理体系？怎样从计划经济条件下比较简单和粗陋、僵硬的管理体系，转变为适应市场经济和现代开放性、竞争性经济的企业管理体系？**莱钢人努力实现自身优秀传统与国外先进理念及方法相结合，开拓了一条从计划行政加政治精神的管理体制向适应市场经济的现代管理体制转变的改革与创新之路**。在保持原有优秀管理思想与成果的基础上，尽快吸收国外先进管理理念与管理方法，努力实现凸显公有制企业性质与特征的管理创新，并在创新中融入中国传统文化的元素，实现了全面管理创新，构建起了一个有特色的高效企业管理系统。莱钢企业管理体系在短时期内实现了企业管理的阶段性跨越式快速提升，促进了企业的质量效益型集约式发展。

第四，国有企业能否和怎样在短时间内实现生产力的跨越式提升？怎样实现赶超型的技术进步？怎样实现与技术进步相关联的产业发展与提升？**莱钢人在技术进步方面坚持大胆引进吸收与自主创新相结合，在产业发展方面坚守主业与相关产业及现代资本运营相结合，创造了一个罕见的从超乎寻常的低起点，通过几个阶段性的快速提升，使技术水平追赶到国内领先、国际前沿的技术进步“奇迹”，开创了一条在尽快引进国内外先进技术的基础上由消化吸收转向自主创新的技术进步道路**，实现了技术进步的大跨度的阶段性提升，走出了一条具有莱钢特色的技术进步与创新道路，推动信息化和工业化深度融合、走出了一条新型工业化道路，开拓了以技术进步与技术创新促进产业发展的生产力发展之路。

第五，国有企业在创建资源节约型、环境友好型企业方面，如何能够走在前列？**莱钢人以循环经济为起点和核心，以实现企业可持续发展为目标，坚持追求更高发展效益及质量与可持续发展理念和举措的全方位实施相结合，逐步从高能耗、高水耗、高污染、高投入的粗放型发展模式中摆脱出来，发展循环经济，建设生态莱钢，形成了具有莱钢特色的循环经济运行模式，走上了建设资源节约型、环境友好型企业的新路子，走出了一条贯彻落实科学发展观、以人为本、可**

持续发展之路。绿色发展、协调发展，实现了发展速度与质量效益的统一，促进了企业与经济社会、自然环境的和谐发展。

第六，国有企业应该怎样培育企业文化？培育什么样的企业文化？**莱钢人在企业文化建设方面，努力实现企业实体建设与企业精神文化系统建设相结合（企业硬实力与企业软实力相结合），同时努力实现多种文化要素相融合，走出了一条具有莱钢特色的企业文化培育之路**。实现了企业文化的不断叠加与积累，形成了莱钢独具特色的企业文化，构建了新型的莱钢企业精神价值系统，形成了强有力的企业软实力，推进了人文莱钢的创建。

第七，国有企业怎样成为一个自觉履行社会责任从而深受社会欢迎的企业？处在特定地区的国有企业怎样促进“工业化与城镇化良性互动”？在发展过程中，**莱钢人不断提高对国有企业性质、功能和责任的认识，坚持追求企业全面发展与履行社会责任相结合，多方面地自觉履行社会责任，为促进莱芜市的城镇化与区域经济社会协调发展作出了重大贡献。莱钢成为大型企业带动区域经济社会发展的典型案例，走出了一条服务社会、贡献社会之路，一条促进工业化和城镇化良性互动之路**。

第八，怎样构建以人为本、共赢共享的和谐国企、幸福国企？国有企业怎样实现分享改革与发展成果？**莱钢人在企业分配与发展目的方面，坚持以按劳分配为主体与多种分配方式共存，按劳分配与按生产要素分配相结合，构建起了市场经济条件下的国有企业分配制度，正确处理国家、企业与职工个人之间的利益关系，正确对待各种利益相关者，走出了一条效率与公平的历史性统一、实现多方面共赢共享的发展道路**，使劳动者共享企业发展的多方面成果（包括物质利益、权利、精神文化等），不断实现人的全面发展，构建起以人为本的和谐莱钢、幸福莱钢。

握紧总抓手，促进“五位一体”全面发展。莱钢道路发展的实践成果，是“五位一体”在莱钢的具体体现。莱钢以学习型党组织建设为“总抓手”，促进“六要素融合”，即实现党的领导、公有制优势、商品市场经济、现代化要素、科学发展理念与中国革命精神及优秀传统文化的有机结合。莱钢道路，是通过“六要素结合”，在系统、全面深刻的改革与创新中开拓出来的。

以学习型党组织建设为“总抓手”，全面推进“科技莱钢”“数字莱钢”“生态莱钢”“人文莱钢”建设，使“五位一体”建设在莱钢得到具体实现，并取得丰硕成果：在经济建设方面，新型钢铁产业发展道路推动莱钢产业获得了奇迹般的发展，使生产力不断发展；在政治建设方面，建立在公有制基础上的企业民主不断巩固与发展，构筑了社会主义民主的根基；在文化建设方面，莱钢创建和培育了独具特色的企业文化，特别是公有制基础上的企业价值与企业精神；在社会建设方面，莱钢自觉承担社会责任，作出了突出贡献，促进了企业与地方协调关系；在生态文明建设方面，莱钢建设资源节约型、环境友好型企业取得优异成绩，实现了绿色发展、协调发展。

莱钢道路的形成和发展，实现了具有重大历史意义的创新。创新的成果，就是“新国企、新莱钢”的出现。新莱钢，是社会主义现代化的莱钢，是科技莱钢、数字莱钢、生态莱钢、人文莱钢、和谐莱钢、幸福莱钢的综合体，是“五位一体”建设在莱钢的具体展现。

莱钢道路的实践特征。正确道路的科学开拓，既要有正确的方向，也要有科学的方法，这表现在道路开拓的实践特征方面。莱钢人在向着既定目标迈进的过程中，把握原则性与变革性相结合，坚持“五不动摇”与“全面改革”相结合，实现务实主义与理想主义相结合，勇于改革创新与实现多个方面的和谐、保持企业发展的稳定局面相结合。

只有把坚持“五不动摇”与坚持全面改革结合起来，才能探寻和创造出一条正确的新路，既不会重走“老路”，也避免走上“邪路”。莱钢在坚持“五不动摇”时，坚持与时俱进，防止僵化，克服教条主义。在全面改革与系统创新中，坚持正确的方向，防止走偏、走邪。坚持“五不动摇”，有一个怎样科学坚持的问题，不能僵化对待，不能搞教条主义，不能搞形式主义，必须与时俱进。莱钢人在开拓新道路、创造新莱钢的过程中，坚守正确理念与原则，但不保守、不僵化；既大胆探索与创新，又坚守底线、坚定方向；既避免封闭僵化，又防止走偏、走邪。

莱钢道路的精神特质。莱钢在改革与发展中，在莱钢道路的开拓中，在莱钢奇迹的创造中，呈现出既体现时代精神又具有莱钢特色的精神状态与精神特质。这是莱钢取得成就、创造“莱钢奇迹”的重要条件，是莱钢道路的精神动力和保障，也是莱钢经验的重要内容。我们在调研中，时时处处都为“团结奋斗、艰苦创业、改革创新、争创一流”和“学习、超越、领先”的莱钢精神所感动，为莱钢道路彰显出来的精神气质所感动。莱钢人在艰苦创业过程中表现出一系列优良的精神特质，如“疾慢如仇”的赶超精神特质、自我加压的负责精神特质、脚踏实地的求实精神特质、不尚空谈的实干精神特质、尊重规律的求是精神特质、善于学习的进取精神特质、抢抓机遇的敏锐精神特质、自我变革的主动精神特质等，这些具体的精神特质，既是对莱钢道路的反映，也是莱钢人的“不凡”之处。

解析莱钢奇迹，总结莱钢道路，提炼莱钢经验，是我们调研的目的，也是课题组的整体任务。在对莱钢道路和莱钢经验作了初步的梳理和认识之后，下面，我们对莱钢道路和莱钢经验在八个方面的具体展现，对莱钢道路的实践特征和精神特质在全方位改革与创新中的具体展现，分别进行梳理、总结和阐述。

二　党的领导与党建创新在莱钢改革与发展中的作用

国企党建的地位作用问题，是新时期“建设什么样的党、怎样建设党”问题在国企中的具体表现。这是一个中国式的问题，也是一个难题、有争议的问题，又是一个具有重大意义的问题。

现在，社会上关于国企党建的地位和作用主要存在三种错误认识：一是“无用论”，认为企业是经济组织，只要遵循市场经济规律、按现代企业制度运作就可以了，西方企业没有党组织搞得也很好。二是“淡化论”，认为企业应淡化政治意识，集中精力发展生产，提高经济效益，抓党建是中央和地方党委的责任，企业可有可无；或认为，党组织只要抓好党的自身建设就可以了，产生了“党只管党”的错误认识。三是“替代论”，有人认为公司法人治理结构是公司制的核心，制度健全、运作规范、充分行使职权，是成熟的法人治理结构的标志；股东会、董事会、监事会可以代替党委会、纪委会、职代会，企业党建是计划经济的产物，不适应现代企业制度的要求。

莱钢43年的实践证明，国企党建不但重要而且非常重要，是企业健康发展的重要保证。加强国企党的建设不但有必要，而且完全有必要。

（一）始终坚持党的领导不动摇，充分发挥党的政治核心作用

确实，国企党组织发挥政治核心作用的难度较大，存在参与决策、党管干部、发挥监督职能和全心全意依靠职工群众等难题。莱钢党委在发挥政治核心作用方面坚持“有所为有所不为”，进行了积极探索。

1. 充分发挥党组织的政治核心作用

自1970年建企以来，企业领导体制几经变化，先后经历了党的“一元化领导”、党委领导下的厂长负责制、厂长负责制、现代企业制度四个不同时期。在莱钢，党的政治领导地位从来没有动摇过。

在党的“一元化领导”和党委领导下的厂长负责制时期，党委的领导地位是明确的。早期的莱钢，处于“以阶级斗争为纲”的特定时期，加之“三线建设”、军工企业的定位，特别突出“政治建厂”，强调党的“一元化领导”“书记挂帅”，实行党政合一的领导体制。实行党委领导下的厂长负责制，党委的职权明确为三条：抓好党务和思想政治工作；党委对生产行政进行领导，主要是讨论企业生产行政工作中的重大问题，不直接指挥生产和包揽行政事务；对职代会进行领导，主要是保证职代会执行党的方针、政策，保障职代会行使规定的权力。当时主要存在以党代企、党委管得过多过细的问题。

实行厂长负责制，企业党组织主要起政治核心作用，这是党的定位的巨大变化。这个定位虽初步解决了以党代企、党委管得过多过细等问题，但又普遍出现了企图摆脱党委领导的现象。一种观点认为，企业是经济组织，搞市场经济就要与国际接轨，没有必要另外分出一个“核心”。另一种观点认为，共产党是执政党，党组织在国企应该“说了算”，导致“核心”“中心”相冲突。还有一种观点认为，企业党建工作是“软指标”，可抓可不抓。

莱钢党委在这个问题上头脑清醒。在总厂和二级单位层次，厂长、书记和其他班子成员以党的事业为重，正确处理“中心”与“核心”的关系，保持了领导层的团结统一。在短暂时间里，莱钢党委对党政职能划分作了部分调整：1985年3月，行政干部的任免、管理等职能从党委划归行政序列；1985年，思想政治工作和精神文明建设也划归行政序列。但是，1989年政治风波后党中央重新强调党委的政治核心作用，把1987年《企业法》规定的厂长对“企业的物质文明建设和精神文明建设负有全面的责任”改为“党委要领导企业的思想政治工作和精神文明建设”；把行政系列厂级干部副职和中层干部由厂长提名，改为厂长提名或党委推荐，经党政领导集体讨论后由厂长任命。据此，1990年1月莱钢对企业党政职能进行了调整，思想政治工作和精神文明建设重新划归党委领导，原来15个设兼职党委书记的二级单位中，有13个改设成专职，调整了党群机构和人员，加强了对企业政治工作的领导①。通过努力，新的企业领导体制逐步建立，初步改变了党政不分、职责不明的状况。

20世纪90年代以来，以公司制为核心的现代企业制度成为企业领导体制及治理机制变革的方向。随着现代企业制度的确立，如何参与企业重大问题决策，成为发挥党委政治核心作用的一个难题。具体问题在于：一是参与不了，企业大事由行政班子决定，不通过党组织。二是个人参与代替组织参与，企业行政负责人与书记只是形式上通通气，不经党委会讨论研究。三是参与流于形式，企业行政负责人让参与就参与，不让参与就不参与。即使参与了，党委只能提建议，企业行政负责人认可还行，不认可就等于白说。

在破解这个问题上，莱钢党委的做法是，把参与重大问题决策作为发挥政治核心作用的基本途径。

第一，健全有效参与重大决策的体制机制。党组织与行政负责人实行“双向进入、交叉任职”，建立和完善坚持党的领导、符合社会主义方向、适应现代企业制度要求的领导体制，从组织体制上保证了党委能够参与企业重大问题决策，确保参与是一种组织行为而不是“个人参与”。

第二，明确参与的内容与程序。在内容上，凡涉及企业发展战略、干部任免、改革改制等“三重一大”事项，党组织均参与决策；在程序上，在决策前，党委先开会统一思想，由成员把统一意见带入各个决策机构，注重把住决策前、决策中、决策后三个关键环节，党委实行多数通过决策机制，建立决策、执行、监督既分离又协调的制衡机制，明确了“党委参与什么”和“怎样参与”的问题。

第三，提高参与水平和效果。在参与过程中，各级党组织注重参与质量，努力提高参与水平。注重学习掌握生产经营管理知识，不做“门外汉”；加强调查研究，广泛听取职工群众意见，做到集思广益，使决策时的意见和建议有见地、有分量，对企业发展和全局工作有举足轻重的作用，提高了党组织参与决策的质量和效率。

第四，建立参与重大决策的制度。先后制定了《党组织参与企业重大问题决策的实施办法》《党支部参与车间重大问题决策的实施意见》，对各级党组织参

① 参见中共莱芜钢铁总厂第三次代表大会工作报告《发挥政治核心作用，促进莱钢振兴，为全面实现莱钢“八五”计划而奋斗》。

与决策作出明确规定，使党委参与决策制度化，解决了党委参与决策“一靠惯性、二靠党性、三靠感情、四靠个人影响”的问题，成为比较其他一些国企的优势所在。

企业党组织的决策功能，从本质上讲，是运用政治手段影响和推动企业发展，通过有效参与决策进而实现党的政治意图，最终达到政治工作服务于经济建设的目的。这些年来，莱钢作出的每一项重大决策，莱钢党委都积极参与其中，充分显示了党组织的政治核心作用。

2. 充分发挥党组织的监督保证作用

切实履行监督保证职能，是党章赋予国企党组织的重要职责。党组织的监督保证作用，是对企业的把关定向，是从政治角度对国家负责、对人民负责，是坚持和加强党对企业领导的政治体现，也是对企业内党员、干部个人负责任的体现。

（1）把关定向，把的是企业社会主义之关。

以保证企业发展的社会主义方向为己任，莱钢党委将把关定向作为实施政治领导的第一要务。

一方面，坚持党的领导不动摇。在改革过程中，莱钢党委认为，无论是行业重组，还是辅业改制，党建工作都有基础、有条件做得更好更有效，要以高度的政治责任心和使命感，认真履行职责，确保党建工作的有效运行。在企业改制过程中，党内外对公司制企业要不要设立党群组织存有异议，但莱钢党委明确提出“五个不动摇”：坚持企业党组织发挥政治核心作用不动摇，坚持企业社会主义经营方向不动摇，坚持“两手抓，两手都要硬”不动摇，坚持全心全意依靠工人阶级不动摇，坚持“三有”（有专门的党组织、有专门的工作机构和工作人员、有专门的活动经费）不动摇，创造性地建立了股份公司的党群组织，巩固了党对企业的政治领导①。2002 年，莱钢实行了机关机构整合、复合设置，公司党群机构全部与股份公司实行复合设置，同时，公司党政业务相近、相关部门合署办公，实现了职能、人员、工作的完全整合，增强了党组织全面参与行政工作的针对性、实效性，并保持了党建工作的相对独立性。

① 参见中国共产党莱钢集团有限公司第四次代表大会报告《发挥政治优势，实现“十五”目标，为把莱钢做强做大而努力奋斗》。

另一方面，坚持国企的社会主义性质不能变，加强对企业贯彻落实党的指导方针和执行国家方针政策的监督，推动企业在国民经济发展中发挥主导作用，在产品质量、安全生产、节能减排、环境保护、维护稳定等方面带头履行政治责任和社会责任，保证莱钢的发展符合国家政策要求，符合宏观调控和行业、产业政策，符合国民经济发展要求。

（2）把关定向，定的是企业发展之向。

莱钢党委在企业战略规划引领上作出过三次重大抉择，实现了三次历史性飞跃，保证了企业的发展方向、目标和发展质量。第一次是在建厂初期，党组织为企业规划了最初的建设蓝图，领导莱钢在一无所有的基础上迈出了艰苦创业的第一步。第二次是1983年在莱钢第一次党代会上，提出了“全厂齐动员，奋战八三年，甩掉亏损帽，开创新局面”的响亮口号，当年盈利110万元，一举甩掉戴了13年的亏损帽子，莱钢发生了具有历史意义的转折。第三次是在“十五”期间，2000年第四次党代会提出尽快把莱钢做强做大的战略目标；2003年四届六次全委扩大会议，制定实施了《莱钢走新型工业化道路实施纲要》，搭建起“科技莱钢”“数字莱钢”“生态莱钢”和“人文莱钢”的基本框架，2005年登上年产1000万吨钢台阶，创造了莱钢的辉煌。

进入“十一五”时期，2005年莱钢党委四届七次全委扩大会议，又适时提出实现由以速度规模为主向以质量效益为主的阶段性战略转移的发展思路，确定以“突出结构调整，着力自主创新，打造钢铁精品，做出莱钢特色，建设一流强企”为核心内容的发展新战略。进入“十二五”时期以来，2010年召开的公司第五次党代会，提出深入推进转方式、调结构，加快做强莱钢进程，努力把莱钢建设成为核心竞争力强、经济实力强、抗风险能力强、企业凝聚力强、可持续发展能力强的钢铁强企，赋予做强莱钢以新的内涵。这个目标体现了“以科学发展为主题、以转变发展方式为主线”的要求，正在引领企业创造着新的辉煌。

正是由于莱钢党委始终坚持把党的领导力转化为企业发展的硬实力，把政治核心作用转化为企业的牵引力、战斗力和向心力，从而形成了强大的领导力量。莱钢在做强做大的进程中取得了辉煌成就，从建企初期的一张白纸，到1983年的首次扭亏为盈，再到“十五”期间莱钢一举达到年产1000万吨钢规模，现在的莱钢正在科学发展、和谐发展的道路上大踏步地前进。

（3）把关定向，党风廉政建设是重要内容。

清正廉洁是保持和发展党的先进性、纯洁性的基础。莱钢各级纪委从1980

年7月成立以来，集中力量抓好党风廉政建设，全面履行保护、惩处、监督、教育职能，为保护、支持莱钢的改革、发展和稳定作出了重要贡献。

新世纪新阶段，莱钢党委把党风和反腐倡廉建设视为企业的职业安全工程和政治生命工程。莱钢纪检监察部门坚持“标本兼治、综合治理、惩防并举、注重预防”的方针，围绕建立预防和惩治腐败体系，抓领导干部廉洁从业行为规范，抓廉洁效能管理体系建设，抓违规违纪案件查处，抓监督检查职能作用发挥，抓党风廉政建设责任制落实。

①不断强化党风廉政建设责任。按照“一岗双责”的要求，对领导班子及成员提出“五个一”的要求：对党风建设和反腐倡廉工作每年至少进行一次安排部署，对分管范围内党员干部每年至少讲一次廉政教育课，每半年听取一次分管部门或单位关于党风廉政建设情况的汇报，对新任职的干部和职工有意见的干部进行一次廉政谈话，每年对分管范围内职工群众反映突出的问题至少进行一次调研。公司党委通过与各单位党政主要负责人签订党风廉政建设责任书，进一步强调和明确各单位领导人员所承担的党风廉政建设责任。各级各单位也按照“一级抓一级，逐级抓落实”的原则，结合实际，细化党风廉政责任，强化责任考核和责任追究，使党风廉政建设责任得到有效落实。近年来职工群众对公司和二级单位领导班子廉洁勤政情况的满意度持续保持在99%以上。

②建立健全工作体制机制。一是完善了监督工作体制。构建了纪检、监察、审计和监事会实行合署办公、“四位一体”的监督工作体制，形成了监督信息共享、人员统一调度、工作密切配合、监督检查有序、作用整体发挥的监督工作格局，促进了监督资源的进一步优化，增强了监督工作的整体合力。二是健全和完善了教育引导机制。将反腐倡廉教育纳入思想教育工作总体部署，构建了由纪委牵头组织，从各级管理部门一直延伸到基层车间、班组的反腐倡廉“大宣教”格局。制定了全员反腐倡廉教育规划，全方位、多层次地开展法纪教育和岗位廉洁教育。开展廉洁文化进班子、进厂区、进岗位、进项目、进家庭活动，拓宽反腐倡廉教育的领域，扩大反腐倡廉的辐射面。三是健全和完善了预警预控机制。组建了覆盖全公司重要工作岗位和关键部位的信息报送网络，定期收集、分析、评测和反馈预警信息。健全并严格落实了廉洁从业谈话、经济责任审计、述职述廉、领导干部个人有关事项报告等制度，加强了对领导干部、基层管理骨干和重要岗位人员履职及作风状况的监管。建立了信访等专项工作联席会议制度，定期汇集、研究分析舆情信息，强化了党风廉政建设责任部门之间的协调配合和信息

沟通。四是健全和完善了反腐倡廉工作考核评测机制。针对机关部室和基层单位的不同情况，分别设立了反腐倡廉工作标准，量化工作指标，实行目标化管理，使“软任务”变成了有形化的“硬指标”。制定了《反腐倡廉工作和廉洁经营考核评价办法》，完善了考核评测工作程序。逐级建立了廉洁效能绩效考核制度，变监督为利益引导，变强制为激励，从责任、利益等方面保证了廉洁效能管理体系的正常运行和整体功能的有效发挥。《廉洁经营、审计专业考核细则》，经职代会讨论通过后列入了公司绩效考核方案。五是健全和完善了惩戒责任追究机制，增强了责任追究制度的可操作性，防止和避免了在责任追究中发生责任不明、避重就轻等现象。

③增强了监督工作效果。一是加大案件查办和惩处力度。莱钢各级纪检监察部门严肃查办各类违纪违法案件，加大对主要负责人和关键岗位、决策和用人、权力运作重要环节的监督力度。对一把手进行经济责任审计、离任审计、绩效审计、重大投资项目审计等。在查办重点、复杂的疑难案件中，纪委积极发挥组织协调作用，联合相关部门协同办案，加大了对一些重要案件的查办和惩处力度。二是围绕企业中心工作，构建廉洁效能管理体系。以实施廉洁效能管理体系为重点，大力推进反腐倡廉建设。借鉴 ISO 9000 质量标准体系，将企业管理、生产经营的过程全部纳入纪检工作范围，将教育、选用、监督、奖惩四个关口融为一体，实现纪检监察工作与生产经营建设改革管理工作同步。纪检监察审计部门，依托廉洁效能管理体系，通过完善运行机制、考核奖惩机制，坚持系统、规范、经常性地开展效能监察、效能督察、审计等监督工作，针对生产经营管理关键环节、职工群众反映强烈的热点和难点问题，积极开展监督检查，推动了企业党风和反腐倡廉建设深入开展，有效地促进了企业经营管理水平的提升和综合效益的提高。比如，面对国际金融危机给企业生产经营带来的严峻形势，公司纪检监察部门会同有关职能部室，深入开展了存货占用、非经营性费用支出及挖潜增效指标完成情况的专项效能监察，为企业抗击寒冬、冲出困境发挥了积极作用。党的十八大以来，在企业内积极组织“八项规定”的落实工作，积极组织开展“两转一提”（转思想、转作风、提素质）活动。莱钢构建廉洁效能管理体系的做法得到了山东省纪委、山东省国资委的充分肯定和较高评价，《中国监察》杂志推介了这一经验，获得了“中国钢铁工业协会管理创新成果”一等奖。三是积极构筑科技监管防线。借助于信息管理的程序性、共享性和实时性，把有关廉洁要求融入财务、原燃料检验、产成品销售、运输管理等业务流程中，把制度固化在程

序中，使监督及时、适时、实时，避免制度执行过程中的人为因素影响。运用信息技术，创新性地开发和应用了远程值守物资计量系统、原燃料远程自动采样系统，实现了现场无人值守、远程监控操作，阻断了不法客户的舞弊企图，杜绝了现场工作人员“以岗谋私”行为的发生。综合利用远程值守物资计量系统、水电风气等能源计量系统、质量检验系统，整合了一套实时的、远程监控的、智能化的网络数据制造执行系统，强化了对生产物流的管理监控，有效地消除了部门之间、上下工序之间由于物流信息不对称、不及时所引发的管理风险，促进了企业管理水平的提升。

3. 为发挥政治核心作用提供组织保证

正确的政治路线要靠正确的组织路线来保证。43 年来，莱钢党委把组织建设作为党要管党的重要任务来抓，为党的领导提供了坚强的组织保证和基础。

（1）坚持党管干部原则毫不动摇。

一方面，抓好领导班子建设。

建企以后，莱钢关于领导班子调整有两个大的时期，一是在 20 世纪 80 年代改革开放初期，二是在世纪之交建立完善现代企业制度时期。

党的十一届三中全会后，按照干部“四化”方针，莱钢党委对各级领导班子进行了第一次大规模的整顿和调整，一批坚持四项基本原则、具有专业知识的中青年干部，被充实到各级班子中去。1983 年结合企业全面整顿，对各级班子进行了一次比较大的调整。1985 年在推行厂长负责制的同时，又普遍进行了一次调整。经过这几次调整，各级班子政治素质、业务素质明显提高。1991 年 7 月，莱钢党委通过了《中共莱芜钢铁总厂委员会关于加强自身建设的十条规定》，1993 年 3 月，又印发了《关于加强领导班子思想作风建设的意见》，进一步对各级班子、领导干部的思想作风建设提出了明确要求。

为适应企业法人治理结构的变化，莱钢又进行了班子的第二次较大调整。以“四好”班子创建活动为抓手，从 2005 年 5 月起，莱钢党委制定下发了《莱钢“四好”领导班子创建活动实施办法（试行）》，广泛创建了“四好”班子活动。按照“政治素质好、经营业绩好、团结协作好、作风形象好”的标准，要求各级领导班子不仅要具备强烈的责任意识、使命意识，而且体现在发挥专业素质和管理能力上，转化为企业经营管理水平和市场竞争能力的提高。

思想政治素质，是领导班子整体素质的核心，也是建设好“四好”领导班子的关键和前提。莱钢党委特别注重以下几点：一是打牢政治基础，强化政治理论学习。以“学理论、转观念、议大事、出思路、建班子”为目的，制定了《关于加强党委理论学习中心组的实施意见》《领导干部理论自学制度》《领导干部学习考核制度》等制度规定，不断创新方法，实现了从增长理论知识向提高落实科学发展观能力的转变，从常规学习向自我超越、改善心智模式、建立共同愿景、团体学习、系统思考转变，使领导班子具有了大事业的追求、大舞台的胸怀、大团队的精神、大家庭的情怀。二是加强党的政治领导，提高班子的凝聚力。善于从政治上判断形势和分析问题，不断改进并加强企业党建和思想政治工作，始终保持企业改革发展的正确方向。班子成员认真遵守领导干部廉洁自律有关制度规定，自觉管好子女和亲属，管好分管部门和身边的工作人员。三是加强班子能力建设，提高班子的科学决策能力和水平。坚持和健全民主集中制，班子成员相互尊重、信任、支持，自觉维护班子的团结与统一，“聚精会神干事业，一心一意谋发展”，形成了风正、气顺、劲足的良好局面。

2007 年以来，莱钢党委每年都对“四好”领导班子创建工作进行全面总结，并对创建工作先进单位进行命名表彰。

另一方面，抓好干部队伍建设。

历史地看，莱钢党管干部原则始终坚持得比较好。在“一元化领导”、党委领导下的厂长负责制时期，莱钢干部由各级党组织直接任命或在党委领导下民主选举产生。实行厂长负责制后，把竞争机制引入干部管理，从 1988 年起生产行政系统的干部实行层层聘任制度。选人用人把政治条件放在首位，不搞“一刀切”，既重学历又不唯学历，既考虑年轻化又不唯年轻是求，各级班子结构合理，充满生机与活力。

改革开放以来，在许多国企中，存在党管干部原则落实不到位、党管干部原则与经营管理者依法行使用人权没有很好地结合等问题。但是，莱钢党委始终坚持“四化”方针和德才兼备、以德为先的原则，干部队伍建设抓得紧、抓得实。

其一，坚持“三共管、三为主”的原则。1997 年，莱钢党委提出了“三共管、三为主”的原则（领导班子自身思想作风建设，党政共管，以党委为主；下属单位的领导班子建设，党政共管，以党委为主；后备干部队伍建设，党政共管，以党委为主），明确了党委在各级班子和干部队伍建设方面的权力与责任。这条规定，从根本上将党管干部原则落到了实处。

其二，严格干部选拔任免程序，把好选人用人关。在干部的选拔任免方面，莱钢总结探索出了一套比较完备的程序，坚持“五不”原则：不经过民主推荐的不培养，不经过重点培养的不考察，不经过考察的不汇报，不经过党政领导协商一致的不上会，不经过党委常务会讨论通过的不任用；并以制度的形式将它规定下来，做到有章可循。特别是在中层行政干部任免上，党委与行政部门联合制定下发了《中层行政干部任免程序》《关于开展处级干部公开选拔竞争上岗试点工作的通知》等；还先后下发了《关于深化人事制度改革的意见》《关于集团公司机关机构改革选配科级干部实施竞争上岗的办法》，逐步推行了任前公示、试用期等制度，使干部工作进一步完善、科学，公开透明度进一步提高。

其三，坚持对处级领导班子和处级干部定期进行考察考核的制度。1997 年，莱钢建立了处级领导班子和处级干部年度考核制度，坚持利用每年职工代表大会，对班子和干部进行民主测评评议，同时采用个别谈话、召开座谈会等方式广泛听取职工群众的意见建议，全面客观地了解、掌握班子和干部的基本情况，有针对性地解决存在的问题。2010 年制定实施了《处级领导班子和领导干部综合考评办法》，从考评内容、方法、形式、考评结果运用四个方面对班子和管理人员进行综合评价。建立和完善了干部交流机制，注重加强后备干部队伍建设，不断完善干部培训培养机制和监督约束机制等。

其四，深入实施人才强企战略。莱钢党委始终坚持人才是企业第一战略资源的理念。在 20 世纪 80 年代落实党的知识分子政策的热潮中，一大批知识分子加入党的队伍，走上了各级党政领导岗位。为改变技术人员想方设法奔“仕途”的状况，莱钢党委为管理、技术、操作三类人员架起“三把梯子”，分别设计职业发展通道和成长机制，培养了三支政治坚定、业务精良、作风过硬的职工队伍，造就了一支“特别能战斗”的钢企“钢军”，形成了莱钢不断发展的重要人力资源支撑。

（2）基层党组织是党在国企全部工作和战斗力的基础。

企业党的建设，重心在基层，创新在基层，活力在基层。现在，在许多国企党建中，党务工作“业余化”、党的干部“兼职化”、党务机构队伍“精简化”问题严重，导致党组织工作不能正常开展。在这些企业中，党支部的活动内容和方式缺乏创新性，效果不理想。党员教育管理或缺乏有效的管理办法，或教育内容单调，导致党员发挥作用差。

从莱钢党组织的情况看，最主要的特点是，党组织的规模比较大，在 1970 年建企时已经有党员 4908 人，党支部 66 个；到 2011 年底，共有党员 11483 人，党支部（总支）561个。所以，自建企以来，莱钢党委“管党治党”的任务就非常繁重。

改革开放以前，莱钢各级党组织也不够健全，被各种“革委会”“指挥部”“领导小组”所代替，直到1980年莱钢总厂正式成立党委，这种局面才得到根本改善。改革开放以来，不管国内外敌对势力怎样攻击共产党的领导，也不管某些人如何企图淡化企业党组织的领导作用，莱钢党委始终认为，一个单位几百号人，不能没有一个战斗指挥部，不能没有一个“政治核心”。从1993年起，在总厂推行了党委、党支部工作目标责任制，把生产经营、党的建设、思想政治工作、精神文明建设、群团工作等内容纳入党组织工作目标责任制。当年制定了《莱钢总厂基层党支部（总支）工作细则》《关于进一步加强基层党组织建设的意见》，开展了支部达标升级活动。1996年《关于二级单位直属车间专职党支部（总支）书记配备的意见》明确规定，100人以上的车间（所、区），原则上要配备专职党支部书记，解决了党务工作“业余化”，党的干部“兼职化”等关键性问题。1997年启动并实施“政治核心工程”。在支部建设方面，一是进一步规范、强化支部整体化建设，规范党支部（总支）的设置，进行分档管理。二是加强基层党支部班子建设，重点是在党支部书记的选拔配备、管理使用等方面加大力度，收到了良好效果。

莱钢党员教育管理不断加强，特别是改革开放以来，更是走上了规范化的道路。一是贯彻执行“十六字”方针，注重从各类专业工程技术人员、知识分子和生产第一线、“空白班组”中发展党员，严把入口关；二是注重建立健全制度，党员管理逐步走向制度化、规范化、程序化；三是广泛开展有利于发挥党员作用的活动，坚持“三会一课”制度，开展“民主评议党员”“党员责任区”“党员联系群众”“我为党旗添光彩”等活动；四是党员教育逐步加强，进一步加强了经常性的党的思想建设和作风建设。通过各个方面的工作，调动了党员的积极性，为党员发挥先锋模范作用创造了条件。

进入新世纪新阶段，莱钢党委借鉴学习型组织理论，开展了学习型党组织创建活动，开了全国建设学习型党组织的先河。通过学习型党组织建设，构建了四个平台、增强了“四个功能”。一是构建起共享平台，增强了持续学习功能。在民主生活会和党课教育等活动中运用“深度汇谈”方法，使学习成为沟通心灵、共享知识和整合群体智慧的重要途径。二是构建起反思平台，增强了自我完善功能。在党小组会和专题民主生活会上，形成有效的团队研讨、交流沟通机制，增强了党员自省意识和自主管理的能力。三是构建起沟通平台，增强了亲和聚合功能。建立党支部恳谈会制度，畅通了党支部班子成员与党员、干部、职工之间的信息交流。四是构建起创新平台，增强了开拓创新功能。建立了党支部工作创新成果评价机制，把创新贯穿于建设学习型党组织的全过程，激发党员的创新意识。

通过开展学习型党组织创建活动，大大增强了各级党组织的学习力、创新力、凝聚力，广大党员普遍树立起了“系统思考、不归罪于外、自我超越、挑战极限、问题就是资源”等先进理念，创新成果不断增多，党组织、党员在职工群众中的威信不断提高。在以争创“四强”党组织、争做“四优”共产党员为主要内容的创先争优活动中，强化了党的基层组织和党员的先进性。这主要表现在以下方面。

其一，把基层组织做强、支部做优。

莱钢党委实施党支部工作分档管理。党委制定下发了《党支部工作分档管理实施办法》。该办法在考核内容上涵盖了党支部工作的各个方面，包括党支部班子发挥作用情况、党员队伍建设、党支部参与重要问题决策、思想政治工作、支部基础工作、生产经营指标完成情况和综合治理等方面。在考核办法上，每个季度一评，坚持“水涨船高”，好中选优，分出一、二、三档，不搞“满堂红”。党支部实行分档管理，引入了竞争机制，形成了党支部之间对比先进找差距、争先恐后创一流的良好局面，夯实了党建基础工作。

落实各项党内基本制度。认真落实执行“三会一课”制度、民主生活会制度、民主评议党员制度。

高度重视党支部的主体作用。把解决改革发展中的难题作为党支部活动的重点，依托党支部开展技术创新，激励党支部在自主探索创新中焕发出强大的生机和活力。各党支部注重建立健全教育、管理、服务党员长效机制，通过建立支部跟班制、恳谈会、党员议事、谈心访问等制度，开展职工“心声使者”等活动，将人文关怀落到实处，党支部的向心力、凝聚力不断增强。

积极推进党内基层民主建设。营造党内民主讨论环境，群策群力推动企业发展；积极推进“党务公开”，建立健全党内情况通报、反映等制度，确保党员的知情权、参与权、选举权和监督权落到实处。

其二，自觉加强党员队伍建设。

抓紧抓实，做好党员发展工作。每年年初，党委组织部深入各个单位调查了解积极分子培养和落实发展计划的情况，科学制订发展计划，每半年对各个单位的党员积极分子培养、党员发展情况进行检查，及时推广经验、解决问题。在确定入党积极分子、接收预备党员、预备党员转正三个环节实行票决制；建立了《发展党员公示制度》，保证了发展质量。

创新党员学习教育方法，增强学习教育的吸引力和感染力。充实教育内容，将党员的理论学习、思想教育与身份教育、信念宗旨教育相结合，不断增强党员的党性观念、理想信念和宗旨意识，强化责任感和使命感。注重创新学习教育方法，灵活运用多种形式和现代信息技术手段提高教育效果，增强教育的吸引力和感染力。比如，采取“互动＋体验”学习方式，改变传统的“你讲我听”的教育方式，把理论融入生动形象的故事、案例当中，探索开展“访谈”“对话”式党课，一人主持、“多人汇谈”，台上台下共同参与，收到了较好的效果。

创新平台，发挥好党员先锋模范作用。在创先争优活动中，公司党委提出了争创“四优”共产党员、争当创新创效先锋的要求，将党员的先锋模范作用转化为企业发展的动力。通过“党员责任区”“党员先锋岗”“党员攻关项目”“先锋台”“擂台赛”“金牌榜”“荣誉墙”等载体，为党员发挥作用搭建不同形式、不同层次的争先平台，使党建工作成为企业发展的内在推动力量。深入开展“克时艰、抗严冬，共产党员在行动”等党性实践活动，保证党员领导人员“抗击严冬的办法比一般职工更多、节能降耗的意识比一般职工更强、与企业共荣辱的意志比一般职工更坚、自我超越的境界比一般职工更高”，彰显党员的先进性。

提高党员能力，深入开展“双培”活动。在各类技术骨干和生产经营骨干中培养和发展党员，努力把党员培养成生产经营的能手、创新创业的模范、提高效益的标兵，不断壮大党员队伍，形成党员先进性同职工创造力的“互动发展机制”。

43 年来，特别是改革开放以来，莱钢党委注重加强制度建设，较好地坚持了党委理论学习中心组和党员政治学习制度，党的常委会、全委会和党员代表大会制度，政工例会和政治工作会议制度，党员的管理制度，党风党纪的检查和违纪党员的处理制度；坚持、完善和加强了党的民主集中制制度，党的“三会一课”制度，民主生活会制度，民主评议党员制度，党内选举、表决制度，党内监督制度等。在此基础上，2001 年、2005 年先后编印了《党群工作制度汇编》《莱钢组织和人力资源管理文件汇编》。这些制度对于党的建设规范化、制度化和科学化，对于不断提高工作质量发挥了积极的作用。

4. 全心全意依靠职工办企业

发挥党的群众工作优势，加强职工队伍建设，维护职工利益，充分激发蕴藏在职工群众中的创造力量，是发挥党的政治核心作用的重要内容。

（1）全心全意依靠职工群众，是国企政治优势的重要内涵。

莱钢产业工人集中，职工群众成为企业的主人翁，是社会主义国企的制度要求和优势。科学发展观的核心是以人为本。确立职工的主体地位，一是要与时俱进，更新观念，牢固树立“以人为本”的观念；二是推进企业管理，让职工参与企业决策的全过程，从政治上确立职工的主体地位。

莱钢的民主管理、民主监督、民主参与工作自 1979 年起步以来，重点抓了以职代会为基本形式的民主管理体系与制度建设，到 1986 年，全厂已基本形成了总厂、二级单位、车间、班组四级网络体系。长期以来，莱钢始终坚持“依靠”方针，保证工会组织的人员、经费、活动场所和参与决策管理监督“四到位”，把职工的主人翁优势转化为企业的主体创造力，为企业改革和发展提供了可靠保证。

充分发挥职代会和工会组织的作用，保证民主监督有效落实。对职工关注的重大问题，在广泛征求意见的基础上首先必须提交职代会讨论通过。比如，2012 年，莱钢决定进一步深化人事、劳动、分配制度改革。为使改革方案体现广大职工的意愿，确定了“改革政策制定的过程，也是充分发扬民主的过程”的工作思路。职代会开了 12 天，改革方案几上几下、数易其稿，最终全票通过。通过落实《职代会实施细则》《职工代表建议落实实施办法》等措施，使广大职工真正参与到企业管理决策中来。莱钢还先后下发了《关于全心全意依靠职工群众办好企业若干问题的规定》等文件，加强星级职代会创建，完善职工代表联系人制度、职工代表恳谈会制度。

密切联系职工群众，自觉接受职工群众监督。1992 年莱钢下发了《莱钢总厂职代会民主评议、监督干部暂行条例》，使民主监督评议干部制度化、规范化。通过各级领导干部“接待日”、职工代表“恳谈会”等平台，认真执行“访、谈、帮、联”制度，变职工上访为领导干部“下访”，与职工面对面互动交流，主动接受职工监督。莱钢还着力构建并实施“三四五”厂务公开模式，使厂务公开经常化、规范化、制度化，形成了公开公正解决问题的运行机制，职工对厂务公开满意和基本满意率总计达到 99%。

各级工会通过开展“工人先锋号”、劳动竞赛等活动，不断深化群众性经济技术创新工程，近几年仅集团公司层面就表彰奖励群众性创新成果612项、职工优秀合理化建议496项、班组管理创新成果438项，用职工名字命名表彰优秀操作法325项。经常性开展了送温暖、职工互助等职工保障工作。对涉及职工具体利益的事项及时向行政部门通报，最大限度地保护职工的利益和合法权益。深入开展女工工作，解决涉及女职工特殊利益的问题，通过“八进家”、“八情教育”、和谐家庭创建活动，进一步发挥了女职工在和谐企业建设中的作用。工会组织的宣教文体活动开展得如火如荼，丰富了职工的业余文化生活，促进了群众性精神文明建设。

（2）充分发挥群团组织联系群众的桥梁纽带作用。

共青团是党的助手和后备军，是党联系广大青年的桥梁和纽带。长期以来，莱钢各级团组织自觉加强组织建设，通过开展党建带团建、“凝聚力工程”、学习型团支部建设，创建了一批“五四红旗团”组织。他们注重开展青年思想教育，“四德教育”，青年志愿者活动不断向制度化、规范化发展。“青工技术比武”“青春立功杯竞赛”“青年科技创新活动”“青年安全工作”“青年岗位能手”“青年文明号”紧贴企业中心工作，深受欢迎。莱钢职工思想政治工作研究会、社会科学界联合会、科学技术学会、文学艺术界联合会等各种协会也起到了党联系特定群体的桥梁纽带作用。

莱钢党委通过群团组织，为职工提供了足够的发展机会、多种监督渠道和广阔的参与空间，在“凝聚人”的过程中壮大了企业发展的力量。

（二）充分发挥党的政治优势，开展强有力的思想政治工作

思想政治工作是党的优良传统，是国企独特的政治优势。43年来，莱钢始终坚持做好思想政治工作不放松，通过把党的理想信念内化到职工群众思想深处，形成领导企业发展的精神优势；通过加大形势任务教育，坚定职工群众攻坚克难的信心和决心；通过持续深入开展主题系列活动，促进生产经营建设；通过建立各种宣传机制，形成了较为完善的思想政治工作体系，实现了对企业的强有力的思想领导。

1. 始终把思想政治工作摆在重要位置

在体制转换和社会转型过程中，一些人对思想政治工作地位和作用的认识出了偏差。在思想观念上，有的人错误地认为思想政治工作已经“过时”，加强思想政治工作会干扰经济工作。还有人认为，思想政治工作是耍嘴皮子、做虚功的，多一点、少一点无关紧要，因而工作常常是“说起来重要，做起来次要，忙起来不要”，“一手硬，一手软”现象仍然比较普遍。在方法手段上，工作的思路、方法、手段陈旧老化，有的丢了老方式，又没新办法，活动不上路，缺乏吸引力。不少同志做工作流于形式，对群众反映的实际问题和思想动态不能及时掌握和发现，缺乏开拓创新精神。

莱钢党委在实践基础上认识到：一要充分认识思想政治工作的重要性，二要牢牢抓住加强全员思想政治教育这个核心任务，三要正确处理思想政治工作同中心工作的关系。这三个方面是事关做好思想政治工作全局的三个关键问题，必须首先加以解决。

（1）莱钢始终重视加强思想政治工作。

改革开放前，主要是根据当时政治形势，突出政治形势任务教育。改革开放以来，莱钢认为，企业遇到了一些尖锐的问题和矛盾，特别是随着企业各种利益格局的调整，思想政治工作的难度增大了。因此，思想政治工作更为迫切和必要。

面对有些人鼓吹给思想政治工作“松绑”的歪理邪说，早在1983年莱钢党委就郑重指出：“任何时候、任何情况下，都必须坚持四项基本原则，始终加强思想政治工作，这也是党组织的一项根本任务。”① 1987年莱钢党委又一次严肃指出：“政治工作不仅仅是政工部门和政工人员的事，各级行政领导在抓业务工作的同时，也必须把思想政治工作渗透到每个经济环节和生产工作岗位，使两者有机地结合进行。”② 1989年政治风波发生后，各级党组织进一步担起了思想政治工作的领导责任。在此前后，坚持对职工群众开展了系统的政治理论教育，紧紧围绕生产建设开展经常性的职工思想政治工作，注意抓好政工队伍的建设。

---

① 参见中共莱芜钢铁总厂第一次代表大会工作报告《振奋精神，开拓前进，为开创莱钢建设新局面而奋斗》。

② 参见中共莱芜钢铁总厂第二次代表大会工作报告《大力加强思想政治工作，充分发挥保障监督作用，为全面完成莱钢“七五”计划而奋斗》。

这一时期，莱钢思想政治工作的主要特点表现为“六个不动摇”：一是坚持用四项基本原则统一职工的思想、行动不动摇；二是坚持保钢育人，既出钢材又出人才的原则不动摇；三是坚持思想政治工作结合生产经营一道去做的原则不动摇；四是坚持发挥党组织的核心作用、战斗堡垒作用和党员的先锋模范作用不动摇；五是坚持团结奋斗、艰苦创业、改革创新、争创一流的企业精神不动摇；六是加强政工队伍的自身建设不动摇。

在迈向新世纪的征程中，以生产经营的难点和职工关注的热点为着力点，思想政治工作不断创新求实，主题系列活动、“六必访、六必谈”、职工思想动态分析、“一岗两类”、“三同时、四跟上”工作法等方法和活动，都具有很强的针对性、实效性和创新性。

10 多年来，莱钢党委坚持用马克思主义中国化的最新成果武装干部职工，用民族精神和时代精神凝聚力量、鼓舞士气，用榜样的力量教育人、影响人、感动人，改善干部职工的心智模式，激发职工创新超越的激情，形成了知荣辱、讲正气、促和谐的风尚，为快速、健康、持续、发展奠定了坚实的思想基础。

（2）莱钢特别注重思想政治教育。

思想政治教育是思想政治工作的核心内容，它关系企业的社会主义发展方向，关系“四有”职工队伍的培养与造就。莱钢党委从企业建立以来，一以贯之地注重抓好思想政治教育，始终坚持以理想信念教育为核心，努力引导干部职工解决“信仰”、“信念”、“信任”和“信心”问题，把对职工的关爱体现在提高其政治素质这个根本问题上来。

莱钢思想政治教育主要包括政治理论教育、党员教育和形势任务教育三个方面的内容。

其一，政治理论教育根据突出重点、讲求实效原则，分为处级以上干部、一般管理干部和工程技术人员、基层职工三个层次。处级以上干部采取举办培训班和两级党委理论学习中心组集体学习两种形式。党委理论学习中心组的学习，做到有计划、有记录、有检查，制度不变，内容常新。一般干部主要利用每周一次的“政治学习日”进行学习。基层职工采用宣传部编发或指定的宣讲材料，利用班前班后或检修空隙组织自学或宣讲。坚持把理论武装作为宣传思想工作的首要任务，在落实制度、创新方法、深化内容、注重实效上下功夫。2001 年，莱钢党委制定下发了《关于进一步加强和改进处级以上干部理论学习的实施意见》，对领导干部政治理论学习提出了更高的要求，在坚持集体学习、个人自学、“40 +4”

学习制度的同时，大力倡导互动式、体验式、共享式等新的学习方法，以开展理论下基层活动为载体，把学习任务真正落到实处。在学习重点上，突出抓好党的重要文献、党的重要会议、重要领导人讲话精神的学习。在学习内容上，坚持基本理论学习同贯彻党中央精神相结合，同解决莱钢现实问题相结合，同加快做强做大莱钢相结合。更多地安排宏观经济形势、钢铁结构调整等专题辅导报告；结合企业发展，加强专题讲座，增强理论学习的前瞻性和实用性。在学习方式上，以纪念重大活动为契机，组织党员积极参与、集中培训和系统学习。不断用新思想、新观念武装职工的头脑、指导职工的行动，为企业发展提供精神动力。近两年来，两个单位获“全省理论宣讲工作先进单位”称号，三个单位获“2011～2013年度‘中国特色社会主义理论体系’宣教基地”称号。

其二，党员教育按照山东省委宣传部《关于加强和改进基层党员思想理论教育工作的意见》，每年下发党课材料或党课要点，推动面上学习。拓展学习内容，把中国特色社会主义理论体系、党的重要会议精神等重大理论、政策的学习，与先进的企业管理知识的学习结合起来，不断丰富和深化理论学习内容。根据《莱钢基层党校工作条例》，有计划地对党员、入党积极分子进行培训和教育，党员教育阵地建设做到了经常化、制度化、规范化。在全公司广大党员中持续开展了以“三学、四必、五做”为基本内容的“我是共产党员”党性实践活动，在推进做大做强莱钢的历史进程中彰显了党员的先锋模范作用。

其三，各级党群组织充分利用宣讲材料、报告会、演讲会等形式，广泛开展形势任务教育，做到“三个讲清”：讲清外部经济形势、钢材市场形势、企业生产经营形势，提高认识，坚定信心；讲清企业生产经营和改革发展之策，统一思想，振奋精神；讲清与职工岗位工作密切相关的生产任务、工作重点、岗位责任，明确任务，强化责任。

（3）“围绕中心、服务大局”是莱钢思想政治工作的基本经验。

莱钢党委认为，思想政治工作要坚持以经济建设为中心，必须从游离中心的自我封闭中走出来，从孤芳自赏的自我循环中走出来，从“说不上话，插不上手，帮不上忙”的现实窘境中走出来，到改革发展的大舞台上去求作为、显身手。

改革开放以来，依据思想政治工作要结合经济工作一道去做的原则，不断创新工作载体。特别突出的创新是主题系列活动。1990年，莱钢党政联合发文在全厂开展“企业有困难，我们怎么办”大讨论活动，动员广大职工群策群力、克服困难，全面完成生产经营任务。以此为发端，党委每年都针对生产经营的难点、重点，确定一个活动主题，作为当年思想政治工作结合经济工作一道去做的一条主线，发挥思想政治工作优势，促进生产经营任务的全面完成。

20 多年来，主题系列活动不断创新，已经成为莱钢思想政治工作的知名品牌，形成了“12346 + X”的模型。每年底，根据生产经营任务目标，公司党委提出下一年度思想政治工作主攻方向，提出一个活动主题。在此基础上，搭建思想政治工作围绕中心发挥作用的平台，使思想政治工作转化为现实生产力，在企业中心工作中彰显力量；搭建职工立足岗位为企业发展作贡献的平台，使职工在与企业共克难关、共同发展的过程中展现自身的价值、活出生命的意义。在活动中注意抓好“广泛发动、全面启动，认真组织、深入推进，加强管理、考评控制”三个环节。活动始终坚持四个原则，即坚持围绕中心的原则、党政联手的原则、全员参与的原则、开拓创新的原则，不断创新活动的内容、形式、载体和方式方法。莱钢党委还要求主题系列活动突出抓好调动职工才智、发挥党员先锋模范作用等六个方面的重点工作。在此基础上，开展多样的具体活动，始终保持主题系列活动的蓬勃生机和旺盛活力。

莱钢每年的主题系列活动都强调突出中心工作这根“弦”。比如，在活动初期开展了“尽主人心，做主人事，为质量品种效益年做贡献活动”“保钢 100 万，全面上水平活动”等①。近期以来，2009 年针对国际金融危机加剧、钢铁企业遭遇严冬的形势，集团公司党委确立了“降本增效迎挑战，克难制胜比贡献”的主题，充分发挥了思想政治工作在稳定思想、凝聚力量、推动企业中心工作中的重要作用。2010 年紧密结合“转调创提”活动，进一步发挥主题系列活动的品牌作用，教育、引导、发动职工为企业克难制胜贡献力量，促进了生产经营任务的完成。2011 年开展的“找差距、赶先进、抓创新、增效益”主题系列活动，以对标找差距、赶先进为抓手，强化过程控制，提升活动成效，不断发挥活动对中心工作的促进作用。2012 年，公司党委决定继续开展“找差距、赶先进、抓创新、增效益”主题系列活动，并在活动中开展“学先进、找差距、增效益”专题大讨论，要求外部向河北钢铁唐钢、新兴际华等先进企业学习，内部向型钢炼铁厂学习，在转变生产经营模式、提升运营质量等方面找差距、提绩效，扭转企业面临的被动局面，收到了良好效果。

---

① 参见《莱钢志》第 3 卷，第 347 页。

23 年来，主题系列活动已成为莱钢思想政治工作融入中心、发挥优势、推动生产经营任务完成的重要实践活动。而主题系列活动之所以 20 多年活力不减，就在于紧紧围绕经济建设中心，增强了思想政治工作的针对性和有效性。

2. 企业思想政治工作要坚持以人为本

思想政治工作的核心是做人的工作。因此，莱钢党委认为，要始终坚持以人为本，注重人文关怀和心理疏导，采取群众喜闻乐见、容易接受、便于参与的方式，启发群众自我教育、自我提高。

（1）思想政治工作与关爱职工有机结合。

一方面，把解决思想问题同解决实际问题相结合。思想政治工作必须坚持善待职工的原则，实现人的全面发展。莱钢主要从以下几个方面关心职工群众的切身利益。

其一，进一步理顺劳动分配关系，优化工资结构，分配机制日趋科学合理。2004～2009 年，在企业快速发展的同时，职工人均收入翻了近一番。进一步健全和完善劳动合同、工资集体协商等制度，和谐劳动关系创建机制不断优化。

其二，企业改革不搞所谓的“甩包袱”。“不把一名富余人员推向社会，不让一名敬业爱岗的职工受下岗和失业之苦”，莱钢改革改制无一人下岗，创造了国企改革的一种成功模式，被评为全国再就业工作先进单位。在应对金融危机及当前经济困难时刻，在不裁员的基础上保持了收入基本稳定。

其三，改善职工工作生活条件。不让一户家庭看不起病、不让一名职工子女上不起学，建立“送温暖工程基金”、“职工互助储金”、“职工意外伤害互助金”和“职工患大病医疗互助基金”、慈善基金 5 条保障线，本金合计达到 3.8 亿元。从 2010 年开始，扩大健康查体范围，集团公司每年支付 500 万元，为 1.3 万名工人以及退休职工进行健康检查。为解决职工关注的婚恋、住房等问题，2010 年以来，集团公司采取“团购”方式一次性建设住房近 3000 套，使莱钢房价直降上千元。成立了“红娘协会”，帮助青工解决婚恋难题。班组工作室、活动室、休息室配齐空调、饮水机、微波炉等设施，大部分班组配上了电脑。

其四，大力发展职工精神文化生活，“让职工的口袋和脑袋一起富有”。投资 2000 万元实施数字电视改造工程，培育了拔河、合唱等享誉国内外的群众文化品牌。2005 年，莱钢荣获“全国创建和谐劳动关系模范企业”称号。山东省社情民意调查中心调查显示，莱钢区域群众安全感为 98.67%、满意度为 99.46%，居全省之首。

另一方面，关爱职工要给予职工更多的精神关爱。莱钢党委先后于2009年、2011年下发了《关于建立思想政治工作人文关怀机制的意见》《关于在思想政治工作中加强心理疏导的意见》等文件，构建人文关怀和心理疏导的长效机制，推动了思想政治工作的创新。

公司组成了以专职政工人员为主体的心理疏导师队伍，在炼钢、特钢、焦化三个单位分别建设心理疏导中心，建立网上心理疏导平台。一些基层单位尝试开通心理咨询热线电话、设立心理咨询信箱和心理咨询教室等，并创造出“情绪日记”“阳光心态教育”等心理疏导方式，拓展心理疏导渠道。针对职工住房、子女就业、文明上网及山钢重组等职工普遍关心的问题，开展了“六个正确对待”“怎么看，怎么办”系列专题教育活动，着力培育职工奋发进取、理性平和、开放包容的健康心态。

各单位不断完善实施方案，大大增强了工作的系统性、科学性。比如，炼钢厂制定印发了《员工和谐心灵塑造方案（2012～2015年）》，系统规划了三年的心理疏导工作；焦化厂形成了“确定一个切入点、成立两支队伍、分三步走、区分四种人、划分五个阶段、探索六类方法，实现和谐焦化”的“123456”模式，建立了厂、支部（车间）、工区、班组长（党小组长）四位一体的心理疏导机制；特钢事业部出台了《人文关怀与心理疏导一体化思想政治工作目标实施纲要》，建立了“考评体系”“职工心理健康与需求测量体系”，畅通了“三个绿色通道”，实施了“六个行动”，确保了工作有计划、有目标、有措施，为深入推进心理疏导奠定了坚实基础。

各党支部注重建立健全教育、管理、服务党员长效机制，通过建立支部跟班制、恳谈会、党员议事、谈心访问等制度，开展职工“心声使者”等活动，将人文关怀落到实处，使党组织的向心力、凝聚力不断增强，凝聚了旺盛的人气。

2011年以来，莱钢先后在全国“加强人文关怀与心理疏导现场经验交流会”、山东省冶金政研会年会、全国冶金政研会理事大会上作了经验介绍，共有《加强人文关怀和心理疏导机制建设，不断推动企业思想政治工作改进创新》《深化学习型组织创建应把握四个要点》等11篇成果，在山东省及全国冶金政研会等各项评比中获得一等奖。

（2）创新思想政治工作方法。

创新是思想政治工作的灵魂。莱钢党委坚持开展党建、思想政治工作创新成果评选，连续召开了4届思想政治工作创新大会，表彰党建、思想政治工作创新成果77项。为把人文关怀落到实处，莱钢党委在已有基础之上，进一步完善了职工思想动态预警机制和网络思想政治工作。

一方面，针对莱钢改革步伐不断加快、各种矛盾不断增多的实际，公司党委于2003年及时建立了职工思想动态预警机制，化解各种不稳定因素，为企业持续、快速发展创造了稳定的思想环境。

其具体环节是：首先，健全职工思想动态预警工作网络、信息员队伍和工作制度，建立从集团公司到班组的全员覆盖工作网络和信息员队伍。公司党委和行政每月分别召开政工例会和稳定工作例会，对职工思想动态和稳定工作进行专门研究部署。其次，畅通职工思想动态预警机制工作流程。主要包括信息采集、分析、传递、处理、反馈五个工作环节。职工思想动态信息一月一报，遇有突发性重大事件和重大警示信息及时、直接上报。最后，各单位分别制定了安全生产、防止原燃料物资流失、信访稳定工作、厂区治安防范、交通安全和群体性、突发性事件处置7个方面的应急预案，形成了全方位预警防范工作机制。

职工思想信息动态预警机制使思想政治工作有了“千里眼”“顺风耳”，增强了思想政治工作的实效性，促进了以人为本管理思想的贯彻落实，阳光管理、亲情化管理和“问题是管理资源”“第一次就把事情做好”等新理念，不断在工作中被总结提炼出来。

另一方面，载体的创新给企业带来了新的思想政治工作形式，如通过网络开展思想政治工作等。网络具有高效、便捷、传播范围广等优点，已经成为最重要的信息传播工具。近年来，莱钢党委积极适应互联网发展的新趋势，使网络成为思想政治工作的重要媒介、企业和谐建设的助推器。

利用现代传媒，打造“矩阵式”网络思想政治工作体系。在横向上，构建以公司网站为主线，各个部门、各个单位局域网为辅线，其他网站、网页为节点的网上政工“拓扑”结构。在纵向上，建立了集团公司、相关部门和基层单位的三级网络管控体系，组织了省级、莱钢级和单位级三级网络评论员队伍，构建了框架坚实、线路明晰、覆盖全面的“矩阵式”网络思想政治工作体系。

建立解决职工问题“云服务”平台，构建网上大政工。建设“职工快线”网上互动平台，职工群众纷纷围绕民生保障、利益诉求、企业管理等方面，以咨询、建议、反馈等形式，提出意见和建议，各个部门、单位高度重视，认真解答，形成了齐抓共管、共同推动的工作格局。各个单位还结合实际，利用网站、网页、博客、QQ 群等多种形式，开展网上答疑释惑工作。到 2012 年底，“职工快线”共收到职工提问 19956 条，总回复率为 100%，3 个工作日内的回复率为 98.7%。这一做法得到山钢集团和山东省国资委的肯定，在全省国企推广。

注重正面引导，打造网络宣传主阵地。比如举办文明上网签字、上网承诺书签订等活动强化了职工网上责任，组织“党员看网络”“班长谈网络”“青年与网络”座谈等活动。以莱钢信息港、莱钢企业网为主阵地，先后设立了“坚定信心迎挑战”“我推荐、我评议身边的感动人物”等十几个专题网页，唱响主旋律，打好主动仗。先后在两个主要论坛开设了“万众一心战严寒、众志成城渡难关”“企业有困难，我们怎么办”等 21 个大型专题帖，营造了良好的“战严冬、渡难关”舆论氛围。同时，防止了网上舆情的社会化，维护了企业形象和内部稳定。

3. 榜样的力量是无穷的

莱钢党委抓思想政治工作不搞空对空，以高尚的精神塑造人，以榜样的力量鼓舞人，通过身边的先进典范催人奋进。

（1）企业家的责任境界转化为企业的示范力。

从建企初期数万名建设者抱着“建设三线”“备战、备荒、为人民”的崇高愿望，在荒山窝里扎了根、艰难起步，到莱钢屡创辉煌，建成现代化的特大型钢铁强企，企业领导班子始终严格自律，把责任境界转化为企业发展的示范力，树立了良好榜样。

①锤炼思想政治品格。牢固树立理想信念，培育并弘扬无私奉献、艰苦奋斗、开拓创新精神，是莱钢党委强化班子建设的一贯做法。公司党政班子经常提醒自己，莱钢是国民经济的骨干，是经济社会发展的顶梁柱，企业的发展进步始终同国家民族的命运联系在一起；国家把一个企业、一份资产交给了自己，是对自己的信任和重托；既然在党旗下宣过誓，就一定要为党的事业无私奉献，努力奋斗。这种自觉自律的大局意识，是莱钢党政领导班子思想政治品格的重要体现。

②培育优良作风。有没有私心，能不能做到无私奉献，是判断社会主义企业家世界观和精神境界的重要标杆。公司党政班子反复强调：清正廉洁，清白做

人、干净干事，是每一位管理人员应当具备的品格，正人必先正己；各级领导干部，要常怀敬畏之心，常思贪欲之害，常拂心灵之尘，自重、自省、自警、自励，自觉接受组织和干部群众的监督。几十年来，莱钢没有一位总厂、公司层级的领导成员在经济上栽跟头。在工作作风上，莱钢领导班子和管理团队一心一意谋求企业发展，千方百计把企业做强做大；以强烈的事业心、责任感，一心扑在工作上，几乎没有节假日和星期天，在建设发展的特殊时期，有的领导干部每天工作十几个小时，还有的领导干部在生产建设的关键时期几天几夜坚持与职工一起在现场奋战。领导干部的模范行动赢得了广大职工群众的信赖和拥护，在2011年职代会民主测评中领导班子的优秀、称职率达97.54%。

③勇于担当责任。莱钢的领导班子始终强调，要搞好国企，就必须担当自己肩负的政治责任、经济责任和社会责任，始终站在党和国家事业发展的高度思考问题、谋划发展，创造条件、多作贡献。在筚路蓝缕的初创时期是这样，当金融危机来袭，原料价格大幅走高，市场低迷时，莱钢的领导团队同样没有退缩。

其一，经济责任。43年不懈奋斗，奉献给国家一个特大型钢铁强企。莱钢从1970年建厂至2012年，已经为国家生产生铁1.23亿吨，钢1.28亿吨，钢材1.24亿吨，实现销售总收入约5586亿元，利税总额506亿元，利润总额240亿元。截至2011年，拥有总资产840亿元。为保障股东利益，追求每一笔资金投入都能变成可持续发展的优良资产，股份公司自上市以来，做到了按规定为股民分红，在广大股民中，莱钢股份公司被称为“不圈钱的公司”。

其二，政治责任。一是自觉坚持社会主义的经营方向。比如，为贯彻国家宏观调控政策，当时尽管莱钢大型H型钢项目建设条件已经成熟，但莱钢坚决执行国家政策，坚持在国家发改委批准之后严格按照国家产业政策开工建设。莱钢高度重视产品质量和服务质量，多年来一直保持国家级“重合同守信用企业”称号，企业始终保持了较高的美誉度。二是自觉维护职工的合法权益，针对一些人借改革之机误解或曲解“减员增效”的政策，莱钢党政班子在制订企业改革方案时明确提出：“人力资源是第一资源，人人都能创造价值；职工是企业改革的主体，而不是被改革的对象，企业的改革成本不应该由职工来承担；企业改革发展的成果由全体职工来共享”，保证每一名职工的劳动权益。三是主动承担了“齐鲁证券”的接管任务，为维护全省的政治经济形势稳定贡献了力量。四是积极维护厂区稳定，为化解社会矛盾、维护区域社会稳定作出了重要贡献。

其三，社会责任。能不能自觉服从国家大局，承担社会责任，为国家发展排忧解难、积极奉献，是判断一个国企是否合格的重要尺度。莱钢在社会责任方面也走在了前面。一是建立起了和谐的企地关系。投资7000多万元，与莱芜市政府联合实施“牟汶河治理工程”，在20余公里河道上修建6座橡胶坝和6座滚水坝，建成蓄水量达1300万立方米的人造湖泊，使地下涵养水量达3000多万立方米，极大地改善了区域生态环境；投资5000多万元进行莱钢大道的建设；莱钢的体育馆、医院、学校、水电路等基础设施与莱芜市民共享；免费为厂区周围的农村打井，解决群众吃水难问题；每年都为国家希望工程、扶贫工作、弱势群体等提供大量的捐款捐物。二是带动了地方发展。莱钢的发展带来了税收的快速增长，为当地群众就业、拉动地方经济社会发展发挥了重大作用。莱芜市依靠莱钢的品牌效应，大打“钢铁牌”，整体实力和社会影响力都得到了显著提高。一大批粉末冶金、钢渣处理、冶金辅料、石灰精品等领域的地方企业成为区域经济的重要支撑点。三是注重环境整治。2011年莱钢的经济效益较从前有所紧张，但莱钢仍然投入3000多万元进行环境治理。2012年，莱钢又进行了南湖水系治理。几年来，莱钢累计投资23.92亿元治山、治水、治气，完成了除尘系统改造、降噪音改造等90余项重点治理工程，厂区绿化覆盖率达40%，初步形成了花园式生产、生活空间。

正是由于党政班子的崇高思想境界，莱钢凝聚了各级政府、客户、供应商、金融机构以及社会各界的倾力支持，形成了“共赢共享，直到永远”的核心价值观，得到了社会各界广泛认同，为塑造莱钢企业品牌形象、提高莱钢的知名度、美誉度和影响力，发挥了极为重要的作用。

（2）把劳模人物和先进班组的精神凝聚成企业的精神。

几十年间，莱钢先后涌现了一代又一代的劳动模范，如全国劳动模范赵继俊、董全温以及全国“五一劳动奖章”获得者陶书振、钟其昌、曹平，新时期的青年杰出代表左炳伟、蒋学健等。

自开展创建先进班组活动以来，先后涌现了获“全国先进班组”称号的特钢厂中轧车间轧机丙班、被中华全国总工会授予“五一劳动奖章”的炼钢厂炼钢车间炼一甲班等先进集体。

在莱钢一代又一代劳模和先进班组身上，既集中体现了莱钢人爱岗敬业、争创一流，艰苦奋斗、勇于创新，淡泊名利、甘于奉献的共同特质，又传承了钢铁工人爱国、创业、求实、奉献的优良传统，还彰显了当代莱钢人实事求是、与时俱进、注重和谐、敢于创新、合作共赢的独特精神风貌。通过对这些劳动模范先进人物和先进班组事迹的表彰，用榜样的力量教育人、影响人、感动人，改善广大职工的心智模式，激发职工创新超越的激情，弘扬了莱钢人以“团结奋斗，艰苦创业，改革创新，争创一流”为主要内涵的优良传统，形成了以“学习，超越，领先”为主要内容的“莱钢精神”，培育了知荣辱、讲正气、促和谐的良好风尚。

莱钢劳模人物和先进班组的事迹，将“莱钢精神”人格化、具体化、形象化，深深扎根于广大职工的心灵深处，转化为广大职工学习的榜样，为企业快速、健康、持续发展奠定了坚实的思想基础。

（3）以榜样的力量鼓舞人、教育人、影响人。

莱钢结合企业精神文明创建活动，增强思想政治工作的吸引力和实效性，使群众参与的过程成为陶冶道德情操、提高思想素养的过程，成为融洽人际关系、促进团结和谐的过程，让道德建设成为人们的内在需求和精神追求。长期以来，莱钢党委坚持以培养“四有”职工队伍、全面提高企业素质为目标，造就了一支能打硬仗的职工队伍，涌现了一大批先进单位和先进个人。

推进“文明单位”“双十佳”建设，构建和谐莱钢、文明莱钢。1986 年开始的文明单位创建活动，是莱钢精神文明创建活动的重要组成部分。莱钢在创建过程中，坚持将社会主义核心价值体系融入全过程，围绕创建责任型、和谐型、创新型企业，不断增强企业竞争力。文明单位评选活动一直坚持至今，收到了实效。从 1993 年开始，在全公司窗口服务单位组织开展“十佳文明窗口”和“十佳文明服务职工”创建活动，到 2012 年已连续开展了近 20 年，“双十佳”活动不仅使窗口单位的队伍素质、管理水平、工作质量持续提升，而且在树立莱钢形象、提高莱钢社会公众的信誉度、美誉度等方面，发挥了极为重要的作用。

自 2005 年以来，莱钢在全集团公司范围内组织开展了“感动莱钢”人物评选活动，进一步加强职工“四德”建设，践行社会主义荣辱观。在评选中，各个单位深入挖掘感人事迹，并于每个季度末向公司推荐感动人物及其事迹，进行表彰奖励，并利用《莱钢日报》、莱钢电视台、莱钢网络等宣传媒体大力宣传。在每个季度评选的基础上，公司层面评选年度感动莱钢人物，并举办颁奖典礼。感动莱钢人物都是来自基层、职工身边的先进，在他们身上体现了中华民族的优秀品质、莱钢企业的文化精神，反映了社会发展进步的时代精神。评选活动产生了较大的辐射效应、乘数效应，在全莱钢掀起了学习感动人物、践行社会主义荣辱观的高潮，成为和谐莱钢建设的新载体、莱钢精神文明建设的崭新品牌。

（三）勇于创新，探索创新学习型党组织建设之路

莱钢作为有着43年历史的国企，始终坚持不断解放思想、与时俱进，而学习型党组织建设是近年来最有特色、最有亮点、最有成效的创新成果，已经成为莱钢享誉全国的党建工作品牌。

1. 开创学习型党组织建设之路

创新是企业党建不断发展之魂，党的建设在创新中求发展。

（1）重视创新是莱钢党建的传统。

莱钢具有不断推动党建创新的传统。莱钢党的领导体制创新，主要是建立了符合现代企业制度的领导体制，实现了由直接发挥行政指挥作用向发挥政治核心作用的转换。党的自身建设创新体现在：推动理念创新，始终坚持“围绕中心抓党建、抓好党建促经济”的总体思路，提出党建工作要结合、围绕、融入生产经营工作来进行。推动实践创新，党的建设始终坚持以主流思想、主流文化为指导，保持工作强势，积极发挥优势，突出表现在以敢为人先的精神积极推进学习型党组织建设。推动体制机制创新，创造性地实行高度复合的党群机构设置的制度。

在思想政治工作创新中，莱钢不断创新工作思路，用公司核心价值观统一职工思想，积极引导职工在为公司发展创造价值的同时实现个人的发展和价值。在工作理念上，提出“各级带队伍的管理者是职工工作第一责任人”“专职党群和思想政治工作人员要成为高级咨询师”等理念，将“管人”、“管事”和“管思想”结合起来。在工作格局上，努力构建“横向到边、纵向到底”的网状大政工格局，打造思想政治工作与企业生产经营管理工作“一体两面、无缝对接”的体系，解决“两张皮”的问题。积极鼓励思想政治工作创新，提出“五个创新”要求：为增强思想政治工作实效性进行制度创新；为拓展思想政治工作新内涵进行内容创新；为积极探索拓展思想政治工作覆盖面，增强思想政治工作影响力进行方式方法创新；为适应新形势、新任务、新型职工队伍需求进行领导机制、运

行机制创新；为丰富思想政治工作载体进行活动创新。

（2）莱钢对学习型党组织的创新性探索。

莱钢学习型党组织建设顺应了时代的潮流并走在了前列。莱钢学习型党组织建设是在党中央提出建设学习型社会、学习型政党和学习型党组织的时代大背景下进行的，是在建设学习型企业基础上顺势发展而来的。莱钢炼钢厂党委早在2000年就进行了建设学习型党组织的探索。2004年6月，在试点的基础上，莱钢党委制定下发了《关于开展创建学习型党组织活动的意见》，全面启动了学习型党组织建设活动。有学者考证，在全国范围内，莱钢是最早提出建设学习型党组织的。国内有专家曾感慨地说："没想到一个基层党组织能在2000年就提出并实践学习型党组织建设，其勇气和创新精神，堪比当年的小岗村。"

莱钢的探索表现在对学习型组织理论的借鉴上。从实践上看，建设学习型党组织与建设学习型企业在借鉴运用学习型组织理论的理念、工具、方法上是相通的。莱钢党委认为，学习型组织的基本理念，是系统思想在管理学领域的具体应用，符合唯物史观的基本原理，包含着丰富的系统辩证法思想。学习型组织理论，从党的建设角度看，体现了先进性建设和执政能力建设的基本思路。比如，学习型组织理论强调创新与变革，实质上是肯定发展是第一要务。它强调激发组织个体的活力与潜能，也就是倡导以人为本；它强调组织必须着眼于长久的竞争优势，实际上是要求组织建设又好又快发展；它强调民主管理理念，改变心智模式，也就是对组织内部和谐的关注；它强调培养科学思维，提高系统思考能力，实际上是强调组织发展的全局观念和统筹兼顾的方法；等等。作为建设学习型党组织的主要理论来源之一，莱钢党组织从中吸取了许多养分。

在实践上，莱钢党委抓学习型党组织建设的做法可概括为"12345"模型：明确一个定位，完善两项保障机制，突出三个层面的创建，发挥三个作用，坚持四项原则，把握五个关键环节。

其一，明确一个定位。莱钢党委将学习型党组织建设作为加强和改进党的建设的总抓手，作为党建工作的主线，以学习为基础，以创新为核心，贯穿于党的思想建设、组织建设、制度建设、作风建设、反腐倡廉建设，融入各项具体的党建工作，推动党建整体工作上水平。

其二，完善两项保障机制。一是建立和完善督导评价机制，定性与定量相结合，提高考核的针对性和可操作性，加强对学习型党组织建设的动态管理，不断提升建设水平。二是建立和完善交流共享机制，通过定期召开推进会、成果共享会，开设学习型党组织建设论坛等形式，分享建设经验、体会，发挥典型的示范带动作用，不断丰富建设学习型党组织的理论认知和实践经验。

其三，突出三个层面的创建。确立了创建学习型党委、党支部、党员三个层面的建设重点。同时，发挥三个作用：领导干部（包括党支部书记）发挥好组织者、促进者、实践者的作用，基层党支部发挥好主体作用，党委各部门和党校发挥好助推作用。

其四，坚持四项原则。一是遵循规律，改革创新。遵循建设学习型组织的一般规律、党的建设的一般规律，同时丰富党建工作的载体、方法、形式，改进和创新党建工作。二是围绕中心，促进发展。提升党建工作水平，促进企业科学发展和党员自身价值的实现，达到党的建设发展与企业发展、党员全面发展的统一。三是系统思考，全面优化。学习型党组织建设是贯穿于党建整体工作的系统工程，必须坚持系统思考，系统创新，全面优化党建工作，使党建工作实现系统化、科学化提升。四是改造客观世界与改造主观世界相结合，达到既促进工作、提升绩效，又净化心灵、改善心智、提升人成长的目的。

其五，把握五个关键环节。莱钢党委在创建中重点把握学习、反思、共享、创新、超越五个环节，通过抓持续学习，让学习成为令党员干部“真正心动的事”；抓团队共享，放大学习的效果；抓反思改进，学习之后要有新变化；抓创新提升，挖掘党的建设和企业发展活力之源；抓超越领先，永葆党的先进性。总之，不仅重视解决“学什么、怎么学”的问题，更重视解决“学习为了什么、学后有什么变化”的问题，将学习的过程变成加强和改进党的建设、推动企业发展的过程。

2. 建设活动的理论创新

莱钢对学习型党组织的认识，在理论上和实践上均有重大创新。

（1）对学习型党组织的内涵有了新的科学认识。

在实践基础上，莱钢党委把学习型党组织的内涵概括为：“学习型党组织应该是拥有基于有效的机制之上的持续增长的学习力与创新力，从而更好地适应变化，保持强大生机与活力，不断增强自我完善、自我超越能力，永葆理论上、实践上先进性的马克思主义政治组织。”① 这个认识，既从根本上保证了学习型党组织建设的马克思主义方向，又借鉴了学习型组织理论的积极思想因素。

其一，正确理解学习型党组织的“型”。莱钢党委认为，学习型党组织体现了崭新的党建理念。学习型党组织“有型也无型”。说它“有型”，是指所有的学习型组织有其共同的特点。党组织向学习型组织转型的关键，是要发展出学习型组织的特质，不能仅用传统的组织管理模式和方式，而需要导入科学的理念、方法与工具，促进传统学习从理念到方法的转变。善于学习创新的党建发展模式与运行机制，就是学习型党组织都应该具有的“型”。

说它“无型”，是因为学习型组织没有统一的模式。这种“无型”，其实质是要把握学习型组织理论的思想精髓，借鉴和运用到党的建设之中，而不是照抄照搬。因为破除了这种思想认识上的条条框框，莱钢各单位党委才在不走样地完成“规定动作”前提下，不断创新“自选动作”，各单位结合各自的实际，创造性形成了各具特色的建设模式。其中，炼钢厂党委形成了“1455”的学习型党组织建设模式，实施了“4556”推进措施；焦化厂党委形成了“415”的建设模式；烧结厂党委形成了“四个定位”“四三工作格局”“五用工作法”等一系列比较成熟的工作模式。

中共中央党校校刊社副总编、《理论动态》总编辑钟国兴教授这样评价莱钢的建设工作：“自主学习、个性空间和不搞运动是莱钢学习型组织生机勃勃持续开展的原因。莱钢伟大！”

其二，学习型党组织倡导与传统学习有区别的学习。如果把建设学习型党组织仅看成对传统学习教育的延续、重申与强调，这种理解固然有强调对党的学习教育传统传承的一面，却忽略了建设学习型党组织的创新价值及其意义，其结果是，不能以建设学习型党组织为契机，创新发展党的学习教育，创造性地解决党在新形势下如何快速学习、善于创新的问题。

为此，莱钢党委重视对过去不合时宜的学习教育观念、方法、制度进行变革，主张树立与时俱进的学习教育先进理念，如重在团队学习、成果共享；重在改善心智模式，实现自我完善；重在学用结合，改造主观世界和改造客观世界相结合；重在行动学习，学后反思，有新的行为，实现新的超越；等等。学习型党

---

① 参见中共莱钢集团有限公司委员会《深化认识，创新实践——提升学习型党组织建设科学化水平》。

组织倡导的学习，是一种完整意义的学习。

其三，学习型党组织的本质是创新。学习型党组织作为一种党组织发展的新模式，本质上就是不断追求党的建设创新，就是在学习的基础上，通过创新来解决党的建设遇到的新矛盾、新问题，加强和改进党的建设，保持和发展党的先进性。

莱钢建设学习型党组织的过程，本身就是勇于创新的过程。莱钢党委认为，学习型组织理论不但应该而且完全可以运用到学习型党组织建设中来，莱钢的探索，体现了莱钢人敢为人先、敢于“第一个吃螃蟹”的巨大理论勇气和实践勇气。即使是彼得·圣吉本人在莱钢实地考察时也坦承，把学习型组织理论与政党的建设结合起来，他本人没有想到，而莱钢不仅想到了、做到了而且做得很好，这令他非常钦佩。

莱钢学习型党组织强调在实践中实现创新。一是培育了创新精神，树立起“人人可创新、事事可创新、处处可创新，只要能有效地改善工作、改进工艺、提高效率、创造价值，就是创新”的创新观。二是开展“党员创新创效示范岗”“党员创新项目评比”等活动，与党员绩效考核挂钩，引导党员立足岗位进行革新、创造。三是推动各个层面的创新，莱钢积极建立激励党组织和党员创新的机制，把创新贯穿于建设学习型党组织的始终，将创新贯穿于企业生产经营、管理、党建、思想政治工作、精神文明建设的全过程，创新成果异常丰硕。由此可以看到，建设学习型党组织，不是某一方面的创新，是实现党的建设系统化、科学化的提升。

其四，学习型党组织建设具有鲜明的政治属性。莱钢在建设学习型党组织的过程中虽然引进了学习型组织理论的内容，但在方向上始终坚持了党的领导，坚持了马克思主义的政治方向不动摇。一是始终坚持马克思主义指导思想不动摇，不偏离这个方向。各级党组织始终是领导者和组织者，重视和加强中国特色社会主义理论武装，坚持学习政治与学习业务有机结合。二是符合党的建设的一般规律，不脱离这个前提。三是将永葆党的先进性作为根本目标，不脱离这个根本。莱钢党委在建设学习型党组织的过程中，建立了激励党员和党组织超越领先的机制，搭建了党员和党组织超越领先的平台，党的先进性在工作中不断发挥。

（2）创造性地提出学习型党组织是“党的建设总抓手”的定位。

在实践的基础上，莱钢党委明确了学习型党组织建设的定位：“就是要将学习型党组织建设作为加强和改进党的建设的总抓手，作为党建工作的主线，以学习为基础，以创新为核心，贯穿于党的思想建设、组织建设、制度建设、作风建设、反腐倡廉建设，推动党建整体工作上水平。”①

一方面，对于如何认识“党的建设总抓手”的定位，莱钢党委强调要把握三个方面的要点：一是建设学习型党组织不是替代党的建设的各项工作，而是要融入各项具体的党建工作。二是建设学习型党组织是系统工程，不是就学习抓学习，关键是借鉴和运用学习型组织理论的方法、工具，通过创新工作机制优化党建的各项工作，提升党建工作的科学化水平。三是建设学习型党组织不是一项短期活动，不是阶段性工作，而是贯穿于党建工作的始终，渗透到党建工作的方方面面，使“四好”“四强”“四优”表现得更加突出，实现党建工作系统化创新提升，推动党建整体工作上水平。

显而易见，莱钢在建设学习型党组织中不是脱离具体的党建工作，而是通过建设学习型党组织，优化、提升党建工作，更扎实有效地发挥党组织和党员的作用，提升党建工作的科学化水平。2010 年 2 月，《人民日报》、新华社先后发表了一系列论述学习型党组织的评论员文章。其中，《贯穿党建全过程的战略要求》一文明确提出：“以学习提升党的执政能力，以学习增强党的生机活力，将建设学习型政党贯穿于党的建设全过程，贯穿于我们党领导现代化事业的全过程。”这些论述从理论的高度进一步佐证了莱钢实践得出的认识。

另一方面，以学习型党组织为“党的建设总抓手”推动党建实践，促使了党的思想建设功能的充分体现。莱钢创新党员学习教育方法，灵活运用多种形式和现代信息技术手段提高教育效果，增强教育的吸引力和感染力。近几年，莱钢推进实施的每项改革措施的出台，都与职工的利益息息相关，职工思想难免出现波动。对此，党委切实把思想政治工作作为企业管理的重要组成部分，在生产、改革的全过程，积极有效地开展有针对性的思想政治工作，保持了职工队伍的稳定。

学习型党组织强调团队学习，形成一种扁平化的组织结构，而充塞于这一结构中的是平等的精神、共同愿景、系统思维，使分属于不同社会群体的党员以此联结起来，分享学习成果，分享组织的事务管理，促成对组织的归属感，这是市场经济条件下党内形成新的凝聚力的条件之一。在疏通党内外民主沟通方面，学

① 中共莱钢集团有限公司委员会：《深化认识，创新实践——提升学习型党组织建设科学化水平》。

习型党组织独特的层次扁平化、组织资讯化、系统开放化结构，为党的组织沟通提供了一个很好的条件。

为作风建设和反腐倡廉建设注入了新的活力。比如，通过学习可以提升党员的党性修养水平，促进了党员对世界观、人生观、价值观和思维方式的改造，有助于解决党内思想作风方面的突出问题。学习型党组织倡导民主管理、全员参与，营造开放、平等的交流和学习气氛，充分开展批评与自我批评，保障广大党员的知情权、参与权和监督权，并且通过切实可行的“操作规程”，将党内民主和党内监督的内容、形式、方式、方法和步骤程序化、流程化、制度化，提升了反腐倡廉的水平。

对党的先进性、执政能力建设有重要意义。通过建设学习型党组织，改变了党的领导方式和执政方式。双向互动、“深度汇谈”等学习方式有助于党的决策机制从个人决策走向集体决策乃至广泛民主决策，从封闭型决策向开放式决策转变，使党的领导科学化和民主化，强化了党总揽全局、协调各方的领导能力。有利于提高党员的整体素质，党员通过提高系统思考的能力，增强了深入长远地看问题的能力。同时，提升了党员的思想政治水平，促进了党员工作作风的转变。这些都为执政能力的提高创造了条件。执政能力的提高必然带来党的先进性的改善。

3. 建设活动的实践贡献

莱钢各级党组织通过持续推进学习型党组织建设，促进了党建实践的发展，达到了促进党的先进性建设的目的。

第一，拓宽了党建工作思路。一是使党的建设与时俱进、工作思路更加开阔。二是积极培育了抓党建的世界眼光，找到了企业党建工作与生产经营管理的结合点，找到了借鉴和运用系统思考和组织比较的研究方法加强党的建设的途径。三是探索建立了把党的各方面建设贯穿起来，推动党建整体工作上水平的工作思路。四是探索建立了避免党建工作“上热下冷”，党委、支部、党员“三级联动”的工作思路。莱钢党建工作注重系统思考、统筹兼顾，对党委、支部、党员各个层面的基本内涵和要求作出明确规定，不搞统一的模式，充分尊重基层的探索与创新，形成了各具特色的建设模式。

第二，创新了党建工作载体。一是建设组织载体。积极开展“双培”活动，努力把党员培养成生产经营的能手、创新创业的模范、提高效益的标兵，不断壮大党员队伍，形成党员先进性同职工创造力的“互动发展机制”。组织了“万名党员进党校”教育培训，积极提高每一名党员的素质。二是培育活动载体。比如，开展主题系列活动，围绕企业中心工作抓党建，促进了生产经营管理活动的开展。“感动莱钢人物”评选，推动了社会主义核心价值体系教育的深化。开展效能监察，堵塞管理漏洞，促进了中心工作。整合各类资源，实现资源共享。在加强党校、电教室、“车间书屋”、“岗位练兵基地”、“读书会”等学习阵地建设的同时，注重搭建学习讲坛、学习实验室、网络课堂等新平台新载体，激发党员干部学习的积极性。大力开展军训、心智体验、心理疏导、品格训练等“体验式”培训活动，使党员、职工在开放、互动的氛围中，感悟人生的真谛，积累生命的体验。深入开展“党员示范岗”“党员先锋台”“党员突击队”等形式多样的党性实践活动，叫响“我是共产党员我争先”的口号，激发党员的超越意识，使党员在实践中经受锻炼，在争先中实现超越，展现了党的先进性。通过“党员责任区”“党员先锋岗”“党员攻关项目”“先锋台”“擂台赛”“金牌榜”“荣誉墙”等载体，为党员发挥作用搭建不同形式和层次的争先平台，使党建工作成为企业价值链上的重要环节，成为企业发展的内在推动力量。三是构建制度载体。既建立和完善了组织及考核评价机制，又建立和完善了培训及共享交流机制，推动了学习型党组织建设。

第三，丰富了党建工作内容。将学习型组织理论导入学习型党组织建设，要在党的建设过程中自觉把握学习、共享、反思、创新、超越五个环节。这些内容为党的建设提供了新的理念、方法与工具，从而丰富了党的建设的内容。

在学习环节，拓展学习内容，注重哲学素养、优秀品格、健康心态的培育，开展了“学哲学、用哲学”读书活动、品格提升培训、心理疏导。在加强和改进中心组学习、形势任务教育、脱产培训轮训、主题宣讲等传统学习形式的基础上，各单位充分运用学习讲坛、互动式党课、“深度汇谈”、“读书会”等新形式新载体，激发党员干部学习的积极性。莱钢把学习视为一种精神，将自己的企业精神确定为“学习、超越、领先”，通过加强学习促进思维变革，实现创新超越。

在共享环节，除在机关、二级单位搭建共享交流平台以外，还积极畅通党组织与党员、职工群众之间的沟通渠道，建立了支部恳谈会制度、党员议事制度、谈心访问制度等，使党员在党组织中能够开放心灵、畅所欲言，使党群干群之间能够敞开心扉、坦诚相待，基层党组织真正成为党员交流思想的家园，党员在职工群众中的威信不断提高。

在反思环节，教育党员改善心智模式，把镜子转向自己，用新眼光审视问题，增强自我完善的勇气，组织党员干部开展经常性反思剖析活动，查找思想、学习、工作、作风等方面存在的问题，在反思中增强自我教育、自主管理的自觉性。

在创新环节，树立创新理念，使创新实践成为一种习惯；服务创新实践，使理论创新成为一种共识；建立健全创新机制，培养创新人才；创新理论和实践相结合，增强了结合的有效性。

在超越环节，学习型组织理论强调自我超越、挑战极限，各级党组织以强化能力建设为重点，建立持续改进的工作机制，使党组织成为不断突破成长上限的卓越团队。

第四，提升了党建工作的科学化水平。在思想建设方面，认真落实党员教育管理制度，持续提升党员队伍的素质。在组织建设方面，加强班子建设，认真落实《重大问题集体决策议事规则》；建立和完善中层干部的考核激励机制，建立了人力资源“淘汰、竞争、复活”的动态管理办法。实施党支部工作分档管理，引入竞争机制，激发党支部工作的内在活力。有效地发挥党员的先锋模范作用，按照“四优一带”的要求，扎实开展党性实践活动，各级党组织分别开展了“争做形象代表”“党员传帮带”“党员身边无事故、无违纪、无落后”等活动，进一步展现了先进性。在作风建设方面，各级党委班子带头转变作风。在学风上，强调带着问题学、学有目的；在领导作风上，充分发挥职代会和工会组织的民主管理作用，畅通各级领导干部“接待日”、职工代表“恳谈会”等渠道，着力构建并实施“三、四、五”厂务公开民主管理工作模式，建立了厂务公开民主管理体系，保障职工的知情权、参与权、决定权、监督权。在反腐倡廉建设方面，莱钢党委不断创新党员干部教育监督制度及方法，建立了《廉洁效能管理体系》，形成了用制度规范行为、按程序办事、靠制度管人的惩治和预防腐败体系。在制度建设方面，形成了系统完整的工作制度。

总之，通过学习型党组织建设，莱钢党的建设科学化水平得到了系统提升，党的领导得到了进一步加强，有力地推动了企业的发展。现在的莱钢风清、气正、人心顺畅，职工自觉践行“学习、超越、领先”“共赢共享、直到永远”“与客户共谋发展、与职工共创辉煌”等文化理念，将个人的理想追求与企业的发展目标完全融为一体，实现了企业发展与个人发展的“双赢”，在企业创造辉煌的同时感受个人人生价值实现的愉悦。

（四）党的建设与党建创新的启示与思考

43 年来，莱钢党委坚持不懈抓党的领导作用发挥、抓党的自身建设、抓思想政治工作，积累了宝贵的经验，留下了许多深刻的启示与思考。

1. 党的建设必须坚持以人为本的核心理念

党的十八大报告强调："必须把科学发展观贯彻到我国现代化建设全过程、体现到党的建设各方面。"① 以人为本是科学发展观的核心，也是党的建设必须坚持的核心理念，与全心全意为人民服务的要求相一致。

以人为本，就是以最广大职工群众的根本利益为本。莱钢在推进企业快速发展的同时，秉承"共赢共享"的核心价值观，践行"与职工共创辉煌"的企业道德，实现了企业与职工的"双元"发展。同时，领导支持职工群众参与民主决策、民主监督和民主管理，维护、保障职工群众的合法利益，关心职工群众的疾苦，始终代表最广大职工群众的利益，得到了群众的真心拥护。

国企的政治优势归根结底是由"人"来起作用的。这种优势体现在：一是干部优势。干部优势一方面来自党管干部、党管人才的原则，另一方面来自市场化选聘企业经营管理者的机制。莱钢党组织严格把好选人、用人关，把政治上靠得住，肯干事、能干事、能干成事的优秀人才选拔上来，成为国有资产保值增值的一项重要组织保证。二是党员先锋优势。莱钢各个岗位的骨干，大多数都是党员，他们团结带领职工群众共同推动企业的发展进步，形成了一支有较强战斗力的职工队伍。三是职工的主人翁优势。全心全意依靠职工群众是发展国企的根本方针，职工具有自我认同感、自觉创造性和高度荣誉感，就一定会产生强大的劳动积极性和主体创造力。

以人为本，全心全意依靠职工群众办企业，解决的是国企改革发展"为了谁""依靠谁"的重大问题，是我们党的性质、宗旨、群众路线的根本体现和要求。

---

① 胡锦涛：《坚定不移沿着中国特色社会主义道路前进　为全面建成小康社会而奋斗——在中国共产党第十八次全国代表大会上的报告》，人民出版社，2012，第 8 页。

2. 党的建设必须紧紧围绕企业中心工作进行

国企党建与中心工作在结合上难到位，突出表现在：一是结合不紧密，未能有效地将行政工作的难题作为党建工作的课题来抓。二是“服务”缺乏载体。对于如何围绕中心、服务大局，不少企业党组织办法不多，老的办法、手段不灵，新的办法、手段不明。

改革开放以来，莱钢各级党组织始终坚定不移地坚持“一个中心”的党建工作指导思想，紧紧围绕企业生产经营和改革发展稳定的大局开展工作，形成了“围绕中心抓党建，抓好党建促发展”的共识和做法，体现了国企党建的价值所在。

坚持把中心任务的完成情况作为评价党建工作成效的重要依据。莱钢党委在制定年度党建工作计划和责任目标时，坚持把保证本年度生产经营目标的实现，作为工作的出发点和落脚点，作为考核各个单位党建工作实绩的重要依据，作为评选党建先进单位的决定性指标。这样的要求和考核，促使各级党组织紧贴生产经营开展工作，在有效性上下功夫，使莱钢的党建工作形成了“想全局、谋发展、贴中心、求作为”的良好局面。

选准党建工作与生产经营有机结合的载体。每年莱钢生产经营目标确定后，党委都紧紧围绕实现年度生产经营目标，开展贯穿全年、覆盖全员的主题系列活动，把保证年度生产经营目标的实现，作为制定党建工作年度计划和责任目标的出发点和落脚点，作为考核各个单位党建工作绩效的重要依据。主题系列活动已连续开展了 23 年，对于生产经营任务目标的实现起到了巨大的推动作用。

做好深入细致的思想政治工作，为实现中心任务提供保障。近年来，莱钢推进实施阶段性战略转移、主辅分离辅业改制等，改革改制力度不断加大，每次生产指标的提升、每项改革措施的出台，都与职工的利益息息相关，职工的思想难免出现波动。对此，党委切实把思想政治工作作为企业管理的重要组成部分，贯穿生产、改革的全过程。由于思想政治工作及时、深入、针对性强，有效地化解了职工的各种思想问题，广大职工心情舒畅，无后顾之忧，全身心地投入本职工作，保证了各项工作的顺利完成。

3. 党的建设必须一以贯之地抓，并抓到实处

时至今日，虽然企业在公司制改造之后，企业的产权关系变了，但多数企业

仍然由国家控股，仍然以公有制为主体，因此，企业的社会主义基本属性和生产经营的社会主义方向不能改变。虽然企业在公司制改造之后，企业经营机制变了，但其经营活动仍然是在党和国家方针政策的指导下进行的，仍然要服从于整个国民经济的宏观调控，党和政府对企业的领导作用不能改变。虽然企业在公司制改造之后，企业的用工、分配制度变了，然而这些变化并没有改变国企工人的工人阶级属性，现代企业制度下工人阶级的主人翁地位和全心全意依靠工人阶级的指导思想不能改变。企业在公司制改造之后，企业内部的组织管理制度和领导体制变了，但这并不排斥反而更加需要执政党的基层组织开展工作、发挥作用，从企业内部引导企业健康发展，因而企业党组织的政治核心地位不能改变。

从理论上讲，党建工作进入管理，主要是进入对“人”的教育和管理，通过“提高人”“凝聚人”提升人员素质和企业创新能力。这就从根本上抓住了组织创新这个核心，抓住了“人”这个主体，抓住了价值文化这个精髓。同时，国企能够最大限度地发挥包括管理者、党员骨干在内的广大职工的积极性和主动性，最大限度地避免层层“委托—代理”关系带来的效率损失。也就是说，在“提高人”“凝聚人”方面，国企有可能克服其他私有制企业不能解决的利益攸关方根本利益不一致的矛盾，也就是说具有独特的政治优势。

从莱钢的实践看，43 年来，莱钢党组织为企业发展提供了坚强的思想保证、政治保证和组织保证。莱钢党委始终高度重视党建工作。主要表现在：理念意识坚定，始终认为党的领导、党的建设和思想政治工作影响人的思想，影响队伍的稳定，是国企重要的政治优势，又是发展优势，绝不能丢；不能单纯从显性效益看，还要看重大的潜性效益；国企是产业工人最集中的地方，是党的根基，党的建设必须强化而绝不能弱化。组织机构比较健全，43 年来，在党群部门组织机构和人员配备设置上始终都比较健全。运行机制科学合理，党委参与“三重一大”决策，集团公司层面实行双向交叉任职。党建基础工作扎实，既注重抓好经常性工作，又注重抓好突出问题，在改革中发展，在发展中创新。无论企业领导体制怎样变，外面削弱党建工作的风怎样“吹”，莱钢始终保持了一定数量的政工干部队伍，保持了莱钢人重视做人的思想政治工作、发挥人的积极性的优良传统。

越是在困难时期，越是要坚持党的政治领导，把党自身的建设抓好，发挥思想政治工作的强大优势，从而为企业持续、健康、稳定发展提供根本的政治保障。这是莱钢党委抓党建的一条重要结论。

4. 党的建设必须不断创新

创新是工人阶级执政党永葆生机与活力的力量源泉。随着社会主义市场经济的不断完善和企业改革改制的不断深化，莱钢党委坚持系统思考，积极探索，不断创新，为党建工作注入了新的生机与活力。莱钢的创新确实与众不同，体现在方方面面。莱钢党委在总结和推广创建学习型企业经验的基础上，把学习型组织理论引入了党建工作，开展了创建学习型党组织的活动，为党建工作注入了新的活力。

比如，开展“党员创新创效示范岗”“党员创新项目评比”等活动，与党员绩效考核挂钩，引导党员立足岗位进行革新、创造。公司党委通过开展“党员创新创效示范岗”“党员先锋岗”“党员责任区”等党性实践活动，为党员发挥作用搭建舞台，使党员创新创效活动成为发展的“助推器”。创新党员学习教育方法，不断增强学习教育的吸引力和感染力。

又如，推动各个层面的创新，将创新贯穿于企业生产经营、管理、党建、思想政治工作、精神文明建设的全过程。建立和完善了“四好”班子创建制度、廉洁效能管理体系、人文关怀与心理疏导机制、职工思想动态预警机制、网络思想政治工作机制、文明单位创建评价体系等；推广党员承诺制、党员作用写实、党员绩效评估管理等做法，将党员发挥先锋模范作用制度化、具体化；创新群众性精神文明创建活动载体，开展“感动莱钢人物”评选，推动了社会主义核心价值体系教育的深化。每年在管理、技术、操作等方面获得集团公司以上级别奖励的各类创新成果近400项，平均每天有1项，这些成果80%以上都是由党员承担或参与完成的。

通过开展学习型党组织创建活动，大大增强了莱钢各级党组织的学习力、创新力、凝聚力，培育了创新精神。广大党员普遍树立了“系统思考、不归罪于外、自我超越、挑战极限、问题就是资源”等先进理念，树立了“人人可创新、事事可创新、处处可创新，只要能有效地改善工作、改进工艺、提高效率、创造价值，就是创新”的崭新的创新观，党建创新成果不断增多，党组织、党员在职工群众中的威信不断提高。

5. 正确处理党的政治领导、思想领导与党建创新的关系

在莱钢党建工作中，党的政治领导是核心，党的思想领导是灵魂，党建创新

是内在推动力。

（1）党的政治领导是核心。发挥党的领导优势，在方向引领上、在重大决策中起到主导作用，保证企业正确的政治方向和科学的发展规划。有了这个优势，企业就能认清自己的历史使命，明确奋斗的方向，掌握正确的思想方法，认识经济社会发展的规律，从而实现大的发展。在组织动员上，建立了一整套工作系统和组织网络，企业管理者和生产经营骨干、技术能手大多是这个组织系统的成员。在监督保证方面，党内各项监督制度和措施的制定落实，对于保证党和国家的方针、政策在企业的贯彻执行，保证国有资产保值增值，防止腐败现象发生等起着重要作用。

（2）党的思想领导是灵魂。思想政治工作和精神文明建设，是国企各项建设的灵魂，为企业发展提供取之不尽的人心凝聚力。其中，理想信念优势能够促使广大职工自觉地认同党的理想信念、社会主义核心价值体系，以先进的信仰理念增强社会主义企业的吸引力和凝聚力。领导班子在精神层面的追求不仅决定其工作作风，也决定其能否一心为公。精神文明建设有利于形成科学的企业精神和经营管理理念，把企业精神、经营理念与核心价值观内化为广大职工的动力和自觉行动，渗透到管理制度和管理过程的细节之中，提高企业职工的素质，构建企业内部的和谐环境，把企业的运营目标转化为职工的自觉追求和统一意志，从而释放出巨大的物质能量。

党建创新是内在推动力。由于不断创新与发展，莱钢党委实现了从过去对企业直接领导到现在依法发挥政治核心作用的转变。一些具体的好做法也在创新中被赋予新的时代内涵，获得了新的生命力。由于不断创新，莱钢探索出了一条独具特色的企业学习型党组织建设之路，成为闻名全国的莱钢党建创新品牌，推动党的建设不断前进。

三　体制改革与大型钢铁国有现代企业制度的创建

“国有企业能否成为既适应市场经济要求，又保持公有制性质的现代企业”，是国有企业改革乃至整个经济体制改革面临的一个关键性难题。企业体制及其治理结构是企业生产关系的实现形式，它决定着企业的性质和发展方向，影响着企业其他系统的状态；同时，社会制度的根基也深藏在企业内部的生产关系之中，企业体制改革与治理结构的重要性是显而易见的。

莱钢人以坚定的信念和勇于创新、求真务实的精神，为破解这个“历史性难题”进行了不懈的探索和改革，并以实践成果对这个问题作出了肯定的回答，为构建中国特色现代国有企业制度及治理模式作出了贡献。

（一）体制改革与构建现代企业制度、创新治理模式的历程

莱钢是在计划经济后期的特定时代背景下产生的，又是在改革开放中抓住机遇、率先对外开放、大胆进行改革中得到快速发展的，其体制改革既具典型性，也有特殊性，既与中国国有企业体制改革的一般进程相吻合，又有从莱钢实际出发作出的独立思考和路径选择。

1. 特定历史背景下的莱钢及其体制与改革的必然性

莱钢是中国工业化历史进程与特殊时期的特殊任务相结合的产物。在建设初期实行的是“政治建厂”，当时的领导体制是党委一元化领导，工程指挥部具体领导工程建设与生产活动，行政领导称指挥或副指挥①。在军事化大会战基础上

① 1970～1985 年，莱钢的基本建设管理体制先后经历了工程会战时期的管理体制、基建部时期的管理体制、修建部时期的管理体制等形式。

形成了高度集中的领导体制和政治动员加精神鼓励的运行机制。这种在特定历史条件和计划经济体制下形成的工厂体制，在当时发挥了极其高效的作用，但在以后的运行中逐步显露出一系列弊端：与其他国有企业一样，实际上是一个基层社会单位，承担了许多应由政府承担的社会功能，在一个较长的时期保持着“大企业小社会”“大而全小而全”的状态①，“企业办社会”的通病也十分明显。

计划经济体制与国营企业是特定历史条件和特定理论认识下追求社会主义理想起始实践和早期探索中的产物，它在创建以后曾经发挥重要的作用，但由于社会主义初期实践中理论与现实的某种脱离，因而产生了其实现形式与现实社会条件在一定程度上相脱离的问题。

计划经济条件下的工厂与市场经济条件下的企业有着很大区别。计划型国营体制是在特定历史条件下形成的一种职能、责任、权力、利益没有合理划分的全面混合状态，是经济依附于政治的高度集中的管理体制。在计划经济的制度框架中，所有权的内在权能都集中在国家手中，全面实行行政化管理，预算约束严重软化，经济运行依赖于财政拨款和补贴。国营企业是附属于政府某个部门、受政府指令性计划控制、进行成本核算的生产单位。简言之，计划经济时期的“工厂”在体制上主要表现出两个特征：其一是业务方面的“大而全”违背专业化分工趋势，其二是经济运行机制和运转方式的“行政化管理”忽视和排斥经济方式和经济手段。由这种历史定位的失误和非经济化的经营所决定，传统经济体制在运行中就会产生一系列矛盾和问题。

中国在结束“文化大革命”后，紧迫而自觉地启动了体制改革。与社会主义国家中先期开始的体制改革相比，中国的改革虽然启动较晚，但其信念的坚定、目标的明晰和步伐的稳健都独具特色。这是一场具有特殊改革对象的特殊“体制改革”，被邓小平称为社会主义国家的“第二次革命”。

2. 体制改革的理念、目标和基本思路

计划经济体制在运行中与现实产生的矛盾隐藏着一系列重大而深刻的问题，其中一个根本问题是“公有制能否与市场经济结合”。这个问题既可以转化为

① 由于莱钢地处鲁中山区，从建厂开始就形成了既要办企业又要办社会的双重职能和管理体制，到1995年时，仅文教卫生、商业生活等后勤服务系统人员就有5938人，全厂非生产人员占职工总数的30.03%。

“国企能否改革成既适应市场经济要求又保持公有制性质的现代国有企业”，又可以分解为“计划型国有企业需不需要改革，它能够和应该改成什么样的企业，怎样改革和重构这样的企业”这几个问题。

各种思想体系都在解析这一现象与问题。由于问题非常深刻，加之立场和利益取向存在差异，必然会产生认识上的分歧，必然会发生思潮的碰撞与“主义之争”。毋庸讳言，改革开放以来，在新自由主义的影响下，所谓“公有制不可能搞好”的论调一直相当普遍地潜存并日益公开地表露。这正是这场历史性变革的重要特征的表现。

在一定意义上，理念和观念在这场社会变革中起着独特的决定性作用。不同的理念和不同的改革观，决定着对改革的不同取向、不同目标模式的选择。大型国有企业的体制改革，作为这场改革的关键和难点集中的部分，改革理念在其中具有更突出的作用。具体来讲，进行这场深刻改革的决策领导者怎样理解改革，有着什么样的改革观和出发点，追求什么样的目标，直接决定着企业体制改革的方向和成效。

面对这场历史性变革，能不能认识到改革的必要性和重要性是第一位的理念问题，是思想僵化还是思想解放，决定着改革能否启动与深化。处在中国经济建设第一线的领导干部与职工群众，对计划经济时期在特定历史条件和多种因素影响下形成的经济体制和企业体制中存在的问题是有深切感受的，虽然会受到一些僵化观念的束缚和影响，但由于实践的力量和现实的感受，在他们身上蕴涵着希望变革的内在愿望和力量。作为处于经济建设第一线的领导者，莱钢领导层对计划经济体制的问题同样有着切身的感触与认识，对改革的必要性和重要性的认识比一般人更充分、更深刻。

这种内在的改革愿望和动力，使莱钢不仅敢于冲破僵化思想的束缚，而且在改革过程中能够不断审视自己的思想状态，持续提高对改革开放重要性和深刻性的认识。莱钢认为，改革是生存和发展的需要，只有通过改革才能革除阻碍莱钢发展的种种弊端，打碎枷锁、冲破束缚，才能使企业充满生机与活力；放弃改革必然是制度滞后、机制僵化，等待是没有希望的。

莱钢领导层坚信公有制经济、国有经济也可以适应商品经济的要求，也可以在市场经济条件下发展，莱钢历届党政班子对搞好国有企业抱有坚定的信心与决心。

1992 年 6 月，莱钢提出的深化改革的根本目的和任务是：“转换经营机制，走向市场，成为自主经营、自负盈亏、自我发展、自我约束的社会主义商品生产者和经营者。逐步形成新型的、具有莱钢特点的竞争激励机制，把社会主义的按劳分配原则、社会主义公有制条件下职工的主人翁地位落到实处，充分发挥和调动职工群众的社会主义积极性和创造性，使职工和企业形成名副其实的命运共同体，更好地贯彻执行党的'一个中心、两个基本点'的基本路线，使莱钢更加充满生机和活力，把莱钢办成新型的现代化大型钢铁联合企业。"① 从这里，我们可以看到莱钢人改革的坚定和目标的明确。

莱钢领导层秉承的这些基本理念，对莱钢进行体制改革并能够沿着中央制定的正确方向不断深入发展，起到了关键作用。

3. 体制改革的路径、方式选择与制度变革

中国经济体制改革伊始，理论知识和实践经验都准备不足，没有完整的理论构思和蓝图，只能以实践为导向、以问题为导向"摸着石头过河"。对于一个大型国有企业来讲，怎样根据企业实际，选择一条既是务实的、符合客观规律的，又是整体效果最好且大多数人能够接受的改革路径和方式，既能体现改革的现实性、渐进性，又使改革具有突破性和创新性，对改革的实际效果来讲，具有很切实的意义。

莱钢选择的改革路径和方式，虽然基本路径与中国经济体制改革的基本进程是一致的，但也具有自己的特色：他们敢为天下先，勇抓机遇，先创先试；始终保持务实的态度和精神，追求实际效果；在改革的关键节点上坚定不移地作出了正确选择，实现了由计划型工厂制向市场型现代国有企业制度的急剧而深刻的制度变迁。

（1）从放权让利、扩大企业自主权到两权分离、实行经济责任制。

国有企业体制改革是一个从政策调整开始，到机制改变，最终在产权层次解决问题这样一个由浅入深的过程。改革的起始阶段基本上是在计划经济体制内进行国家、企业和个人利益的调整，通过在原有体制下改变激励机制的办法来提高国有企业的生产效率。1979 年 7 月，国务院发布了《关于扩大国营工业企业经营管理自主权的若干规定》等五个文件，这标志着以放权让利为重点的国有企业改

① 总厂领导在莱钢第六届职工代表大会第二次会议上的讲话：《抓住机遇　深化改革　加快生产建设的全面发展》。

革在全国范围内拉开序幕。依据这五个文件，让利必然引起放权，在恢复奖金、计件工资等举措之后，扩大企业经营自主权也就成为改革的必然。

传统经济体制忽视物质利益原则，放弃利益杠杆，导致经济活动的非经济化，造成企业活力不足。要解决企业活力问题，无论从现实角度来看，还是从逻辑意义角度来看，都必然从启动利益杠杆开始。

作为改革的前兆，启动和利用利益杠杆的要求在改革前已暗流涌动。农村冒出了“凤阳小岗村”这样的包产到户探索者，莱钢人也敢于“第一个吃螃蟹”。在党的十一届三中全会之前的1978年5月，莱钢的马庄铁矿在内部试行了计时工资加奖励的制度。这一新制度先在马庄铁矿西工段和掘进工段试行。这两个工段的干部职工感到非常光荣，也非常新鲜，把它看成一项崭新的政治任务。这两个工段的干部职工憋足了劲要把这个试点任务完成好，精神面貌焕然一新，生产积极性空前高涨，生产管理立刻呈现新局面。试行计时工资加奖励制度的当月，两个工段分别以104.6%和116.4%的成绩超额完成月度掘进任务。主要原材料消耗大幅下降，仅爆破材料就节约资金4272元。这个看似简单但意义非凡的举措，显示了朴实的莱钢人身上蕴藏着巨大勇气和创新精神。

1982年12月，莱钢对人、财、物和产、供、销进行了相对集中统一管理的改革。莱钢分散在大大小小10多平方公里的山沟之中。一个二级单位就是一个独立的小社会。为改变这种分散经营的落后管理体制，按照“精简、统一、效能、节约和反对官僚主义”的原则，莱钢开始了建厂以来的第一次体制改革①。这一次改革标志着莱钢开始了由计划经济时期的行政单位逐步向经营单位转变。从此以后，莱钢的改革步伐加快、力度加大，逐步向企业体制深层次的改革推进。

1984年10月，党的十二届三中全会作出的《关于经济体制改革的决定》确立了社会主义商品经济的理论，并提出了国有企业“所有权和经营权可以适当分开”的改革思路。该文件指出，增强企业的活力，特别是增强全民所有制大中型企业的活力，是以城市为重点的整个经济体制改革的中心环节。这标志着改革新阶段的开始。

① 财权实行大集中、小分散，统一核算，分级管理；主要原材料、机电产品、工矿备件实行统一管理，计划、采购、分配实行分级管理；主要产品、副产品实行统一销售；水、电、风、气等动力能源实行统一管理；设备的大修统一计划、统一安排；全厂的计量逐步实行统一计量、统一管理。

这种两权分离的基本思路是由于经营管理权在现代经济中凸显其重要性而产生的。厂长负责制的实行是所有权与经营管理权分离后，在企业领导体制中突出经营管理权作用的重要表现。

1985 年 1 月，山东省委、省政府批准莱钢实行厂长负责制试点。这是莱钢企业领导体制的一次重大变革。从此，各级行政领导逐步走上了生产经营管理的前台，逐步结束了党委领导生产经营等企业一切事务和党委领导下的厂长负责制的组织管理体制。实行厂长负责制，标志着莱钢的企业体制向适应市场要求的方向迈出了关键的一步。

1985 年 4 月，莱钢确定了领导体制改革的初步方案。其指导思想是：第一，实行厂长负责制只能促进企业稳定，不能干扰和影响企业的稳定。坚持在稳定中求改革，在改革中求稳定，对二级单位不搞“一刀切”，而是在条件成熟的基础上分批分步骤地实施。在实施过程中，保持领导班子相对稳定。第二，实行厂长负责制必须有利于促进企业的生产经营和改扩建任务，并把是否有利于企业的生产经营作为衡量改革成败的标准，对下实行了由厂长挑头、整个领导班子集体承包的方式。第三，实行厂长负责制必须坚持社会主义方向，正确处理好生产经营中的四个关系：国家利益与企业利益的关系，计划内销售与计划外销售的关系，莱钢与用户的关系，企业效益与合法经营的关系。第四，实行厂长负责制必须全心全意依靠工人阶级，确保职工的主人翁地位，让职工群众参与生产经营，实行民主决策。1985 年 11 月 4 ~6 日，莱钢讨论制定了莱钢《厂长工作条例实施细则》《关于贯彻〈中国共产党全民所有制工业企业基层组织工作条例〉若干问题的意见》和《职工代表大会实施细则》。从此，厂长负责制在莱钢从上到下全面推开①。

1986 年 9 月，中共中央、国务院颁布了《厂长工作条例》《职代会条例》和《党的基层组织工作条例》，11 月中共中央、国务院又发出补充通知。依据这三个条例和补充通知精神，莱钢对上述两个“细则”和一个“意见”进行了进一步修改，并提交职工代表大会讨论通过。两个“细则”和一个“意见”对厂长、党委的职责和权限以及职代会的任务与职权作了明确规定，初步确立了厂长的中心地位、党委的保证监督作用和职代会的民主监督作用，将过去实行的党委领导

---

① 1985 年 9 月莱钢同时印发了《莱芜钢铁厂厂长工作细则》《中共莱芜钢铁厂委员会工作细则》和《莱芜钢铁厂职工代表大会细则》（试行稿）三个文件。

下的厂长负责制变为厂长责任制。至此，莱钢的厂长责任制正式确立。

在这种体制下，莱钢厂长和党委之间坚持做到交流情况，沟通思想，工作上紧密配合、相互支持。厂长对生产经营和行政管理工作中的重大问题进行决策前，总要召开厂长办公会议、党政联席会议进行讨论，听取意见，自觉接受党委监督，并主动向职代会报告工作，征求意见，尊重职工的民主权利；党委积极支持、配合厂长工作，主动对生产经营和行政管理工作中的重大问题提出意见和建议，保证党的方针政策的贯彻执行；工会建立健全了职工代表大会制度，逐步落实了职代会职权。可以看到，莱钢从体制改革开始时就注意“党、政、工”三者的功能设置和协调运作这个国有企业体制改革的根本问题。这一思路和举措意义重大，引导着莱钢体制改革的基本走向。

厂长任期目标责任制是厂长负责制的进一步深化和完善。1987 年企业领导体制由建厂以来的党委一元化领导转变为厂长任期目标责任制，形成了以厂长为中心的生产经营指挥系统。之后，承包制成为目标责任制的具体形式。

1986 年 11 月 15 日，莱钢领导与山东省冶金工业总公司经理郑重地签订了任期目标责任书。1987 年 3 月，总厂领导在莱钢第三届职代会第二次会议的工作报告中进一步提出了完善厂长负责制、深化领导体制改革的要求，并指出 1987 年莱钢要全面推行厂长任期目标责任制。

1987 年 3 月，全国人大六届五次会议《政府工作报告》提出实行多种形式的“承包经营责任制”①。1988 年 4 月通过的《全民所有制工业企业法》虽然把这种体制写进了法律，确立了企业作为商品生产者和经营者的法律地位，并以法律形式明确了企业的 13 项权力，但企业还没有享有法人财产权。

为执行这一改革措施，1989 年山东省冶金工业总公司对莱钢的考核分配政策由利润留成提取奖励基金改为工资总额同经济效益挂钩浮动的办法。1990 年，莱钢根据稳定模式、调整基数、完善方法、强化程序的原则，将内部承包的考核方案完善为一挂、二奖、三考核（即工资总额同主要产品产量挂钩浮动，设立两项奖励指标，设有三个考核系数，即百分考核、质量否决制考核、企业升级考

① 1987 年底，全国预算内工业企业的承包工作完成了 78%，其中大中型企业达 80%。到 1988 年底，90% 的国有企业都采取了合同承包的方式，其中大约 35.5% 的合同是通过竞标签订的，大约 25% 是通过实行抵押的方式进行的（有个人抵押和所有职工抵押）。参见中国经济年鉴编辑委员会编《中国经济年鉴（1989）》第 3 卷，经济管理出版社，1989，第 4 ~ 8 页。租赁制大体与合同承包制类似，但主要是在小型企业中进行。

核）。在全厂范围内形成了一个较为完整的生产经营承包体系。莱钢的内部承包责任制在“七五”期间已形成了“纵到底、横到边”的责任制体系。

莱钢“七五”期间的内部承包责任制具有五个显著特点：一是根据国家对企业的承包政策，制定承包方案，承包内容比较全面，承包目标比较明确；二是针对二级厂矿单位的不同特点，采取不同的承包方式、承包内容，确立不同的承包期限；三是从保证发挥钢铁联合企业的整体效益出发，制定了一系列承包政策，充分调动总厂、分厂各个管理层面的积极性；四是承包的主要内容和重点指标与厂长任期目标和企业升级、工序晋升等指标相结合，强化了企业管理，防止产生短期行为；五是积极引入竞争机制，优化了劳动组织，改善了企业的生产经营机制。

1991 年，莱钢内部承包责任制进一步改进：一是突出了经济效益，把效益指标分为基础指标、计划指标和奋斗指标三个档次，把现行一级工资和全部奖金捆在一起与效益挂钩，实行分档考核。二是对承包责任制实行统一管理，把各种单项奖金纳入承包经营责任制。三是层层落实责任，实行分级管理。四是严格考核奖罚分明。对领导干部的考核，不仅同个人的经济利益联系起来，而且与职务升降联系起来。

承包制改革使原有的指令性计划经济体制对整个经济的覆盖面明显缩小，市场机制的作用明显扩大，在中国形成了特有的新旧体制并存的“双轨制”，但是承包制也存在根本性的缺陷。第一，承包制没有明确划分国家和企业在国有资产所有、使用和处置方面的界线，政府对企业仍然承担无限责任，企业“只负盈不负亏”“只生不死”。第二，承包制也造成企业经营上的短期行为，承包后的企业大量投资高价格、高利润的加工工业，导致宏观经济过热，重复建设严重。第三，价格体系和价格形成机制的不合理以及双轨制的存在，使承包制的激励作用很难发挥作用。承包制的这些问题促使 1988 年中期党中央加速价格体制的改革，结果引起严重的通货膨胀和人们对物价上升的强烈不满。改革受挫后，为抑制企业投资、平抑通货膨胀，采取了紧缩货币的手段，结果使国有企业因资金短缺而陷入困境。

承包责任制虽然有局限性，但也有积极作用。莱钢在进行这一改革时，尽量发挥其正面作用，做得非常扎实认真，通过经济责任制基础和体系的建立，培育了经济责任机制及其观念、经济效益机制及其观念，为新企业体制的建立打下了坚实的基础。

“两权分离”改革使国有企业从行政机构的附属物向拥有一定权、责、利并相对独立的经济实体迈出了阶段性的一步，但与企业改革的目标模式——自主经营、自负盈亏的商品生产者和经营者还有相当大的距离。由于这种没有法律界定的“两权分离”仍然使政府与企业的产权边界不清，所以政企分开也就仍然呈现模糊状态。另外，从重视经营权是符合现代经济的发展规律和趋势的角度讲，虽然这一举措突出了经营权的作用，但经营权作为产权分化的一种权能，是与其他权能相联系的，不能简单地凸显经营权，还必须合理地处理分化后各种产权权能之间的关系。这里存在处理方法和发展方向的不同选择和取向：一种取向是由扩大经营者个人的自主权发展到经营者掌握的经营权要求进一步转化为所有权；另一种发展取向是遵循产权分化的基本趋势，正确处理所有权与经营权及其进一步演化形态的关系，即形成特定的新型企业治理结构。

在“扩大企业自主权”的改革思路和政策下，一般的企业都扩大了企业领导者的权力，不仅缺乏约束机制，而且忽视党的领导作用与职工的主人翁地位，因而出现了不少滥用职权的决策失误和腐败问题。莱钢在执行“扩大企业自主权”这一改革政策时，坚持正确的方向，经过五年的探索和实践，不断完善承包经营责任制和内部经济责任制，较好地处理了国家、企业和职工三者之间的利益分配关系，有效地调动了各个管理层和全体职工的积极性。在劳动人事制度和内部分配制度的改革方面，作出了许多有益的探索，在一定程度上打破了平均主义、“大锅饭”的局面，增强了竞争机制和激励机制；随着生产规模的不断扩大，对全厂的管理机构和体制进行了多次调整，集中统一管理不断加强，对提高生产工作效率和莱钢的整体效益起到了积极作用。特别是在提升企业的经营职能、发挥厂长的作用、建立以生产经营为中心的企业运行体制——厂长责任制的同时，还坚持党的领导和依靠工人阶级的原则，朝着社会主义公有制所要求的比较完备的企业领导体制进行探索和努力，初步“建立起党政工三者围绕生产经营这个中心任务，按照分工，各司其职，各负其责，配合默契，团结和谐，运行比较正常的新型领导体制”。

（2）解放思想，抓住机遇，率先进行股份制改革，建立现代企业制度。

改革初期先后出台的一系列措施，为国有企业的发展注入了活力，企业自主权有不同程度的扩大，大多数企业开始面向市场组织生产，企业经营状况与职工的利益有了较多联系。然而，这些改革措施也有明显的局限性，还只是停留在政策调整层面，没有触动传统企业制度本身的改革，没有突破计划经济体制下政府直接干预企业经营活动的基本框架。因此，国有企业并没有成为真正的商品生产者，产权关系不清、政企职责不分、自主权不落实、自我约束机制不健全等现象依然困扰着国有企业。复杂的外部环境使国有企业改革如何深化、国有企业的出路在哪里这些严峻的问题摆在了人们面前。

为使企业成为真正的商品生产者、成为市场经济的活动主体，需要彻底解决适应市场经济的企业制度问题。1993 年 11 月，党的十四届三中全会通过的《关于建立社会主义市场经济体制的若干问题的决定》提出，以公有制为主体的现代企业制度是社会主义市场经济体制的基础。“建立现代企业制度，是发展社会化大生产和市场经济的必然要求，是我国国有企业改革的方向。”① 这标志着改革从政策调整和机制转换上升到在产权层面的系统体制构造和机制塑造阶段。

为推进企业建立“产权清晰、权责明确、政企分开、管理科学”的现代企业制度，从 1994 年开始，国务院决定在 100 家企业进行建立现代企业制度的试点，目的是要探索在市场经济条件下，如何将传统的国有企业转变成高效率、具有竞争力的现代公司，为逐步推进现代企业制度创造条件。

改革开放为莱钢带来了新的发展机遇。1987 年国务院批准了莱钢利用亚洲开发银行贷款进行改扩建的可行性研究报告，1991 年亚洲开发银行向莱钢提出进行股份制改造的建议。莱钢人在关键时刻表现出了敢闯、敢试的精神，在人们对股份制改造还望而却步的时候，甚至在邓小平南方谈话发表之前，莱钢就将股份制改造提上了议事日程。

面对这一历史性机遇，莱钢领导班子审时度势，认为莱钢经过改扩建将使企业技术装备达到国内先进水平。但是，面对市场激烈竞争的钢铁企业仅仅具备先进的技术装备还不是现代化的企业，还不能适应挑战，还必须有一个适应社会化大生产的企业体制和充满活力的、能够进行自我调节的机制，才能够自主经营、自我发展，才能产生质的飞跃。莱钢全面进行技术改造和配套所需资金，除亚洲开发银行贷款外还有很大的缺口。为此，莱钢领导接受了国家有关部门的建议，确立了深化改革进行股份制改组的基本思路②，率先进行股份制改

① 中共中央文献研究室编《十四大以来重要文献选编》(上卷)，人民出版社，1996，第 523 页。

② 1991 年 10 月，经山东省政府同意，时任厂长正式向亚洲开发银行表达了“莱钢准备对实行股份制进行探索，并希望亚洲开发银行对此提供资助和咨询”的意向，得到了亚洲开发银行的积极响应。

革，朝着建立现代企业制度的方向迈开了步伐。1992 年 2 月 28 日，山东省体制改革委员会正式批准莱钢进行股份制试点①。

我国国有企业的股份制试点和企业公司化改造的进程是曲折的，不少企业出现了形式化问题，政府与企业的关系本应成为“委托—代理”的关系，但许多企业仍然带有许多过去行政关系的成分。例如，一些股份制试点企业仍然实行“政府控制”的管理方式，这类公司被称为“翻牌公司”。还有一些股份制企业出现“无所有者控制”或“出资人缺位”的现象。从试点的实际状况看，其效果与预期差距很大。一项针对 1994 ~ 1997 年 79 家试点企业的研究显示，除资产负债率显著下降以外，试点企业的利润率、运行效率和营业收入均未发生显著变化。公司制改革试点的效果不明显、不理想的状况表明，计划型国有企业向市场型国有企业（公司制国有企业）的转变不是一件简单的事情，有人认为这是难以逾越的模仿期，当然也产生了一定的困惑，也有人据此认为，国有独资企业搞不成现代企业制度。

从国有企业股份制改革的整体情况来看，莱钢不仅在时间上较早，对股份制改革的认识深刻准确，而且在实践上不走过场、不搞形式，各项工作做得扎实认真，表现出莱钢在体制改革中的务实精神。莱钢领导层正视我国仍然处在商品经济发展阶段这个基本现实，把“企业怎样在国内外激烈市场竞争中生存和发展”当成生死攸关的问题，把建立现代企业制度看成适应社会主义市场经济的需要，是实现社会化、专业化大生产的需要，也是转换企业内部机制、激发企业活力的需要，是企业改革的一项根本任务。

莱钢在建设现代企业制度——探索股份制改革的过程中，坚持正确的改革和创新思路，既按国际惯例办事，又把国情、厂情与客观规律结合起来，把借鉴与创新结合起来，高标准、严要求进行股份制改革。莱钢认为，对国有大中型企业实行股份制改革，是建立现代企业制度的一种有效形式，是界定出资者所有权和管理者经营权的有效方法，是解决政企不分、权责不清等重点难点问题的有效途径。

基于以上认识，莱钢的股份制改革工作进行得比较扎实。一是坚持高起点、

---

① 1992 年 4 月 21 日，时任中国驻菲律宾大使黄桂芳由中国政府授权和莱钢委托，与亚洲开发银行行长垂水公正签订了《贷款协定》《项目协议》《技术援助协议书》。协议书明确规定，亚洲开发银行向中国政府和莱钢提供不超过 80 万美元的技术援助赠款，作为亚洲开发银行聘请专家帮助莱钢进行股份制改造的咨询费用。

高标准，严格按照国际有关规范和标准及我国的法律法规办事，真正将莱钢改组成既符合国际惯例又符合中国国情、莱钢厂情的具有示范作用的规范化股份制企业。二是坚持先试点后推开的原则。三是坚持扎扎实实做好基础工作，仅资产评估、方案设计等基础工作就进行了两年。

当时，莱钢确定股份制改革的总体思路是：以钢铁生产主线的生产经营性资产为主体，成立股份有限公司，发行股票并上市；围绕钢铁生产提供服务的辅助单位成立有限责任公司，形成以股份公司为中心的社会化协作企业群；其他具有社会服务功能的商品流通、机械加工、物流运输、原料供应等单位，面向市场发展多种经营，可以灵活地采用各种资产组织形式和产权运作方式放开搞活；以股份公司的快速发展，带动整体经济的发展。莱钢各项改革从实际出发，按照符合莱钢特点的原则，根据内外环境条件的变化，统筹规划，重点突破，先试点后推开循序渐进。

按照莱钢与亚洲开发银行签订的《技术援助协议书》，莱钢需要 29 个月的时间完成股份制改革。当时股份制在国内无论是理论探讨还是实践探索都很不成熟，缺乏可供借鉴的成功经验，况且 29 个月之后，莱钢有可能落后于国内如火如荼的股份制试点形势，最重要的是急需亚洲开发银行的资金建设中型 H 型钢工程项目。莱钢决策层经过认真研究，作出了大胆而慎重的抉择：先选出一个分厂和一个车间进行内部股份制试点。这既表明了莱钢进行国有企业股份制改革探索的坚定决心，又显示了他们认真务实的改革态度。

1992 年 11 月 28 日，经山东省体改委批准，分别将莱钢总厂锻压厂和莱钢总厂特钢厂冷带车间改组设立股份有限公司。莱钢总厂锻压厂、特钢厂冷带车间的股份制试点属莱钢总厂的内部试点，有关具体问题由总厂参照国家股份制试点规定决定。待全厂股份制改组时，再进行接轨。

莱钢进行内部试点，首先遇到的问题是如何确定试点单位在市场中的主体地位，明确它的性质、地位、作用，以及在经营活动中和其他单位发生的各种关系。只有使它的一切活动都在市场中进行，行为受市场的支配，才能实现市场的平等竞争，促使其适应市场机制。因为这两个单位是莱钢热线生产中的一个环节，在当时和以后的一个时期内都不具备脱离莱钢、推向社会的条件，所以还必须体现内部试点的特点。为此，莱钢总厂经过认真分析研究，制定了《关于理顺内部股份制试点单位管理关系的意见》。两个公司的性质定位于莱钢总厂内部股份制试点企业，具有委托法人地位，自主经营，自负盈亏。总厂既是两个单位的控股股东，又具有宏观调控职能。作为控股股东，总厂委派国有股代表按法定程序参加公司股东大会并进入公司董事会，参与生产经营决策；作为“社会”主管部门，总厂营造起“模拟市场”，规定两个公司与莱钢各个单位的关系是合同契约为主的互利关系。

莱钢的这些政策和措施，为股份制试点铺平了道路。1992 年 12 月初，莱钢锻压股份有限公司和莱钢冷带制品股份有限公司筹备委员会成立。之后对国有资产进行了评估，并定向（限于莱钢厂内职工）募集股金。总厂派出国家股代表。两个公司分别召开了创立大会和第一次股东代表大会，选举了第一届公司董事会和监事会。

两个公司逐步完善了法人治理结构和公司管理制度，实行股东大会、董事会和监事会“三会”领导体制，实行董事会领导下的总经理负责制。两个公司依照国家颁布的《企业财务通则》和《企业会计准则》等法规建立了股份有限公司财务、会计及审计制度，推行了全员劳动合同制，实行了岗位技能工资制。在坚持“两低于”原则的前提下，公司自主确定年度工资总额和人均收入水平，形成了激励和约束相结合的分配制度。

两个公司按照《招股说明书》公布的资金投向，以追求效益最大化为目标，把募集的资金用于技术改造项目，大力推进科技进步，走内涵式扩大再生产的路子，实现了投资准、见效快、回报高的投资效果。同时依照国家法规进行利润分配，坚持了公开、公平、公正和同股同权、同股同利（简称“三公”“两同”）的原则。经过 3 年的运作后取得了骄人的成绩，锻压股份有限公司共实现税后利润 9322. 11 万元，年均红利率 31. 85%；冷带制品股份有限公司共实现税后利润 865. 061 万元，年均红利率 24. 7%。

两个公司股份制试点，为莱钢进行股份制改造积累了宝贵的经验，在国内钢铁行业经营业绩普遍不景气的情况下，莱钢的利润率表现出较好的状态。1994 ~ 1996 年，每股收益在同行业中居较高水平，平均每股利润为 0. 481 元，1996 年净资产收益率为 36. 03%。试点期间是莱钢建厂以来发展最快、变化最大的时期，取得了丰硕的成果。1996 年，莱钢确认营业收入为 29. 7 亿元，实现利税总额 2. 75 亿元，其中，利润 1. 03 亿元，在全国大中型冶金企业中排名第 15 位①。

---

① 1996 年 11 月 30 日，两个公司圆满完成内部试点的历史使命，恢复莱钢锻压厂和莱钢特钢厂冷带车间体制，与莱钢股份有限公司顺利接轨。

莱钢股份有限公司的成立及上市走过了一段曲折的路程。1993～1994年曾经在亚洲开发银行的资助下，聘请瑞士银行、安达信会计公司和国内30多名咨询专家对莱钢在国内外发行股票并上市进行了两年的咨询论证，形成了莱钢股份制改组的总体方案《终结报告》及《会计手册》并进行了内部试点，但由于种种原因，未获批准。

股份有限公司的成立及上市虽然遭遇波折，但莱钢领导层并不气馁，他们不仅认定建立现代企业制度是必须完成的任务，而且认识到国有企业的股份制改革是一项难度和意义都非常巨大的工程，公有制如何与现代企业制度结合、企业内部机制如何进行根本转变，都是实实在在的需要切实解决的问题。原来的国有企业体制与现代公司制度之间存在巨大的差距，仅仅按照《公司法》从形式上建立了现代公司的有限责任制度、法人财产制度和法人治理结构，并不等于真正建立了现代企业制度。关键是还必须通过一系列配套的改革，为现代企业制度的建立奠定比较坚实的基础并提供比较完备的条件。用他们的话说就是："建立现代企业制度的过程是国有企业脱胎换骨的过程。"因此，在外部条件还不具备的情况下，应该不等不靠，从内部围绕提高经济运行效率进行全面调整，给股份制改组创造条件。

针对过去"企业办社会"造成经营性产业与非经营性产业混合影响企业改革发展的老大难问题，莱钢1993年确定以分流富余人员和分离非经营性资产与非主营业务为主线，实施精干主体、分离辅助改革，以"两分""三创"[①] 为主线，分步推进，在新的基础上再进行有机整合的体制改革，以扎实的工作推进工厂制向公司制快速转化。莱钢精干主体、分离辅助分四步走：一是制定先进的、符合实际的定员定额标准，通过劳动、人事、分配三项制度改革，精减富余人员，压缩机构，妥善安置精减下来的人员，实现第一步；二是从各二级单位分离生活服务部门和社会职能机构非经营性资产和人员，建立专业化公司或机构，实行全厂集中统一管理和市场化经营，逐步自主经营、自负盈亏，并逐年减少补贴，实现第二步；三是改革管理体制，对主体系统计划、财务、供应、销售、质量检验与技术监督、设备维修等专业实行集中统一管理，进一步减少管理层次，

① 莱钢在利用外资和自筹资金进行大规模改扩建和技术改造的同时，把分离非经营性资产、非主营业务，分流富余人员和产权制度、组织制度、管理制度创新贯彻改革过程的始终，推进工厂制向公司制快速转化。他们把这种举措简称为"两分""三创"。以下出现的"两分""三创"均是此含意，不再注释。

精简机构，分离辅助，分流人员，实现第三步。四是通过股份制改组和组建集团公司，对矿山、建安、机械加工、社会服务等单位实施公司制改造，使其作为独立法人独立经营、自负盈亏，实现与主体的实质性分离①。

基于在主辅产业混合交融的状态下无法进行现代企业制度建设的现实，莱钢首先依据产业分工的规律进行主辅业分离，将非经营性资产从企业中划出来，与经营性资产完全脱钩，对经营性资产整合后进行股份制企业的内部基础性改革与建设，根据参与市场竞争的需要，重新构建企业的管理体制，提高劳动生产率；然后率先创建现代企业制度，并规范其运行，显示出效率和效益，成为改革的“排头兵”，引领企业整体改革的前进；将分离出来的这部分资产和人员进行新的组合，成立新的经济实体或公司，面向企业、社会，开辟新的经济增长点。

莱钢以“两分”“三创”为主线进行改革，是符合实际和现代钢铁产业及其企业制度发展趋势的正确判断和选择，遵循产业分工和组合规律，对专业化分工和协作体系进行梳理，为构建现代企业制度和构造现代企业集团奠定主导产业及其相关辅业的结构基础；也为建立现代企业制度构筑了必要的体制机制基础。从更直接的作用来讲，这次“两分”“三创”，主要是为主业进行股份制改革奠定产业基础和机制基础。

1996 年 12 月 27 日，山东省政府批准莱芜钢铁总厂作为独家发起人，以莱钢最优质资产，即第一铁厂、第二铁厂、炼钢厂、特钢厂、轧钢厂、锻压厂、焦化厂的资产投资入股，采用募集方式设立股份有限公司。为达到股份公司规模合理、资质优良、能够科学设置股权结构、便于募集资金和以后资本扩张、加快企业发展的目的，莱芜钢铁总厂将生产生铁、钢锭、钢坯、钢材、锻件和焦化产品的烧结厂、炼铁厂、炼钢厂、轧钢厂、中型厂、特钢厂、锻压厂、焦化厂、热电厂、设备维修厂 10 个单位业绩优良的经营性资产和与之相关的在建工程折股投入莱芜钢铁股份有限公司，就开展公司设立及股票发行并上市的各项工作设立了专门机构。1997 年 2 月，中国证监会批复莱钢发行流通股额度。1997 年 8 月 8 日成功地发行了 8000 万股社会流通股票，募集资金 5. 2 亿元。8 月 28 日，社会流通股在上海证券交易所进行交易。

莱芜钢铁股份有限公司是山东省国有企业最早上市的公司之一。公司成立

---

① 莱钢领导：《以“两分”“三创”为主线　推进工厂制向公司制快速转化》。

后，取得了骄人的业绩，1998 年名列上海证券交易所业绩优良上市公司排行榜第 40 位。1999 年成功地实施了配股，再次募集资金 2.15 亿元，在确保满足主要建设项目所需资金供应的同时，也使资本结构得到了进一步优化，国有法人股比例由 84.90% 降到 82.09%①。

股份公司设立及股票发行上市，标志着莱钢适应社会主义市场经济的发展要求，初步建立起现代企业制度的新框架，企业由单纯的生产经营型向生产经营和资本经营型转化；最大限度地以产品优势、规模经济效益、证券市场效益以及通过资本运营获得的利润回报股东、回报社会，掀开了莱钢发展的新篇章。

莱钢股份公司以创建一流的上市公司为目标，按照市场经济规律规范运作。按时编制季度、年度和临时报告，真实、准确、完整、及时地披露信息，使所有投资者平等一致地获取公司的信息，提高了公司的透明度。聘任了独立董事，建立了独立董事制度，严格按照关联交易制度规范运作，顺利通过中国证监会、国家经贸委上市公司检查②。

莱钢股份公司的成功构建，对于莱钢整体的发展具有重大意义，成为莱钢进一步改革与发展的“领头羊”和莱钢集团这个联合舰队的“主力舰”。“莱钢股份”上市以后，莱钢主体产业的产权进一步明晰，权责进一步明确，生产经营运行协调的优势进一步明显，建立现代企业制度的步伐也进一步加快，这在当时已经走在了同行业的前面。

从全国国企改革的进程来看，2002 年党的十六大决定启动国有资产管理体制改革。2003 年 4 月 6 日，以中央企业工委和经贸委的部分部门为主体，新的国资监管机构——国务院国有资产监督管理委员会成立。国资委成立之后，国有企业改革进入“治理大变革”时期。建立健全董事会，完善公司治理，是国企新一轮改革的重点。当时，多数中央企业特别是企业集团层面仍然是总经理负责制，没有建立董事会③；中央企业建设规范董事会、完善公司法人治理结构成为迫切

① 1997 年 8 月，一个股票代码为 600102，让中国股民认识了“长在深山人未识”的钢铁业新星——莱钢。

② 莱钢股份在证券市场上树立了钢铁板块绩优股的形象，连续 6 年进入上海证券交易所和人民日报华东分社联合评选的“沪市上市公司 50 强”行列。

③ 据有关资料显示，当时 169 家中央企业，只有十几家是按《公司法》注册的公司，另外 100 多家还是按《全民所有制企业法》注册的国企。但在中央企业中，因为此前企业工委对监事会的推崇，董事会已经非常罕见了。

需要解决的问题。

应该说，由于莱钢人勇抓机遇、敢闯敢试，在国有企业体制改革的关键阶段——建立现代企业制度阶段，莱钢继续走在了改革的前列，而且方向正确、认真务实、成效显著。

（3）构建适应市场经济、产业结构合理的企业集团，多种方式开展资本运营。

在改革深入发展的进程中，中国申请加入世贸组织的谈判也在加紧进行。可以想见，中国经济进入世界经济体系后，全球经济一体化步伐必然加快，在我国市场经济得到充分发育和发展的同时，社会经济环境的重大变化将使国内外市场竞争日趋激烈。

面对这种即将到来的局面，企业怎样应对？怎样进一步发展？莱钢在这个关键时刻，又作出了既基于现实需要也着眼于未来的新抉择。

主辅分离以后，一个非常现实的问题摆在了莱钢领导层面前：这两个部分的关系怎么处理？国有企业经过几十年发展形成的资产，不论是经营性资产还是非经营性资产，绝大部分是国家“投入”、企业运作发展起来的，都必须保证其保值增值，不能流失。同时，非经营性资产也是几十年积累下来的，与经营性资产水乳交融，即使划分出来、组成新的公司，也难以做到独立运作。为了解决这两个问题，莱钢领导层的思路是，成立以产权（或资产）联结为主要纽带的企业集团和集团公司，集团公司统一管理股份有限公司或有限责任公司和已经分离出来的非经营性资产。

集团公司与所属企业形成以产权（或资产）为纽带的新型管理关系，集团核心企业与紧密层企业之间是多法人的联合协作关系，是母公司与子公司的关系。子公司有自主经营权，可以自主经营和发展；集团公司可以发挥联合舰队的优势，扩大经济联合的领域和渠道，提高规模效益和企业的技术含量，提高对国有资产的运作能力，增强企业在国际国内市场竞争中的抗风险能力。这样，既有利于保持国有资产的统一性，又可以解决企业办社会的历史问题；既可以防止产生新的产权不清和政企不分，又可以在国有资产管理部门的监督下解决国有资产的保值增值问题。

1999 年，莱钢人认真学习贯彻党的十五届四中全会《中共中央关于国有企业改革和发展若干重大问题的决定》，坚定地用改革的办法清除企业发展道路上的体制性障碍，把组建莱钢集团暨集团公司、进行公司制改革作为深化企业改革的重点①。以构建规范的母子公司管理体制为主线，以建立和完善现代企业制度为出发点，在企业内部构思并确立了规范的母子公司管理体制的总体思路和框架，这就是“围绕一个目标，实施两个转变，建立三个中心”。

“一个目标”指的是确保国有资产保值增值，不断为股东创造价值；“两个转变”，一是由总厂—分厂的管理模式向母子公司的管理模式转变，二是在母子公司之间由以利润、成本为中心的经济考核方式向以资产保值增值为中心的经济考核方式转变；“三个中心”是以集团公司为投资决策中心，以各个子公司为利润中心，以子公司下属生产单位为成本控制中心。三个中心各司其职，协调运作。

1999 年 5 月 18 日，莱芜钢铁集团暨莱芜钢铁集团有限公司创立。集团公司为国有独资公司，注册资本为 10. 60 亿元，承接原莱芜钢铁总厂截至 1999 年 3 月 31 日的资产总额 82. 29 亿元（其中固定资产净值 63. 51 亿元），所有者权益 24. 33 亿元。集团公司以《公司法》等法律、法规为依据，建立了以董事会、经理层、监事会为主要内容的法人治理结构，董事长、总经理分设。形成了决策机构、执行机构和监督机构分工明确、相互制衡的管理机制。公司下设 12 个直属单位。

莱钢集团暨集团公司成立时，只有莱芜钢铁股份有限公司和山东鲁碧建材有限公司两家子公司。为了实现 2000 年前莱钢建立现代企业制度的目标，根据《公司法》和上级部门有关规定并结合莱钢实际，集团公司决定将莱芜铁矿、韩旺铁矿、黑旺铁矿、矿山建设公司、石灰石矿、冶炼厂、附属企业公司、经贸公司、商业总公司、莱芜粉末冶金厂等单位分批改制为有限责任公司，成为集团公司的子公司。1999 年完成了商业公司、石灰石矿、矿建公司、经贸公司的公司制改造；2000 年，先后对莱芜铁矿、韩旺铁矿、黑旺铁矿、冶炼厂、附属企业公司、莱芜粉末冶金厂进行了公司制改造。通过公司制改造，将上述单位改制成具有多元投资主体、资产相对优良、人员较为精干的有限责任公司，并初步建立了权责明确、各负其责、系统运转和有效制衡的运行机制。

在对内进行公司制改造的同时，对外进行权益投资也是莱钢建立现代企业制

① 1999 年 2 月，山东省委办公厅、省政府办公厅印发《关于 111 户重点国有企业加快建立现代企业制度的意见》，把莱钢列为全省国有企业改制重点企业之一。5 月 6 日，经山东省工商行政管理局核准，莱芜钢铁集团和莱芜钢铁集团有限公司注册成立，5 月 18 日莱钢集团暨莱钢集团有限公司创立大会召开。

度的主要内容。永锋钢铁公司项目是莱钢集团公司用无形资产进行资本运作的成功案例。2002年11月，莱钢集团公司以“莱钢”商号许可使用费1200万元受让刘锋和林旭燕所持有永锋钢铁公司20%的股权。2003年6月，莱钢集团公司以商号许可使用费2000万元再次受让永锋钢铁公司其他股东30%的股权，持股比例达到53.33%。以后又经过几次增资扩股，到2004年11月，莱钢集团公司出资15999万元，持股比例为48.33%。永锋钢铁公司加入莱芜钢铁集团，纳入莱钢集团母子公司管理体制进行管理。2009年，永锋钢铁公司以2008年12月31日为基准日第四次实施增资扩股，莱钢集团公司对永锋钢铁公司投资成本由15999万元增至19055.13万元，持有28563.8万元股权，持股比例为34.37%，为第一大股东。

事实证明，用无形资本进行资本运作的效果是非常显著的。2005年，莱钢集团钢产量达到1033.6万吨，其中永锋钢铁公司钢产量118.14万吨，占莱钢集团钢产量的11.43%，成为莱钢集团的重要组成部分。永锋钢铁公司近几年的快速发展，也使莱钢集团公司进入投资回报期。自2009年以来，莱钢集团公司从永锋钢铁公司获得现金分红2.14亿元。至2011年末，永锋钢铁公司所有者权益达22.45亿元，莱钢集团公司享有权益7.72亿元，扣除投资分红，投资增值3.04倍。

在参与鲁银公司重组、接管天同证券、激活齐鲁证券的一系列重大决策中，一方面表现出莱钢作为国有企业勇于承担社会责任、替政府排忧解难的高度社会责任感，另一方面这些重大决策也彰显了莱钢对企业经营理念的提升和对市场经济条件下资本运营的重视。对齐鲁证券公司项目投资回报显著，莱钢集团公司自投资齐鲁证券公司以来，累计收到现金分红18.49亿元。截至2011年末，齐鲁证券所有者权益为111.18亿元，莱钢集团公司享有权益50.82亿元，扣除投资分红，投资增值61.85%。莱钢这一决策的正确性，在世界金融危机引起全球经济衰退并严重影响我国经济发展时充分显示出来，资本运营收益在钢铁主业受市场波动影响效益下滑时对保持稳定发挥了显著的作用。

莱钢对“莱商银行”进行的权益投资也取得了很好的回报。1998年9月，莱芜市城市信用社增资扩股，莱钢集团公司出资50万元；以后又多次进行增资扩股，莱钢集团公司累计出资达4500万元，持股比例为15%，成为莱芜市城市信用社第一大股东。2008年7月16日，经中国银监会和山东银监局批准，“莱芜市城市商业银行股份有限公司”更名为“莱商银行股份有限公司”（简称“莱商银行”)。2008 年 12 月，莱商银行采取定向募集、溢价发行、现金认购的方式增资扩股，莱钢集团公司认购 6322.193 万股。增资扩股完成后，莱商银行注册资本达到 6 亿元（股），莱钢集团公司持有股权 12172.193 万股，持股比例为 20.287%，仍为第一大股东。莱商银行项目投资回报显著，截至 2011 年末，所有者权益达到 45.17 亿元，莱钢集团公司享有权益 9.16 亿元；自投资莱商银行以来，莱钢集团公司累计收到现金分红 1.05 亿元。

通过集团公司控股、成员企业相互持股、吸收社会法人和自然人投资入股、债权转股权和建立职工持股会吸收职工入股等形式，实现了投资主体多元化。对于职工内部持股，集团公司要求按照法定程序办理，由工会组织职工持股会管理职工的股份，并以持股会的名义向公司投资。到 2000 年底，集团公司控股子公司达 19 个，形成了以产权联结为主要纽带的母子公司体制，在集团内部初步建立起了现代企业制度。2002 年构建了母子公司体制和集团化运作框架，建立起了以法人治理结构为中心的现代企业制度。

通过子公司组建工作，进一步完善了集团的企业结构，形成了经营跨行业、资本多元化的大型企业集团，在集团内部初步建立起了现代企业制度的框架体系，建立了以产权为纽带、以产业为联结的层级组织结构，是联合钢铁行业和其他行业中的优秀企业组建而成的集矿山采选、冶炼压延、物流运输、建筑安装、技术研发、金融贸易、证券投资以及房地产开发、钢结构制作等于一体的大型钢铁企业集团。在现代企业制度的基础上，母子公司体制和法人治理结构的形成，标志着莱钢体制改革与建设发展达到了一个新的高度。

莱钢集团的建立意味着莱钢在体制改革中初步构建起适应市场经济条件、符合产业链与产业结构合理要求的企业集团，在充满风险和挑战的市场经济大潮中组成了具有集团合力的联合舰队。

（4）辅业改制和集团重组，形成多种产权结构、活力更加充沛的大型现代企业集团。

为了进一步增强莱钢集团的活力，特别是通过投资主体多元化和产权结构多样化来增强集团成员的活力，实现莱钢集团主营业务定位准确、产业结构合理、组织结构符合发展战略要求以及产业稳固、共同发展的目标，莱钢全面贯彻党的十六届三中全会、四中全会精神，以劳动和社会保障部、国家经济贸易委员会等八部门发布的《关于国有大中型企业主辅分离辅业改制分流安置富余人员的实施办法》和国家有关法律法规为指导，根据集团公司“十五”“十一五”发展战略，进一步积极稳妥地推进主辅分离、辅业改制工作，统一规划、分批实施莱钢集团范围内的主辅分离和辅业改制。

莱钢为实施主辅分离、辅业改制制定了总体规划，将主辅分离、辅业改制工作分批进行。实施主辅分离、辅业改制的主要形式是：根据实际情况，改制单位可采用整体改制、股权转让、重组改制、分立改制、分离社会职能五种方式实施改制。同时，对改制中的资产处置问题也提出了严格要求和具体方式。

改制企业原则上国有股权退至参股地位或全部退出。改制企业可采取多种形式实现投资主体多元化，支持多种非公有制资本参与企业改制。坚持自愿的原则，鼓励改制企业内部人员投资入股，尤其鼓励经营者、技术骨干和管理骨干多入股。各类人员具体入股数额，由企业职工（代表）大会确定。通过清产核资和资产评估，依法核销不良资产，剥离非经营性资产，将围绕主业的优良资产投入改制后的公司。同时，用优质的存量资本吸引更多的增量资本，积极探索职工投资参股的可行性及操作方法，鼓励子公司经营者向公司投资，给予管理技术人员特别认购权，并分步实施期权和期股。通过吸收社会法人和自然人投资入股等形式吸引社会资本投资，使所有的子公司全部实现了投资主体多元化。资本结构得到优化，集体资产和职工出资合计达到60%以上。产权结构的改革带来了产业结构的优化调整。

改制后的企业法人治理结构如下：第一，改制后企业按照《公司法》建立规范的法人治理结构，成立股东会，选举董事会和监事会，并由董事会聘任改制后的企业经营者。第二，为保证改制单位的现任经营者与改制后企业经营者之间的有机衔接，改制单位现任领导班子负责改制期间的生产经营管理工作，直至改制后企业首届经营领导班子产生。第三，集团公司帮助推荐考核改制后企业经营者人选并保证其产生程序的合法性。

2007年11月22日，莱钢集团重组大会暨集团理事会第一次会议召开。会议表决通过了修订后的《莱芜钢铁集团章程》等文件，产生了集团理事会等组织机构，26家成员单位负责人在重组框架文件上签字。这标志着莱钢集团重组成功。

集团重组规范是理顺集团运行体制、规范集团成员行为和协作关系的重大举措，对集团公司和各个成员单位未来的发展都将产生积极而深远的影响。通过集团重组规范，使集团组织结构更优化、资源配置更有效、运行体制更顺畅、发展方向更明确，从而达到突破体制性障碍，激活内部资源，充分利用外部资源，实现经营风险最小化、企业价值最大化的目标，把企业引向又好又快发展的轨道。

由此，集团公司与各个改制单位的产权关系发生了根本性的变化，重组后的莱钢集团，是以莱芜钢铁集团有限公司为核心企业、以资本为主要联结纽带、以《莱芜钢铁集团章程》为共同行为规范的企业法人联合体。在莱钢这次主辅分离、辅业改制的过程中，先后有 11 个子公司完成改制，教育、公安等社会职能实现顺利移交，形成了“一业为主、相关多元”的发展格局。按照现代企业制度要求，完善以资产为纽带的集团管控体系，实现了市场化规范运作。在体制改革的推动下，集团各个单位以钢铁主业为依托，千方百计谋发展，经营管理水平和经济效益不断提高。发挥大企业品牌优势和证券金融业等资本运营优势，着力提高集团价值创造能力，齐鲁证券、永锋公司、鲁银投资及各个改制单位实现了良好发展，在莱钢应对危机、战胜困难的过程中发挥了重要支撑作用①。

2010 年 12 月，莱钢提出了下一步“规范集团运行管理”的思路和要求：健全和完善集团理事会管控制度，规范理事会运作程序，实现集团价值取向一致化、整体利益最大化。各个改制单位要发挥集团优势和品牌优势，利用自身灵活高效的体制和机制，科学谋划未来发展，着力培植主导产业和品牌产品，延伸产业链条，培育新的经济增长点。集团公司和各个子公司加强合作，相互支持，立足长远，共促发展。集团公司在资源、市场、发展、技术、协调等多个方面继续给予有力支持。按照同等优先、量多从优、互利共赢等原则，完善市场化运作和公开招标机制，正确处理好集团利益和各个单位利益的关系。集团公司各个部门要继续关心各个成员单位的工作，平等相待，真诚服务，顾全大局，推进整个集团的持续健康快速发展。

（二）企业体制改革与治理结构建设的成果

面对创建中国特色现代国有企业制度及治理模式这个关键性难题，莱钢人坚持中国特色社会主义理论，秉持正确理念，遵循现代企业制度的一般特征与公有制相结合的基本思路，大胆探索，进行制度性创新，取得了显著的成果。

1.“中国式企业治理结构难题”与莱钢的探索

随着改革的不断深化，特别是党的十五届四中全会《关于国有企业改革和发

① 莱钢领导：《转方式，调结构，创新超越，系统提升，为实现做强做大莱钢的战略目标而奋斗——在莱钢集团公司十一届三次职代会上的工作报告》。

展若干重大问题的决定》发布之后，部分大中型国有企业已经逐步重组改制为国家控股的股份有限公司。这些国有企业改制后最大的变化是按照现代企业制度的要求，建立法人治理结构，即股东大会、董事会和监事会的管理体制。在这“新三会”中，股东大会又是股份公司的最高权力机构，它不但决定董事会、监事会人员的任免，还决定公司的重大经营决策，审议批准董事会的工作报告。这样势必就与我们多年来实行的职代会制度产生一定的矛盾和冲突，也为职代会的建设和发展带来了新的挑战。中国的国有企业体制改革遇到了“新三会”与“老三会”（即职代会、党委会、工会）的矛盾，即如何处理企业体制改革前的体制架构与改革后的体制构建的关系问题。

这个在西方国家并不存在的“中国式企业治理结构难题”的提出，意味着中国特色现代国有企业制度及其治理结构与西方市场经济国家中的现代企业制度及其治理结构在“大构架”上存在不同。这就要求我们在认识和基本思路上既要遵循现代企业制度演进的一般逻辑及其形成的一般构架，又要突破这一思路和构架，进行符合中国国情和公有制性质的探索与创新。

虽然社会上和理论界一直都存在否定和淡化“老三会”的倾向和议论，但《公司法》中仍然承认这个问题的重要性，并为探讨和解决这个问题留出了余地。《公司法》第十八条规定：“公司依照宪法和有关法律的规定，通过职工代表大会或者其他形式，实行民主管理。”“公司研究决定改制以及经营方面的重大问题、制定重要的规章制度时，应当听取公司工会的意见，并通过职工代表大会或者其他形式听取职工的意见和建议。”

《公司法》颁布后，有人就提出职代会制度是计划经济的产物，已经不适合市场经济的发展要求，应当予以废除。2008 年 1 月 1 日《劳动合同法》正式实施，一些企业借“置换”“买断”等手法大规模裁减职工规避法律的事件愈演愈烈，引起了职代会的关注。1993 年 12 月，全国人大八届五次会议通过了修订后的《公司法》，第一次以法律的形式确定，在现代企业制度下“国有独资公司和两个以上的国有企业或者其他两个以上的国有投资主体投资设立的有限责任公司，依照宪法和有关法律的规定，通过职工代表大会和其他形式，实行民主管理”。这样，职工代表大会作为一项制度，在国有企业体制改革后继续存在和发挥作用就有了法律基础及依据。但是，以上表述比较笼统，社会上、理论界对这个问题仍然存在很大争议。

对于党组织在公司制企业的地位与作用，《公司法》第十九条规定：“在公司中，根据中国共产党章程的规定，设立中国共产党的组织，开展党的活动。公司应当为党组织的活动提供必要条件。”应该承认，这个规定还不是很具体，原因是这个问题还没有在理论和实践上得到彻底解决。因此，已有的条文规定还是留下了很大的空间，是允许和需要企业在企业制度和治理结构建设中继续进行探索和创新的。

公司制改革后的国有企业在处理“法人治理结构”与“党委会”“职代会”的关系上，既有共同的地方，也存在很大的差异。从总体上讲，虽然不少企业在努力探索，但这个问题还没有彻底解决，无论是在理论上、实践上，还是在制度上、法律上都是如此。

特大型国有企业“宝钢集团”“神华集团”顶层治理结构模式在董事会与企业党组的有机结合上的做法是：其一，宝钢集团党委以“围绕中心做工作，进入管理起作用”作为党组织发挥政治核心的基本思路。“围绕中心做工作”就是企业党组织的工作要围绕生产经营中心来开展；“进入管理起作用”就是把企业党组织的大部分工作与企业管理有机融合起来。党组织工作进入管理，不是直接进入对财、物和信息的管理，而是依据“政治核心”的定位，主要从政治角度进入人力资源管理。通过对人的管理，在企业各项管理中发挥作用。依照“党委会严格把握人选资质，董事会选择聘任”的原则，党委重点做好后备领导人员的选拔和培养，为董事会和经营管理者储备后备干部队伍。其二，神华集团党组织由集团党组统一管理上市公司党组织。在党的建设方面，集团和股份公司的内部党组织由集团党组统一管理，并自上而下建立了统一的党组织体系；党组织与董事会按照“双向进入、交叉任职”的机制，实现党组织与董事会之间的衔接。

从目前已经“面市”的董事会试点国企情况来看，在发挥党委会的作用、处理党委会与董事会的关系问题上，“坚持董事会对重大问题统一决策、企业党组织参与重大问题决策”已成为共同的原则，具体办法上主要是通过国企党委有关成员与董事会成员中的非外部董事实行“双向进入、交叉任职”得以保证。应该说，虽然通过这种方式实现了党组织参与重大决策，在一定程度上解决了这一难题，但严格来讲，还没有实现制度性和机制化的解决，即没有从制度上和法律上确定党委会参与重大决策的正常机制问题。特别是对职代会在企业治理结构中的地位与作用，也就是职代会与股东会、董事会的关系问题，都不太关注。莱钢在这个重大问题上进行了实质性的探索。

一般来讲，由于大型企业的支配、控制、决策等主要职能和权力集中在最高决策层（董事会），公司治理的核心在最高决策机构，因此狭义上的公司治理结构也主要是指最高决策层及其与所有者（股东）、与高层经营管理部门（经理层）的关系。在实践中，一般也是把建立和完善公司治理结构的工作重点集中在董事会的建设上。最高决策层作为公司的“大脑”，要为公司的发展把握方向，进行战略决策和监督，能否承担和履行自己的职能，对企业发展的兴衰具有决定性作用。莱钢扩展和超越了一般意义上的公司治理结构的概念。

莱钢在建立规范的公司治理结构与治理机制的基础上，依据公有制经济的性质和党的政治核心作用在企业中的实现，初步形成了一个中国特色现代国有企业的治理结构的大构架，即党委会、董事会（股东会）、职代会协同治理的新构架和新机制。

莱钢顶层治理结构的实际运作状况已经超出了现在国有企业治理结构与治理机制的思路和做法，形成了党委会、董事会、职代会协同决策的大思路与大框架①。

2. 规范的公司治理结构

一般意义上的公司治理结构是处理产权分化后形成的出资人所有权（股东会）、决策权（董事会）、管理权（经理层）三者之间的权、责、利关系与机制。莱钢的各层公司制法人单位都建立了规范的公司治理结构。莱芜钢铁集团有限公司为国有独资公司，是莱钢集团的主体核心企业。集团公司以《公司法》等法律、法规为依据，建立了以董事会、经理层、监事会为主要内容的法人治理结构②，董事长、总经理分设，制定了严格的《董事会议事规则》和《总经理工作规则》③，形成了决策机构、执行机构和监督机构分工明确、相互制衡的管理机制。原来的莱芜钢铁股份有限公司④（现已并入山钢股份）是依照《公司法》以募集方式设立的国有控股的上市公司。公司设立了股东大会、董事会和监事会并制定了相应的议事规则，建立了规范的法人治理结构。

---

① 我们称之为“超越型公司治理结构”，实际上就是以公有制为基础（主体）的现代企业制度应该具有的治理结构，这种新型企业治理结构超越了西方公司治理结构，它与西方市场经济中的公司治理结构既有相同的地方，也有不同的地方。

② 参见《莱芜钢铁集团有限公司章程》。

③ 莱钢董字〔2010〕1号。

④ 参见《莱芜钢铁集团有限公司章程》。

在从一般视角看待的现代企业的领导管理层次中，为了实现经营管理职能的高效率，即贯彻职能和权力的效率原则，首先要求在公司领导层次依据职能的分化来分配权力。《公司法》的首要目标是试图构建一部公司“宪法”，以界定和限制公司权力机关的职能和权限，即股东会是公司的最高权力机构，董事会是公司的经营执行机构，监事会是公司的监督制衡机构。三种机构分别独立行使决策权、经营权和监督权，不受彼此非法干预。其次要求实现全面制衡。公司为多元化利益主体所组成之社团，必须以权力制衡原则保障组织体的正常发展与相互关系。制衡具体表现在：其一，股东会与董事会的制衡关系。股东会作为公司的最高权力机构有权选举董事会，并决定董事的报酬，股东享有对公司董事进行监督和提起诉讼的权利；董事会依法对股东会负责并报告工作，但董事会作为业务执行机关享有专属权，不受股东会非法决议的限制与干涉。其二，董事会与监事会的制衡关系。监事会对董事会的工作进行监督，必要时可对董事提起诉讼，纠正或制止董事会、董事的违法滥用职权之行为。

从对莱钢的调研中我们看到，莱钢已经建立的公司治理结构是规范的，形成了现代企业中决策、执行、监督既分离又协调的制衡结构与机制，实现了不同职能的分化独立及协调配合。莱钢董事会与经理层之间有清晰的职能责任划分，董事会承担战略决策、战略管控和执行中的指导，经理层执行战略支配下运营计划的制定和具体实施。莱钢的公司治理结构不仅在保证集团管控的生产运行中发挥了很好的作用、产生了很好的效果，还在体现公有制主体性质和要求、实现党的政治核心作用方面对一般意义上的公司治理框架进行了扩展，初步形成了包含狭义治理结构的更大的治理构架。可以说，这是对中国特色现代国有企业治理模式的探索和创新。

3. 党委的政治核心作用

莱钢在进行企业体制改革、建立现代企业制度、创新股份制企业经营管理的同时，还积极探索股份制企业党委工作的新思路，坚持股份制企业党组织的政治核心地位与股份制企业的“三会”领导体制相结合，使现代企业制度的经营管理工作与党建工作同步得到强化。

莱钢领导层认为，股份制企业“新三会”领导体制建立后，并不意味着要改变企业党委在企业中的政治核心地位，非但不能削弱，反而更应强化。原因和依据是：其一，股份制改组后，虽然产权结构呈现多元化，但国有股仍然占主导地位。因此，企业以公有制为主体的结构和性质没有变，企业的社会主义性质和经营发展方向不会变，共产党对企业实施政治领导、企业党组织在企业中处于政治核心地位和发挥政治核心作用的原则也不能变。其二，国有企业股份制改革后，虽然企业的股东构成发生了变化，但公司职工仍然是企业的主体，在企业中的“主人翁”地位没有变，共产党作为工人阶级的先锋队必须对以产业工人为主组成的企业内部人员实施政治领导。其三，实行股份制的目的是为了构造市场经济的主体和转换企业经营机制，而不是削弱企业的政治思想工作。因此，要把两者很好地结合起来，既要按照股份公司章程健全公司的“三会”和总经理领导体制，又要在公司建立健全党的组织，明确规定党委在公司中处于政治核心地位，发挥政治核心作用。

莱钢把党委参与企业重大问题决策同维护公司行政领导的管理指挥权威相结合。他们认为，股份制企业的党委作为企业的政治核心，必须参与企业重大问题的决策，但这种参与是积极的、主动的，而不是消极的、被动的，目的是协助行政领导更好地对企业重大问题作出正确决策，而不是直接代替行政领导去决策。通过党委会参与和董事会决策的有机结合，使党委会的政治核心作用和董事会的决策指挥功能相得益彰。

为增强参与的有效性，莱钢做到了三个明确：一是明确参与途径。一般在企业重大问题决策前先召开党委会或党政联席会讨论，形成一致意见后，由在董事会任职的党委成员把党委的意见贯彻到决策中去。二是明确参与范围，包括公司经营方针、发展规划、生产经营计划、财务预决算、利润分配，任免公司高级管理人员，基本建设、技术改造，企业重要制度、重大改革，工资调整、奖金分配，职工福利和住房分配，以及提请股东大会、职代会、董事会审议决定的其他重要问题等。三是明确参与方法，首先是抓好三个环节，即决策前搞好调查研究，决策中积极参与，决策后保证决策顺利实施。其次是抓好制度建设，通过党政主要领导碰头会、党委会、职代会、监事会、党政领导民主生活会等制度的落实，参与企业重大问题的决策。

4. 职代会建设及其职能

随着国企改革的不断深化，不仅使国有企业中的管理体制、就业方式、分配形式发生了巨大的变化，也给传统意义上的职工代表大会带来了前所未有的挑战。

在西方“股东至上”的企业治理结构中，要处理的主要是股东与企业经营管理层的关系以及处于支配地位的大股东与小股东的关系，企业直接生产者（无论是蓝领工人，还是科技研发人员）基本不在视野之内。在主张“利益相关者”理念的治理结构中，即便直接生产者也不是治理结构中的主体，只是次一级的“利益相关者”。

莱钢把坚持职工代表大会制度同坚持股东大会制度相结合。他们认为，股东代表大会是股份制企业的最高权力机构，以资产所有者身份行使职权，代表和反映的是股东的利益和愿望；而职工代表大会是职工行使民主权利的机构，以职工代表的身份行使权利，代表和反映的是全体职工的利益和愿望。它们分属于两个不同的系统，其性质、职能不同，行使权利的主体不同，议定的事项也不同，是不能互相替代的。

股东往往关心较多的是公司发展的状况和红利分配的情况，而职工（绝大多数也是股东）除了关心这些问题外，还关心公司的生产经营、按劳分配、安全环保、福利待遇、职工权益、民主管理等方面的问题。特别是企业的发展最终取决于全体职工的劳动态度和生产积极性。因此，莱钢在建立现代企业制度的同时，继续完善职工代表大会制度，并注意正确处理它们之间的关系，使两个代表大会既有分工又有合作，注意发挥它们各自的功能与优势，共同促进企业发展。

莱钢历届领导层认为，“全心全意依靠职工办好企业”是我们党的群众路线在企业中的体现，是中国特色国有企业性质的要求，是中国国有企业发展的宝贵经验。一定要继承和发扬“鞍钢宪法”和“大庆经验”的基本精神和实质。在企业体制改革和建立现代企业制度的过程中，在贯彻“全心全意依靠职工办企业”的方针上，要把继承发扬优良传统与新时期的新创造结合起来，积极探索和不断完善新形势下的职工民主管理形式，切实推进职代会制度的建立和落实，真正坚持“以人为本”的企业理念，认真做到企业的发展一切为了群众、一切依靠群众，充分调动广大职工以主人翁身份参与企业改革、推动企业发展的积极性、主动性和创造性。

莱钢坚持全心全意依靠职工群众办企业的根本方针不动摇，在领导体制、工作制度、保障措施、落实责任等方面建立起了一套比较完备的工作机制，规范企业领导和职工群众的行为，为确立和发挥劳动者的主人翁地位扎实不懈地进行制度建设。从 1982 年开始，莱钢逐步完善了职工代表大会制度：总厂职代会每届任期两年，每年召开一次会议，遇有重大问题，随时召开；二级单位每年召开两次会议，基层车间每个季度召开一次会议。职代会是总厂行政决策的最高机构，凡是企业重大问题，都提交职工代表大会审议决定。生产建设重大决策、生产经营方针目标、重大改革方案、涉及企业稳定的敏感问题都是由职代会讨论决定的。总厂每年通过职代会评议行政领导干部，招待费的支出、重要提案的整改等情况必须向职代会汇报。1994 年，莱钢制定了《加强民主管理，全心全意依靠职工办企业的意见》。1996 年又根据全国总工会在上海召开的“全心全意依靠职工群众办企业现场交流会”精神，重新进行了修订，形成了《全心全意依靠职工群众办企业的规定》，对各级领导干部增强“依靠”意识、保证职工主人翁地位、发挥职工在企业发展中的主人翁作用，对民主管理的基本形式、具体内容和措施，保证职工民主参与和民主监督的权利以及保障职工合法权益、加强职工队伍建设、提高职工素质等作出了明确规定。

在现代企业制度框架下，若干经济主体可以通过一套民主程序来控制和掌握企业经营管理权“管理阶层”及其领导机构，以保障企业按照经济主体（终极所有者）的利益和愿望来高效发展。只不过在不同性质的现代企业制度中，作为“终极委托人”的经济主体是不同的。具体来讲，在以私有制为基础的现代企业制度中，股东可以通过一套民主程序（股东大会和公司章程）来“治理”董事会，控制公司的发展及其利益分配等。简单地说，以私有制为基础的现代企业实行的是资本的民主控制，目的是实现资本的增值，适应或奉行“股东至上”原则。

在以公有制为基础的联合劳动体中，共同占有生产资料的联合体的一般成员可以通过一套民主程序来选拔和委派“经营管理者”，控制企业的发展，以保障企业按照公平的分配原则，实现劳动者的个人利益和全体劳动者的共同利益同步增长。同样可以简单地说，以公有制为基础的现代企业实行的是劳动者这个经济主体的民主控制，目的是实现以劳动者共同富裕为目标的企业发展，因此奉行的是“劳动至上”的原则。

在经过改革建立的现代国有企业中进一步确立职工在国有企业内部的主人翁地位，并相应确立企业职工（代表）大会在社会主义企业治理结构中的权力机构地位，以真正发挥职工在国有企业中的主人翁作用，真正实现生产资料共同占有基础上的联合劳动者的民主治理，是对西方现代企业实行的资本民主治理的超越，是具有历史意义的制度创新，是中国特色社会主义制度的基石，是对人类制度文明发展作出的贡献。

5. 集团的管控体系

经过探索和实践，莱钢由计划经济时期的工厂制演进成市场经济条件下以公司制为基础的大型企业集团，成员单位包括集团公司、子公司、参股公司和其他战略经营协作单位。莱钢按照战略导向、合理合法和管控到位的指导原则，兼顾各类企业的经营特点和管控需求，实施母子公司加集团联盟的管控模式，从表现形式上构建了“操作型管控”“战略型管控”和“财务型管控”的现代大型企业集团管控体系。

为了真正实现集团管控模式的转变，莱钢从制度上明确了几个关系：一是母公司与子公司主要是以产权为纽带的合作关系。依据对子公司投入资本的多少，母公司只负有限责任，并享有投资人的权利，一改过去总厂对分厂负无限责任的被动局面。子公司成为独立的法人实体，自主经营，自负盈亏，划分了责任，也明确了义务。二是分权管理和有效控制的关系。这既可以保证子公司独立运营，又使之不因脱离正常轨道而致使全局受害。三是严格按照山东省证管办和山东省经贸委《关于规范上市公司运作的意见》的要求，实现集团公司与股份公司人员、资产、财务“三分开”和业务与机构“两独立”①。

在彻底转变管控模式的基础上，母公司对子公司的经济考核由以利润、成本为中心向资本保值增值为中心转变。经济考核方式的转变成为管理模式转变的技术支持。长期以来，集团公司对子公司的考核以利润、成本为主，一方面，这种考核方式虽有积极的作用，但也存在诸多弊端，最主要的问题就是容易刺激子公司经营者的短期行为，损害了企业的长远利益。另一方面，在生产中拼设备、吃老本，形成了“拼设备—争投资—再拼设备—再争投资”这样一个恶性循环。在现代企业制度下，要使子公司的价值取向符合集团公司的发展目标，就要改变考核方式，把考核的重点转向以资产保值增值率和净资产收益率等为核心的指标，建立健全考核体系，鼓励和引导子公司实现资产保值增值和股东利益最大化。考核方式的改变极大地调动了各个子公司在资产保值增值方面的积极性和创造性。各个子公司不断增强自我发展意识，千方百计谋发展，精心构思未来，明确发展

① 为确保管理模式转变的规范性，莱钢集团经过反复酝酿，出台了《母子公司管理体制实施条例》。母子公司分别制定了《董事会工作条例》《监事会工作条例》和《总经理工作细则》等一系列规范性文件，进一步明确了母子公司各自的权利、责任和法人治理结构的运转程序，使母子公司规范运作有章可循，有“法”可依。

思路。很多子公司在不向集团公司要投资的情况下，生产经营形势持续向好，净资产收益率不断提高，整个集团公司的经济效益也因此有了大幅度增长。

莱钢在现代企业制度建立起来之后，形成了集团公司、子公司和基层生产单位三层阶梯式的企业内部结构。对不同的结构层次，赋予其不同的职能，使之担负起不同的任务。在母子公司管理体制的框架内，母公司始终处于主导和核心地位，是管理中枢。莱钢将集团公司的职能定位于整个集团的投资决策中心，拥有对集团公司的重大决策权、控制权、资本运作及技术研发等职能，对各个子公司按其持有的出资份额或授权管理的资产额度，给予资产受益、重大决策、选择经营管理者、产权转让和企业重组等权利。为强化集团公司投资决策的功能，保证民主决策、科学决策，莱钢董事会设立了战略咨询、薪酬管理、资金协调三个专门委员会。管理重心由过去的以行政管理、生产管理、实物管理、人员管理、成本管理、利润考核等为主，转向以战略管理、价值管理、投资方向和投资收益管理、全面预算管理、人力资源宏观管理、资本运营、对子公司进行监督监控考核等为主，该管的事情坚决管住、管好，把不该管和管不好的事情彻底下放。

发挥母公司投资决策中心作用的载体是公司机关。过去，公司机关的主要职能是抓生产经营。在母子公司管理体制确立后，公司机关的职能定位于“信息、监控、考核、协调、研发、联系”六个方面，集中体现了为决策提供服务和保证决策贯彻实施的特性。母公司的日常工作就是研究整个企业的发展方向以及对社会服务的方向，研究产业战略、技术进步战略、市场战略。母公司不能一下子管到第三个层次，该子公司抓的工作一定要放下去，责权利要做到统一而明确。通过体制和机制的调整完善，杜绝企业发展中的短期行为，增强子公司做大做强的自觉性和能动性。

集团公司直接接触的层级是各个子公司。子公司作为集团公司各项决策的执行者，负有实现利润的职责，因而成为集团公司的利润中心。办企业要以盈利为目的，作为母公司的集团公司，将资产投入子公司，期望获得利润是无可厚非的。于是，这部分资产保值增值的责任自然要由子公司来承担。也就是说，子公司必须持续创造价值，持续实现利润，保证持续发展。只为追求一两年的利润和短暂的“辉煌”而拼掉资产，这既是对股东的不负责任，也是对职工的不负责任。莱钢实行改革的重要一步，就是尽可能多地将具备条件的单位改制成自主经营、自负盈亏的子公司，并依靠科学有效的管理，帮助这些子公司做专做精、做大做强。

莱钢母子公司法人治理结构均按照《公司法》和公司章程的要求实行分权管理，集团公司对子公司的管理主要是通过其产权代表或在子公司董事会、监事会中任职的人员按规定行使决策管理权和监督权。子公司作为企业法人，依法行使经营决策权、劳动用工权、人事管理权、薪酬分配权、机构设置权等权利，并对其所属企业实施统一管理。这就是莱钢实施的“分权管理”。

（三）构建现代企业制度与治理模式的基本经验

莱钢领导层及全体职工，在30多年企业体制改革的探索和创建中，为中国特色现代国有企业制度及其治理结构的构建作出了重大贡献。在他们的改革成果中包含着既有理论价值又有实践意义的宝贵经验。

1. 企业制度与治理模式

莱钢构建企业治理结构的基本思路是，在遵循现代市场经济发展的一般规律和现代企业制度发展的一般趋势的基础上，坚持以人为本和效率原则，进行能够促进实现赶超型发展和适应社会主义性质要求的现代国有企业治理结构的创新与构建。

莱钢从企业的实际状况和改革的目标要求出发，以“两分”“三创”为主线，推进工厂制向公司制快速转化。一是主辅分离，在主业先行构建现代企业制度的基础上构建适应市场经济发展、具有合理产业结构的集团公司；二是在主辅分离的基础上进一步推进辅业改制、重组莱钢集团，使其成为具有合理产业结构和多种产权结构的、活力更加充沛的大型现代企业集团。基本形成了既符合市场经济条件下现代企业制度的一般要求、顺应经济全球化趋势、有创新能力和高效率，又符合中国进行赶超型发展要求、体现社会主义公有制性质的中国特色现代国有企业制度及其治理结构。

莱钢企业体制和治理模式的基本构架已经形成，奠定了向着正确方向发展和完善的坚实基础，建立了责权利相结合的公司治理结构；确立了党委会在现代企业制度中的政治核心作用，找到了确立职工主人翁地位及其进一步发展的基点，形成了体现公有制性质的全体劳动者根本利益一致基础上有合理差别的收入分配体制，体现了市场机制与按劳分配原则相统一，既能发挥激励与约束功能又能保障和促进全体劳动者共同富裕、逐步实现全面发展的长远目标和根本宗旨。

莱钢现代企业制度与治理模式可以初步概括为：公有制与市场经济相结合的新型国有企业，资本化运营而非资本主导的运营体制；在联合劳动者共同治理为主与股东参与治理相结合的复合式多方治理模式的基础上，初步形成了党委会、董事会、职代会协同决策的“超越型公司治理结构”；劳动主导分配与保障资本合理收益的分配体制；经营管理者与直接生产者共同作为主人的分工合作生产体制；责权利合理配置与全方位系统监督的效能体制；职能、权力、利益配置合理和运转高效的新型的现代大型企业集团管控体系；国家利益、企业发展和个人利益的统筹兼顾体制；以人为本、共创共享、促进人的全面发展的企业发展目的。

2. 企业体制改革的经验

莱钢在30多年的企业体制改革过程中，认定方向，大胆探索，积极创新，构建了新型的现代国有企业制度及其治理结构，其中包含着宝贵的实践经验。

（1）认识到位、敢为人先、勇于实践是进行体制改革的思想基础。

莱钢历届领导层都有高度的使命感和责任感，有坚定正确的改革方向，把中国钢铁产业的发展和崛起作为自己义不容辞的责任，把中华民族的复兴和祖国的强盛作为自己的神圣使命，把社会主义的发展和人民群众的利益作为自己工作的出发点。他们认为，不仅企业的发展思路要由自己解决，面临的问题包括深层次的问题也要靠自己解决。为了莱钢的发展，必须有前瞻性思考与战略性思维，特别是对一些深层次问题的前瞻性思考。莱钢领导层树立了这样的信心和勇气，将企业生存发展的主动权牢牢掌握在自己手中，把搞活企业当做一项重要任务来完成，使企业不仅要“活”，而且要活得更好，以显示国有企业在体制改革过程中独具特色的示范作用和在国民经济中不可替代的引领作用。

（2）实事求是、真抓实干、务求实效是贯穿改革始终的基本原则。

莱钢建立现代企业制度，致力于出实招、办实事、求实效，在企业内部进行全方位改革，将一切工作的出发点落到实处。在建立现代企业制度的过程中，结合股份制改组，用两年多的时间在全公司进行了劳动、人事和分配三项制度改革，取得了显著效果。莱钢的三项制度改革，为全面进行股份制改造和建立现代企业制度打下了良好基础。

（3）职能分化、有效制衡、协同发展是实现改革目标的本质所在。

法人治理结构就是要在职能分化的基础上建立权力制衡机制。莱钢在这个方面的做法非常到位：一是明确了股东会、董事会、经理层之间的相互关系；二是在人事安排上防止过度兼职，监事不能在董事会、经理层任职；三是保证法人治理结构之间的权力制约。股东会议由股东授权的产权代表参加，在与会人员的范围内避免了股东会与董事会重合。董事会实行集体决策、个人负责制，董事会独立行使表决权，特别是对于公司的经营情况，董事会有高于经理层的客观判断和决策能力。经理受董事会委托，行使公司日常经营活动的管理权，董事个人不直接干预经理的经营行为，但经理行使权力时不得超越董事会的决议，也无权修改董事会决议。监事或监事会有权对董事（董事会）、经理（经理层）的决策或行为进行监督。

（4）制度创新、管理科学、技术进步是促进改革发展的必然要求。

莱钢人不仅能够正确认识体制改革的目的，而且能够正确处理制度创新与管理科学、技术进步的关系。莱钢认为，国有企业改革的根本目的是提高劳动生产率和经济效益，建立现代企业制度、实行股份制解决的是企业制度问题，而只有把制度创新、管理科学和技术进步有机地结合在一起，才能改善企业经营并达到提高效益和提高效率的要求。因此，莱钢以股份制改组、建立市场经济主体为一体，以科学管理和科技进步为两翼，全方位进行了内部组织结构、产品结构、产业结构的调整和优化，促进管理制度和运行规则与国际惯例接轨。

（5）民主管理、党委参与、股东决策是深化体制改革的组织保证。

莱钢作为一个国有独资公司，不仅在董事会、监事会、经理层有着狭义上的公司治理结构，与建立现代企业制度相适应，在股东决策、党委参与和民主管理的形式上也有着广义上“三位一体”的组织保障体系，这种组织保障体系及其运行方式主要体现在作为生产经营主体和利润形成中心的各个莱钢出资企业。莱钢是国家出资企业，股东自然是省人民政府，在这个层面上莱钢仅具有董事会的决策权力；在莱钢出资企业中，莱钢是当然的股东并行使着当然的股东权利、发挥着当然的股东作用。实践中，莱钢出资企业（尤其是莱钢集团的紧密层企业）的所有重大事项，都是在其所在单位党委参与研究并通过职代会认真审议的基础上，再由包括莱钢在内的全体股东进行决策的，这样就使得决策事项不仅程序合法，而且质量可靠。从这个意义上讲，职工参与管理、党委认真研究、股东慎重决策为莱钢深化体制改革提供了重要的组织保证。

（6）坚持群众路线、发挥职工才智是积聚改革能量的动力源泉。

智慧从群众中来、办法从群众中来、力量从群众中来，职工群众中蕴藏着无限的创新智慧、丰富的实践经验和极大的工作热情，因此在企业坚持群众路线就是要放手发动职工群众。社会上人们对“依靠职工办企业”这一问题的认识出现过分歧、发生过动摇，但在莱钢却始终秉承着“职工群众是企业主人”的优良传统。莱钢坚持“依靠职工办企业”的理念毫不动摇，即使是进入改革开放新时期、搞社会主义市场经济，这一理念也没有发生动摇。莱钢认为，职工群众是改革的主体和动力，没有广大职工群众的理解、支持和参与，改革就难以深化，目标也难以实现。特别是在国有企业改革进入攻坚阶段以后，逐步触及一些深层次的矛盾和问题，涉及方方面面的利益调整，搞好改革这个复杂的系统工程，必须依靠职工群众①。莱钢依靠职工办企业，主要做到五个依靠：一是依靠职工攻艰克难，完成生产任务；二是依靠职工技术创新，推进科技进步；三是依靠职工进行改革，转换经营机制；四是依靠职工献计献策，搞好民主管理；五是依靠职工反向监督，体现主人翁精神。

（7）树立现代理念、确定发展目标是推进体制改革的措施保障。

在如何建立现代企业制度的问题上，莱钢领导层的认识和选择是明确和坚定的：“建立现代企业制度，绝不是西方模式的简单照搬，而是要建立具有中国特色的现代企业制度。”他们认为，在由传统的计划经济向社会主义市场经济转型的过程中建立现代企业制度是一项前无古人的开创性事业，没有现成的路子可循。他们的基本思路是，中国独特的国情决定了不能简单模仿或照搬发达国家的企业制度模式，也不能没有前瞻性和先进性。因此，要在遵循现代市场经济发展的一般规律和现代企业制度的一般要求、特征的基础上，进行能够促进我国赶超型发展和符合社会主义性质要求的现代国有企业及其治理结构的构建与创新。

（8）产权关系明晰、资产结构优良是改革取得成功的必要条件。

产权关系清晰就是对改制单位的存量资产在清产核资的基础上进行产权界定，主要对象是国有资产与集体资产；资产结构优良就是参与公司改制的国有资产必须是优良资产。国有企业改制，吸收社会法人、自然人（包括职工）投资入股，必须对存量资产进行量化处理，通过资产评估体现公允价值，把非经营性资产进行优化整合，将围绕主业的优良资产投入改制公司，以此吸引其他国有资本

① 1993 年，莱钢实行三项制度改革。在广泛听取职工意见的基础上，制定了积极稳妥的改革方案。本着“先开渠、后放水”的原则，开发“第三产业”项目和新建小型集体企业 300 多个，使压减下来的6007 名富余人员都得到了妥善安置。

和民间资本的投入。莱钢在对子公司进行的改革中，把实现股权多元化、完善所有制结构作为重要环节，深入探索了职工投资参股的可行性及操作方法。从已经完成改制的单位看，职工中存在巨大的投资潜力，对本企业的发展充满希望，对投资入股表现得非常踊跃。

（9）产业结构优化、主辅分离改制是改革富有成效的完整体现。

企业制度创新是与产业发展紧密联系的，现代企业制度的构建必须建立在合理的基础上。也就是说，现代企业制度需要有合理的依托，这个依托必须从专业化的基础上去寻找。一个原本“五脏俱全”“专业混合”“产权集中”的工厂，要进行现代企业制度和体制改革，首先必须进行“产业分化”，即根据专业化要求对产业进行分类，确立以主业为核心的专业化产业结构，在此基础上进行企业制度改革。莱钢以“两分”“三创”为主线，推进工厂制向公司制快速转化：在主辅分离的基础上构建现代企业制度，进而构建适应市场经济发展、具有合理产业结构的集团公司。这是莱钢在体制改革发展过程中贯彻始终的重要举措，通过这一举措探寻到了构建现代企业制度的专业化基础，是体制改革富有成效的完整体现。

（10）企业能否搞活、资本是否增值是检验改革成败的根本标准。

莱钢认为，建立现代企业制度的目的是理顺国家与企业的关系，彻底转换企业经营机制，增强企业活力，促进生产力发展，目的是为了提高企业的核心竞争力。在企业体制改革过程中，莱钢把勇于创新与注重实效结合起来，确立了企业改革和发展的两大目标：一是搞活企业，树立以提高经济效益为中心、以促进企业发展为目标的观念。二是资本增值，所有的企业行为都是投资，没有回报不能投资，立足于盘活集团的全部资产，在集团内部建立起公开、透明、有序的资本市场。自2007年进行辅业改制以来，11家改制公司累计分配股利22.01亿元，莱钢集团公司获得现金红利7.33亿元；至2011年末，11家改制公司资产总额为104.17亿元，所有者权益为49.96亿元，莱钢集团公司享有权益达16.59亿元，与改制时2.40亿元的投资成本相比，增值5.91倍。

（四）构建现代企业制度及其治理结构的启示与思考

构建中国特色现代国有企业治理结构的任务还没有最终完成，这里结合莱钢的实践和我们在调研中的感受，以及对全国国有企业体制改革的观察，进一步思考有关国有企业治理结构发展与完善的一些问题。

1. 对国有企业体制改革现状的认识

经过艰辛和充满争议的理论与实践的双重探索，国有企业能否在市场经济条件下存在和发展这个问题已经从基本框架上得到解决了。尽管社会上仍然有否定和诋毁国有企业的言论，尽管由于不了解真相和受一些舆论的影响，一些人对改革后国有企业的运营和效益存在疑虑，但国有企业取得的成绩已经在相当大的程度上扭转了人们的看法。但是，构建完整、系统、科学的中国特色现代国有资产监管运营系统和构建科学、系统、高效的中国特色现代国有企业治理结构的任务还远没有完成。国有企业目前的状态并不是改革的终结，而是下一阶段改革的起点。

国有企业体制改革的历程已经表明，未来的发展还将证明，这场历史性的企业制度变革和新型国有企业的崛起，不可能一蹴而就，必然要经历一个从基本构架的建立到历经一定的调整、调适和补充而逐步达到系统化、科学化、协调性、完整性的长期过程。与我国体制改革整体的发展进程相一致，国有企业体制改革也已从“粗放型基本构架构建期”转入“集约型系统体制调适完善期”，健全和完善治理结构是这个阶段的主要任务。在科学系统的理论指导下，进行针对具体目标和实际问题的治理结构和机制的构建，这是一个艰难的、创新性的、需要相当长时间才能完成的任务，是一个需要不断总结、持续探索、反复思考的创造性实践过程。

应该认识到，中国特色国有资产管理体系的构建和中国特色现代国有企业制度的创建，是人类历史上一场独特的产权改革和企业制度变迁过程。这是中国特色社会主义最基础的具有本质意义的制度建设。这种根本性的制度建设对我国经济社会的发展和社会主义的复兴，具有决定性的意义。其中存在一系列重大的需要探索和创新的理论和实践问题。

国资委提出，目前我们正处在以国有大企业改革为中心的阶段上。这个阶段的核心问题就是要找到国有大企业与市场经济最终融合的方式。其中有两个方面的着力点：一是进一步通过分化状态中更细致准确的产权关系安排形成系统有效的国有资产监管运营体系，形成更有活力和进取性、创造性的现代国有企业；二是通过更细致科学的权、责、利的安排，实现社会主义公有制本质内涵与企业治理结构的更好融合。简单地说，就是既要有活力、有效率，又要体现作为主体的公有制（这是社会主义的制度本质）性质和特征。邓小平在会见《不列颠百科全书》副总编吉布尼时指出，社会主义的市场经济“虽然方法上基本上和资本主义社会的相似，但也有不同”①。国有企业治理结构也应该体现这一点。这就告诉我们，中国特色现代国有企业制度及其治理结构既要具有现代企业制度的一般特征，又要具有自己的新特征，这是公有制基础上的中国特色国有企业制度超越私有制基础上的西方现代企业制度的地方，也是克服资本主义经济矛盾和痼疾的根本途径。莱钢探索和初步构建的“超越型现代国有企业治理结构”的贡献和意义就在于此。

2. 关于世界企业治理模式演进趋势的思考

莱钢，乃至我国国有企业新型企业制度与治理结构建设的特点、难度与意义是什么？与西方发达市场经济国家的现代企业制度及其治理结构有什么相同与不同之处？在进行这项重要企业制度改革与构建时，要把握正确方向、认清这项任务的特点，提高改革的自觉性，就需要从理论上对公司治理问题产生和演进的根源及其发展趋势有明确的把握，从演进的历史逻辑上认识以公有制为基础的市场型国有企业及其治理结构的历史地位和独特意义。特别是在理论界和社会上对现代企业制度及其治理结构的认识差异颇大、存在很多混乱的观点的情况下，考察和思考世界企业制度及其治理模式的演进趋势，对于认清中国国有企业体制改革的意义，是很有必要的。

广义的企业治理是随着企业的产生而存在的，而现代意义的企业治理则是由于产权分化而产生的“委托—代理”关系而出现的。股份制这种现代企业是对古典资本主义企业（私人业主制企业）在生产社会化发展趋势推动下进行“消极扬弃”的结果。

这种“消极扬弃”体现在：其一，意味着产权分化趋势中呈现的私人所有权逐步退出生产过程、逐渐疏远化、作用逐渐弱化的现象，显示了生产资料私人占有的历史作用和历史合理性的下降，显示出生产力的进一步社会化发展提出了改变生产资料私有制的要求。其二，意味着资本主义在其发展进程中正在为向社会主义过渡做好日益完备的物质准备，出现了向社会主义过渡的过渡点或过渡形式，提供了向社会所有制转变的条件，但并不是直接变成了公有制（社会所有制）。

① 《邓小平文选》第2卷，人民出版社，1994，第236页。

资本主导的社会生产方式内在矛盾的存在和发展，特别是现代经济增长中日益凸显的活劳动（尤其是创造性劳动）的作用的提升，必然要求突破或改变企业治理中原有的权力结构和利益结构，必然导致企业治理结构主导原则的调整，要求改变以“股东至上”为原则的企业治理结构。这样，“利益相关者”理论及其实践的出现，在逻辑上就可以视为一种由内在矛盾决定的必然趋势。

“利益相关者共同治理”理念及其实践模式可以视为对“股份制企业制度”的扬弃，是对资本主义私有企业制度及其治理结构的进一步扬弃。“利益相关者共同治理”理论及其实践模式，是对资本所有权最终控制的“现代企业制度及其治理结构”所秉持的宗旨和利益诉求的进一步扬弃。但是，这仍然是一种“消极扬弃”，仍然没有突破资本私有制的基本框架。

“利益相关者共同治理”的诉求在资本最终控制的治理结构中的实现是有限的。实际上，任何意在以利益相关者学说而将股东与其他相关主体等而视之的做法，都将面临严峻的挑战。但是，这种主张和追求仍然是有意义的，它反映了资本控制劳动的基本构架正在发生更深刻的扬弃（当然，还应该对这种理论和主张有清醒的认识，它是有局限性的，它实际上是一种改良主义的主张），它反映了现代经济发展的基本趋势。利益相关者学说的影响正在上升是一个毋庸置疑的事实。以德国职工参与制为代表的公司治理模式，在世界金融、经济危机中进一步显示了它超越秉持“股东至上”理念的治理模式，以其显著的效能提升着“德国模式”的影响力。

应该看到，以股份制为典型形态的现代企业制度扩展了以私有制为基础的资本主义生产方式的生存和发展空间。股份制这种现代企业制度利用产权分化和有限责任实现的资本集中缓解了生产资料私人占有与生产社会化的矛盾；它还利用产权分化和委托代理满足了规模化社会化生产对经营管理职能日益趋高的要求，解决了私人资本经营规模化大生产必然出现的经营管理能力欠缺的矛盾。在对公司治理结构的影响上，就可以利用产权分化形成的产权交易、配置和运行，给各种资本组织形式和产权组合形态提供很大的空间，因此形成不改变私有制性质的多种产权结构并表现为治理结构的多种模式。现代企业制度及其治理结构的这种构造和调整空间的存在，也为社会思潮和文化传统能够对其产生较大的影响提供了可能性，提供了发挥作用的余地。现在世界上以私有制为基础的各类、各种“公司治理模式”的长期共存，就说明了这一点。

虽然现代企业制度和现代产权制度扩展了以私有制为基础的资本主义生产方

式的生存和发展空间，但是以私有制为基础的资本主义生产方式的内在矛盾依然存在并以新的形式积累和周期性呈现，这次世界金融与经济危机就是证明。这就说明，在资本统治劳动这种基本结构没有改变的情况下，产权结构和治理结构的变化并不能解决资本主义生产方式的根本矛盾，这种矛盾依然会以各种方式呈现出来。这就表明，生产力和社会化大生产对新的生产方式的要求是顽强存在的，历史在要求对已经发生了“自身扬弃”的私有资本主导的生产方式及其治理方式进行“积极扬弃”，真正实现资本再转化为“联合起来的生产者的财产”“再生产过程中所有那些直到今天还和资本所有权结合在一起的职能转化为联合起来的生产者的单纯职能”① 的这一历史性转变，即要求以公有制为基础的现代企业制度的出现。

3. 中国特色现代国有企业治理模式的历史地位

中国国有企业新型企业制度与治理结构建设（自然包括莱钢，而且莱钢在这个问题上坚持正确方向进行制度创新，取得了重大进展）的历史地位及其意义是什么？许多正在从事这项历史性制度创新的人，似乎还没有充分和清晰地认识这个问题。

构建公有制基础上的现代企业制度及其治理结构是企业制度和治理结构演进史上的重大变革。以公有制为基础的联合劳动及其具体民主治理体制，来实现对以私有制为基础的企业治理结构的超越（积极的扬弃），这是历史发展的逻辑要求。中国正在创建和完善的现代国有企业制度及其治理结构，就是顺应这种历史发展趋势的一种新型现代企业制度的创造，这是要根本改变资本雇佣劳动的基本构架（但不排斥对资本的吸收和利用）、建立公有制基础上的现代国有企业及其治理结构。

我们正在追求和构建的中国特色现代国有企业的治理结构（联合劳动主导的复合型治理模式）在性质上根本不同于股东至上的公司治理结构，在逻辑上也高于“利益相关者共同治理”的治理模式，这是在公有制基础上借鉴现代企业治理结构的一般形式创造出的一种新型企业治理模式。中国特色现代企业制度及其治理结构的这种历史地位，决定了它的重大意义和难度。

中国人要有志气，敢于创新，借鉴并超越“利益相关者共同治理模式”（以

① 《马克思恩格斯文集》第7卷，人民出版社，2009，第495页。

德国公司治理模式为典型)，特别是能够借鉴德国人坚持自己的理念、走自己的道路、创造出自己的企业治理模式的精神，顺应历史发展趋势，承担历史重任，创建中国特色的现代国有企业制度及其治理模式，为人类制度进步与提升作出贡献。

令人可喜和赞叹的是，莱钢探索与创建的党委会、董事会（股东会）、职代会协同治理的新构架和新机制，已经扩展和超越了一般意义上的公司治理结构的概念，在借鉴并超越“利益相关者共同治理模式”的方向上迈出了重要的步伐。这不仅表现在把党委会纳入公司治理大框架，制度性地发挥其政治核心作用，还表现在把“职代会”纳入公司治理结构大框架、广泛性地发挥其民主管理作用。德国模式只是强调工人代表进入治理结构，而莱钢已经把职代会这个组织纳入治理框架。与一些改制后国有企业通过党委成员和董事会成员中的非外部董事实行“双向进入、交叉任职”来实现党的政治核心作用相比，莱钢又前进了一大步，形成了党委会、董事会、职代会协同决策的大思路与大框架。

职代会和职工民主管理既是我国企业制度建设的优良传统，又是社会主义公有制的内在要求。国有企业体制改革以来这一传统虽然受到冲击，但一些企业坚持探索新形势下的职代会建设并取得显著成效的事实，也显示了这一民主管理制度的生命力。西方国家在企业制度中自觉或不自觉地提高劳动者的地位，在一定程度上推进人性化、民主化的做法，显示出这是一种客观的发展趋势。中国现代国有企业是以公有制为基础的，全体劳动者是生产过程的主体，是企业的主人，在市场型国有企业制度及其治理结构中确立职代会的地位，是中国特色现代国有企业制度及其治理结构不可或缺的组成部分，是超越西方公司治理结构的显著特征。

新修订的《公司法》提出“董事会成员中可以有公司职工代表”，将职工代表进入董事会以法律形式确立下来，形成了由全体职工通过职工代表大会选举职工代表直接进入董事会的制度。莱钢的做法已经更进了一步，朝着确立“职代会”在国有企业治理结构中有明确的地位与作用的方向迈出了实质性步伐，形成了职代会作为重要制度性构成参与企业重大决策的操作机制，成为企业重大决策中的重要一方。这种做法已经超越了使职代会具有直接选举董事的权利，已经在实际上使职代会成为公司制企业的权力机构之一，使职工参与管理的力度大为提升，其制度性意义在于确立了职代会作为企业治理结构的重要组成部分的地位。

也就是说，莱钢在建立规范的公司治理结构与治理机制的基础上，依据公有制经济性质和党的政治核心作用在企业中的实现，初步形成了一个中国特色现代国有企业（包含狭义的公司）治理结构的更大构架的治理结构雏形。这是极有价值和意义的创建，倘若能够进一步成熟与完善，是可以与“鞍钢宪法”相媲美的伟大创举。应该说，这一重大创新展示了现代企业治理结构的发展趋势与方向，是对“德国企业治理结构模式”的超越，它体现了以公有制为基础的企业治理结构的重要特征，显示着中国特色现代企业制度及其治理结构进一步发展与完善的方向。我们期盼莱钢继续探索，把已经形成共识的党委会、董事会与职代会协同决策机制制度化，使之更加稳定和规范，在实践中不断发展和完善，希望在进行充分理论论证和实践验证的基础上，能够在国家层面的法律形式上予以确立，为中国特色现代国有企业制度及其治理结构的构建与完善继续作出贡献。

四　现代国有企业管理体系的构建与管理创新

管理是企业的基本功，管理理念的进步和管理水平的提升，是一个国家企业发展和效益提高的基本要素。国有企业能否和怎样从计划型企业管理系统转变为既适应市场经济要求又体现公有制企业性质和保持传统优势及民族文化精髓的中国特色现代国有企业管理体系，是国有企业在改革与发展过程中不可回避的一个有难度的课题。莱钢在43年的发展过程中，特别是从改革开放以来，走出了一条独具特色的管理体系改革、创新与快速提升的道路。

莱钢经营管理体系在国有企业中具有鲜明的特点，主要体现在：集团公司决策层在把握整个企业运行方向的同时，注重发挥全体干部和普通职工的创造性和积极性，把“建设一流强企”作为干部职工的共同愿景，不断开展企业管理创新；在引进国外先进管理和方法的同时，进行了创造性改造并应用于企业的经营管理实践。

总体而言，莱钢43年建设史，是适应国家宏观经济发展环境变化和体制变革，合理配置企业内部资源开展经营，实现资产增值的历史。有人把企业的经营管理和科技比喻为企业发展的两个轮子，也有人将管理比喻为企业腾飞的翅膀之一。莱钢人把管理简单地比喻为“木工的墨斗”“裁缝的尺子”①。他们以这种朴素的语言，诠释了经营管理在企业生存、发展和运行中的重要作用。

（一）企业管理体系的演进与重构

莱钢从建厂之初的三年会战、20世纪90年代利用外资改扩建，到“十五”时期的技改，实现了由一个“三线”小厂到1000万吨级特大型钢铁联合企业的

① 《莱钢品牌》，第10页。

历史性大跨越。改革开放以来，我国的经济体制由计划经济体制转变为社会主义市场经济体制，在外部宏观经济环境变化和历史性变迁的过程中，莱钢在经营管理理念和实践中持续探索和不断创新，不断取得了丰硕的成果。

恩格斯说过："每一个时代的理论思维，包括我们这个时代的理论思维，都是一种历史的产物，它在不同的时代具有完全不同的形式，同时具有完全不同的内容。"① 企业是国民经济的基本细胞，同恩格斯所讲的理论思维一样，一个时代的经营理念不可能独立于国家宏观经济政策环境而存在，在国家经济体制发展的不同历史时期，经历了经营管理观念的历史性转变和管理模式的探索与重构。在几十年的积淀和发展中，莱钢既体现了现代企业经营的时代特征，也具有大型国有企业的公有制特征。莱钢的经营管理理念与管理体系的演进与提升，是国家建设和改革大潮中国有企业经营发展的一个缩影，与国家整体发展理念、战略目标相适应、相统一。

莱钢集团也像我国其他国有企业一样，经历了经营管理理念不断调整和演进的过程。

1. 统一计划调配管理理念与体制的建立和探索

20 世纪 70 年代建厂初期，国际国内的形势和国家在山东建设钢铁企业的战略意图，决定了莱钢经营管理理念与体制的早期雏形。国际局势动荡不安，危机四伏，世界战争的阴影挥之不去，为了适应国家备战的战略意图和国内计划经济体制现状的需要，莱芜钢铁厂的主要任务是支撑国家战时要求，按照计划经济时代经营模式开展管理，国家对国有企业实行计划统一下达，资金统贷统还，物资统一调配，产品统收统销，就业统包统揽，盈亏都由国家负责，国有企业没有经营自主权。国有企业基本按照政府计划所规定的品种和产量以及销售对象、销售价格组织生产。管理人员和职工按照政府规定的标准获得工资，企业核算所得利润上缴政府。如果发生亏损，则由政府实行补贴或通过挂账形式待政府日后处理。职工由企业按照政府的劳动用工指标招收并终身就业，而且能按照政府规定的标准获得由企业分配的住房，由企业负责养老②。每个国有企业基本按照行业

① 《马克思恩格斯文集》第 9 卷，人民出版社，2009，第 436 页。

② 参见张文魁、袁东明《中国经济改革 30 年 · 国有企业卷》，重庆大学出版社，2008，第 2 页。

划分由不同的政府主管部门负责日常管理，如冶金企业由冶金行业行政主管部门进行日常管理。主管部门负责国有企业的日常管理工作，包括向企业下达生产计划并督促企业完成生产计划，协调其他政府部门保证企业的原材料和能源供应，审批企业的投资计划，核定企业的劳动工资指标。国有企业管理人员有行政级别，属于国家的干部系列，根据国家有关部门的干部指标设置岗位，并根据级别高低由党组织或政府任命或批准任命。

由于“文化大革命”时期极“左”思潮的影响，物质鼓励遭到了否定，通过奖金制度来激发职工生产积极性的做法，被认为是走资本主义道路，连适度拉大工资差距和实行计件工资的方法，也被认为是维护资产阶级法权。因此，那时候的国有企业管理人员和普通职工，常常缺乏生产积极性。

这个时期，莱钢在企业经营管理方面的探索，主要是按照党中央提出的“鞍钢宪法”开展管理创新。实行干部参加劳动，工人参加管理，改革不合理的规章制度，工人群众、领导干部和技术人员三结合。莱钢各级领导深入基层，调查研究。核心小组成员和各厂矿党委常委，亲自抓一个点，取得经验，指导全盘工作①。

莱钢推行这种经营管理制度取得了一些成效。“两参一改三结合”作为影响全国国有企业管理模式的一项管理原则，虽然这些正确提法也曾经被扭曲，如被极端化为否定技术权威、工人领导一切等，但是它所体现的全心全意依靠工人阶级办企业的基本精神，是我国社会主义工业企业至今仍应坚持的原则，而且与现代企业管理中的人本观念、全员参与和权变管理等都有相通之处。

这些合理的企业管理思想，是毛泽东探索我国工业企业发展模式的重要成果，是具有社会主义公有制企业管理特点的思想闪光点。但是，在“文化大革命”期间极“左”思想盛行的年代，不少闪光思想被淹没在唯意志论的思维模式中，以至于没有发挥出在指导生产经营实践中的重要作用，莱钢长达10余年处于亏损状态。

2. 产能效益增长导向管理理念的建立和探索

我国自实行改革开放以来，国有企业改革一直是整个经济体制改革的中心环节。企业内部管理是受企业体制制约的，管理改革是与体制改革同步、紧密联系

① 莱钢党委机关报《大会战》1977年3月21日，第2版。

进行的。“国有企业改革最紧迫的就是要落实企业经营自主权，使国有企业摆脱对行政机构的依附。”① 对大中型国有企业，先后实行了扩大企业自主权，推行承包制、股份制等改革探索，取得了一定效果。党的十四大明确建立社会主义市场经济体制的改革目标后，从1994年起，国有企业改革开始进入转换经营机制、建立现代企业制度的阶段。在这一阶段，莱钢紧跟国家国有企业改革的步伐，不断丰富和完善经营管理模式。莱钢抓住了难得的重大改革机遇，按照党中央的战略部署，迅速转变经营管理理念，注重产能扩张和企业效益的增长，努力建设成为现代化国有企业。

（1）试行经济核算和岗位责任制，扩大二级厂矿的经营自主权。

1978年12月党的十一届三中全会后，莱钢按照党中央提出的“调整、改革、整顿、提高”的八字方针和“让企业有更多的经营自主权”的意见，逐步树立了遵循经济发展规律和以企业效益为核心的理念，实施了一系列扩大二级厂矿单位自主权的改革举措，企业生产效率明显增强。

莱钢一些二级厂矿企业探索实施经济核算的激励制度。1978年下半年，莱钢安装处第三施工队在韩旺铁矿探索采取“班组单项工程定时定额”的措施，对超额完成任务者实行多劳多得，对达不到定额者追查原因并在经济上采取适当措施，做到赏罚分明。要求五个工时完成的工作，只用了三个工时就完成了，通过加强劳动管理，生产率有了明显提高②。从1979年开始，一钢厂、机修厂实行了班组经济核算等激励制度，在解放生产力、调动工人积极性方面取得了良好成效。一位矿山公司的厂长发表了《要按经济规律办事，不能搞唯意志论》的文章，发出了企业生产必须克服主观主义的呼声③。可见，在改革开放初期，莱钢全厂就对尊重经济发展规律和企业经营管理规律有了初步的认识，这是难能可贵的。为了进一步推行经济核算制度，莱钢举办了两期训练班，为基层培养了175名经济核算骨干。1979年下半年，许多二级厂矿开始学习推广班组经济核算、狠抓基础工作的经验，进一步重视和加强了经营管理工作。不少单位还把开展班组经济核算同小指标竞赛、计分计奖结合起来，从而进一步提高了企业的管理水平④。在生产经营方面，莱钢加强了质量监督，建立了生产工序责任制，提高为

---

① 董辅礽：《关于我国社会主义所有制形式问题》，《经济研究》1979年第1期。

② 参见莱钢党委机关报《大会战》1978年11月10日，第4版。

③ 参见莱钢党委机关报《大会战》1979年6月16日，第1版。

④ 参见莱钢党委机关报《大会战》1979年11月6日，第1版。

用户服务的理念，经营管理水平快速提高，实现了产品质量、市场营销、成本控制等方面的新跨越。

莱钢各二级厂矿企业还开展了生产管理体制新模式的探索。有的单位对管理体制进行了大胆改革，轧钢厂取消了车间、工段两层机构，建立了三大班“三条龙”的生产管理体制，有效地加强了对生产的指挥领导，促进了生产的发展。这种改革，与21世纪初才开始在我国各企业中开展的“扁平化管理”有很大的相似之处。莱钢探索从分配制度的角度调动干部职工生产积极性，出台了《奖励实行办法》，各单位根据实际探索实施了奖励制度，“生产奖”“节约奖”“革新奖”等在各单位得到积极推行，职工除了工资外，表现突出的还拿到了奖金。1979年3月，机修厂通报表扬了三位取得革新成果的同志，并向他们发放奖金。当时的莱钢党委机关报《大会战》在头版头条以《革新见成果，受奖理应当》进行了报道。一系列变革使莱钢发展步入了新的轨道。这项激励政策，初步打破了长期以来单位和职工干好干坏一个样的局面。1979年，莱钢的所有产品都超额完成了全年计划。全年共完成工业总产值1.31亿元，产钢5.46万吨、铁36.06万吨、材3.65万吨。

1982年，遵照中共中央关于企业进行全面整顿的精神，莱钢党委对人、财、物和产、供、销相对集中统一管理，按照“精简、统一、效能、节约和反对官僚主义”的原则，开始了建厂以来的第一次管理体制改革。通过学习杭钢、上钢、首钢的管理经验，制定了各处室、单位的职责范围和各级人员的岗位责任制。是年，企业生产经营第一次全面完成8项经济技术指标，第一次有了省优产品，第一次实现税金多于亏损。全莱钢的生产技术也不断进步，经营管理日益加强，经济效益逐年提高，这一年是建厂以来亏损最少的一年。按可比口径计算，比1981年减亏71.5%。1983年底，莱钢总厂成功实现整体扭亏为盈，成为莱钢实现跨越式发展的重要开端。

莱钢在改革开放初期的实践证明，实行多劳多得政策，采取计件工资、发放奖金等办法，仍然是调动职工积极性和提高国有企业产出的重要手段。莱钢经营管理方式转变的实践也证明了启动利益杠杆、重视物质利益原则、培育国有企业干部职工的效益观念、用经济手段管理经济的新管理体制的正确性。这就开启了以市场型管理系统为基础的利益杠杆与效益核心企业改革模式。

（2）改善企业经营管理，莱钢企业发展理念与体制的探索。

从20世纪80年代开始，国家经济体制实行了由计划经济向市场经济转变的重大变革，与此同时，国家对整个国民经济持续进行宏观调控。在国有企业全面走向市场和银根紧缩的双重压力下，莱钢开展了经营管理体系的改革，进一步向符合商品经济与市场竞争要求的现代科学管理系统转变。

莱钢在国有企业经营管理体制改革的大背景下，开展了三个层次的探索。

第一个层次是按照实行经济责任制的要求，开始了落实经济责任的管理方式的实践。1983 年，莱钢总厂通过学习首钢经验，从总厂领导到各处室、各二级厂矿以及科室、车间、工段、班组，直到每个工作岗位和个人都建立了以包、保、核为内容的责、权、利相结合的管理模式。在“六五”期间和“七五”期间，通过深化内部改革，逐步探索和不断完善以经济承包为中心的制度，深入开展企业管理升级等活动，促进了企业管理水平的全面提高。

第二个层次是探索建立了二级厂矿企业的各类承包制度。在与省冶金总公司签订了三年承包合同以后，莱钢内部展开了多种形式的责任制承包。根据各个单位的不同情况，在“大盘子保住，小盘子放开”的前提下，莱钢成功地探索了“两段式承包”“包挂式承包”“投入产出式承包”“招标承包”等多种形式的承包方案。有的人承包经营了一年石灰石矿，超额完成各项生产经营任务，个人按合同规定得到了 6176 元效益工资，相当于当时三个人的工资，带动了全厂承包经营的热潮。

第三个层次是开始实行党政分开管理模式的探索。1985 年山东省委、省政府批准莱钢实行厂长负责制试点。这使得厂长不仅有生产经营决策权，还有了人事任免权，实现了管事与用人的统一，强化了以厂长为首的生产指挥系统。1986 年，莱钢负责人与山东省冶金总公司签订了《任期目标责任书》，随后莱钢成立了工厂管理委员会，开展了劳动人事、新产品开发、产品创优、技术进步、对外加工等政策性改革，促进了企业的发展。1986 年莱钢的工业总产值和钢、铁、材等主要产品比上年都有大幅度增加，利税也由 4100 多万元增加到 5400 多万元。1988 年 2 月，莱钢总厂正式实行党政分开，自上而下地进行机构精简、定编定员、优化劳动组合。

在开展经营体制改革的同时，莱钢党委根据党的十二届三中全会精神，实行企业资源的统一管理，并持续开展了企业升级活动。在企业全面整顿的基础上，全厂初步实行人财物、供产销集中统一的管理，由单纯的生产型逐步向统一计划、统一经营、统一核算、讲求效益的生产经营型过渡。需要指出的是，这种统一管理有别于建厂之初简单的计划管理，是对企业经营管理模式“否定之否定”

的过程。通过对企业资源的统一管理，使二级厂矿企业的产品标准、经营考核、利益核算进行了标准的统一，这是开展企业内部科学化管理的关键一步。特别是结束了莱钢有铁无钢的局面，这个从无到有、令莱钢人感到欢欣鼓舞的标志性成果，为莱钢今后实现钢铁企业的跨越式发展奠定了重要基础。

1986 年，莱钢根据国务院颁布的《关于加强工业企业管理的决定》，开展了企业升级活动，并逐步在全厂全面铺开，使莱钢的面貌发生了深刻变化，管理水平有了明显提高，企业管理意识不断增强，企业经营机制不断完善和发展，基础工作不断增强，对企业的现代化管理模式的探索取得了新进展。莱钢加强了质量监督、检验队伍的建设，完善了质量管理制度，形成了质量管理网，严格了质量管理数据统计和产品质量分析工作，进一步确立了全面质量管理在企业管理中的中心地位。

莱钢通过对经营管理的探索，经营业绩取得了飞速进步。1989 年 10 月，莱钢被山东省人民政府命名为省级先进企业。1990 年，莱钢企业升级的 8 项考核指标、5 项先决条件与 10 项管理基础工作，均达到了冶金部颁发的国家二级企业标准。1991 年 8 月，冶金部正式批准莱钢为国家二级企业。

（3）主动适应现代企业制度要求，实现企业产能升级的跨越。

1992 年，邓小平南方谈话标志着“我国改革开放和现代化建设事业进入了一个新的阶段”①，为加快改革开放步伐奠定了思想基础。同年，国务院颁布《全民所有制工业企业转换经营机制条例》，提出了“使企业适应市场的要求，成为依法自主经营、自负盈亏、自我发展、自我约束的商品生产和经营单位，成为独立享有民事权利和承担民事义务的企业法人”的企业经营机制转换目标。1993 年，党的十四届三中全会通过的《中共中央关于建立社会主义市场经济体制若干问题的决定》，提出了转换国有企业经营机制，建立现代企业制度的战略任务。以此为起点，莱钢开启了钢铁产能升级和规模扩张的大幕。莱钢在管理改革与创新方面迈开了新的步伐。

20 世纪 90 年代，莱钢同其他传统的国有钢铁企业一样，面临着两难的困境：历史造成的包袱太重、冗员多、规模小、效益差、负担重；与建立现代企业制度的要求相比，管理、经营机制还比较陈旧落后，管理制度、管理模式仍然带有比较浓厚的计划经济色彩；还受到了不断崛起壮大的乡镇企业、私营企业和外资企

① 中共中央文献研究室编《十四大以来重要文献选编》（上卷），人民出版社，1996，第 9 页。

业对其生存空间的强烈挤压。

莱钢坚定地用改革的办法清除企业发展道路上的体制性障碍，在确立以构建规范的母子公司管理体制为主线，以建立和完善现代企业制度为出发点的基础上，对内部管理进行大手笔的改革。

“七五”期间，国务院批准了莱钢利用亚洲开发银行的贷款进行改扩建的可行性研究报告，中国政府同亚洲开发银行草签了《贷款协定》和《项目协议书》。1991 年，亚洲开发银行对莱钢改扩建项目进行了再评估。1992 年 2 月，山东省体改委正式批准莱钢进行股份制试点。4 月，莱钢与亚洲开发银行签订了《贷款协定》《项目协议书》《技术援助协议书》，莱钢成为全国第一家由国家批准实现利用外资发展钢铁工业战略决策的企业，也是利用国际金融组织的技术援助进行股份制改组的企业。对于这一历史性机遇，莱钢领导班子审时度势，深刻认识到经过改扩建，莱钢将具备国内企业技术装备的先进水平，但面对市场激烈竞争，仅仅具备先进的技术装备还不是现代化的企业。为了能适应挑战，还必须有一个适应社会化大生产的企业体制和充满活力的、能够进行自我调节的机制。

为解决冗员过多问题，根据山东省政府的意见，莱钢开展了“劳动用工、工资分配、劳动保险”三项制度综合配套改革的试点。这项工作从 1993 年 4 月开始全面推开，到年底全部完成。1994 年，山东省政府推广莱钢深化企业改革安置富余职工的“三项制度改革”经验。我国的城市改革是从沿海开放城市和中心城市逐步向内地展开的，然而，地处泰沂山区腹地的莱芜钢铁总厂却在深化国有企业经营管理改革方面走在了全省的前列。

1997 年 8 月 31 日，莱芜钢铁股份有限公司成立，在上海 A 股市场成功上市，成为山东省国有企业中最早上市的公司之一。莱钢股份上市后，募集资金达 5 亿多元。1998 年第一次配股，又募集资金 2 亿多元，此后又多次配股，有效地解决了企业产能扩张的资金相对不足的燃眉之急。莱钢把改革、改组、改造和加强经营管理有机结合起来，深化企业改革，积极推进股份制改造，组建企业集团。通过对资本结构、产品结构、组织结构、工艺技术结构和管理结构的调整和优化，构建了现代企业制度的基本框架，实现了工厂制向公司制的转化。外部资金的注入固然解决了企业生存发展面临的关键性问题，为技术改造和长远发展奠定了基础，但莱钢经营管理水平的“软实力”也在这一时期得以迅速提升，这同样是一个企业实现良性快速发展应该具备的核心条件之一。

2000 年，莱钢迎来了 30 岁生日。“三十而立”，此时的莱钢经营管理水平获得了质的飞跃，公司领导层把握市场动向比较自如，内部管理体系日臻完善。利用亚洲开发银行贷款对主体生产线实施了以配套完善为主的工艺改造，先后建成了中型钢生产线、中小型生产线，已经从一个“小三线”的中小型企业，成长为一个备受关注的国家特大型钢铁企业，钢产量达到270万吨，总资产达到100多亿元，在全国大中型冶金企业中排名第15位，为莱钢超常规、跨越式发展打下了坚实的基础。

3. 以学习型组织创建为突破口，提升企业品质和管理水平

进入21世纪，莱钢集团虽然通过利用外资使产能有所扩大，产品结构有所改善，但地处山区资源匮乏，没有大型城市作依托。虽然钢产量具备了一定规模，但人均产钢不足50吨，劳动生产率较低，这些问题严重制约着莱钢集团的可持续发展。要解决这些问题，就必须进一步深化经营管理体制改革。1998年和1999年，炼钢厂连续两年发生爆炸事故，更加凸显了企业内部实行科学化管理的紧迫性。莱钢人把这两次安全事故作为强化企业内部管理的重要历史契机，提出了“提升企业发展品质”的核心思路。他们在企业经营管理方面作出了艰辛探索，引进和吸收世界先进管理工具并加以改造应用，产生了卓越成效。然而，对莱钢集团职工思想状态、经营理念乃至企业实现跨越式发展产生积极深远影响的是学习型组织创建活动的蓬勃开展。

（1）提升企业发展品质。

莱钢领导班子认识到，企业的发展品质是支撑企业可持续发展诸要素的总和，未来企业的竞争优势不仅在于企业发展的速度和规模，更在于企业的发展品质。谁能够协调好发展速度和发展质量、规模扩张和环境保护、经济效益和社会效益、企业发展和职工成长及相关方的利益关系，谁就有可能在经济全球化和国际化竞争中，重塑核心竞争力，实现企业可持续发展。

莱钢认识到，提升钢铁企业发展品质，就是遵循现代钢铁企业的成长规律，突出企业的社会责任，系统思考企业的各种发展要素，加强企业的风险控制，协调好生产与需求，企业发展与社会、环境、资源、职工、上下游企业之间的关系；在快速发展中优化资源配置，挖掘资源潜能，依靠科技进步，提高装备与产品的科技含量，实现产业升级，营造良好的人文环境和生态环境，促进企业与职工共同发展；实现发展速度与经济效益、发展后劲的和谐统一，经济效益与环境效益、社会效益的和谐统一。

2000年底，莱钢先后召开了九届一次职代会和集团公司第四次党代会，以提升企业发展品质为经营管理总基调，确立了新的发展战略：优化和适度发展钢铁主业，大力发展非钢产业，以改革和科技进步为动力，以积极稳妥地推进资本运营为手段，尽快把莱钢做大做强。这一战略突出了产业结构调整和工艺结构、产业结构优化，强调依靠发展解决前进中的困难和问题，实施科技兴企，实现产业升级。

“十五”期间，面对国民经济快速发展的形势，不断丰富和完善21世纪初的发展思路，莱钢在发展速度和规模上确立了“三步走”的战略目标，即2003～2005年分3个阶段实现从290万吨钢到1000万吨钢的跨越。同时，结合企业的发展实际，研究制定了《莱钢走新型工业化道路实施纲要》，系统策划了提升企业发展品质、拓展企业综合价值的指导大纲，与“三步走”的目标共同对发展战略作了重要的补充和支持，开启了钢铁主业、非钢产业和资本运营共同发展的新纪元，实现了超常规、跨越式发展。

进入“十一五”时期，为适应经济社会转型和钢铁行业结构调整的新形势，集团公司作出了阶段性战略转移的决策部署，制定实施了以新一轮结构调整为主线的发展新战略，依靠管理创新和技术进步，全面推进工艺、产品、组织、产业结构调整，钢铁主业经营水平明显改善，非钢产业健康发展，资本运营富有成效。在钢产量没有大规模增长的情况下，集团销售收入、利润总额均实现较大增长，莱钢在钢铁市场的话语权、社会影响力明显提升。

莱钢“十二五”战略规划对未来一个时期的发展作出了新的定位，提出了明确的战略目标和要求，旨在加快莱钢做强的进程。实践证明，战略管理是企业管理的重要组成部分，也是推进管理创新的重大实践，制定和实施科学有效的发展战略，是企业决胜市场的前提和保障。在战略管理的引领下，莱钢集团经过多年工艺结构的调整和装备水平的提高，为企业发展奠定了坚实基础。

一是苦练内功，进一步提升企业发展品质。莱钢集团立足于内部挖潜，实现老系统关键环节的重点突破，带动了整个生产系统的巨大进步，促使生产良性循环滚动发展，实现了现有资源的效益最大化。2003～2004年，莱钢的钢产量提升速度连续两年在全国冶金行业前20家重点企业中位居第一。

二是开展科技创新、优化产品结构，增强企业发展后劲。莱钢集团通过深刻把握钢铁市场发展趋势，在新一轮结构调整中建成了以6米焦炉、265平方米烧结机、1880立方米高炉和120吨转炉为主体工艺的装备结构，实现了生产工艺的优化提升和产品结构的延伸。H型钢产品规格从中型向两头拓展，建设成大、中、小规格齐全的H型钢生产基地；由窄带钢拓展到中宽带钢，增大了板带钢的比例；在大量减少螺纹钢的同时，增加三级螺纹钢的比例，满足市场的高层次需求。大力压缩长线产品，由以螺纹钢和窄带钢为主，调整为以型钢、板带材、特殊用钢和优质钢材为主的比较合理的产品结构，板带比达到50%以上，这大大提升了整体装备水平，改善了品种结构，提高了产品附加值。

三是加强资金链安全的管理创新。一方面靠科学的投资组合和存量资产的经营管理，同时规避了多元投资的陷阱，在投资决策中避免资金链条过长、过于分散以造成失控，不盲目涉足自己不熟悉的领域。另一方面注意维护资金流转畅通。进入快速成长期后避免大量资金沉淀在某个环节，使资金流动受阻，突出强调项目建设期要短，避免资金链断裂。同时，积极搭建和寻求融资平台，创造更多的题材，稳定融资渠道；成功利用各种融资办法，保障资金链条安全运行。

莱钢以提升企业发展质量为中心，以“严细实”管理为基础，以学习型组织建设为突破口，大力引进并创造性地运用了国际先进经营管理工具，在生产经营的实践中提高了现代化企业管理的科学水平，这是现阶段莱钢集团建成国家特大型现代化企业的关键一环。

（2）以学习型组织创建为突破口，构建现代企业内部管理体系。

为了提高现代化企业管理科学化水平，莱钢在全国率先开展了学习型组织的创建活动。1999年，莱钢学习型组织创建工作从基层的炼钢厂开始探索，2001年开始向全集团推广。莱钢的学习型组织创建活动不仅学习书本理论，还对原有理论进行了“本地化”改造，突出了“学习是基础，改善心智模式是关键，创新是核心，持续发展是目的”的主线。以创建学习型班组、学习型车间、学习型工厂、学习型公司和学习型职工等为基本内容，变机械思考问题的方式为系统思考的思维模式，变被动的反应性工作为积极的主动性工作，通过“在工作中学习，在学习中工作”，激发职工的积极性和能动性，激活企业的生命力和创造力，持续增强企业的竞争实力。学习型组织建设为企业管理创新丰富了思想内容。

创建学习型组织活动推动了理念创新。莱钢提出，一个组织应具有持续学习的能力，具有高于个人绩效总和的综合绩效；强调个人、团队和组织是学习的三个层次，在组织共同愿景所统领的一系列不同层次愿景的引导和激励下，不断学习新知识和新技能，实现组织的可持续发展和个人的全面发展；使全体成员全身心投入，有能力并善于学习，让成员能够持续自我创造，不断适应未来的挑战。

创建学习型组织活动推动了机制创新。钢区四厂和炼铁厂的企业管理变化较大，进步很快，这有赖于他们开展的经营管理的机制创新。铁区四厂、钢区五厂等单位搭建了厂际共享平台，分别成立了“铁区共享平台”“钢区共赢论坛”，交流工作经验，分析解决生产经营中遇到的问题以及实施管理创新、技术创新、文化创新等方面的新思想、新理念、新方法，推动了生产经营建设工作的共同进步，创造了良好的工作机制。莱钢在2000年10月召开的管理工作会议上，表彰了钢区四厂开展科学化管理的经验。莱钢负责人评价说：“他们不零打碎敲，而是像抓工程一样，进行系统的构思、系统的管理，做到精细管理、科学管理，全面上台阶上水平。”①

创建学习型组织活动推动了企业组织模式的创新。面对老生产系统工艺不匹配、设备作业率低的现状，莱钢运用学习型组织理论，深入开展系统思考，实施深度挖潜，以“不断整合内部资源”的理念为指导，突出了专业化、规模化和“准时生产”的理念，将各种生产要素进行系统整合，建立起快节奏、高效率的生产组织模式，促使生产组织管理发生质的飞跃，为产能不断超越创造了必要的条件，运用系统思考先后制定实施了《炼铁系统超越全国一流水平优化大纲》《特钢系统提高核心竞争力方案》《2004年深度挖潜方略》等一系列挖潜增效的措施，并将全流程系统优化与技术进步并举，使主体设备产能不断实现大的突破。

创建学习型党组织活动推动了企业内部管理创新。一是开展“两转一提”活动。2012年6月，集团公司在全公司开展了“转观念、转作风、提能力”的“两转一提”活动，主要解决目前公司两级机关存在的思想观念和素质能力不适应、执行力不够强、管理和服务不到位、运行效率和质量不高等问题。二是开展了“外学唐钢、新兴际华，内学型钢炼铁”的活动，狠抓吨钢降本增效，加强内部管理，为集团抵御外部市场风险、提高生产效率发挥了重要作用。三是抓住经济增长点的重大机遇，大力发展新疆喀什项目。2011年，山东省委、省政府确定由莱钢实施建设喀什钢铁基地的援疆项目，这对于立足西部、辐射周边、抢占资源、占领市场具有重要的战略意义。莱钢紧抓新的经济增长点的重大机遇，以形成新的发展和盈利能力为目标，按照建设规划，喀什项目到“十二五”时期末具备相当大规模的生产能力，这将给西北地区现有的钢铁市场竞争格局带来新的

---

① 莱钢党委机关报《莱钢报》2000年10月10日，第1版。

改变。

通过学习型组织的创建，推动构建科学的企业管理体系，企业面貌发生了巨变。职工队伍充满朝气、文明礼貌、奋发向上。炼钢厂的企业环境由“脏乱差”变成了省级“清洁工厂”“花园式工厂”“现代管理样板企业”，主要技术经济指标全部由全国排名30位左右，进入先进行列，多项指标位居全国第一，转炉工序实现了负能炼钢，实现了自己建立的共同愿景，又提出了新的共同愿景：“以系统思考为基模，拧三股捻线为一绳，建学习型工厂；以领先全国为基点，超世界巅峰为目标，创不败之企业。”

莱钢在创建学习型组织的基础上，开展工程建设项目管理创新，坚持“又好又快，又省又安全”和“更快更好更省更安全”的建设理念，高炉、焦炉、转炉等建设与达产速度均创出国内同类项目的新纪录，被同行誉为“莱钢速度”。2003年，莱钢规划的第一步的目标顺利实现，产钢422万吨，比上年增钢130多万吨，钢铁主业全年实现利润25亿元。2005年，莱钢集团迈入1000万吨级钢铁企业行列。

提升钢铁企业发展品质战略的实施和学习型组织创建，使莱钢实现了快速发展，实现了发展速度与经济效益的统一、当前效益与发展后劲的统一、规模扩张与生态效益的统一、企业发展与社会效益的统一。由于莱钢学习型组织建设在国内具有领先效应，全国性学习型组织创建大会多次在莱钢召开，莱钢领导也多次参加并主持全国性学习型组织创建大会，宣传莱钢经验，获得了“南有江淮，北有莱钢”的美誉。2008年1月，《第五项修炼》作者、世界管理学大师彼得·圣吉亲临莱钢，建立了国际性的“节能减排学习实验室”。

（3）引进先进管理工具，进一步深化企业管理科学化水平。

在提升企业发展品质的理念下，莱钢在经营管理实践中引进了一系列现代企业管理工具，进一步深化了企业管理的科学化水平。莱钢常用的管理方法主要有全面质量管理、精益生产、ISO管理标准体系、学习型组织理论、卓越绩效管理模式、标杆管理、平衡计分卡、全面预算管理、六西格玛管理、全面风险管理、TRIZ理论等十几项。这些管理方式方法，对促进莱钢管理思想、管理理念的变革与更新，对跨越式发展，对管理质量、管理水平的提升都发挥了巨大作用。莱钢的专业管理出现了新气象、新亮点、新特色，相继改造和创新了国际先进管理工具和企业经营管理模型：应用于安全管理的“本质安全化”、应用于设备管理的“121模式”、应用于生产组织管理的“日计划管理”、应用于运营管理的“产销研一体化”、应用于技术资源的“技术支撑体系”、应用于管理改进的“问题式管理”等。莱钢取得了一系列提升企业发展质量和效益的成果，先后形成了2001年的《炼铁系统赶超全国一流水平优化大纲》、2002年的《提高电炉钢系统核心竞争力工程方案》、2003年的《愿景“415”，系统超越白皮书》、2004年的《系统深度挖潜方略》、2005年的《钢铁成本系统优化大纲》、2006年的《做强钢铁主业行动纲领》、2007年的《提升竞争力实施方案》。

莱钢所引进的先进管理工具和方法，大都来自世界发达国家或国际知名企业。这些管理工具和方法，不仅使他们学会了如何更加有效地管理企业，也传递了现代企业管理的先进理念和理论体系。这些管理方法，有的是最初从外部引进导入的，随着在莱钢的实际应用和实践，融入了莱钢企业文化元素，创新成为莱钢独具特色的管理方式，如提炼形成了“学习是基础，改善心智模式是关键，创新是核心，持续发展是目的”的学习型组织创建思路，“系统思考、不归罪于外”等理念深入人心。还有一些是莱钢人借鉴ISO原理，发挥自己的经验智慧，创新形成的管理方法，如廉洁效能管理体系、“121”设备管理体系等，都是在借鉴ISO 9001、OHSAS 18001的基础上，原创性形成的具有莱钢特色富有成效的管理方法。莱钢通过引进和改造先进管理工具和方法，推动生产经营建设的不断超越，促进企业管理的重大变革。

（二）全面管理创新及其成果

莱钢坚持创新是企业发展的原动力，把创新作为提升核心竞争力的关键。他们认为，没有创新的企业就不能持续发展。莱钢的企业经营管理创新是全面的创新，他们旨在通过对管理要素（如管理理念、管理模式、管理方法等）进行丰富和拓展，促进生产要素优化组合，达到提高企业管理效能和经济效益的目的。这不仅体现在生产经营全过程的基础管理的创新，还体现在生产经营关键环节的专业管理的创新，而战略管理、组织结构和企业文化等，保证了基础管理的创新和专业管理的创新。同时，莱钢为了使管理创新工作能够顺利开展，加强了人力资源管理和廉洁效能管理体系建设。引进学习型组织理论以后，莱钢又把系统思考作为企业管理的重要方法，并把战略管理作为企业改革发展的统领，围绕实施新战略，先后引进了六西格玛管理、平衡计分卡、精益生产、全面预算管理等专业化管理工具，使现代管理工具覆盖了企业经营运作的全过程，现代企业管理体系逐步形成。

1. 内部管理创新的三大基石

莱钢战略管理、组织管理和企业文化的创新是企业管理的基础性创新，这三个方面是支撑整个企业管理创新的基石、贯穿整个企业管理创新的主线。

（1）战略管理创新。

莱钢认为："战略管理是企业管理的重要组成部分，也是推进管理创新的重大实践，制定实施科学有效的发展战略，是企业决胜市场的前提和保障。"① 莱钢自开展管理创新工作以来，一直坚持以战略管理为统领，把握经济运行规律，明确企业发展目标和方向，制定并实施准确的战略，真正实现了战略管理引领莱钢的企业发展。

莱钢从"七个方面"构建现代化企业战略管理体系。

一是搭建战略管理组织体系。集团公司董事会成立战略咨询委员会作为决策机构，主要负责审批通过战略管理的相关制度、战略目标方案的研讨、目标指标体系及措施规划的审批等各项与战略相关的决策工作。同时，组建了莱钢战略研究室，负责制定战略管理的相关制度，对战略管理进行跟踪和绩效管理等工作。集团公司还成立了发展战略推进工作领导小组，主要负责公司日常的战略实施、评价与考核。

二是完善战略管理制度体系。公司建立了包含战略制定、实施、评价和调整在内，包括主要战略管理流程的战略管理制度体系，编制下发了《莱钢集团战略管理手册》《战略规划推进考核管理办法》《战略研究课题管理办法》等一系列战略管理制度文件，进一步规范了战略管理流程，对战略实施过程中各个部门的执行能力进行了有效控制，为实现既定的发展目标提供了制度保障。

三是优化战略推进考核体系。建立与战略执行相匹配的考核评价体系，主要包括执行过程的检查、执行结果的考核以及阶段性战略评价。建立信息反馈系统，及时了解工作执行情况，解决计划执行中遇到的问题，监控战略目标的完成情况，发现差距，不断改进。建立战略评价报告制度，检查执行结果的考核，强

① 参见莱钢领导《在莱钢"十二五"战略规划实施推进大会暨管理创新大会上的讲话》。

化了战略过程的控制，使公司生产经营沿着既定的战略目标运行。

四是加强重大战略课题研究。围绕企业发展战略重大问题开展研究工作，建立健全调查研究工作体系和激励机制，解决影响和制约改革发展的突出问题，为公司发展实现科学决策提供保障，使集团公司的战略管理水平不断提高，促进了企业持续稳定发展。

五是以信息化为平台，推进竞争情报一体化建设。定期与各大网站就宏观经济形势、国家产业政策、市场走势、竞争对手经营情况等进行交流、沟通。莱钢集团还同新华社山东分社共同建立莱钢竞争情报信息平台。充分发挥外聘战略咨询顾问作用，通过《战略研究期刊》《总裁快递》等形式提交公司。

六是强化职能战略和专项战略规划推进。将整个集团的战略规划细分为成本完善、市场营销、技术创新和产品开发、业绩管理、发展产业链等环节。组建市场领先组、成本改善组、技术创新组、业绩文化组、原燃料供应组、资本运营组、重点工程及推进协调办公室等专业组，将战略目标分解到年度、季度，责任落实到部室单位、到责任人。实行月度检查考核、季度总结评价的管理机制，按照季度、半年、年度的周期分别进行战略规划推进实施评价，保证实施工作有序进行。

七是借助先进工具和方法，提升战略管理水平。莱钢在战略管理中积极借助先进的工具方法，适时导入卓越绩效管理模式，在 SWOT 分析法的基础上，引入 SMART 的战略目标分解原则，以平衡计分卡为基本分析工具，全面梳理关键业绩指标（KPI），用定性与定量考核相结合的方式实现动态的战略管理，保障了莱钢机关战略管理体系的稳健性和平衡性。同时，将战略管理体系中的价值导向与企业的绩效管理相结合，保证了战略的有效实施和企业的可持续发展。

莱钢从“四个步骤”开展战略管理。

一是战略分析。主要评价影响企业发展的关键因素，并确定在战略选择步骤中的具体影响因素。

二是战略选择。主要是确定企业发展的方向。首先从对企业整体目标的保障以及企业各个部门战略方案的协调等多个角度考虑，选择自上而下的方法、自下而上的方法或上下结合的方法来制订战略方案。另一个就是考虑选择的战略能否被企业利益相关者接受。此外，对战略的评估最终还要落实到战略收益、风险和可行性分析的财务指标上。最后选择最终的战略决策，准备实施。

三是战略实施。就是将战略转化为行动。主要包括企业内外部资源的整合和有效利用、组织结构的优化调整、各种利益关系的重新分配以及企业文化管理等方面。

四是战略评价。通过评价企业的经营业绩，审视战略的科学性和有效性，指导下一步的战略调整。战略调整就是根据企业情况的发展变化，即参照实际的经营状况、变化的经营环境、新的思维和新的机会，及时对所制定的战略进行调整，以保证战略对企业经营管理进行指导的有效性①。

莱钢战略管理创新显示出巨大效能。近年来，莱钢通过对国内外宏观经济形势的深入分析，结合企业微观实际情况，瞄准市场，敢于而且能够果断实施调整阶段性战略转移并制定新的发展战略。“七五”期间，莱钢抓住国家以煤代油政策，制定了“30 万吨钢配套规划”，虽然由于历史发展的原因导致工序不匹配，装备落后，劳动生产率低等情况，但 1988 年建成了第一条轧线——500 毫米热轧窄带钢生产线，这是一个历史性的突破，为莱钢以后的发展奠定了坚实的基础。“八五”期间和“九五”期间，莱钢抓住国家利用外资发展钢铁政策，利用亚洲开发银行贷款对主体生产线实施了以配套完善为主的工艺改造。

“十五”时期被认为是以规模扩张、抢占资源为主的群雄并起的时代，谁发展慢了，谁就会落伍，谁抢占了先机，谁就拥有了发展的资源。莱钢以国家产业政策为指导，紧紧抓住国际国内钢铁市场发展的良好机遇，制定并实施了新世纪初的发展战略，2005 年达到了 1000 万吨钢产量。正是由于制定并果断实施了正确的战略，才有了莱钢集团“十五”期间开启钢铁主业、非钢产业和资本运营共同发展的新纪元，实现了超常规、跨越式发展。

“十一五”时期之初，莱钢集团的领导层通过研究国际国内钢铁市场形势，认为必须进行结构调整，再次强调这是抢占市场的时期，谁抢占了先机，谁就赢得了市场。2005 年 2 月，莱钢召开了党的四届七次全委（扩大）会议，适时提出了由以规模扩张为主向以质量效益为主的阶段性战略转移，要在继续做大的同时，把工作的着重点放在做强上，通过实施差异化和低成本战略，打造比较优势，力争用 3～5 年的时间，把莱钢打造成为装备先进、结构合理、管理优良、

---

① 莱钢集团管理创新与进步项目评审领导小组办公室编《莱钢 2009 年度企业现代化管理创新成果》，2010，第 31～32 页。

机制灵活、环境优美的现代化钢铁强企[①]。就在会议召开两个月后，钢铁市场便急转直下，进入激烈的调整期和竞争期，“阶段性战略转移”的提出充分印证了莱钢决策者的远见卓识。莱钢实施了“从以发展速度为主向以质量效益为主的阶段性战略转移”，并制定实施了以“突出结构调整，着力自主创新，打造钢铁精品，做出莱钢特色，建设一流强企”为核心内容的发展战略，把工作的着重点放到做强上，持续提升发展质量，克服了金融危机等各种困难和挑战，保持了平稳较快发展，经济实力明显增强，结构调整迈出实质性步伐，自主创新能力不断提高，改制改革不断深化，实现了和谐稳定发展。

（2）组织结构创新。

经过多年的发展，莱钢已经拥有23个子公司、10个直属核算单位和36家参股企业。学习型组织的创建使莱钢学会了适应公司内外变化，面临剧烈变化的外部环境，组织结构应力求精简、扁平化、弹性因应、终身学习、不断自我组织再造，以维持竞争力。在不同的阶段，组织结构的变化都围绕企业发展战略而不断调整。而建立适应战略规划要求的组织架构体系和运行机制，从根本上提高决策和运营效率，这是实现战略规划有效落地的基本支撑，也是促进技术进步和产品结构调整顺利实施，发挥企业整体优势的组织保障。

为适应实施“十二五”战略规划的需要，适应山钢重组和专业化管理的新要求，按照山钢进一步整合重组的目标要求，本着精简高效和扁平化管理的原则，从职能分配、职能分解和业务流程梳理与调整入手，加大组织结构调整的力度，实施业务流程再造，科学设置内部组织架构。加强了对集团管控体系的研究与建设，规范集团理事会、集团公司董事会的组织架构和运行体系，进一步提高管控水平，提升集团价值创造的能力。有计划、有步骤地推进生产组织结构、机关机构精简和人员优化工作，逐步做到职能到位、责任到位、管理到位、考核到位，建立务实高效、服务到位、充满活力、富有创新的管理团队。该合并的合并，该加强的加强，进一步理顺管理关系，完善用人机制，激发各个层次的活力。

在组织结构创新过程中，围绕各自的任务目标和工作重点，充分发挥主观能动性，开阔思路，勇于创新，调动各个方面的积极性和创造性，使管理工作出现新气象、新局面。莱钢适应“产销研一体化”等现代企业运行理念的新要求，对

---

① 参见《深化学习型党组织建设，提升党建科学化水平——在莱钢深化学习型党组织建设推进会议上的讲话》，2010年3月29日。

组织结构进行了调整，组织结构更趋合理。2011年莱钢抓住特钢管理体制和组织结构调整的历史性机遇，成立了营销管理部和招标中心。管理科室由原来的9个精简为8个。此外，莱钢适应新的经济形势和市场环境及转方式、调结构活动的客观要求，大力进行管理运行体制改革，调整和理顺了能源动力体系、财务职能、采购供应、特钢运行等职能，进一步理顺了管理关系，精简了机构和管理人员。先后对烧结、炼铁系统组织结构和工程、技术、能源环保等部分管理机构进行优化重组；对新成立的宽厚板厂探索试行新的管理体制和运行机制；将原热电厂、动力部进行重组，成立能源动力厂；将原供应部的相关业务划转机械动力部、原料部、安全生产部；集团财务、股份财务业务独立、合署办公，将运输部、自动化部、能源动力厂、天元气体公司的财务职能纳入集团公司财务部统一管理。进一步精简了机构和人员，理顺了管理和运营流程，为调整工艺和产品结构，提高运行效率和质量提供了体制保障。

（3）企业文化创新。

企业文化是在现代化大生产与市场经济发展基础上，逐步产生的一种以现代科学管理为基础的新型管理理论和管理思想，也是企业全体职工在创业和发展过程中培育形成并共同遵守的最高目标、价值标准、基本信念和行为规范的总和。企业要真正步入市场，走出一条发展较快、效益较好、整体素质不断提高、经济协调发展的路子，就必须普及和深化企业文化建设。莱钢在企业管理中融进了更多的文化因素，将企业文化的精髓融入战略研究、企业改革、资源配置、科技进步等企业管理的各个环节，营造了有利于企业与职工共同发展的和谐氛围。让企业固化下来的文化理念转化为职工的自觉意识和行为方式，使之被广大职工所认同并创造性地运用于实践，大力塑造“莱钢人”的特有品格，使“莱钢人”成为一个特有的称谓，成为一种精神风貌的标志，并以人的优秀品格塑造企业品格。

43年来，莱钢发展历程积淀了厚重的企业文化。在发展中形成了尊重传统、朴素、奋斗、超越的企业文化，练就了务实、奋进的企业精神。从建厂初期的“团结奋斗、艰苦创业”精神，到“十五”时期以来确立“共赢共享，直到永远”的核心价值观，企业文化建设经历了五个重要历史阶段。在启蒙阶段，“备战备荒”“团结奋斗，艰苦创业”成为莱钢的企业精神。在初创阶段，“改革创新，争创一流”成为企业文化的核心。在发展阶段，“共赢共享”价值观雏形基本形成。在提升阶段，在中国钢铁行业首家引入学习型组织理论，全面推进学习型企业建设。“共赢共享，直到永远”成为引领莱钢未来的企业文化核心。2008年至今，山钢集团成立后，在吸收莱钢及其他所属企业优秀文化的基础上，建立了山钢企业文化体系，并在集团内部大力推进实施。在认真贯彻山钢文化整合的基础上，莱钢发扬优良传统，传承优秀文化，不断丰富和提升“共创、共进、共赢”企业核心价值观的内涵。在保持山钢文化统一性的前提下，大力弘扬莱钢文化传统的精髓，注意发挥“团结奋斗、艰苦创业、改革创新、争创一流”的企业传统和“学习、超越、领先”的莱钢信念对职工的引领作用，使山钢文化与具有莱钢个性的优秀文化传统共融共生，相得益彰。莱钢将企业文化建设作为企业管理的重要组成部分，他们提高对企业文化的认识，不断创新思路，探索新途径，使企业文化始终贯穿于生产经营管理的全过程，使管理模式、管理流程等充分体现莱钢企业文化的内涵，通过价值观的渗透，提升管理品位，引领企业的发展。

尤其是2000年以来，建设学习型文化全新的理念，改变了莱钢人的思维方式和行为方式，使职工学会了如何更聪明地工作，不断改善心智模式，把自己的人生追求与企业的共同愿景结合起来，在企业发展中体现生命的价值。把一系列文化理念应用于管理之中，使莱钢在快速提升经济技术指标、解决制约生产发展的“瓶颈”问题、优化工艺结构等方面取得了事半功倍的成效。莱钢把全集团视为一个大系统，遇事首先系统思考，成为莱钢职工特别是公司决策层分析问题、进行决策的主要思想方法。使他们避免了寻求“症结解”的弊端，掌握了探求“根本解”的技巧，找准系统链条中的关键环节，赢得解决问题最有效的方法。莱钢的企业文化是“活”的企业文化，处在不断的成长和完善之中。莱钢的战略管理创新、组织机构创新和企业文化创新，为莱钢全面管理创新作出了重大贡献。

2. 基础管理创新与管理基础的夯实

老子说：“高以下为基。”也就是说，只有把基础夯实，才能够建起高楼大厦。莱钢人常说“管埋从基础抓起”，他们在生产经营过程中时刻不忘基础，不断夯实基础，全面提升基础管理水平。

（1）六西格玛管理体系。

自2009年以来，世界金融危机持续蔓延，全国钢铁企业普遍陷入经营困境。莱钢面临巨大的经营发展压力，并为此启动了六西格玛项目，以“黑带”（企业中全面推行六西格玛的中坚力量，负责具体执行和推广六西格玛，同时肩负培训

“绿带”的任务）培训和项目实施为载体，坚定不移地推进六西格玛管理。此项目的开展可以有效提升产品质量、优化工艺流程、降低生产成本、增加经济效益，对莱钢克时艰、促发展具有积极而深远的意义。目前，莱钢是全国注册黑带考试通过率最高、培训认证教师最多的单位。

六西格玛管理是莱钢质量管理的延伸和升华，既筑基于莱钢过去推行的各种质量管理模式，又有其独特的方法论和显著的高效性；不仅为企业节省了可观的费用，而且提高了企业对市场的反应速度，巩固了日益变化的客户关系；在改善职工心智模式、丰富经营管理理念、提升企业文化、形成“依据数据决策”的机制、壮大企业无形资产等方面，也有着非常明显的作用和十分显著的效果。逐步建立健全六西格玛管理推进体系，对莱钢人员培训和项目实施进行严格的管理、督导、评价，实现体系的有效运行和持续改进，提升管理绩效，实现质量管理新的突破和质的飞跃，带来了良好的效果。

（2）导入卓越绩效模式管理。

“十一五”期间，莱钢以创“全国质量奖”为契机，全面导入卓越绩效管理模式，推行科学化、标准化管理。按照卓越绩效管理要求，坚持系统思考、全面优化、持续改进。完善法人治理结构和集团化管控模式，提高依法依规治理企业的水平；以卓越绩效模式为框架，深度推进卓越绩效管理，加大培训力度，开拓管理创新，打造“莱钢卓越绩效管理模式”。按照卓越绩效管理要求，莱钢着力推进战略管理，围绕做强莱钢的战略目标，在加快实施“十一五”发展战略的基础上，研究制定了“十二五”战略规划，明确了做强钢铁主业第一阶段的任务目标和相关产业发展的总体思路；完善了产销研一体化运行体系，突出技术研发的核心地位，强化营销管理，提升了生产保障水平和市场开拓能力，各个方面的工作更加贴近市场、贴近用户；建立完善了关键绩效指标体系和考核体系，推行月度滚动预算管理，有效地发挥了经济杠杆的作用；深入推进标杆管理，瞄准行业先进水平，拓展对标挖潜的范围和领域，在指标水平上缩小了与先进企业的差距；创新合同能源项目管理，推广配套项目 BOO 模式等，拓展了运营思路与经营模式。卓越绩效运行模式的持续推进，使管理工作更加科学、规范、高效。莱钢卓越绩效管理工作得到了中质协的充分肯定。

（3）QES 管理体系建设。

莱钢集团 2005 年对 ISO 9001 质量管理体系、ISO 14001 环境管理体系和 OHSAS 18001 职业健康安全管理体系进行有机整合，形成了独具特色的莱钢 QES 管理体系。QES 管理体系以过程管理为重点，以 PDCA（Plan-Do-Check-Act）循环为原理，通过加强过程管理提升产品质量，增强顾客满意度。过程管理的方法实现了对过程系统中单个过程之间的联系以及过程的组合和相互作用进行连续的控制，过程管理是 QES 管理体系达到合格性评价要求的重要手段和途径。严格执行 QES 管理体系，关键工序、重要危险源和环境因素得到了很好的控制，产品实物质量得到了进一步的提高。贯彻落实 QES 管理体系，强化动态监控，加强运行评价与考核，能够切实提高运行效率和质量。审核组专家对莱钢 QES 管理体系运行给予了充分肯定，认为该体系在莱钢始终得到高度重视与积极推动，在全公司范围内营造了人人关心质量、事事关注市场需求、处处注重环境影响、时时不忘安全生产文明作业的良好氛围，质量、环境与职业健康安全一体化管理体系运行绩效显著，并得到了持续改进。

（4）推行全面预算管理。

全面预算管理作为对现代企业成熟与发展起过重大推动作用的管理系统，是企业内部管理控制的一种主要方法，可以用来分配企业的财务、实物及人力等资源，以实现企业既定的战略目标。可以通过预算来监控战略目标的实施进度，有助于控制开支，并预测企业的现金流量与利润。著名管理学家戴维·奥利说过，全面预算管理是为数不多的几个能把企业的所有关键问题融合于一个体系之中的管理控制方法之一。莱钢通过对全面预算管理的不断推进，全面掌握了企业未来一定期间的全部生产、经营活动的财务计划，以实现企业的目标利润为目的，以销售预测为起点，进而对生产、成本及现金收支等进行预测，并编制预计损益表、预计现金流量表、预计资产负债表和未来的财务状况和经营成果，提高了市场预判的科学性、准确性，为生产运营管理提供指导，从而有效地规避了经营风险、提升了莱钢的战略管理能力，对预算及执行情况实现了有效的监控与考核，实现了企业资源的高效实用，收入得到提升而成本得以降低，确保作业计划得以落实。

（5）“5S”现场管理的应用。

“5S”现场管理源于日本企业管理模式，是指整理（SEIRI）、整顿（SEITON）、清扫（SEISO）、清洁（SEIKETSU）、素养（SHITSUKE）5 个项目。“5S”对于塑造企业的形象、降低成本、准时交货、安全生产、高度的标准化、创造令人心情愉悦的工作场所、改善现场等方面发挥了巨大作用，逐渐被各国的管理界所认识。莱钢通过“5S”现场管理，有效地改善了现场环境，实现了生产秩序有条不紊，物品摆放整齐规范，作业工序合理通畅，为职工营造了良好的工作氛围，有力地提升了企业发展品质。

（6）信息化管理系统创新。

建立统一的信息化平台，集团公司负责信息管理系统和计算机网络的统一规划、设计、实施与管理，发布公共信息资源；各单位建立子系统，按照规定及时提供信息，实现不同层面上的信息资源共享。推进“数字莱钢”建设，建成了覆盖全集团的OA办公系统、视频会议系统，组建了信息、物流、能源控制中心，形成了快速高效的市场信息和客户服务信息反馈处理机制，能及时满足用户等相关方的服务需求，迅速解决各类问题。莱钢建立和完善了绩效考核管理制度，2008年实施过渡性考核办法，2009年建立了科学、合理、有效、符合实际的全方位绩效考核制度，充分发挥了激励和约束机制的效用。

这些现代管理工具的引进和推广，使莱钢的管理从理论到实践都出现了质的飞跃。许多有效做法和先进理念，逐步固化为职工的自觉行动，成为职工的共识，使企业文化从理念识别系统、视觉识别系统、行为识别系统等多个方面，都得到了深化和拓展。特别是学习型组织的有关理论、愿景和理念，极大地丰富了企业文化的理念体系。莱钢的现代管理文化，已成为莱钢企业管理文化的重要组成部分。

3. 关键环节的专业管理创新与提升

莱钢在加强基础管理创新的同时，在生产经营的关键环节进行了专业管理创新，并取得了显著成效，主要体现在以下几个方面。

（1）生产过程管理。

莱钢不断创新生产运营管理，研究制定提升整个生产系统运行效率的举措，按照市场需求，科学制订生产作业计划，强化调度指令，加强全系统的运行协调，坚持精益生产，提高设备运行效率和质量控制水平。莱钢的生产经营管理创新主要体现在安全管理、质量管理、成本控制、环境保护四个方面。

第一，全面落实安全生产责任制。建立一级抓一级、层层负责、相互监督的安全管理长效机制。加强安全教育培训，提高职工安全知识与技能，落实各项防范措施，规范安全行为。深入开展隐患排查专项整治，强化现场安全督察，保证职业健康安全管理体系有效运行，实现安全文明生产。在安全管理上推行本质安全化管理，建立起安全管理预防机制，形成群众性安全文化氛围，推行安全性评价和分析，动态进行危险源辨识和控制，建立和完善事故应急处理程序，并运用技术手段达到本质安全化控制。

第二，不断健全质量保证体系。通过深化六西格玛管理，继续打好“质量问题歼灭战”。加强质量过程控制，从原料、冶炼到轧材、包装，每个环节、每道工序都要严格把关；严格按照技术标准和岗位规程操作，保证质量控制点的参数达到规定要求；严格质量考核监督，无论哪一道工序，不合质量标准的一律不计产量，进一步加大对质量的考核评价和责任追究。

第三，在成本控制方面突出降本增效。2009 年以来，面对钢铁主业亏损的严峻局面，公司把深入开展降本增效活动作为扭亏增盈的重要抓手，理顺成本管理体制，明确责任目标，实施成本倒逼机制，严格监督考核，广泛开展对标挖潜，寻找降本增效突破口，通过适度压减产能、灵活处理高价矿、大力压缩库存、严格控制各项费用等有效措施，取得了明显成效。

第四，突出抓好循环经济和环境保护。建立起二次能源循环链，同时延伸产业链条，建立起固体废弃物循环链。把分散在各个点与线上的污水处理设施“串联”起来，实现水的串级利用，满足生产用水和节水需求，形成了“三干多串零排放”节水模式和工业水循环链，使莱钢实现了废水零排放，吨钢水耗连续多年保持国内领先、世界先进水平。

（2）市场营销管理。

在当前钢铁产能严重过剩的情况下，企业之间竞争的焦点之一是营销。莱钢积极适应市场变化，及时调整营销策略，不断提高营销工作的时效性、针对性和灵活性。树立大营销观念、市场需求导向，调整产品结构、引领市场需求。强化月度滚动预算管理，加强营销业绩评价，加大销售、采购等环节的奖惩力度。产销研各个环节相互创造条件，努力提升产品、改善服务、拓展市场，产销研一体化运作成效明显。技术中心面向市场，贴近生产，在产品研发和成果转化方面作出了很大努力；销售中心加强市场预测，及时为研发、生产提供信息服务，并积极开拓市场；各个生产厂积极配合产品开发试制，严格按订单组织生产，为产品销售创造条件。大营销理念的价值在莱钢实践中得到很好的发挥。

（3）技术创新管理。

技术创新是莱钢发展战略的核心，是做强莱钢的关键。莱钢于 2009 年 7 月开始导入 TRIZ 方法，他们用三年多的时间打造了自己的师资队伍，并尝试使用 TRIZ 方法解决技术难题。莱钢作为 1000 万吨级钢铁生产集团之一，积极引进技术创新理论和新方法，较好地发挥了科技创新在企业发展中的支撑和引领作用。不断完善科技创新体制、机制，实施“做强莱钢技术支撑体系”。一是莱钢不断加大科技投入，完善创新体制、机制，形成了“三箭齐发、七路并进”的技术创新工作新格局。二是加快产品结构调整，构建“双高”（高附加值、高技术含量）产品制高点，打造企业核心竞争优势，提升科技进步对经济增长的贡献率。三是加强对引进技术的消化吸收，进行引进技术的再创新和集成创新，降低对外技术依存度，加强自主创新成果的转化，不断提升科技进步对经济增长的贡献率。

（4）财务和资本运营管理。

莱钢积极创新财务资产管理，认真研究国家财政金融政策，灵活运用金融工具和融资手段，加强财务和资金管理，开展全面预算管理，拓宽融资渠道，强化资金运作管理，保障资金链安全，以保证生产经营和重点项目建设。同时，加大资产监管力度，充分发挥派出董事、监事会、财务总监和审计部门的作用，完善审计查出问题的问责制度，加大惩戒力度，确保资产安全，提高资产回报率。莱钢不断加强成本和财务管理，提出降成本“潜力无限、创新无限”的口号，只有想不到的事，没有做不到的事，可能一项技术或管理创新，就会带来革命性的变化。莱钢通过不断深化系统降成本的措施，深化对标挖潜，突出采购、工序、物流、财务、管理等环节，实现系统成本降低的突破性变化。突出抓好采购成本、物流成本、期间费用、工序指标等关键环节，系统思考、整体优化、深入推进。加强战略合作，拓宽采购供应渠道，建立稳定的供应基地，从源头上降低原燃料采购成本。优化运输方式，提高铁路运输比例，减少二次倒运，降低物流成本。依靠工艺技术的优化提升，提高运行效率和指标水平，从根本上降低工序成本。

（5）流程再造与部门协同。实施“产销研一体化”，充分展示了流程再造与部门协同的巨大威力。莱钢坚持以市场为导向的“大营销”理念，实施营销、研发、生产、物流等系统流程再造，搭建“销售四部”“研发四所”“生产四厂”的产销研一体化高效运行机制，打破企业纵向与横向边界，实现资源有效整合与价值链畅通。同时，推进“数字莱钢”建设，建成覆盖全集团的OA办公系统、视频会议系统，组建信息、物流、能源控制中心，形成快速高效的市场信息和客户服务信息反馈处理机制，能及时满足用户等相关方服务需求，迅速解决各类问题。“产销研”一体化，各司其职、各负其责、密切配合的高效运行的技术创新体制运作成效显著，产销研各个环节有效衔接。在逐步理顺运作体制的基础上，完善以利润为主的考核政策，极大地调动了产销研各个环节、各个工序的积极性和创造性，销售、生产、研发、机动、采购、供应联动应对市场变化，较好地发挥了市场导向作用。深入实施《莱钢市场营销战略实施方案》，稳步推进战略销售，市场适应能力和掌控能力明显提高。

无论是基础管理还是专业管理，莱钢集团都以“严细实”为基础，这是莱钢集团企业管理的生命，也是管理创新的基础。

4. 加强人力资源管理，提升全员素质

高水平的干部人才队伍是企业最宝贵的战略资源。莱钢集团多年来经营管理的实践证明，取得辉煌成就的最关键因素，是拥有一支优秀的干部队伍。莱钢深入实施“人才强企战略”，运用先进的人力资源理念努力打造人才队伍。正是这支充满创新活力、素质优良的干部人才队伍，推动了莱钢现代化企业经营管理水平的不断提升，推动了莱钢技术、产品和生产工艺的持续进步。近年来，莱钢集团在人才队伍建设和人力资源管理方面重点做了以下工作。

（1）人才的培养和引进。

莱钢集团始终坚持“科技兴企、人才强企”战略，采取多种措施，以多种形式引进国内外人才，广招人才为其所用。积极探索人才“柔性流动”管理机制，以科研项目为媒介，创新企校、科研机构合作模式，进一步加大“项目+引进”的人才引进力度。在引进人才的同时，对已有人才进行大力培养。根据发展战略需求，强化了职工培训需求分析，科学制定培训计划和规划。进一步完善竞争择优的人才选拔机制。深化推行管理岗位人员竞争上岗、公开招聘办法，拓宽选人用人视野，提高选人用人公信度。深化改革专业技术人员职务聘任制，建立起“按需设岗、平等竞争、择优聘任、严格考核、聘约管理”的人才工作机制，为专业技术人才锻炼成长、展示才干搭建舞台。深入开展操作岗位人员职业技能鉴定、技师序列职务考评工作，畅通技能人才成长通道，为技能人才发挥作用搭建平台。通过完善多措并举的人才培养机制，立足于内部人才资源开发，把现有人力资源转化为人才资源，形成了统筹厂内厂外两种资源的人才队伍建设体系。

（2）建立目标评价机制。

莱钢有关主管部门持续完善科学规范的人才评价机制。细化完善经营管理、

专业技术、操作技能三支人才队伍的考核评价标准，为人才的选拔任用提供依据。坚持以能力和业绩为导向，克服人才评价中重学历、资历，轻能力、业绩的倾向。改进考核方法，健全完善定期考核和日常考核制度，提高人才评价的科学水平，进一步完善了以业绩为导向的激励机制。在坚持效率优先、兼顾公平原则的基础上，进一步改革人才分配激励政策，科学合理地确定管理、技术、操作岗位人员的激励重点，理清各类人员的关键业绩指标，形成以业绩、成果和效益为主的分配导向，并进一步加大考核奖惩力度。在逐步理顺运作体制的基础上，完善以利润为主的考核政策，极大地调动了产销研各个环节、各个工序的积极性和创造性，销售、生产、研发、机动、采购、供应联动应对市场变化，较好地发挥了市场导向作用。

（3）建立绩效激励机制。

莱钢创新完善人才激励政策，积极培育业绩文化，引导广大专业技术和操作人员学技术、钻业务、提技能，努力打造人尽其才、才尽其用、人才辈出的人才成长环境。莱钢注重强化激励措施，激发各类人才的创造活力和创新热情，充分运用物质的、精神的各种激励政策和措施，让各类优秀人才应得尽得，使业绩和贡献与待遇、报酬成正比。不断深化用工、人事和分配制度改革，创新和完善选人用人机制，不拘一格发现人才、选拔人才、使用人才，将德才兼备、业绩突出、敢于管理、专业水平高、职工公认的中青年干部，提拔或调整到重要岗位，进而提升企业的经营管理水平。

（4）实现全员素质提升。

莱钢深入推进全员素质提升工程，坚持以“提高职工技能素质、推动企业科学发展”为宗旨，建立制度，完善管理，搭建平台，加强激励，积极推动职工技能素质提升。通过创建学习型企业、学习型党组织、学习型班组、学习型职工等活动，不断改善组织和职工的思维模式与行为方式，有力地提升了组织的学习力、创新力和企业的核心竞争力。与此同时，深入推进职工“大比武、大练兵、提素质、强本领”活动。鼓励职工专精所长、一专多能，为所有职工设计管理、技术、操作三类职业序列的发展通道，变“身份管理”为“岗位管理”，规范和完善岗位轮换制度和干部交流制度，通过工作扩大化等形式，使企业目标、工作任务和职工的个人发展需求、职业抱负融为一体，引导职工向与公司战略需要相符的方向发展，结合岗位特点，采取多种培养方式，全面提高职工素质，帮助各层次职工实现职业发展目标。

5. 规范权力运行的廉洁效能管理体系

廉洁效能管理体系的实质是企业管理的再管理，对管理过程、制度执行和办事程序实施监督，核心是把党风廉政建设和反腐倡廉工作融入企业管理的各个环节，通过制度的体系化和管理业务的科学化、规范化、程序化，提高企业管理的效能，保证党员领导干部和重要岗位人员不犯错误、减少失误，促进企业廉洁高效运作，实现国有资产保值增值。

（1）廉洁效能管理制度体系。

在莱钢廉洁效能管理的制度体系中，《关于建立廉洁效能管理体系的实施意见》《莱钢廉洁效能管理体系管理手册》和《莱钢廉洁效能管理体系程序文件》这三个主题文件是重要的基础制度。该体系由集团公司、子公司（直属单位）和车间（科室、站点）三级体系构成。

廉洁效能管理体系坚持“从严治党、依法治企，标本兼治、综合治理，惩防并举、注重预防，以廉促效、持续改进”的方针，把全集团各级履行管理职能的单位、部门和其他重要岗位作为受控范围。其中重点是把各类管理过程和工作过程中的关键环节作为受控要素，监督检查各级领导干部、各级管理人员和重要操作岗位工作人员的廉洁从业情况和履行职责情况。廉洁效能管理的总体目标是，受控要素明确，管理制度健全，廉洁效能管理体系完善，最大限度地实现全员、全方位、全过程的廉洁和高效，逐步健全思想道德教育的长效机制，经营管理和反腐倡廉的制度体系，权力运行的监控体系等各项企业管理内部监控机制，形成与形势任务要求和企业改革发展相适应的、完备的惩治和预防腐败体系，保护国有资产安全、促进企业资产保值增值和企业又好又快发展。

（2）风险防控体系。

莱钢集团健全和完善了预警预控机制。一是组建覆盖全公司重要工作岗位和关键部位的信息报送网络，动态跟踪相关制度落实、关键环节管控以及各个单位、各个部门开展反腐倡廉工作等方面的情况，定期收集、分析、评测和反馈预警信息，及时防范和遏制违法违纪行为的发生。二是健全并严格落实廉洁从业谈话、经济责任审计、述职述廉、领导干部个人有关事项报告等制度，加强了对领导干部、基层管理骨干和重要岗位人员履职及作风状况的监管。三是建立信访等专项工作联席会议制度，定期汇集、研究和分析舆情信息，强化党风廉政建设责任部门之间的协调配合和信息沟通，增强了防范预控工作的前瞻性。

(3)“四位一体”监督体制。

莱钢按照现代企业制度的要求建立了“三会一层”的法人治理结构，形成了科学规范的决策机制和执行机制。为实现公司规范化运作，按照廉洁效能管理体系的思路，纪委、监察处、审计处实现合署办公。加强控股子公司规范运作，派驻监事会，成立监事会工作办公室，与审计处合署办公，建立“四位一体”的监督体制，实现监督信息共享、人员统一调度、作用整体发挥。廉洁效能监督制度明确了党内、职能部门、监事会、民主监督和舆论监督的职责和要求，建立了审计整改联席会、子公司监事会主席联席会等监督联席会议制度，定期交流监督信息，分解落实整改措施，形成了全方位、立体化的监督网络。

(4)考核评价体系。

廉洁效能管理责任考核评价在党政统一领导下，由纪检监察部门牵头，有关部门协调配合组织实施，把对各级各类管理人员在廉洁效能管理中的综合考评结果，纳入经济责任制考核范围。建立和完善考核评审和奖惩机制，推进廉洁效能管理体系有效运行，考核评审定期进行，严格兑现奖惩。把考核结果同干部使用、评先创优和领导干部的收入分配结合起来，按照考核政策和有关制度规定兑现奖惩。对严格执行各项制度规定、廉洁效能管理到位、认真履行职责、经营业绩显著的单位和部门进行表彰和奖励。对廉洁效能管理体系未得到有效贯彻落实的单位和部门，在年终各类评比、达标活动中实行“一票否决”，充分体现考核评价体系的严肃性。

同时，党风廉政建设责任不断细化，“一岗双责”进一步落实。公司党委通过与各个单位党政主要负责人签订《党风廉政建设责任书》，进一步强调和明确各个单位领导人员所承担的党风廉政建设责任。各级各单位也按照“一级抓一级，逐级抓落实”的原则，结合实际，细化党风廉政责任，强化责任考核和责任追究，使党风廉政建设责任得到有效落实。

(三) 管理改革、创新与发展的成效

莱钢在企业发展过程中，创新观念与时俱进，通过不断引入各类现代管理工具，不但对生产经营全过程的基础管理进行了创新，而且对生产经营关键环节的专业管理也进行了创新。一项项创新举措，动力十足的创新精神，为莱钢带来了源源不断的创新成果。创新的目的在于对创新成果的运用，莱钢加大企

业创新管理成果推进力度，以创新促发展，向管理要效益，全面增强了企业的核心竞争力。创新不但为莱钢注入了发展活力，更为其带来了显著的经济效益。

1. 现代国有企业管理体系基本建立

计划经济时期的莱钢，是典型的企业办社会的“自理模式”，主辅一体，厂区分散，严重影响了劳动生产效率和经济效益，全厂职工、家属5万余人吃“钢铁饭”，社会负担沉重。1992～1997年，莱钢通过生产系统的主辅分离和管理体制改革，初步建立了专业化分工和协作体系，为实行公司制改革和构建母子公司管理体制奠定了基础。1999年，在“产权清晰、权责明确、政企分开、管理科学”现代企业制度的要求下，进行了规范的公司制改革，整体改制为莱芜钢铁集团有限公司，并于同年5月组建了莱芜钢铁集团。从此时起，莱钢对二级单位进行了公司制改造，建立了规范的法人治理结构。2005年，集团公司实施了主辅分离、辅业改制，进一步深化了产权改革。2007年末，集团公司进行重组，建立了以产权为纽带关系的新型管控模式。重组后莱钢集团拥有26家（包括集团公司）成员企业，建立了母子公司加集团联盟的管理体制，成立了莱芜钢铁集团理事会，制定印发了《莱芜钢铁集团章程》《莱芜钢铁集团管理条例》和《莱芜钢铁集团专业协作议定书》三个集团管控框架性文件。2009年7月，根据集团运行的实际情况，对上述框架性文件进行了修订，设立了集团常务理事会，明确了常务理事职责，理顺了内部运行机制，将集团管理职能委托给集团公司相应部室。通过实施集团管控与制度管理，督促和规范集团成员单位按照现代企业制度要求，不断完善股东会、董事会、监事会及经理层相互制衡的法人治理结构和精干高效的内部管理机制，保证了出资人制度到位、监督机制健全以及集团管理体制的规范协调运行。至此，莱钢现代国有企业管理体系基本建立，走上了科学化、规范化、制度化的发展轨道。

（1）各类现代管理工具有效运行。

莱钢对现代企业管理工具的运用，在国内大中型企业中不算最早，却是比较成功的。由于国外对企业经营管理的探索早，有的管理工具比较成熟，莱钢利用这种后发优势，深入学习研究，在实践中加以吸纳和消化运用。“有效”“管用”是莱钢对各类现代管理工具引进和实践工作的常见评价。

近年来，莱钢借鉴、学习和使用的现代管理工具主要包括10余个，以卓越绩效管理为主体的各类管理工具有效运行，全面预算管理、全面风险管理、六西格玛管理以及信息化、标准化管理得到加强，学习型班组创建富有成效。创新性地实行月度滚动预算、配套项目 BOO 模式、项目管理经理制、SBU 考核等专业管理工具，成效显著。以研发为重点的产销研一体化运行体制进一步优化；绩效评价考核与薪酬分配机制不断完善，经济杠杆作用充分发挥。管理体制和运行机制的不断创新，增强了各级的执行力、创造力，提高了运行效率和质量。总之，一系列先进的管理模式和工具，对更新管理理念、改善管理环境、提升管理水平发挥了重要作用。

特别值得一提的是，集团公司炼钢厂创造性地运用了“哲学管理”的理念。所谓哲学管理，就是运用马克思主义哲学的观点、方法指导企业管理工作，不断提高管理者素质、改善管理方法、提升管理绩效的管理方式和管理实践活动。哲学管理通过系统思考，积极培育互动、自主、开放式的学习氛围，搭建理想信念、思想道德、技术技能教育平台和跨工序的横向一体化学习共享平台，通过哲学管理，运用结构反思法、经验反思法、问题反思法，培养职工的反思习惯，在反思中增强自我教育、自主管理的自觉性，启发大家认识自我、拓展品格、熔铸团队精神。

（2）特色管理体制不断创新。

莱钢集团管理体制创新的特色是逐步形成的。他们在汲取外部先进管理理念的基础上，从学习型组织创建和现代管理工具的引进、吸收、利用、再创新的过程中，不断丰富和完善管理体制。

20 世纪 90 年代末，莱钢致力于学习型企业的创建，营造“工作学习化，学习工作化”的全员学习氛围，形成了独具特色的管理经验，创造了全国企业管理创新品牌。“人人可创新，事事有创新”“不贪大、不求洋，只求管用”是莱钢在具体工作中管理创新的重要特色。莱钢特色管理体制自身也在不断创新，并且取得了显著成效。公司高层坚持理念创新，形成了完善的企业文化理念体系；提出了快速发展时期的“九大理念”（比较优势、抢占资源、快速推进、数一数二、不断整合内部资源、创造双赢、抢占前沿技术、经营资产、资本运营），特别是在资产管理方面，提出了“企业所有的资产必须都盈利，不盈利的资产必须要盘活”，以及“占用要有偿，投资要回报，经营要盈利，流失要追究”等新理念，成为指导莱钢新时期建设发展的方法论。

莱钢实现了思维创新、体制创新、机制创新和企业文化创新，创造了许多具有莱钢特色的管理经验。具有莱钢特色的循环经济发展模式则是，工序内部小循环、工序之间中循环、企业与社会之间大循环。生态化钢厂理念的深入实施、工艺流程的不断优化，使莱钢实现了“废弃物”和“再生资源”两个方面的良性循环。科技含量高、经济效益好、资源消耗低、环境污染少——莱钢的新型工业化道路越走越宽。产销研一体化创新机制、绩效考核与薪酬分配等管理体制，在发展中与时俱进，不断创新。《以提高创造力为核心的学习型企业创建》《提升钢铁企业发展品质的管理》获全国企业管理现代化创新成果一等奖。

（3）企业各项管理制度日臻完善。

莱钢在发展过程中逐步完善了企业的人事制度、生产管理制度、民主管理制度等一切规章制度，建章立制，使企业管理有法可依。莱钢在建立现代企业制度的基础上，进一步完善了企业的各项管理制度。公司高层依据《公司法》和《公司章程》，探索出“母子管控＋集团联盟管控”模式，对各个子公司、参股公司采取操作型管控、战略型管控和财务型管控；集团公司成立理事会、董事会、监事会、经理层等组织机构，依据出资额和出资比例，按照法定程序向控股子公司委派董事长、董事、监事会主席、监事，向参股公司推荐董事、监事人选。集团公司董事会下设战略咨询委员会、资金协调委员会、薪酬委员会，审议批准公司战略决策、经营和投资计划，并督促经理层组织实施；经理层健全企业运作及经营管理的各项规章制度，并严格执行，按时向董事会汇报年度经营计划执行情况，并通过职代会向全公司通报年度经营情况。公司职代会、监事会、审计处、纪委组成公司的监管系统，对董事会和经理层决策管理、生产经营、遵纪守法等方面实施有效监督。实施法律顾问制度，建立廉洁效能监察体系和道德防范机制，加强道德法治建设，确保企业依法从事经济活动。

公司高层依照《会计法》和《会计准则》，组织制定了《财务管理办法》《会计核算办法和内部控制规范》等制度，形成了统一、健全的全面预算管理、资金管理、投融资管理等财务管理体系；公司设总会计师，并对各个子公司和参股公司实行派驻财务总监制；公司董事会设立预算管理委员会，建立重大投资专家论证、董事会集体决策制；明确各级领导和职能部门的批准权限，预算内资金按批准权限使用；成立结算中心，通过资金管理信息系统，对资金实行集中统一管理，实现了远程数据查询、传输、监控以及远程报账、报表；严格按程序规范操作，保证财务信息的真实、完整；建立公司财务责任追究制度，确保资产保值增值。2008年4月，莱钢代表山东纳税百强企业，向全省纳税人发出题为《依法诚信纳税，共建和谐山东》的倡议。

莱钢坚持内、外部审计相结合。内部审计由公司审计处负责，主要承担工程、绩效、财务、管理审计以及领导干部审计等，公司审计处直接对总经理负责，独立行使内部审计监督权。各个子公司、参股公司董事会、监事会以及董事长、总经理可以委托集团公司审计部门对关注的问题进行专项审计。在外部审计方面，通过招标，聘请社会中介机构进行财务审计和工程审计，监督企业依法经营、规范运作，保证经营成果真实、可靠。公司还建立了审计查出问题的问责整改制度，及时反馈整改信息，落实整改责任。

2. 企业经济效益管理效能显著提升

（1）钢铁主业经营水平明显改善。

莱钢紧盯市场需求，结合自身实际，在公司大的战略方针指导下，果断适时地调整阶段性战略定位。“十一五”期间，莱钢有11个子公司完成改制，形成了“一业为主、相关多元”的发展新格局。“一业为主”即以钢铁为主业，做强钢铁主业。经过43年的发展，钢铁产业由小到大，已成为莱钢的核心产业，做强钢铁主业成为做强莱钢的首要命题。做强莱钢，就要依托技术、管理和理念的创新，使钢铁主业具有“强”有力的产品竞争力和市场地位，“强”有力的成本控制和价值创造能力，“强”有力的产品、技术研发能力，“强”有力的资源掌控能力。

当前，欧洲债务危机加剧了世界经济动荡。我国钢铁产能严重过剩，各个品种均处于激烈的竞争之中。上游国际资源垄断趋势突出，下游供大于求的矛盾不断加剧，钢铁企业面临严峻的现实。钢铁主业只有通过技术进步和结构优化，提升产品质量档次，才能提高单位产品的盈利水平。莱钢人沉着应对、攻坚克难，钢铁主业经营水平明显改善，2009年钢铁主业亏损14亿元①，2010年本部钢铁主业同比减亏10.5亿元②，2011年钢铁主体利润超出山钢年度平均预算1.81亿

---

① 莱钢负责人：《推进结构调整、提升发展质量，努力实现做强莱钢的新跨越》，2009年12月29日。

② 莱钢负责人：《转方式、调结构，创新超越、系统提升，为实现做强莱钢的战略目标而奋斗》，2010年12月26日。

元[①]。钢铁主业经营逐年好转，莱钢人在消化掉增支减利 15.25 亿元的基础上，实现利润与上年持平，实际减亏 13 亿元。

公司通过改制创造的经济效益和形成的资本积累，为莱钢做大做强奠定了坚实的物质基础，经济实力明显增强。集团钢、铁、材分别由 2005 年的 1034 万吨、765 万吨、1049 万吨，增长到 2011 年的 1411.2 万吨、1448.8 万吨、1415.9 万吨，全集团实现销售收入 726 亿元、利税总额 49.1 亿元、利润总额 25.26 亿元。2012 年已成为具有年产 1400 万吨钢以上综合生产能力的大型钢铁企业集团。"十二五"时期末，在发展规模上，莱钢集团将具备年产 1800 万～2000 万吨钢的综合生产能力；在经营绩效上，实现年营业收入 1000 亿元以上，利润 50 亿元，其中，非钢营业收入 400 亿元以上，利润总额 40 亿元。他们的目标是：把莱钢建设成为核心竞争力强、经济实力强、抗风险能力强的现代化钢铁企业，建设成为生态良好、环境优美、文明和谐的美好家园。

（2）产业集群优势与协同效应显著。

在"一业为主、相关多元、共同发展"原则的指导下，主业发展为辅业做大创造载体、提供市场，辅业发展为主业经营运作提供保障和服务，两者相互依托，相辅相成。集团内部各个成员单位是一个大家庭，是真正的利益共同体，大家携手并肩，精诚合作，形成了相互依托、相互理解、公平协调、共同发展的良好局面。

面对世界经济跌宕起伏、大宗原燃料价格持续走高、钢铁市场震荡下滑的严峻形势，为提升钢铁主业盈利水平，实现做强莱钢的战略目标，莱钢各个成员单位识大体、顾大局，以集团整体利益为重，发挥各自优势，最大限度地为钢铁主业提供物质保障和优质服务；实施产品深加工，延伸产业链条，着力培植和提升主导产业，不断提高经济效益，形成了钢铁主业和非钢产业相互依托、共同发展的新格局。

"十二五"期间，莱钢继续按照一业为主、协同发展的原则，谋求对钢铁上游产业或下游产业的拓展与完善，谋求各个产业协同发展和持续的价值创造能力，奠定可持续发展的基础。建立垂直一体化协同发展的产业结构，形成以资源性产业、钢材深加工产业和金融服务产业为核心板块，以循环经济产业、生产性服务产业为补充板块的五大非钢产业板块布局，适时介入新兴产业，力争在新能

① 莱钢负责人：《在莱钢五届五次全委扩大会议上的讲话》，2012 年 1 月 16 日。

源和新材料等方面实现突破，形成“1 + 5 + x”产业发展模式。可以预计，产业集群优势与协同效应将会为莱钢的发展带来更大的活力。

（3）产品结构优势突出。

莱钢坚持“特钢做特、型钢做强、板材做专、棒材做优”的产品定位，做特色、出精品、创品牌。一是“特钢做特”。莱钢拥有大型、中型、小型材三条优特钢生产线。主要产品为直径 12 ~ 160 毫米热轧圆钢和光亮圆钢，拥有汽车用钢、工程机械用钢、铁路矿山用钢、电站锅炉及石油管用钢、轴承用钢、船舶及海洋系泊链用钢六大产品系列。二是“型钢做强”。莱钢拥有大型、中型、小型三条型钢生产线，其中，中型、大型生产线工艺装备水平达到国内领先水平和国际先进水平。主要产品包括 H 型钢、工字钢、槽钢、履带钢、门架槽钢、热轧 F 型钢六大系列 240 余个规格。三是“板材做专”。莱钢现有 620 毫米热轧窄带钢、1500 毫米热轧窄带钢、1500 毫米冷轧薄板、4300 毫米宽厚板四条板带生产线。四是“棒材做优”。莱钢现有中小型、第一轧钢、第二轧钢、小型、大型轧钢五条棒材生产线，产品丰富而且质量可靠。在钢铁产能过剩、需求大幅萎缩的危机之下，公司独有的产品结构优势突出，抗风险能力凸显。莱钢具备完善的管理制度，产业集群优势及产业协同效应明显，进一步增强了其抗风险能力。

3. 经营管理创新成果不断涌现

（1）促进了企业经营观念更新和管理思想进步。

学习型组织理论的广泛应用，使莱钢人开阔了视野，改善了心智，“系统思考、不归罪于外”等思想理念被广泛认可，推动了生产经营建设不断实现超越。卓越绩效管理这一系统全面的管理体系，将质量的内涵从传统的产品领域，拓展到了企业经营运作的各个方面，促进了企业管理的重大变革。2004 ~ 2005 年，莱钢连续获得第十届、第十一届国家管理创新成果一等奖。“十一五”时期以来，有 130 余项管理创新成果在省级以上获奖，“以提高创造力为核心的学习型企业创建”“提升钢铁企业发展品质的管理”两个课题，荣获全国企业管理现代化创新成果一等奖。

（2）完善了企业现代管理体系。

学习型组织理论引进以后，把系统思考作为企业管理的重要方法，并把战略管理作为企业改革发展的统领，围绕实施新战略，先后引进了六西格玛管理、平衡计分卡、精益生产、全面预算管理等专业化管理工具，使现代管理工具覆盖了企业经营运作的全过程，现代企业管理体系逐步形成。莱钢各个单位、各个部门结合工序和专业实际，深入研究，大胆探索，不断总结提炼，涌现了一批富有创新、卓有成效、影响深远的管理创新成果。成功整合 ISO 9001、ISO 14001、OHSAS 18001 三大管理体系，形成了具有莱钢特色的 QES 管理体系，强化六西格玛管理，推广应用 TRIZ 理论，有效地提升了技术创新水平和成果转化能力等等。

（3）奠定了“严、细、实”管理的基础。

“三个体系”的认证和 QC 小组管理活动的持续开展，对各项管理工作进行了细化和分解，促进了企业管理重心的下移，实现了企业管理精细化和全员参与。特别是卓越绩效管理模式的引进，按照方法、展开、学习、整合的推进思路，对各个方面的工作进行了全面梳理，建立了明确问题和差距、及时整改提升的有效运行机制，使“严、细、实”管理得到了巩固和提升。2002 年以来，莱钢每年获得集团公司以上级别的各类创新项目 400 多项。2008 年莱钢集团公司获得“全国质量奖”，2010 年莱钢股份公司获得“山东省省长质量奖”。

（4）加快了专业化管理进程。

按照 QES 体系和卓越绩效管理要求，围绕战略目标的分解，莱钢制定了 13 项职能战略，将各个专业管理纳入了科学化、制度化的轨道。推行了以日作业计划管理和设备定修模型、设备管理“121”模型为代表的新管理模式，突出了专业化、规模化和准时生产的理念，将各种生产要素进行系统整合，理顺了主要生产设备合理的搭配关系。在安全管理上推行本质安全化管理，建立起安全管理预防机制，形成群众性安全文化氛围，推行安全性评价和分析，进行动态危险源辨识和控制，建立和完善事故应急处理程序，并运用技术手段达到本质安全化控制。在营销管理上，坚持以客户为中心，以效益最大化为目标，推行产销研一体化运作，实现了资源的有效配置。

（5）丰富和发展了企业文化。

现代管理工具的引进和推广，使莱钢的管理从理论到实践都发生了质的飞跃。许多有效的做法和先进的理念，逐步固化为职工的自觉行动，成为职工的共识。企业文化从理念识别系统、视觉识别系统、行为识别系统等多个方面，得到了深化和拓展。学习型组织理论的愿景和理念，极大地丰富了企业文化的理念体系。莱钢的现代管理文化，已成为莱钢企业管理文化的重要组成部分。

（四）企业经营管理和改革创新的经验与启示

莱钢的经营管理改革和创新历程，是我国国有企业在改革大潮中的缩影。他们的探索和取得的成果，是其中优秀、杰出的代表。莱钢集团的管理创新实践，对国有企业的发展具有重要的借鉴意义。

1. 经营管理和改革创新的经验

莱钢紧随国家建设和改革的步伐，着力更新经营管理理念，对生产经营管理模式进行积极实践探索，以学习型组织建设为契机，吸收和改造现代企业先进的管理工具和方法，加强战略管理创新、组织结构创新和企业文化创新，吸收中国传统文化优秀理念，探索生产经营管理中的哲学管理方式，完成了经营管理变革和现代国有企业管理体系的构建，取得了辉煌的成就，形成了具有莱钢特色的国有企业现代高效经营管理模式。莱钢经营管理创新的成功经验，可以概括为以下五个方面。

（1）观念先行，适应经济转型和企业发展阶段要求的管理创新。

纵观莱钢发展的 43 年，从山区小厂到国家特大型现代化钢铁企业的历史，是适应国家经济转型而不断发展壮大的历史，莱钢把适应内外部环境的观念贯彻始终。可以说，莱钢适应了国家战略布局调整，按照国家对国有企业经营管理制度改革的要求和总体部署，逐步从计划体制转变到了建立和完善现代国有企业经营管理制度。其改革思路可以概括为“四个适应”。

第一，适应国家经济体制改革的战略，深化经营管理体制改革。例如，在“八五”期间，莱钢根据国家经济体制改革的战略部署和要求，坚持和完善厂长（经理）负责制，保证厂长（经理）依法行使职权，改革和完善企业体制和组织管理制度。在“九五”期间，企业按照市场经济的要求，完善和严格内部经营管理，严肃劳动纪律，加强技术开发、质量管理以及营销、财务和信息工作，提高决策水平、企业素质和经济效益。

第二，适应国家国有资产两级政府监管制度的建立，开展主辅改制。党的十六大提出深化国有资产管理体制改革的重大任务，提出国家要制定法律法规，建立中央政府和地方政府分别代表国家履行出资人职责，享有所有者权益，权利、义务和责任相统一，管资产和管人、管事相结合的国有资产管理体制。莱钢建立并不断完善一系列制度，逐步形成了企业内部权责分明、团结合作、相互制约的机制，调动各个方面的积极性。优化和适度发展钢铁主业，大力发展非钢产业，积极稳妥地推进资本运营，尽快把莱钢做大做强。根据山东省委、省政府及山东省国资委对国有大中型企业主辅分离辅业改制工作的总体部署，2005 年莱钢集团开始实施主辅分离、辅业改制，通过产权制度的深化改革，焕发了空前的活力，经济效益大幅提高。

第三，适应国家和地区经济迅速发展的重要战略机遇，提供优质钢材，扩大产能，提高经济效益。莱钢以时不我待的精神，抓住时机，务实推进，把“快速推进”和“疾慢如仇”作为企业文化的重要理念。莱钢负责人曾告诫干部职工：“钢铁企业赚钱的机会天天有，但赚大钱的机遇不常见。从过去的经验来看，钢铁市场分别在 1983 年、1993 年和 2003 年‘逢三走高’，差不多 10 年一个循环。要紧紧抓住赚大钱的机会，不能把大量的时间浪费在无休止的酝酿、论证和马拉松式的建设之中。”莱钢集团经营管理的体制机制不断变革和创新，增强了企业经营层的市场主体意识，激发了企业的发展活力，管理水平和运行质量不断提高，经济效益屡创新高。

第四，适应经济发展规律，确立发展定位。在 2000～2001 年钢铁市场仍然低迷的时候，莱钢根据钢铁市场的波动规律，超前进行战略策划、方案设计，确立了以型钢、板材为主的发展方向，实施战略调整，以形成比较优势。莱钢把握经济运行规律，观念先行，明确企业发展方向与绩效目标，进行适应经济转型和企业发展阶段要求的管理创新。以战略引领企业发展，制定实施新的发展战略，果断实施阶段性战略转移，这是莱钢集团发展连续实现质的跨越的关键经验。莱钢的实践证明，他们已经探索出一条中国特色的国有企业改革发展之路，继续沿着这条道路深入推进国有企业的管理创新，适应社会主义市场经济的竞争环境，创造性地运用先进管理工具，国有经济必定能够在国民经济中更好地发挥主导作用。

（2）博采众长，学习和借鉴国内外先进管理工具和方法。

莱钢常用的管理方法有 10 多种，这些管理方法有的是从外部引进的，随着在莱钢的实际应用和实践，融入了莱钢的企业文化元素，成为莱钢独具特色的管理方式。各个单位结合自身特点，注重引进先进管理理念，不断加强内部管理，向“严、细、实”要效益。卓越绩效管理模式普遍被企业采用，六西格玛和标准化管理逐步推进，规章制度的执行力度日益增强，企业管理的效率和质量不断提高。除了不断引入国内外先进管理工具和方法外，莱钢没有停止向国内同行学习先进经验和方法。莱钢学习唐钢先进开放的经营管理理念、敢于超越的改革精神、雷厉风行的工作作风、脚踏实地的务实态度、不折不扣的执行力、协作奋进的团队意志；学习新兴际华高效顺畅的管理运行体制、系统科学的预算管理体系、灵活高效的模拟市场考核机制；同时，莱钢对管理工具的引进与应用，也明确提出了要求，那就是不能不加选择地盲目引进，更不要机械地套用和模仿，要本着先进性、实用性、高效性的原则，有取舍、有创新地科学运用，要体现企业经营管理的国有企业公有制性质。“博采众长，为我所用”，使莱钢在钢铁行业占据了领先的地位。

（3）实践创新，创造一系列先进管理方法。

莱钢对引进来的现代管理工具不但能用，而且会用，在用的同时进行总结、创新，原创性形成了众多具有莱钢特色的、富有成效的管理方法。莱钢创建廉洁效能管理体系，通过制度的体系化和管理业务的科学化、规范化、程序化，提高企业管理效能，保证党员领导干部和关键岗位人员不犯错误、减少失误，促进企业廉洁高效运作，实现国有资产保值增值。

莱钢在继续扎实推进卓越绩效模式等现代管理工具的研究与运用的同时，对各种管理工具多年来的运用情况进行了系统的总结，紧密结合实际，不断总结经验，加大沟通、交流、经验推广力度，提升理论层次，丰富创建内涵，力求形成自己的管理模式和特色，进而固化为莱钢的管理文化。

（4）制度保障与管理创新相辅相成，实现长效化。

管理的发展过程也正是管理本身不断创新、不断总结和提炼演进的过程，莱钢用实际行动作出了生动的阐释。管理创新是在一定的制度前提下开展和实现的，制度是开展管理创新的前提和基础，离开制度保障，管理创新就无从谈起。制度虽然具有长期性和稳定性的特点，但是随着国家和企业经济发展阶段的变化，制度也呈现出一种渐进性特点，即制度创新。从管理创新与制度创新的关系来看，两者相辅相成，制度是管理创新的前提和保障，制度为管理创新提供动力支持，管理创新又反过来推动制度创新。在莱钢，完善的制度保障体系为管理创新提供了充足的动力，而管理创新又促使制度保障体系更加完善。

（5）建立科学规范的管理运行体系，实现高效性。

“只求管用”是莱钢务求实效要求的体现。在管理模式上，莱钢将每一项管理工具和方法都纳入科学化的轨道，提出要由传统的经验管理向科学管理、自主管理转变，建立科学规范的管理体系和运行体系，通过科学管理，发挥其最大效用，实现其最大价值。卓越绩效管理体系、BOO 模式和相互持股模式等都是莱钢科学管理思想的体现。莱钢同时要求，无论是基础管理还是专业管理，都要做到“严、细、实”，这是企业管理的生命，也是管理创新的基础。各个工序、各个环节都要严格执行公司的决策部署，严格遵守规章制度、工艺纪律和操作规程；工作要做细、做到位，不能大而化之、敷衍了事，做到一级对一级负责，层层抓好落实；坚持讲实际、求实效，不能刻意追求形式，不能做表面文章，重在实际效果；坚持动真的、来实的，严格考核奖惩，绝不姑息迁就，确保公司各项决策部署落实到位，确保各个阶段的计划目标顺利实现。

2. 对国有企业改善经营管理水平的贡献与启示

（1）适应和遵循现代企业管理理论与实践发展趋势。

莱钢在日积月累的企业管理过程中，对企业经营管理的计划、组织、指挥、协调、控制等每一个环节进行分析和总结，加以提炼，提升深化，逐步建立了较为完备的企业管理制度，实现了国有企业效益的明显提升。莱钢企业管理的现实成果，打破了一些人对国有企业经营管理不可实现科学化的偏见，不但践行了现代企业管理理念，而且引领着时代的潮流。

第一，持久地坚持学习型组织创建活动。学习型组织是当今先进、前沿的企业管理理念之一，学习型组织所营造的“工作学习化，学习工作化”全员学习氛围，不但能够改善人的心智，更重要的是可以提供系统思考的工作方法。每一个人通过学习查找了不足，更能够在不足中寻找改进的方式，实现自我超越。学习型组织的开展改变了以往“等、靠、要”等不良的工作习惯，塑造了人人学习、唯恐落后、你争我赶、力争上游的“追、赶、超”局面。大家心往一处想，劲往一处使，人心所向，才能所向披靡，这也可以说明为什么莱钢能够取得辉煌的成就。坚持运用学习型组织这一现代企业管理的重要理论和工具，莱钢持久地做了，坚持了，以生动的实践丰富和完善了学习型组织理论。学习型组织创建活动值得国有企业学习和借鉴。

第二，战略引领发展和果断实施阶段性战略转移。从企业未来发展的角度来看，战略表现为一种计划；而从企业过去发展历程的角度来看，战略则表现为一种模式。在世纪之交的莱钢，面对我国加入世界贸易组织的新形势以及莱钢内部结构性矛盾突出等诸多历史问题，公司高层制定了以适度发展钢铁主业、大力发展非钢产业、尽快把莱钢做大做强为主要内容的“十五”发展战略。2005 年初，面对经济社会和行业转型的新形势以及资源能源、环境约束的巨大压力，公司高层决定“实施以发展速度为主向以质量效益为主的阶段性战略转移”，进一步明确了公司的发展方向和目标。实践证明，莱钢的战略总体定位和果断实施阶段性战略转移，是正确的，适应了市场、环境和阶段性需求。莱钢之所以在战略上略高一筹，立于不败之地，重要的原因之一，就是构建了现代化企业战略管理体系，坚持了战略管理创新。

第三，现代化管理工具和方法的引进与采用。现代管理工具和方法的引进，不仅能够使经营者更加有效地管理企业，也向职工传递了现代企业管理的先进理念和理论体系。莱钢对引入的现代管理工具进行学习、使用、总结、整合、提升、创新，使之更好地服务于企业。现代企业管理不仅需要先进的管理理念，而且理念的实施离不开工具的配合。莱钢不但拥有先进的企业管理理念，而且运用了大量先进的管理工具，理念在工具的运用中得以实施，同时也在实施过程中得以完善和提升，工具在理念的运用下得以检验，同时也在检验中得以改进。

第四，优秀的企业文化带来固有模式的创新与突破。企业要想实现永续经营的目标，取得未来竞争的优势，就必须有一种强大的、独特的企业文化来支撑，在这种文化下的团队精神的建立，对企业的经营和发展具有深远的影响。莱钢拥有优秀的企业文化，创新是莱钢企业文化的灵魂之一。创新是莱钢人通过学习积累，不断追求实现的。莱钢人通过创新突破了原有的思维模式、经营模式和管理模式，创建了具有莱钢特色的企业文化体系。

（2）准确把握国家战略部署和宏观经济形势，抢占发展先机。

企业是一个与环境相互作用的开放系统，它的经营活动受着外界环境的影响和制约。国有企业的发展观念和经营思路，必须与国家战略意图相适应，才能占领发展的先机和抓住稍纵即逝的机遇。改革开放以来，莱钢站在时代发展的前沿，利用外资成功改扩建，扩大了产能，改善了管理，赶上了国家钢铁行业的快速发展期，为实现现代化钢企的目标奠定了坚实的基础。在“八五”期间，莱钢以市场需求为导向，实施了结构性战略调整。莱钢抓住我国经济即将出现的发展高潮以及山东省胶东半岛城市群建设和制造业强省的构想，以及汽车、造船、家电、工程机械等七大产业链正在形成的战略机遇，确立了企业的发展规划，系统地进行产业结构、工艺结构和产品结构调整。在世纪之交，莱钢在山东乃至全国钢铁企业中率先完成了股份制改造，成功登陆 A 股市场融资，赶上了钢铁行业又一轮快速发展的良好机遇。国家对国有企业管理的改革，是一个逐步深化的过程。几乎每一次国家经济政策调整，莱钢都能积极主动地争取和利用，抢占发展先机。他们不断解放思想，调动各个方面的积极性，增强企业的生产经营实力，逐步发展成为一个实力雄厚、充满活力的现代化钢铁企业集团。

钢铁行业规划是国家战略意图的具体体现。莱钢集团在国家钢铁产业调整和振兴规划、钢铁工业发展规划中，找准了发展思路。在 2011 年出台的《钢铁工业“十二五”发展规划》重点领域和任务中，第一个就是加快产品升级，促进特钢品质全面升级，鼓励特钢企业走“专、精、特、新”的发展道路，大力推进特钢企业技术进步和产品升级换代。特钢系统升级改造是莱钢未来发展的重大问题。特钢项目已纳入山东钢铁工业调整振兴规划，获得了山钢批复。特钢项目是推进莱钢特钢系统结构调整、实施产品升级换代的重要工程，是“十二五”时期山钢实施结构调整的重要内容之一，也是莱钢“十二五”战略规划的重要内容。这个项目的实施具有战略性的意义。从这个项目开始，莱钢的优特钢比例实现了新的突破，将使公司真正成为具有四大产品系列的“普特并举”的钢铁企业。莱钢要通过这个项目的实施，将特钢建设成山东特殊钢精品基地，并进入国内特殊钢企业第一梯队。

（3）展示中国传统文化管理学理念的巨大魅力。

目前，世界上有三大企业管理模式，即美国模式、日本模式、德国模式。然而，任何有效的管理模式，都是建立在一定的历史背景和文化积淀之上的。德国的日耳曼民族是欧洲最富有理性的民族，德国企业的运行机制建立在理性基础上。马克斯·韦伯（Max Weber）的组织理论认为，组织应分级管理，下级服从上级，层层职责分明。德国企业管理的最大特征是重视硬性面，即战略、结构和制度。无论是决策机构，还是经营机构，都要求在工作中不折不扣地履行职务规范和岗位职责。每个德国人心中都形成了“心灵契约”，成了根深蒂固的自觉职业行为。闻名遐迩的“德国质量”就是依靠严格科学的管理制度、严密的质量保证体系和全体职工的责任心而创造出来的①。

西方文化中的人文主义精神也不可避免地体现在德国的企业文化中，西方人文主义思想中的“个人主义”，其核心内容是“每一个人都是特殊的个体，每一个人都是自己前途的主人”，德国是西方国家中实行职工参与企业管理制度最好

① 金秀芳：《中德企业文化之比较》，《同济大学学报》（社会科学版）2002 年第 2 期。

的一个国家，这也是第二次世界大战以后德国经济发展较快的一个主要原因①。

第二次世界大战以后，日本经济迅速得到恢复和发展，能够创造世界经济发展史上的奇迹，除了有利的国际环境外，在国内方面，人的因素起了非常重要的作用。日本人常说，在这样一个贫瘠的岛国里，人是他们唯一的自然资源。在日本，人们经常可以听到像“松下人”“丰田人”等，这些所谓的“某某人”，正是日本企业文化最典型、最简明的概括。成功的企业家都秉持这种“人本主义”的企业观，即企业是由人组成的，就像“企”字，去“人”为“止”，管理的核心是“人”②。日本还十分重视学习西方的科技文化，重视西方的科技和制度管理。日本有关专家直言不讳地说，日本经济的振兴是中国儒家思想和西方先进技术相结合的结果，近代“日本工业之父”涩泽荣一写出了专著《算盘论语》，认为《论语》加算盘就能使国家经济兴旺。这种“东方伦理，西方技术”的企业文化模式，对推动日本经济的迅速发展起过巨大作用，在世界企业界、理论界引起了强烈反响，被誉为现代企业文化的成功范例。

中华民族优秀的传统文化源远流长，具有独特的魅力。中国传统文化管理学理念，对中国现代企业的管理有着重大的影响。传统文化中的人性、关系、信义、仁爱、无为而治、文武之道均包含了丰富的管理思想。在管理思维方式上，中华传统文化的精华已逐渐成为管理学界的主流思想。人是管理的主体又是客体，所以企业管理的核心是做好人的管理。

莱钢地处儒家文化的发源地和齐鲁文化核心区，莱钢人得天独厚地受到儒家文化的熏陶，具有较高的人文精神素养和优良的思想品质。儒家文化的核心是人本思想，十分重视人在管理中的地位。管子指出：“夫霸王之所始也，以人为本，本理则国固，本乱则国危。”③ 荀子说：“人有气、有生、有知，亦且有义，故最为天下贵也。”④ “以人为本”的管理思想已经在莱钢生根、发芽、开花、结果。莱钢通过学习型组织创建，提升了每一个人的素质；人人可创新，事事可创新，处处可创新，每一个人都发挥了重要的作用；在企业的管理决策中，全员都可以积极参与，发表自己的意见和建议。在莱钢，每一个人都是企业的主人翁。莱钢真正做到了重视每一个人、信任每一个人、关心每一个人、激励每一个人。每一

① 于洪：《德国企业管理特色对我国东北企业发展的启示》，《行政与法》2006 年第 11 期。

② 雷宇、孙利：《日本企业文化中的管理哲学及其启示》，《日本问题研究》2004 年第 1 期。

③ 《管子·霸言》。

④ 《荀子·王制篇》。

个莱钢人，都在努力为企业作出自己的贡献。

中国的企业应该像莱钢一样，在中华民族优秀传统文化的感召之下，紧跟时代发展的潮流并走在前列，利用好儒家哲学思想，创造出具有中国特色的企业经营管理模式，创造出适应社会主义先进文化的现代企业管理工具，使中华民族优秀文化得以长久发扬，使企业得以长久屹立。对此，莱钢已经作出了榜样，这是莱钢经营管理创新实践给中国企业管理改革带来的深刻启示。

五 在“科技莱钢”的创建中实现产业跨越式发展

这是一个奇迹，是一个从超乎寻常的低起点，通过几个阶段性快速提升，使技术水平追赶到国内领先、国际前沿的罕见的技术进步“奇迹”。

在43年间，莱钢从几近原始的人工土法烧结、依靠仅有的两座100立方米小高炉炼铁起步，发展到拥有全国品种规格最全的H型钢生产线、代表当今先进技术的4300毫米厚板生产线等多条装备精良的生产线，研发应用了转炉“一键式”智能化炼钢、高炉全干法除尘、干熄焦等一批达到国内领先甚至世界领先水平、在钢铁行业有一定影响力的先进技术，成功开发出中低速磁悬浮轨排F型钢等多项填补国内空白的新产品。莱钢将科学技术作为推动企业发展的“支点”，驶入了产业发展的快车道，一举跻身于国内大型钢铁企业行列，成为全国规模最大、品种规格最全的H型钢精品生产基地，全国产销量最大的齿轮钢生产基地，全国规模最大的粉末冶金生产基地。

一个脱胎于“备战备荒”年代的“三线”小厂的地方国有企业，为何能实现赶超型技术进步和跨越式技术提升的“奇迹”？与其同时期诞生的国有企业现今大多已退出市场舞台，为什么莱钢能在竞争激烈的钢铁行业中保持蓬勃的创新活力并借此不断发展壮大？相比于社会上一些认为国有企业技术创新动力不足、技术进步停滞落后的偏见，莱钢的技术进步道路和成就说明了怎样的事实？

在上述疑问面前，我们从莱钢的技术进步和技术创新的实践中，找到了答案。莱钢多年来不懈攀登技术进步阶梯的执著追求和闪光足迹，值得人们关注，启发人们思考。

（一）实现赶超型技术进步和跨越式技术提升的“奇迹”

莱钢开创的推动技术进步、追求技术创新的道路具有自己的特色。莱钢不同于鞍钢、武钢等基础雄厚、拥有多年技术积淀的老牌大型钢铁联合企业，不同于宝钢这样建立在高起点引进基础上形成自主创新体系、具有显著后发优势的现代化钢铁强企，不同于从“拾遗补缺”开始做到“专精特”、依靠低成本和在模仿基础上形成的自身专长进军市场的众多民营钢铁企业。它从昔日“有铁少钢”的“三线”小厂起步，既踏踏实实一步一个脚印地攀登着技术进步的阶梯，又不放过任何一个跨越式技术提升的机遇，通过一连串漂亮的“三级跳”，在我国钢铁行业中闯出了一条独具特色的技术进步与创新之路。

1. 率先迎接科学技术的春天

莱钢技术水平起点较低，但是，随着620立方米高炉和30万吨钢配套工程等一系列国产炼铁炼钢系统设备的引进、消化和吸收，获得了一次整体提升，推广应用了一批新技术，研制开发了诸多新产品，主要生产技术达到山东省领先水平。

在建厂初期，莱钢的生铁生产只能依靠两座100立方米高炉，由于没有烧结机而只能采用人工土法烧结，设备简陋、劳动强度很大。到20世纪70年代中期，以620立方米高炉的投产为标志，莱钢由以基建为主转入了以生产为主的历史阶段，生铁产量不断创新高，但仍然没有形成完整的钢铁生产线，电炉钢的产量低，转炉钢系统则是“有铁无钢”。1984年1月，莱钢25吨转炉试投产成功，“有铁不出钢”的局面终于成为历史。随后，莱钢重点进行了30万吨钢配套工程，于1988年建成第一条热连轧生产线——500毫米热轧窄带钢生产线，先后完成了第二座25吨转炉、30万吨钢配套工程等11个工程项目和80多项技术改造、技术进步项目，具备了年产30万吨钢的生产能力，使莱钢的建设出现了一个新的转折，成为名副其实的钢铁联合企业。

这一时期，莱钢技术进步的初始动力，固然来自国家计划部署和政府直接推动，但越来越离不开莱钢人自己的奋发钻研及率先迎接科学技术春天的敏锐果敢，特别是在商品经济和竞争机制日益增强、企业自主权提升和讲求效益的目标激励下不断变革新体制、应用新技术、开发新产品。创建初期的莱钢限于当时的传统管理体制和生产建设秩序，重外延式扩大再生产、轻内涵式扩大再生产，重生产、轻研发，但是莱钢能较早地认识到科学技术在增产节约、减亏增盈和提高产品质量等方面的关键作用，在改革伊始的1979年就召开了首次科学技术大会，全面部署新时期的科技工作。

随着莱钢由单纯的生产厂逐步向讲求效益的生产经营型企业过渡，增产节约、扭亏增盈成为20世纪80年代初技术革新的主要任务，各个基层单位广泛开展增产节约、技术革新活动。从80年代中后期开始，逐步走上质量品种效益型发展道路的莱钢，为了依靠技术进步提高经济效益，建立了全厂统一的科技管理部门，建立健全了新产品、新技术开发、技术改造与合理化建议等12项管理制度和11项管理标准，制定了《莱芜钢铁总厂技术工作条例》。各个基层单位创造了很多行之有效的科技管理体制改革新方法。例如，1988年第二炼钢厂创造了“四定一保”科技创新项目承包法，对全厂各项科技创新项目采取定项目、定人员、定进度、定奖罚、保效益的方法，极大地调动了科技人员的积极性和创造性，使全年20多个技术进步项目见效率达到74%，其中50%在年内就推广应用并通过了技术鉴定，年内实现综合经济效益600多万元①。

莱钢的总体技术水平伴随炼铁和炼钢系统一系列基础设备的引进安装、生产应用而持续提高，在新技术的应用、新产品的开发方面取得了多项进步。炼铁系统达到全省领先水平，采用了富氧和喷煤、微机控制上料、小高压炉顶、新型点火器以及烧结矿与酸性球团优化炉料结构等新技术；转炉炼钢采用了微机静态控制、综合砌炉等新技术；电炉炼钢采用熔氧结合快白渣出钢冶炼新工艺，研制了650毫米轧机用特殊钢高成材率细长锭型；轧钢采用500毫米钢带轧机热连轧工艺，推广应用了短应力线轧机、步进式冷床、微机控制烧钢、锻造加热炉应用水煤浆等新技术。莱钢开发研制的热轧钢带、船用二级锚链钢、采油机抽油杆用钢等20余种新产品，满足了市场的需要，特别是在20世纪80年代后期市场疲软、莱钢的钢材销路受到冲击的情况下，提高了企业信誉和经济效益②。

2. 抢机遇跃升至国内先进水平

莱钢利用改扩建的机遇引进国内外先进技术设备，在引进、吸收和消化应用的基础上进行再创新，涌现了一批具有自主知识产权的新技术、新产品。

20世纪90年代初，莱钢抓住国家利用外资发展钢铁的政策机遇，利用亚洲开发银行贷款对主体生产线实施了以配套完善为主的工艺改造。改扩建工程历时8年，至1999年5月完成全部主体工程，包括矿山、炼铁、炼钢、轧钢和公用辅

---

① 《钢铁企业的精神》（电子版），第37页。

② 《莱钢志》第2卷，第306～307页。

助设施5大部分①，形成了年产200万吨钢的生产能力，钢铁主业两条完整、先进、合理的生产线初步形成：一条是高炉、转炉、连铸、中小型材、H型钢、热带生产线，另一条是电炉、炉外精炼、特殊钢产品生产线。其中生产中小规格H型钢为主的轧制线，是1998年从日本新日铁引进热轧H型钢主体设备及技术、从日本东芝公司引进全套电气及自动控制设备而建成的。莱钢由一个工艺装备水平落后的地方钢铁企业，一跃发展成为一个生产工艺配套、主体设备达到国内先进水平、部分设备达到国际先进水平的大型钢铁联合企业，跻身国内大型钢铁企业行列。

这一时期，莱钢以经济效益为中心，在科技兴厂的道路上继续前进，以科技管理制度的创新推进扩建配套与技术改造相结合。1991年开始酝酿科技效益承包制度，从1992年开始在全厂试行，1993年以后正式推行，仅前4年就实现净效益6080万元。在科技效益承包工作的管理方面，针对莱钢改扩建工程刚刚结束、新旧工艺生产线交叉并行的实际，承包立项课题侧重于新技术、新工艺、新材料的消化吸收与推广应用、节能降耗、资源综合利用及技术指标攻关等项目，对促进新的工艺生产线尽快运行，不断改进旧的生产工艺，增加品种、改进质量起到了较好的推动作用。1995年莱钢技术中心设立，并被认定为省级企业技术开发中心，新建了中试基地冶金工艺实验室。为发展以高新技术为主导的非钢产业，2000年技术中心成立了非钢技术管理科、新材料研究室，负责非钢产业的生产工艺技术标准的管理和新上项目的技术论证、技术评估，负责粉末冶金、耐火材料、精细化工等新材料领域的技术进步及产品开发工作②。

莱钢在20世纪90年代实现了技术装备水平的突飞猛进和钢铁主业、非钢产业的结构调整，新建与改造相结合，在引进、吸收和消化应用过程中酝酿着技术再创新，相继开发了自行车飞轮专用钢、船用四级锚链圆钢等新产品，以及英标螺纹钢筋、日标H型钢等产品，中型H型钢产品通过了省级鉴定并被认定为国家重点新产品。自主知识产权不断增多，如“高强度高韧性系泊链用钢及系泊链的生产方法”“连铸中间包定径水口快速更换装置”“还原铁粉生产技术”“水雾化钢铁粉末生产技术”等，不但得到了很好的实施，而且带来了巨大的经济效益。

---

① 《莱钢志》第4卷，第273页。

② 《莱钢志》第4卷，第219页。

3. 从消化吸收再创新迈向自主创新

进入21世纪以来，莱钢在高起点引进国内外先进技术设备的同时，进一步提高原始创新、集成创新和引进消化吸收再创新的能力，正在努力实现迈向自主创新的技术进步第三次跨越。

在世纪之交，莱钢面对我国钢铁行业传统产品过剩、高附加值产品供不应求的局面，正视自身在科技进步、信息化建设、能源利用等方面与国内外先进企业相比存在的差距，制定了以适度发展钢铁主业、大力发展非钢产业、尽快把莱钢做大做强为主要内容的“十五”发展战略。党的十六大召开以后，莱钢再次抓住钢铁工业快速发展的历史性机遇，制定实施了《莱钢走新型工业化道路实施纲要》①，搭建起“科技莱钢”“数字莱钢”“生态莱钢”和“人文莱钢”的基本框架。以建设大型H型钢项目为核心，产品结构实现了以螺纹钢为主向以型钢和板带钢为主的转变，并建成了全国规模最大、品种规格最全的H型钢生产基地。

“十五”期间，莱钢以炼铁、炼钢、特钢系统的工艺优化提升为突破口，对老系统进行大规模技术改造和集成创新，同时引进大量国内外先进适用技术，进行国产化改造和消化吸收再创新，实现了高炉、转炉、焦炉、烧结、制氧等主体设备的大型化、现代化。例如，引进德国西马克·梅尔公司的热轧H型钢主体设备及技术、西门子公司的全套电气及自动控制设备，建成了先进的大型H型钢生产线。莱钢炼铁系统主要技术经济指标达到了全国一流水平，750立方米高炉利用系数全国第一，入炉焦比和煤比仅次于世界一流的宝钢；炼钢系统全流程优化，一批技术经济指标全国领先，其中转炉钢铁料消耗、中型型钢厂成材率等8项指标列全国第一②。围绕优化工艺结构和产品结构、提高技术经济指标水平、降低产品成本等目标，莱钢跟踪世界钢铁行业前沿技术，创造了一批具有自主知识产权、在钢铁行业具有相当大影响力的科技成果，研发应用了高炉顶燃式热风炉、高炉煤气全干法除尘及TRT发电等国内领先的“十大亮点技术”，成为莱钢的技术亮点，为钢铁工业贯彻科学发展观和走新型工业化道路奠定了坚实的科技基础。

---

① 《莱钢志》第5卷，第669~678页。

② 《莱钢志》第5卷，第234页。

进入“十一五”时期，面对各个主要钢铁企业新增产能即将集中释放的市场格局以及资源能源、环境约束的巨大压力，莱钢明确了建设一流钢铁强企的战略目标，将“自主创新”放在更加突出的位置。为发挥科技的支撑引领作用，莱钢持续优化“做强莱钢技术支撑体系”，明确了产品研发、工艺技术和质量控制本质化稳定的技术路线。特别是2008年下半年以来，钢铁市场突然遭遇“寒冬”，莱钢认识到，企业要摆脱困境，实现又好又快发展，除了加强经营管理、不断深化改革等举措外，根本的途径就是依靠技术进步和创新①。为此，莱钢在巩固企业特色产品市场份额的基础上，加大产品结构调整和市场开发力度，提高产品附加值，在热轧H型钢生产技术引进消化吸收再创新、冶金先进适用技术自主创新及推广应用、冶金前沿技术研究等方面，均取得了新的成效。

自2010年起开展的深入推进“转方式，调结构，创新超越，系统提升”活动，目的就是要通过转方式、调结构，推进自主创新，推动企业走上创新驱动、内涵式发展的轨道，持续把莱钢做优做强。从转方式来看，要实现集约生产、低碳生产、清洁生产，离不开技术创新；从调结构来看，高技术含量、高附加值的“高专”产品比重的提高，更需要技术创新能力作为支撑。因此，莱钢决心把科技创新摆在更加突出的位置，加快推进“科技莱钢”和创新型企业建设，进一步提高原始创新、集成创新和引进消化吸收再创新能力，加快科技成果的转化应用②。

（二）全面创建“科技莱钢”的战略与举措

作为1000万吨级钢铁集团之一，莱钢多年来致力于“科技莱钢”的创建，实施并不断完善“做强莱钢技术支撑体系”，逐步形成了具有莱钢自身特色的技术进步模式和技术创新体系。走出了一条竞争性行业国有企业依靠技术进步，支撑引领不断发展壮大的成功道路。

创建“科技莱钢”的基本做法是，将科技发展定位于企业做大做强的战略基点，重视科技投入、制度创新、文化营造和“数字莱钢”信息自动化建设，建立了以技术中心为主体、四个层面共同参与、产学研用相结合、集研究开发和推广

① 莱钢领导：《在2008年莱钢学术年会暨科学技术颁奖大会上的讲话》，2008年10月22日。

② 莱钢领导：《在莱钢科学技术奖励大会上的讲话》，2011年3月14日。

应用于一体的开放式技术创新平台；既重视培养高端科技人才又鼓励全员参与技术革新，形成了一个以市场为导向，以“转方式、调结构”为目标，以考核激励机制和群众性创新文化为双轮驱动力，引进、消化、吸收再创新与自主创新相结合，“三箭齐发、七路并进”① 的科技发展新格局，为莱钢做大做强提供了有力的支撑。莱钢坚持“特钢做特、型钢做强、板材做专、棒材做优”的市场定位，依靠技术创新提高发展品质，致力于做特色、出精品、创品牌。

1. 准确定位科技发展，实施“技术支撑体系”

我国钢铁行业的产能过剩问题自 21 世纪初以来已初露端倪，在“十五”期间已十分突出。莱钢适时作出了由以发展速度为主向以质量效益为主的阶段性战略转移的重要决策，把工作重心放到“做强”上。为此，莱钢制定实施了以“突出结构调整，着力自主创新，打造钢铁精品，作出莱钢特色，建设一流强企”为核心内容的“十一五”规划及今后一个时期的发展新战略，将科技发展定位于支撑和引领莱钢做大做强的战略基点。

2006 年，莱钢在充分调研的基础上，形成了《莱钢技术研发五年计划和十年规划》，对莱钢未来一个时期内自主创新体制机制的建设、自主创新能力的提升、人才队伍建设、研究手段建设、产品结构调整和工艺结构优化升级所需要解决的研发问题等作出了战略性部署；同时针对产品质量和循环经济工作，形成了《莱钢工艺技术和产品质量升级实施指南》《莱钢循环经济实施细则》两个技术工作的指导性文本。以上三个文件初步形成了“做强莱钢技术支撑体系”②。

2007 年 9 月召开的莱钢集团科学技术大会，再次吹响了向科技领域奋进的号角。大会提出，到 2020 年，总体科技水平处于行业领先地位，进入创新型企业行列，这是事关莱钢持续做大做强的重要战略决策。建设创新型企业，核心就是把增强自主创新能力作为发展科学技术的战略基点，走具有莱钢特色的自主创新道路，推动科学技术的跨越式发展；就是把增强自主创新能力作为调整并优化工艺和产品结构、转变发展方式的中心环节，建设资源节约型、环境友好型企业，推动莱钢又快又好发展③。

---

① “三箭齐发、七路并进”，即以管理、技措、研发为手段，支撑工艺技术、质量管理、技术研发、循环经济、环境保护、信息自动化、创新方法应用的齐头并进。

② 莱钢领导：《打造技术支撑体系　为做强莱钢提供保证》，《山东冶金》2006 年第 6 期。

③ 莱钢领导：《在 2008 年莱钢学术年会暨科学技术颁奖大会上的讲话》，2008 年 10 月 22 日。

莱钢根据科技大会提出的目标，高起点、高标准修订了上述三个文本，同时进一步拓展“做强莱钢技术支撑体系”的范畴，分别编制了《环境保护提升方案》《六西格玛质量管理及名牌战略推进方案》和《自动化信息技术开发应用计划》三个体系文件，将环保、质量管理和信息自动化三项内容一并纳入。每年根据内外部环境变化及生产经营要求，对上述六个文本进行修订、完善，建立健全了督察督办和复命制度，使得工艺技术、产品质量、技术研发、节能减排、循环经济、环境保护、自动化信息应用几个方面的工作能够齐头并进，为实施新战略、加快做强莱钢进程提供强有力的技术支撑。此后，又把《技术创新方法的深度推广应用》纳入“技术支撑体系”，在全公司形成以技术创新为先导，工艺技术、质量管理、技术研发、循环经济、环境保护、信息自动化、创新方法应用“七路并进”的科技发展新格局①。

为加强对推进实施“技术支撑体系”的组织领导，莱钢成立领导小组和推进办公室，各个推进办公室负责落实领导小组的各项决定，并分别负责七个文件的日常推进管理工作。各个二级单位也制定相应的实施推进文本，并成立相应的组织领导和执行机构，具体负责本单位的推进工作。在推进实施过程中，坚持动态优化，及时关注条件的新变化，分析过程中出现的新问题，总结成功的经验，适时调整相关的目标和措施，及时制定相应的配套办法，逐步打造系统的技术支撑体系。

以实施上述七个文件构成的“技术支撑体系”为主线，莱钢立足于钢铁主业进行技术研发，培育具有独立自主知识产权和可持续发展的核心技术，重点为汽车、家电、石油化工、船舶制造、桥梁建筑、大型钢构等用户提供钢铁产品和系统的钢铁解决方案，为钢铁制造流程提供创新技术。通过实施并不断完善“技术支撑体系”，莱钢不断向着工艺结构合理、工艺流程稳定、品种结构优化、产品质量稳定、技术经济指标先进、自主研发能力强、能源资源利用效率高、生态环境良好等系统目标迈进，凸显了莱钢的技术优势、产品优势、人才优势、品牌优势。

2. 建立开放式创新平台，汇聚创新合力

莱钢建立了总经理领导下的以技术中心为主要形式，以用户和市场为中心，

① 莱钢技术中心：《莱钢技术工作情况》（课题组2012年4月调研资料）。

由科技创新咨询决策层（科学技术委员会和专家委员会）、研究开发层（技术中心、企业博士后工作站、国内外合作高校院所）、生产实施层（各个子公司、直属单位、生产厂等）、合作应用层（战略合作和直接用户）四层次分明，对外“产学研”“产研用”合作，内部“产销研”一体化，各司其职、各负其责、密切配合的高效运行的技术创新体制。“三箭齐发、七路并进”，多层次良性互动，坚持自主创新与引进、合作创新并举，研发、技措、管理相互交融。

①科技创新咨询决策层。科技创新决策层由科学技术委员会及其下设的专业委员会组成。科学技术委员会由集团内部的21名技术专家、市场专家、财务专家等组成，下设炼铁（焦化、烧结）、炼钢连铸、轧钢、材料、能源及循环经济、机械设备、电气工程、自动化、环境保护等9个专业委员会。科学技术委员会定期召开会议，强化在科技创新政策、科技发展规划的制定、重点技术研发和项目的确定、科技创新激励机制的建设等方面的决策和指导作用；专业委员会根据各技术创新项目的计划编制、立项申请等情况，适时召开各类专业研讨会、论证会、评审会，增加决策的科学性和民主性。

②研究开发层。以技术中心为核心，集钢铁产品研究开发、钢铁工艺技术研究开发、新材料、新技术、深加工集成技术研究应用、用户应用技术研究开发于一体，设厚板、薄板、型钢、棒材、先进钢铁材料、冶金与生态技术6个研究所及测试中心、中试基地、企业博士后工作站①。

③生产实施层。各个子公司、直属单位、生产厂根据莱钢的科技发展规划和年度实施计划，针对生产、设备、质量、降本增效等问题组织车间、班组开展各种形式的攻关和创新。在莱钢，技术创新绝不只是技术部门的专利，还是生产部门的光荣使命，在这个方面的案例不胜枚举。例如，2001年全国“五一”劳动奖章获得者、炼钢厂2号转炉丁班班长曹平，当时为掌握溅渣护炉这一新技术，对炉渣成分、炉渣量、溅渣枪位等参数反复进行试验总结，不断改进操作方法，充分发挥溅渣护炉效果。针对转炉氧枪枪龄低的情况，提出了适当控制枪位，分阶段控制氧压的操作方法，使炉龄由过去的平均30炉左右提高到平均200炉以上，最高时达587炉。他担任炉长以后，带领丁班成员不断学习创新，提高班组各项技术经济指标，钢铁料消耗降低到1058千克/吨，居全国第二；合格率达

① 《莱钢2009年度企业现代化管理创新成果》，2010，第2~4页。

99.98%，居全国第二①。

（4）合作应用层。莱钢不断深化产学研用一体化运作机制，开展与国内外高校、科研院所、重点企业和冶金同行的合作。2007年以来，在原来简单项目合作的基础上，以技术中心为核心，先后与东北大学、北京科技大学、钢铁研究总院、中科院金属研究所、上海交通大学等13家国内外著名高等院校、科研机构和3家战略用户分别共建宽厚板研发中心、特殊钢联合研发中心、H型钢研发中心、高强度钢联合研发中心、能源与环境工程研究中心等16个联合研究机构和中低速磁浮交通轨排研发中心等3个产品应用研究中心。通过建立“产学研”“产研用”平台，充分利用社会资源，提升技术创新水平，促进莱钢人才队伍的培养。

莱钢还大胆借用“外脑”，聘请国际咨询机构对企业进行全方位诊断，对各项专业管理流程进行再造，先后实施了“炼铁系统赶超全国一流水平优化大纲”“电炉系统提高核心竞争力工程”等创新活动，使整个科技链和产业链最终转化为价值链。

3. 优化激励机制，创设“141”首席研究员制度

2006年以来，莱钢相继出台或修订完善了《科学技术奖励办法》《研发项目首席研究员管理考核办法》《技术创新项目管理办法》等文件，对技术创新课题实行招标和首席研究员负责制，提高市场导向在专项研究、立项中的决策权重，保证立项项目有良好的转化前景。这些自主创新激励机制的建立，引导科技人员积极发现、申报和承担高难度、高技术含量、高效益的自主创新项目。

莱钢的《科学技术奖励办法》，是在充分调研同行企业科技奖励和系统研究以往科技成果评奖工作的基础上，经过多次讨论、评价、辨识后，在科技成果评审程序、量化评价、激励力度上作出了根本性变革。

一是获奖条件刚性、明确，不同等级奖励有明确要求，任何一项条件不符合都不能获奖，坚持做到宁缺毋滥。

二是评审过程客观、公正，不是简单地投票表决，而是要求评委必须对成果的先进水平、知识产权、效益的真实性客观性进行辩论，进行记名投票。这样既能消除评审过程中的人为因素，保证评价的公开、客观，同时也不简单以证明材

---

① 《莱钢志》第5卷，第546～547页。

料下结论，而是注意吸收专家的意见。

三是评审结果公开透明，在《莱钢报》、莱钢信息港上进行公示，对公示中出现的异议按程序处理，凡是有异议且没能及时妥善处理的，不予授奖。

四是奖励额度大幅提升。2006 年以前，莱钢科技成果奖设一、二、三等奖，奖励金额分别为 3000 元、2000 元、1000 元。在新办法中，设立重大科学技术奖、技术创新奖 2 大奖项，共 7 个等级。其中重大科学技术奖的特等奖和一、二、三等奖奖金分别为 50 万元、30 万元、20 万元、10 万元；技术创新奖的一、二、三等奖奖金分别为 5 万元、3 万元、1 万元①。自 2007 年新的奖励办法实施之后，5 年来评出莱钢科学技术奖 847 项，共计奖励 2230 万元。

2007 年莱钢还修订下发了《专利管理办法》《技术秘密管理办法》等知识产权管理制度，明确了奖励政策，不仅在每项发明专利授权后发放奖励，还对实施转化的专利技术按实施效益进行奖励。

莱钢的“141”首席研究员制度独具特色。所谓“141”是指：一项竞争，首席研究员由竞争产生而非领导指定，任何有能力的莱钢职工均可以参与竞争。四项功能：全权授予功能（对首席研究员就研发课题权责全面授予的功能，包括研发经费的使用、研发薪酬的分配和研发项目组人员组成等）、及时激励功能（科研课题的直接即时激励的功能）、长效激励功能（研发人员每完成一个研发项目，研发基本薪酬将递增 10%，若研发项目完成后申请了国家专利并产业化，还提取专利效益的 1% ~3% 奖励首席研究员，当基薪达到较高水平时就足以留下优秀的研发人员）、淘汰功能（全职研发工程技术人员两个年度周期内未竞争成为首席研究员或者一个年度内未参与项目研发，月基薪要下调 10%，直到当地最低工资标准，因此不适合从事技术研发工作的人员将被淘汰）。一种权利：成果独享权利，成果由首席研究员及其领导下的课题组独享，其他人不能占有②。首席研究员制度的实施，建立起了“以业绩论英雄”的制度文化，有效地调动了研发人员的积极性，涌现出一批高价值的研发成果。

4. 实行产销研一体化运行模式

2006 年，为实现以规模扩张为主向以市场用户为导向、以品种质量效益为中

---

① 《莱钢 2009 年度企业现代化管理创新成果》，2010，第 5 ~6 页。

② 莱钢技术中心：《莱钢技术工作情况》（课题组 2012 年 4 月调研资料）。

心的阶段性战略转移目标，莱钢按照“大营销”理念对机关机构和生产组织结构进行调整，建立集市场调研、市场开发、产品研发、订单生产、产品销售、用户服务于一体，以市场用户为导向，以销定产的产销研一体化运作模式，建立了由4个部、4个厂、4个所构成的产销研一体化运行体制框架。集团公司成立产销研一体化深入推进领导小组，下设棒材、型钢、板带、优钢、焦化产品等5个专业工作组。此外，特钢事业部作为试点，以事业部体制形式运行。

莱钢为推行产销研一体化，搭建了快速适应市场变化的经营管理平台，发挥了市场导向作用，形成了快速解决生产经营有关问题的运行机制。随着产销研一体化运行机制不断调整完善，形成了以产品提档升级、新产品开发、新产品市场开拓为重点的任务目标，和以“大平台、小团队、专题化”为主的工作模式。2011年，先后成立17个专题工作团队，创新工作思路，强化沟通考核，产销研各个部门协同作战能力进一步加强，部分制约品种钢市场开发的技术工艺、产品质量等问题明显改善，一体化运行效率不断提升。

5. 打造信息自动化“数字莱钢”

莱钢十分重视科技投入，建立起科技进步资金保证和管理制度，每年科技活动经费占产品销售收入的比例都在3.0%以上，科技投入经费每年稳定增长。不断加强研发软硬件建设，重建研发大厦，购进国内外先进的实验仪器；投资3.4亿元用于建设功能完备的科研中试基地，形成完善而先进的新产品、新工艺和用户技术研究试验模拟手段，整体装备达到国际先进水平。

莱钢在提高科技水平的进程中，自觉探索出一条以信息化带动工业化的新型工业化道路。

发达国家是在实现工业化之后推行信息化，中国作为后发的工业化国家，可以在工业化的过程中以信息化带动工业化，以工业化促进信息化，从而发挥后发优势，实现工业化的跨越式发展，这是中国特色新型工业化道路的战略创新之一。加快技术进步的实质是提高钢铁工业的现代化水平，使这一人们眼中的传统产业不断焕发出新的生机，而信息化正是推动钢铁工业现代化的新的引擎。

莱钢在利用外资改扩建期间，由于引进项目多，从美国、德国、意大利等国引进工艺设备，配套的计算机控制系统也多，控制水平较高，使莱钢的计算机应用和自动化水平上了一个新台阶。到2000年底，全公司拥有主要生产工艺线40条，其中6条生产线基本实现过程自动化，大部分生产线和设备实现了单机基础自动化。莱钢的信息化、自动化水平在全国冶金行业达到了先进水平，在山东冶金行业处于领先地位，为此后打造“数字莱钢”奠定了良好基础。

2001 年以来，莱钢以现代化管理理念为指导，以数字、信息技术为手段，通过对物资流、资金流、信息流的优化整合，对莱钢生产经营活动实行全过程、全系统的动态控制，全力打造“数字莱钢”。随着银山型钢区、银山前区工程项目的建设，自动化系统水平也在不断提高，根据建设“数字莱钢”的要求，建成了千兆光纤网络、OA 办公系统和部分信息系统。信息技术的引入提高了信息的准确性、真实性和及时性，有助于促进莱钢集约化经营、管理的集中和扁平化、企业战略的制定和实施以及先进适用技术在企业生产经营中的应用。

2012 年 9 月，经过山东省专家组的鉴定，莱钢参评的 8 项自动化信息化技术创新成果全部通过审核。其中，“4300 毫米宽厚板制造执行系统 MES 的研究与应用”“基于热工过程数学模型的转底炉控制系统”两项成果达到国际先进水平，“集群巡控远程计量系统”“宽厚板热处理线自动化系统的开发与应用”等 6 项成果达到国内领先水平。

6. 营造群众性技术创新氛围，加快人才队伍建设

为发扬职工主人翁精神和首创精神，莱钢全面开展广泛的群众性科技创新活动，不断加强科技文化建设，树立了“人人可成才，人人可创新，事事可创新”的创新观，重奖职工自主创新成果。2008 ~2011 年，已对 722 项创新成果实施 1822 万元奖励①。莱钢集团公司工会对合理化建议的内容、管理、评审、激励和实施均作出明确规定，鼓励职工围绕挖潜增效、市场营销、技术创新、安全生产、质量提升、节能减排等内容开展合理化建议活动，大胆参与技术、管理和制度创新，并畅通职工建言的渠道。2011 年，莱钢评选出 50 项群众性经济技术创新成果，其中，炼钢厂“关于提高转炉煤气回收并网的研究与应用”等 5 项成果荣获一等奖②。2012 年上半年，全公司广大职工提出合理化建议 16226 条，已实施 2907 条，成为助推深度挖潜提质增效活动的动力③。同时，莱钢还定期组织开

---

① 《山钢集团莱钢自主创新取得“四成果”》，《冶金信息电讯》（莱钢内部资料）2012 年第 8 期，第 34 页。

② 《关于公布 2011 年度群众性经济技术创新成果的通知》，2012 年 2 月 6 日。

③ 《群众性技术创新助推企业发展》，莱钢集团网站，http：//www. laigang. com/lgnews/view. asp? id =3632，最后访问日期：2012 年 11 月 1 日。

展学习型班组大赛和岗位练兵、技术比武活动。

将职工作为创新主体，已在莱钢各个二级生产厂中达成共识，各单位建立奖励机制，在车间、班组开展“技能大赛”“职工讲堂”“导师带徒”“师徒 PK”等形式多样的技能提升活动，职工解决生产经营难题的能力不断增强。例如，板带厂以“激发企业职工聪明才智、推动企业技术进步”为宗旨，建立和完善了三大奖励机制，即年度科技创新成果奖励机制、季度小改小革评价奖励机制、群众性经济技术创新评价奖励机制。2011 年，全厂共表彰了群众性经济技术创新成果 93 项，其中经济技术创新成果 28 项、班组管理创新成果 21 项、职工优秀操作法 15 项、优秀合理化建议 29 项，并有 11 项获集团公司群众性经济技术创新成果奖。

莱钢重视群众性的全员技术革新，不仅凸显了公有制企业职工的主人翁地位、激发了广大基层职工参与技术创新的热情，而且对推动技术进步、推广技术成果起到了重要作用。被称为“莱钢女杰”之一的型钢厂大型轧钢车间技师杨红霞，在 F 钢的研发试验中，加班加点，认真做好工艺准备工作，实现了 F 钢精轧轧制一次通过的奇迹。她总结的“降低提升辊道法”，解决了因粗轧轧件翘头导致精轧难以咬入的问题，写入了厂岗位操作规程。她积极参与技术创新工作，参与的“降低轧后检废量”项目在 2009 年全国“海王杯”QC 成果比赛中获得一等奖，创经济效益 200 万元；参与的“提高大型 H 型钢成材率”项目在 2010 年山东省冶金公司 QC 成果发表比赛中获得二等奖，年创经济效益 1000 万元。这位成长于基层、扎根于一线的女技师，为莱钢的技术进步作出了自己的贡献，成为全员技术创新中涌现出的一位典型人物。2012 年，由型钢炼铁厂职工罗川及其同事提出的“120 万吨链篦机—回转窑配加炼钢除尘灰攻关”不仅降低了球团矿成本和膨润土消耗，而且提高了球团品位，每年可获直接经济效益 800 余万元。该成果在集团公司举行的“喜迎十八大，智慧献企业”合理化建议比赛中获得特等奖。

莱钢学习借鉴先进企业符合科技发展规律的经验和做法，2009 年 7 月开始导入 TRIZ 方法，到 2011 年，已经打造了自己的师资队伍，实施自主培训 60 余期，2800 余名工程技术人员接受培训，这些工程技术人员都不同程度地掌握了 TRIZ 方法，并尝试使用 TRIZ 方法解决技术难题。这大大提高了解决问题的效率，促进了莱钢技术创新能力的提升，仅 2011 年全年申请的专利数量就达到 285 件。技术创新方法的推广应用培育了企业的创新文化，越来越多的技术人员逐步形成了基于 TRIZ 方法的创新思维模式，并自觉把 TRIZ 方法应用到技术工作中，积极开展技术课题研究①。

经过近几年的探索，莱钢已逐步形成“131”模式的技术创新文化框架。所谓“131”是指一个方针（“自主创新、重点跨越，支撑发展、引领未来”的方针）和三个建设（“硬件建设、队伍建设、机制建设”），以及一个联合（“与高校、科研单位进行联合、合作”）。

人才是科技创新工作的主体。“十一五”时期以来，莱钢加大科技人才引进与培养力度，建立了多层次的科研人员梯队，逐步形成了以学术研发精英为课题带头人，以硕士、博士为课题主要研究人员的研发团队，培养造就了一支创新能力强、忠诚敬业的人才队伍。建立人才培养“双通道”，推行首席专家、研发项目首席研究员管理制度，逐步改变传统的只有晋升行政职务才能实现个人发展的状况，建立科学的人才评价激励机制，不断优化人才成长的学术环境、工作环境、创业环境和舆论环境，充分调动和发挥好各个层面科技人员的积极性和创造性。

莱钢以专业技术人员专题培训、“技术充电”工程培训、在职工程硕士培养为主线，对专业技术人员进行知识更新和层次提升，每年培训及培养专业技术人员 3000 多人次。莱钢先后申请设立了莱钢博士后科研工作站、山东省“泰山学者”岗位，建立了莱钢“齐鲁学者”岗位。到 2012 年初，共有专业技术人员 6533 名，具有正高级技术职务的 31 人、副高级 1504 人、中级 3149 人、初级 1630 人、未取得资格的 219 人。拥有享受国务院政府特殊津贴人员 17 人，在职 6 人；山东省有突出贡献中青年专家 12 人，在职 11 人②。在注重引进和自主培养的同时，莱钢加强人才“柔性引进”，实现“引智借脑”，聘请 17 位知名院士、专家为莱钢“齐鲁学者”，推动莱钢高层次科研人才队伍的培养，为莱钢发展战略的实现提供了强有力的技术支撑。

（三）“科技莱钢”建设的发展成效与持续突破

莱钢致力于走创新型企业道路，“科技莱钢”在自身体系建设和支撑企业发

① 莱钢技术中心：《2011 年 TRIZ 方法推广应用材料》，2012。

② 莱钢人力资源部：《莱钢干部队伍建设情况简介》（课题组 2012 年调研资料）。

展两个方面均取得了显著的发展成效。

一方面，经过多年的探索，现已形成了符合莱钢实际和发展战略的技术创新体系，并适应现实要求不断调整完善。

如上所述，莱钢的技术创新体系明确了一个定位（将科技发展定位于企业做大做强的战略基点），树立了一个方针（“自主创新、重点跨越，支撑发展、引领未来”），确定了一个导向（以市场用户为导向），建立了一个平台（由科技创新咨询决策层、研究开发层、生产实施层、合作应用层组成，对外“产学研”“产研用”合作，内部“产销研”一体化），建设了一套机制（技术研发、绩效考核、薪酬分配等激励机制），营造了一种文化（群众性创新文化），呈现出“三箭齐发、七路并进”的科技发展新格局。

另一方面，莱钢将科技创新作为企业转型升级战略的核心内容和主要手段，自主创新能力不断增强，科技创新成果不断涌现，有力地推动了产业结构的优化和商业模式的深刻变革，支撑企业做强做优，更好地实现长远发展。

1. 科技进步的发展硕果及其重要贡献

莱钢的科技创新支撑了工艺结构的优化升级，一大批技改技措项目相继建成投产，主体工艺装备实现了大型化、信息化、现代化；科技创新支撑了产品结构调整，精品化、差异化、专业化进程进一步加快，培育了一批省级以上名牌产品，并跨入国家重点工程领域；科技创新支撑了降本增效的深入开展，主要技术经济指标不断提升；科技创新还支撑了节能减排和循环经济发展，建立起比较完善的循环经济运行体系①。多年来，莱钢科技创新的一系列重大成果，显著增强了企业的综合实力，在战胜各类风险挑战、促进企业平稳较快发展中发挥了至关重要的作用。

（1）创造出一批具有自主知识产权和一定行业影响力的科技成果。

莱钢积极采用国内外先进工艺技术，同时加强引进技术的消化吸收，进行引进技术的再创新和集成创新，降低对外技术依存度，加强自主创新成果的转化，创造出了一批具有自主知识产权、技术水平高、在钢铁行业具有一定影响力的科技成果，专利和专有技术数量猛增，一大批科技成果相继转化为现实生产力。例如，“大规格超薄近终型异型坯工艺技术的自主开发与创新”项目、“轿车用高

① 莱钢领导：《在莱钢科学技术奖励大会上的讲话》，2011 年 3 月 14 日。

性能水雾化粉末材料的规模化生产技术”项目获国家科技进步二等奖，达到国际领先水平，转炉“一键式”全封闭智能化炼钢等技术达到国际先进水平，高炉煤气净化全干法除尘技术、干熄焦等技术达到国内领先水平，形成了莱钢响当当的科技品牌。

“十一五”时期以来，莱钢共申请专利1051件，其中发明专利460件；授权专利654件，其中授权发明专利156件。仅2011年就申请专利283件，其中发明专利127件；授权专利215件，其中授权发明专利57件。近年来，莱钢的专利实施比率达到75.5%，用于技术储备的达到24.5%，实现了转化一批、储备一批、研究一批的良性循环，为企业实现以转方式、调结构为内容的转型升级提供了重要支撑。他们在国内率先开发成功“热轧F型钢”新产品后，立即着手申请专利与知识产权保护工作，先后申请“热轧F型导轨”等12项专利和技术秘密，并在20多个国家申请了国际发明专利①。企业先后被认定为山东省首批知识产权试点单位和省级知识产权示范单位，2009年被国家知识产权局认定为全国企事业知识产权试点单位。

企业内部也产生了一大批技术秘密，自主创新能力明显提高，自主知识产权不断增加，核心技术正不断增强莱钢的竞争实力。其中，“转炉炼钢新技术的应用研究”项目获2008年中国钢铁工业协会、中国金属学会冶金科学技术奖一等奖，实现了莱钢在该奖项中零的突破。另外，制定了“中低速磁悬浮轨排通用技术条件”“中低速磁悬浮列车导轨用热轧F型钢”等9项国家、行业标准和企业标准，成为中低速磁悬浮列车轨排具有自主知识产权和标准制定权的行业领头企业。

2012年8月，中国钢铁工业协会和中国金属学会下发通知，对“十一五”时期以来为中国钢铁工业持续发展作出重大科技贡献的先进单位和优秀个人及2012年冶金科学技术奖进行表彰，莱钢集团公司被授予“中国钢铁工业科技工作先进单位”称号；莱钢职工吕铭、李丰功被授予“中国钢铁工业优秀科技工作者”称号。莱钢与北京科技大学共同研发的“120立方米高炉科研解剖研究”及莱钢、山东省冶金设计院股份有限公司、北京中钢信科技发展有限责任公司共同

① 《推进应用技术创新，促进企业持续发展——科技调研莱钢篇》，莱芜市统计信息网，http://www.lwtjj.gov.cn/a0909b8d096ca29206879-50027t-9-130-lwtj-yes-70-grid-tj860-0-all/?C-2-3804.html，最后访问日期：2012年8月16日。

研发的“烧结烟气有机胺脱硫及副产硫酸工艺技术的研究与应用”项目被授予2012 年中国钢铁工业协会、中国金属学会冶金科学技术奖二等奖。

（2）提升了科技进步对钢铁主业产品结构优化的贡献率。

莱钢不断加大科技投入，积极推进产业结构调整和产品升级，依靠技术创新转变经济增长方式，提高发展品质，从简单地向规模要效益转变到依靠技术优势占领市场，靠优质的个性化产品赢得客户。莱钢成为中国冶金行业首批通过 ISO 9002 质量体系、ISO 14001 环境管理体系和 OHSAS 18001 职业安全健康管理体系国家认证企业。通过加大高附加值、高技术含量产品的开发和市场推广力度，不断构建莱钢优势产品系列，培育莱钢产品的核心竞争力，近几年先后成功开发中低速磁悬浮轨排 F 型钢等多项填补国内空白的新产品。莱钢坚持“特钢做特、型钢做强、板材做专、棒材做优”的产品定位，做特色、出精品、创品牌。

以“型钢做强”为例，自 20 世纪 90 年代开始，莱钢就把发展节能环保的 H 型钢产品作为主要目标之一，先后引进具有国际先进水平的小型、中型和大型 H 型钢生产线，积极研究开发高效节能 H 型钢产品，目前已成为全国规模最大、规格最全、最具市场竞争力的 H 型钢精品基地。莱钢 H 型钢产品先后荣获“中国名牌产品”“国家实物质量金杯奖”“冶金行业品质卓越产品”等荣誉称号，以其卓越品质，被广泛用于奥运主场馆“鸟巢”“水立方”、中央电视台、首都国际机场、国家大剧院、京津电气化铁路、核电工程等国家重点工程。磁悬浮轨排用 F 型钢具有完全自主知识产权，标志着莱钢型钢领域的技术研发水平和生产技术水平跨入国际领先行列，已经批量供应国内客户。

莱钢将推进产品结构调整作为应对金融危机的关键措施，借助产销研平台，整合生产、技术资源，积极拓展新产品、高效产品市场。2011 年，新产品研发“五彩纷呈”，累计开发新产品 68 项，占总产品比例 17%；高专比、高效比分别达到 62.5%、67%，同比分别提高 21%、6.81%，对比增效 3 亿元以上①。

（3）技术经济指标不断改善，有力支撑降本增效。

2010 年，在 7 大类 67 项可比的重点技术经济指标中，莱钢集团位于第一位的有 1 项（电炉日历作业率），位于前三位的有 3 项［电炉日历作业率、转炉50～80 吨钢锭（坯）合格率、转炉 100 吨以上炉衬寿命］，位于前十位的有 23 项。在质

① 《山钢集团莱钢自主创新取得“四成果”》，《冶金信息电讯》（莱钢内部资料）2012 年第 8 期，第 34 页。

量本质化控制方面，工艺设备参数群控制合格率始终保持在95%以上。2007~2008年吨钢质量异议损失连续同比降低80%以上，2009年比2006年降低了97%以上。在主要技术经济指标中，2009年入炉焦比达到345.07千克/吨，同比降低26千克/吨；高炉喷煤比172.13千克/吨，同比提高17.75千克/吨；转炉钢铁料消耗1071.52千克/吨，同比降低15.3千克/吨。CCPP、干熄焦、烧结机脱硫等一批节能减排技术开发应用，降低了吨钢综合能耗，提高了自发电比例和固体废弃物资源利用率，在降低能耗的同时，也促进了循环经济的发展。

莱钢通过科技攻关促进了降本增效。以特钢事业部为例，通过实施含硼钢工艺优化、蒸汽管网改进、无缺陷连铸坯工艺优化等几十项科技降本项目，仅2010年就累计降低综合产品成本达800余万元。其中，在电弧炉炼钢流程能量优化利用技术投入应用后，减少了生产排污，月节约排污费约1万元；所产生的蒸汽供应真空炉生产，年节约柴油费用1200万元以上；对烟尘进行有效抽集和净化回收，月增加收入约45万元①。在钢铁行业面临高成本、低收益的严峻形势下，莱钢依靠科技创新降低生产成本，实现了向科技要效益。

（4）支撑非钢产业异军突起。

莱钢实施了结构优化产业升级规划，在钢铁主业利润持续受到挤压、盈利水平降低的情况下，做强非钢产业，提高非钢产业效益，这是钢铁行业“调结构、转方式”的题中应有之义，是钢铁企业提高效益水平，保持企业可持续发展的重要举措。如何以钢铁业务为核心，发展好非钢铁业务，避免进入“多元化陷阱”，莱钢一直在探索。除了依据资源状况、运输条件、人才储备、市场分析等实际情况，遵循产业发展的客观规律，坚持业务相关协同发展的原则、延伸上下游产业链，莱钢在发展非钢产业时，还充分考虑了利用并进一步发挥自身技术创新的优势。钢结构绿色节能住宅建筑体系和粉末冶金产业，就是突出的两个范例。

2001年，莱钢依托主导产品H型钢，独家承担了建设部重点研究课题——“H型钢钢结构节能住宅建筑体系研究”，于2003年9月通过了建设部的鉴定。莱钢建设公司编制的《莱钢钢结构绿色节能住宅建筑体系技术导则》，通过建设部和山东省建设厅的论证和审核，已经成为山东省钢结构绿色节能住宅领域的行业标准。莱钢成为国内最早系统研究开发钢结构住宅建筑体系、结构体系、施工组织体系、墙体材料开发体系的单位，并开发建设了钢结构建筑示范工程。莱钢

---

① 《莱钢2010年度企业现代化管理创新成果》，2011，第30~36页。

的钢结构绿色节能住宅建筑体系先后荣获首届全国绿色建筑创新奖、山东省科技进步一等奖、全国十大建设科技成就奖等，莱钢建设公司也成为建设部钢结构绿色节能住宅技术产业化基地。目前，莱钢在巩固和拓展钢结构住宅体系的基础上，积极向大型桥梁、石油平台、立体车库以及高架铁路领域延伸，并在磁悬浮轨排产品的开发上有了新的突破①。

在成功完成国家“863”计划项目后，2000年末，莱钢集团粉末冶金有限公司建成年产1500吨水雾化钢铁粉末生产线，这是具有自主知识产权的第一条国产钢铁粉末生产线，产品质量处于国内外领先水平。经过十几年的发展，莱钢粉末冶金公司现已成为国内唯一拥有还原制粉和雾化制粉两条生产线的钢铁粉末生产基地和国家“863”成果产业化基地，是亚洲最大的粉末冶金生产基地②。

2. 推动技术进步和创新的经验

莱钢自建厂之日起就不断追求技术进步和升级改造，并为促进科学技术研究管理工作反复调整科研工作管理体制和技术研发机构设置，最终形成了既符合钢铁行业技术进步规律又符合莱钢发展实际的完整的技术创新体系。在此过程中，莱钢充分发挥了自身作为国有企业在科技创新方面具有的资金投入优势、研发机构优势、群众性技术革新优势，并通过科技管理体制改革和学习型组织建设等途径，不断完善考核激励机制、加强科研队伍建设、营造创新文化氛围，在创出科技成果和企业效益的同时，也积累了一系列推动技术进步、加速技术创新的成功经验。

（1）将科技发展特别是自主创新作为做强莱钢的战略基点。

莱钢在改革开放和市场经济的大潮中，由一个地方中型钢铁企业，高速度、高水平地发展成为年产量逾1400万吨的国有大型钢铁企业，一条重要的经验，就是高度重视技术进步，把产业发展的基点放在技术进步特别是增强自主创新能力、发展自主知识产权的基础之上。

早在1979年，莱钢就召开了首次科学技术大会，在随后的三年中，全莱钢共提拔处级干部157名，其中专业技术人员68名；发展党员235名，其中各类专

---

① 《发展绿色环保建材，延伸钢铁产业链条——莱钢发展钢结构绿色节能住宅建筑体系概述》。

② 《变废为宝的经典之作》，2005。

业技术人员104名，占44.26%①。科技人员有了施展才华的舞台，莱钢的腾飞也有了更加坚实的基础。进入21世纪以来，莱钢响亮地提出了建设“科技莱钢”“数字莱钢”的宏远目标，特别是进入“十一五”时期以后，不仅将科技发展定位于支撑和引领莱钢做大做强的战略基点，致力于“做强莱钢技术支撑体系”的建立和完善，而且把增强自主创新能力作为调整优化工艺和产品结构、转变发展方式的中心环节。

（2）在技术引进、消化吸收再创新的高起点上推进自主创新。

从建厂初期的620立方米高炉，到20世纪90年代利用外资改扩建，从H型钢系列生产线的引进，到宽厚板生产线的建成，莱钢从来都是充分利用国家政策支持以及对外开放等有利条件，积极引进先进技术设备，推动产品结构升级，推动产业的跨越式发展。莱钢强调，自主创新绝不是否定、排斥引进先进技术，而是在引进国内外先进技术的同时，抓好消化、吸收和再创新工作，从而在更高的起点上推进企业的自主创新②。在制定“科技莱钢”的发展目标时，莱钢提出“抢占国际冶金技术制高点，坚持技术引进移植和自主研究开发并举，大力引进先进、经济、适用的技术”③。例如，莱钢在“十五”期间引进国际先进的高炉顶燃式热风炉、高炉炉底烧蚀监测等在冶金行业领先的“十大亮点技术”，通过引进、消化、吸收和再创新，全面提高了莱钢冶金生产的科技含量，提高了资源综合利用率。特别是焦炉干熄焦技术、高炉干法除尘技术、转炉干法除尘技术的应用和改进，使长期制约我国冶金行业污染治理效果的关键技术获得重大突破，也使莱钢在钢产量连续三年列全国钢铁企业增幅第一的情况下，实现了增钢而不增水、不增污、不增废。

（3）以市场为导向加速技术创新成果向现实生产力转化。

进入改革开放新时期之后，莱钢迅速适应了从作为“三线”工厂、按国家计划要求完成产量向作为市场竞争主体、面向市场用户需求的角色转变，注重科研成果的转化、产业化应用和市场开拓。特别是21世纪初以来，钢铁行业产能不断释放，由卖方市场转为买方市场，莱钢围绕市场需求和企业生产经营需要开展技术研发，实行了以市场用户为导向的产销研一体化运作模式，加速新产品产业

---

① 《钢铁企业的精神》（电子版），2005，第22页。

② 《自主创新：国有大型企业的历史责任——莱芜钢铁集团有限公司的实践与思考》，《求是》2006年第8期。

③ 《莱钢年鉴（2004）》，第386页。

化、工程化应用，以技术创新推动经济效益提高，以良好经济效益支撑技术创新，从而实现了技术创新和经济效益的良性循环。在应对2008年国际金融危机冲击的过程中，莱钢抓住国家推出钢铁产业调整和振兴规划的有利时机，加大市场开拓力度，主打适销对路的“双高”（高技术含量、高附加值）产品。莱钢自主研发的欧标核电工程用H型钢批量上市，成为核电工程用尖端H型钢的国内首家生产和供货企业。莱钢开发的系列新型门架槽钢，打破了国外异型钢的垄断地位，推动了叉车制造业国产化进程，在国内占到了80%以上的市场份额①。

（4）促进科技创新与观念创新、体制创新和管理创新相结合。

在企业创造并实现价值的活动中，任何能提升价值创造或实现能力的行为都可以成为创新。可以说，企业的任何活动都可以成为创新的对象，都可以进行创新。莱钢的领导层深谙这一真谛，将自主创新视为一项系统工程，将科技创新与观念创新、体制创新和管理创新结合起来，在使科研成果转化为生产力的同时也形成了企业的持续创新能力。在莱钢，观念创新处于先导地位，体制创新成为重要保障，管理创新则是基础，共同构成企业技术进步和创新的沃土。

（5）实现高端专业技术研发与群众性全员参与技术革新相结合。

人们对于技术创新的认识，存在两种常见的误解：一种观点认为，创新就是创造新技术、新产品、新工艺；另一种观点认为，创新是研发部门和高层管理者的事情，普通职工不用或不能创新。而在莱钢人眼里，创新是全方位的，即使是技术层面的创新，也不只是研发部门的事情，它需要研发、生产、市场、财务等各个部门协调配合；创新并不是高不可攀的，也不是专家学者的专利，只要能有效地改善工作、改进工艺、提高效率、创造价值，就是创新。因此，莱钢树立了“人人可成才，人人可创新，事事可创新”的创新观，将职工作为创新主体，开展群众性经济技术创新，尊重群众的首创精神，使创新“飞入寻常百姓家”。

实际上，莱钢群众性的合理化建议和“双革”活动，早在1972年建厂初期即有所开展，但因十年动乱造成的消极因素，收效甚微。1979年以后又逐步恢复，仅1979年上半年，全莱钢的技术革新项目就达到了238项。1972～1985年，全厂共实现合理化建议和“双革”项目2296项，其中有较大经济效果的210余项，取得经济效益1200余万元。

① 刘传佳、单保江：《加大科技投入，莱钢“双高”产品销售比重达44%》，《经济日报》2009年4月29日。

10余年来，莱钢以开展学习型企业创建活动为载体，鼓励职工树立“终身学习”的理念，强调团队学习，要求职工做到“工作学习化，学习工作化”。运用系统思考，对炼钢系统进行了工艺优化和结构调整，实现了转炉炼钢系统全连铸和高效运行，推动了转炉炼钢技术的进步；炼钢厂职工在交流中形成的《转炉操作指导书》，促进了整个炉前操作水平持续提高。全国“五一”劳动奖章获得者、锻压厂轧钢车间轧钢甲班班长朱奎，多年来建议和实施了粗轧升降台限位指示装置、L型翻钢工具、粗轧进钢控制装置、切分轮冷却装置等数十项小改小革。山东省优秀共产党员、型钢厂职工王培文，参与完成的H型钢、工字钢、角钢等多种规格的新产品开发，通过实施坯料断面尺寸加大、增设火焰切割机、新增冷锯等项目，使每支钢的轧制时间缩短了20%，为H型钢产能提升作出了突出贡献①。如今，学习型、复合型职工已成为莱钢职工的主流，莱钢被国务院授予“国家技能人才培育突出贡献奖”。

3. 未来“科技莱钢”寻求持续突破

当前，莱钢的技术进步与创新正处在一个阶段性转折时期，即由吸收和消化国内外先进技术和二次创新为主转向自主创新，在主体设备和技术水平达到国内先进水平之后，进一步追踪国内外钢铁产业的技术前沿，以求获得更多的技术优势，进而实现工艺结构优化、产品结构调整、产品质量和品牌提升、降本增效、节能减排和循环经济等多个方面的新突破。站在新的历史关口，莱钢在总结自身技术进步经验的基础上，结合国内外钢铁行业技术创新态势和企业发展实际，将目光投向了未来。

（1）钢铁行业迎接多重挑战需要依靠科技创新。

展望未来一段时期，从国际环境看，发展中国家特别是新兴经济体国家经济持续增长为钢铁工业提供了新的市场空间，同时也将加剧各国钢铁企业间的竞争。另外，国际金融危机影响深远，国际钢铁市场各种形式的贸易保护主义抬头，围绕市场、资源、标准等方面的竞争更加激烈。全球铁矿石等原燃料供应及价格波动将对我国钢铁工业的运行继续产生重大影响，应对气候变化和环境保护等因素对钢铁工业发展提出了更高的要求。在国内环境方面，经济发展对钢铁消费的需求还将继续增长，但增速减缓。转变经济发展方式将降低单位国内生产总

---

①《莱钢志》第5卷，第548～550页。

值钢铁消费强度，新型材料将取代一部分钢铁产品，下游行业转型升级和战略性新兴产业发展将对钢材品种质量提出更高要求。资源环境约束趋紧，节能减排将继续抑制钢铁产能释放。钢铁生产成本压力继续增大，经营风险进一步增加。

据中国钢铁工业协会统计，2011 年会员钢铁企业平均销售利润率仅为 2.42%，远低于同期全国规模以上工业企业平均利润率水平。在危机后的若干年内，世界经济将呈现低速增长，市场需求不可能出现较大的新增容量。对于中国钢铁业来说，必须认清这种重大态势变化具有明显的时代阶段性特征，要坚持强化科技创新和技术改造，大力淘汰落后和低水平钢铁产能，努力推进钢铁企业改革重组①。

就技术创新而言，我国钢铁行业总体上自主创新能力仍然不强。据统计，钢铁企业研发投入只占主营业务收入的 1.1%，远低于发达国家 3% 的水平。多数钢铁企业技术创新体系尚未完全形成，自主创新基础薄弱，工艺技术装备和关键品种自主创新成果不多。我国钢材产品实物质量整体水平仍然不高，只有约 30% 可以达到国际先进水平。少数关键品种钢材仍依赖进口，高强度、耐腐蚀、长寿命、减量化等高性能产品研发和生产技术水平有待进一步提高。因此，国家《钢铁工业“十二五”规划》提出，要把自主创新作为钢铁工业可持续发展的重要支撑，强化钢铁企业技术创新主体地位，加快原始创新、集成创新和引进消化吸收再创新，完善技术创新体系，培育自主知识产权核心技术和品牌产品②。

（2）国际国内技术创新的发展方向。

在未来一段时期内，我国钢铁工业技术创新的重点新工艺和新技术主要是非高炉炼铁技术，新一代可循环钢铁流程技术，钢材强韧化技术，新一代控轧控冷技术，大型电炉设备成套技术，薄带连铸连轧短流程产业化技术，煤针状焦产业化技术，工业核心工艺控制器系统（CCTS）研究与开发。同时，还要深入推进节能减排，进一步推广普及应用干法除尘、蓄热式燃烧等节能技术，加强冶金渣、尘泥等固体废弃物的综合利用，发展循环经济。

从钢材产品的升级方向来看，适应建筑业减量化用钢趋势，国家将重点发展 400 兆帕及以上高强度螺纹钢筋、抗震钢筋、高强度线材，在钢结构建筑领域重

① 刘岚：《后金融危机时代世界钢铁业发展趋势及对中国的影响分析》，《现代商业》2012 年第 3 期。

② 《国家钢铁工业“十二五”规划》，中央人民政府网站，http：//www.gov.cn/zwgk/2011－11/07/content_ 1987459.htm，最后访问日期：2011 年 11 月 7 日。

点推广高强度、抗震、耐火耐候钢板和H型钢的应用，对机械行业应用产品重点发展高强度、低合金中厚板和高强度棒材，对造船业应用产品重点发展油船用高品质耐蚀船板、大型液化天然气运输船用低温压力容器板和高强度船板等。对于特殊钢，重点开发绿色低碳节能环保型钢材以及装备制造业、航空航天业所需的高性能特钢材料。

观察日本、德国、美国等发达国家的钢铁行业科技发展趋势，节能环保型技术和高强度、高性能钢铁产品是技术创新的重点所在。例如，根据日本知识产权研究所的统计，在新日铁每年的有效专利中，高级钢材相关的专利数量都在1000件左右，技术优势十分明显。新日铁目前主要研究领域有：提高开发和供应中高级钢铁产品的能力，以适应不同的市场需求；促进利用低级煤、铁矿石和其他燃料、原料的技术，使公司能够应对原料和燃料质量下降的趋势；开发能够支持可持续发展的环保型技术。又如，西门子收购奥地利的奥钢联工程技术公司之后成立了西门子奥钢联冶金技术有限公司，开发了COREX技术，它是一种使用块矿或球团矿作为原料、使用非焦煤作还原剂和燃料的熔融还原炼铁工艺，由于使用非焦煤，无须焦化、烧结设备和配套的基础设施，投资成本少，而且与常规高炉相比排放显著减少。该公司的转炉二次除尘系统、能源管理技术、转炉煤气回收等，也都有效地降低了能源成本，促进了循环经济的发展。

（3）莱钢进一步增强自主创新能力的突破点。

莱钢的未来发展规划正是基于上述的钢铁产业大趋势大背景。

“做强钢铁主业，提升钢铁主业盈利水平”是莱钢“十二五”战略规划确定的核心命题，其内容可以概括为：“一个核心目标”，即本部钢铁主业三年内吨材盈利能力达到或超过行业平均水平；“两期战略步骤”，即按照发展要求和重点的不同，未来发展分为两个阶段，包括3年追赶期、4年超越期；“三条战略举措主线”，即以推进“产品升级”、持续“成本改善”、深化“创新提升”为主线；“四大产品细分定位”，继续坚持“特钢做特、板带做专、型钢做强、棒材做优”的原则。

在注重发展主业的同时，莱钢清楚地认识到，在今后一个时期内钢铁行业将在一定阶段处于低盈利水平，因此，坚持“一业为主、相关多元”的发展思路，高效发展非钢产业，才能有效规避经营风险。莱钢把推动非钢产业高效发展提升到一个新的战略高度，把改制子公司的发展纳入集团公司“十二五”战略规划，加强战略指导、运营支持和资产运行监督，增强价值创造能力和风险控制能力，最终要把莱钢集团打造成为以钢铁为主体、相关产业协同发展的“联合舰队”。

目前，莱钢集团公司高层已经对涉及莱钢未来发展的重大问题进行了一些战略思考，围绕着未来“科技莱钢”的创建、进一步增强自主创新能力寻求重要的突破点。

在技术创新方面，第一，要实现工艺结构优化的新突破，加快推进实施特钢系统优化升级改造项目、银山型钢区域洁净钢平台建设，对已有生产线进行优化升级改造，最大限度地优化和提升现有工艺装备能力，实现工艺流程的系统优化升级，突出解决生产运行效率低、资源能源利用水平低、产品质量档次低等问题。第二，要实现产品结构调整的新突破，坚持自主开发、技术引进和联合开发相结合，本着“特钢做特、型钢做强、板材做专、棒材做优”的原则，大力开发适销对路的产品，实现钢铁产品系列化、专业化、差异化，向中高端产品领域延伸。第三，要实现产品质量和品牌提升的新突破，按照做特色、出精品、创品牌的要求，为用户提供高质量的产品和满意的技术服务。第四，要实现降本增效的新突破，要通过技术创新，优化工艺结构、炉料结构，提高技术经济指标水平，提高降本增效的技术含量，逐步建立低成本竞争优势。第五，要实现节能减排和循环经济的新突破，打造环境经营价值链，提高循环经济技术水平。

莱钢从不把创新简单地理解为只是技术层面的创新，而是强调，要实现技术创新首先要着眼于制度创新，力求在促进技术进步的制度创新方面实现新的突破。为此，莱钢提出，一是进一步加强科技创新体系建设，不断优化和整合内部技术与创新资源，尽快从产品研发向用户应用技术研究、工艺装备研究等领域拓展。二是进一步完善科技创新激励机制，充分激发各个层次的创新活力，形成推动科技创新的强大合力。三是进一步加大科技创新投入，每年提取不低于销售收入3%的资金用于技术研发，优化投入结构，提高科研经费的使用效率。四是进一步加强科技人才队伍建设，不断优化人才成长的学术环境、创新环境，建立起多层次的科研人才梯队。五是进一步营造创新文化环境，强化全员创新意识，把广大干部职工、科技工作者的智慧和力量，转化为丰富的科技创新成果①。

（四）推动技术进步与创新的启示和思考

莱钢多年来坚持不懈地推动技术进步和技术创新，抓住走新型工业化道路的

① 莱钢领导：《在莱钢科学技术奖励大会上的讲话》，2011年3月14日。

契机全面创建“科技莱钢”，形成并保持了一定的技术优势，从而为钢铁主业和相关非钢产业的跨越式发展、工艺结构调整和产品升级、降本增效的深入开展以及节能减排和循环经济的推进提供了有力的支撑，其成功实践与宝贵经验为我们提供了有益的启发。

1. 国有企业发展日益突出科技创新主题

在一些人的观念中，国有企业由于能够从市场垄断或政府的政策中获得丰厚的利润，因此不太会重视市场需求，从而缺乏科技创新的动力；国有企业激励体系不完善，导致企业经营者干好干坏既不影响自己的收入，也不影响自己的“乌纱帽”，因而不会主动地推动技术创新。事实上，这种简单推断并不符合我国国有企业的现实。目前我国国有企业一方面在重要行业和关键领域的控制力和影响力不断增强；另一方面，在国有企业比较集中的钢铁、有色金属、化工、建材、建筑、机械制造等行业，已经形成充分竞争的格局。在中央企业中，除2家电网企业、3家电信企业、3家石油石化企业、10家军工企业、2家粮棉储备企业和1家盐业企业共21家企业外，其他企业都处于竞争性领域①。

莱钢作为一家省属国有企业，其所在的钢铁行业已经引入了充分的国内市场竞争，国有企业和其他所有制企业一道同台竞技，国有企业的产品要同民营企业的产品、同进口的国际钢铁企业产品相互较量、赢得客户，而在企业之间比产品、比质量、比成本、比环保的背后，都需要有强大的技术能力作为支撑。“九五”期间，决定走专业化、差异化道路的莱钢从新日铁引进了具有20世纪90年代世界先进水平的中型H型钢生产线，填补了当时国内中小型H型钢市场空白；“十五”后期，我国钢铁工业开始实施战略转型，莱钢决定在持续优化老生产系统的同时，从德国引进具有国际先进水平的大型H型钢生产线，填补了国内大型规格产品的空白。莱钢自行设计的H型钢生产线专用打捆机，也成为专利技术产品，使莱钢不仅能卖钢铁，更能卖技术、卖专利。目前莱钢已成为全国规模最大、规格最全、最具市场竞争力的H型钢精品基地。

毋庸讳言，当前莱钢面临着钢铁企业所共同遭受的高产量、高成本、低效益的矛盾困境，以及资源对外依赖、环境约束等制约因素。在深入领会中国钢铁工

① 温源、冯蕾、郭丽君：《国企怎么了》，《光明日报》2012年4月18日。

业协会提出的要加快实现“四个转变”① 的号召之时，莱钢认识到，加快“四个转变”的关键在于技术创新；在学习宝钢经验的过程当中，莱钢认识到，宝钢之所以能成为我国钢铁行业的领军企业，2010 年实现利润居同行业世界第二，重要的原因就在于其产品技术含量高、附加值高、市场信誉高；在钢铁市场需求低迷的条件下，莱钢认识到，宝钢等企业的产品之所以价格坚挺，是得益于其产品附加值高，而另一些企业之所以勇于大幅降价，是得益于其成本低、有降价的资本，这两种竞争力的取得，归根结底都是因为这些企业有技术实力作为支撑、自主创新能力强②。

莱钢的成功实践及其面临的发展环境，至少说明了以下三个问题。

第一，我国已进入企业成为创新主体的新时期，国有企业承担起技术进步和自主创新的主体作用，不仅是其自身增强核心竞争力和可持续发展能力的要求，也是时代赋予国企特别是大型国企的历史使命。

国有企业是国家加快推进新型工业化建设的有效载体，是实现跨越式发展赶超、建设创新型国家的引领力量，国有企业的技术进步和自主创新对于加速国家工业化进程、保障国家经济安全、完善国民经济体系和提高产业科技水平发挥着不可替代的重要作用。

当前，技术创新对经济发展的支撑作用更显重要，各国企业围绕抢占世界科技和经济制高点的竞争更加激烈。特别是自 2008 年以来，全球经济增速放缓，许多国家纷纷加强科技创新，加强前沿基础研究，加强人才培养。跨国公司成为新一轮技术革命和产业竞争的主角，即使在“最糟糕的日子”里仍然把研发投入放到优先位置。欧盟发布 2010 年度全球企业研发投入排行榜，上榜的 1400 家公司净销售额下降 10.1%，利润下降 21%，而研发投入仅减少 1.9%③。与发达国家相比，我国企业技术创新还存在明显差距，是制约我国工业发展水平和国际竞争力的重要原因，也是我国工业在走上创新驱动、内生增长道路的过程中必须解

① 在生产经营上，要由追求产量扩张，靠增加资源投入的粗放经营，向注重品种质量效益提高，靠技术进步，科学管理，人才成长的集约化经营转变；在企业发展上，要由只注重钢铁主业发展，向既做强钢铁主业又向钢铁上下游产业链延伸的一业为主、适度发展相关多元产业转变；在新增产能和产业布局调整上，要由过多在内陆发展，向沿海和靠近原料出产地、靠近用户的地区发展转变；在科技创新上，要由消化引进技术集成创新，逐步向更多的原始发明创新，能引领行业发展转变。

② 莱钢领导：《在莱钢科学技术奖励大会上的讲话》，2011 年 3 月 14 日。

③ 孔迪：《央企科技新动力》，《中国企业报》2011 年 6 月 24 日。

决的关键问题。作为技术创新主体，企业技术创新任务十分艰巨，国有企业担负的使命尤为艰巨。国有企业在国民经济发展中起主导作用，更是国家创新体系主体中的领军者，是技术创新的排头兵。国有企业要通过拥有的资本实力和创新实力，努力突破制约产业发展的关键技术，抢占产业发展与国际竞争的制高点，发挥国有企业面向未来主导产业的先导性作用，带动中国企业在原始创新、集成创新和引进消化吸收再创新的过程中取得新的突破。

国有企业在科技创新方面具有资金优势、人才优势、研发机构优势和群众性技术革新的优势，这些优势中既有传统体制下形成的深厚基础，也有企业凭借自身努力在市场经济大潮历练中形成的新优势。2009 年，仅中央直属国有企业的研发经费投入总额就达到了 1468 亿元，相当于全国研发经费投入的 31.8%；截至 2010 年底，已有 65 家中央企业进入国家级创新型企业行列，中央工业企业全部建立起了国家级的研发机构。实践表明，国有企业作为引领行业技术进步与技术创新的排头兵，成为国家创新体系中的主力军，成为建设创新型国家的中流砥柱。那些认为国有企业只适合生存在垄断环境的“保温箱”里、国有企业没有市场竞争力和生命力、公有制经济和市场经济无法有效结合的观念，与现实发展是格格不入的。在市场竞争激烈的高科技领域，国外企业不会轻易转让其核心技术。因此，国有企业必须坚持“以我为主”的自主创新方针，带头在原始创新、集成创新和引进消化吸收再创新的过程中争取新的突破，带头开发和掌握主导产品核心技术，争取接近和达到国际先进水平。

在钢铁行业，这样的成功探索不胜枚举。莱钢 H 型钢产品以其卓越品质被广泛用于奥运会主场馆“鸟巢”“水立方”、京津电气化铁路、核电工程等国家重点工程，成功开发出中低速磁悬浮轨排 F 型钢等多项具有完全自主知识产权、填补国内空白的新产品，型钢领域的技术研发水平和生产技术水平跨入国际领先行列；在先后经由十几轮试验、攻克 30 多项技术难题后，武钢终于成功开发出三峡大型发电机所需的高端无取向硅钢；宝钢在高起点引进的基础上，通过消化、吸收和二次创新，逐步形成了具有自身特色的自主创新体系，如在消化吸收“中低牌号无取向硅钢”产品的基础上，自主开发成功“高牌号无取向硅钢”和“取向硅钢”产品；太钢研发新产品替代进口促使国外产品大幅度降价，以“超超临界火电机组用关键锅炉管技术开发”为例，P92 锅炉管国产化后，进口产品每吨平均价格由约 16 万元降至 8 万元；鞍钢急国家之所急，应三峡总公司求援，研制成功三峡蜗壳用钢板，是打破国外的垄断和封锁三峡右岸工程向我们“卡脖子”局面的重要研究成果，不仅完全满足了三峡水电工程对水轮机组蜗壳制造的需求，而且形成了具有鞍钢自主知识产权的技术。

尽管所有制的差异已经不成为判断钢铁行业中企业竞争力优劣高下的标准，国有企业和民营企业逐渐形成平等竞争、相互促进的格局，但我们关注到两个基本事实：一是钢铁产业属于资金密集型、技术密集型产业，国有企业具有更加明显的规模优势、资金优势、人才优势、研发机构优势和群众性技术革新的优势，多为特大型骨干企业，而民营企业中像沙钢这样能够跻身世界500强的钢铁强企毕竟属于凤毛麟角，总体的技术水平和创新能力不高。二是在每一个国有大型钢铁企业的周边及上下游产业链上，都分布着众多民营钢铁企业，它们多采取模仿跟进战略，利用国有企业开拓出的基础设施、技术模式、市场用户等良好产业生态，形成近距离的竞争、协作、优势互补和产业配套，共同分享发展的成果。可以说，钢铁行业的进步发展与科技创新，仍然是国有企业在起着主导和领军作用。

第二，以莱钢为一个缩影，我们不难发现，现代国有企业已经能够充分认识到，谁在科技创新上占优势，谁就拥有发展的主动权。因此，绝不会对科技创新无动于衷、在技术进步上裹足不前，而是在外部市场竞争压力和内部激励动力下，时刻保持着紧迫感、危机感，十分重视技术进步，重视提升自主创新能力。

如今，市场竞争压力已成为国有企业进行科技创新的重要动力来源。从科技创新成果来看，处于钢铁、水泥、纺织等完全竞争领域的一批国有及国有控股企业在新产品开发、专利数量、新产品产值和销售收入等方面都取得了不俗的成绩。根据《2010年中国企业自主创新评价报告》，2009年国有企业创新产品销售收入占工业前100位企业新产品销售收入的比重最大，达到了40%，远远高于私营企业、集体企业、中外合资企业等其他类型的企业①。据统计，2006～2010年，中央企业科技投入年均增幅为28.5%，专利的申请和授权数量年均增幅为40%②。

就钢铁行业而言，从全球钢铁工业看，优势企业都力争通过科技创新把握未

① 中国企业评价协会编著《2010中国企业自主创新评价报告》，中国经济出版社，2010，第33页。

② 王勇：《全面提升科技创新能力　努力打造具有国际竞争力的世界一流企业——在中央企业科技创新工作会议上的讲话》，国务院国有资产监督管理委员会网站，http://www.sasac.gov.cn/n1180/n2335371/n2335449/n2335705/13743397.html，最后访问日期：2011年7月30日。

来钢铁工业工艺、技术、产品的发展方向，特别是在当前全球钢铁业处于低迷的情况下，一些企业反而进一步加大科技创新的投入，以便在全球钢铁业竞争中长期处于优势地位。从国内钢铁行业看，一方面，钢铁工业在快速发展的同时，重复建设严重、产能过剩、资源环保压力加大等深层次矛盾日益突出，生产经营面临严峻形势，这就要求我们必须通过科技创新寻求钢铁工业新的发展模式，寻求新的增长点和新的盈利模式；另一方面，随着我国钢铁工业科技水平与国际先进水平的差距逐步缩小，涉及钢铁产业的战略性重大技术已经难以通过引进吸收方式来获取，只有通过自主创新才能实现。因此，通过科技创新促进我国钢铁工业的转型升级已经成为全行业重大和紧迫的任务。中国钢铁工业协会提出，实现钢铁工业转型升级，就是要在生产经营、企业发展、产业布局、科技创新方面实现“四个转变”，其中在科技创新上，要由消化引进技术集成创新，逐步向原始发明创新、能引领行业发展转变。

如前所述，莱钢将科技发展定位于支撑和引领莱钢做大做强的战略基点，把增强自主创新能力作为调整优化工艺和产品结构、转变发展方式的中心环节。莱钢深入领会中国钢铁工业协会提出的加快实现“四个转变”的号召，并深刻认识到加快“四个转变”的关键在于技术创新。

第三，在现代市场经济条件下，国有企业特别是处于竞争性领域的国有企业，绝不会自然而然地就能捧上“金饭碗”，只有高度重视技术进步与自主创新，只有依靠科技创新，才能领先于竞争对手，获得科技创新带来的收益，才能增强核心竞争力，才能实现产业的跨越式发展，才能做大做强做优，最终实现企业的可持续发展。

目前，我国钢铁工业在科技创新方面仍然面临一些问题，突出表现在：一是自主创新、原始创新不足，体现钢铁工业竞争实力的核心技术尚未完全掌握，仍处于追赶阶段；二是部分钢材品种还不能完全适应用钢行业需求；三是促进企业自主创新机制尚不健全，科技人才总量不低，但高层次科技人才、领军人才不足，企业研发投入远低于发达国家的水平；四是支持企业创新投入政策力度不够，国家引导社会创新资源汇聚企业的相关政策还不完善①。

客观地说，莱钢技术进步的起点并不高，无法与改革开放之后建成投产、从一开始就瞄准世界一流水平的宝钢相比，也不如传统的钢铁生产基地鞍钢、武钢

① 王青海：《大力加强科技创新，推动我国钢铁工业转型升级——在钢铁工业科学技术大会上的讲话》，《中国钢铁业》2012 年第 10 期。

等，在科技人才的引进和激励方面不如沿海发达地区的钢铁企业有地域优势，也出于国有资产管理体制等原因而不能像民营企业一样用高薪吸引急需的技术人才。但是，勇于追赶技术创新脚步的莱钢人，在主体设备和技术水平达到国内先进水平之后，进一步跟踪国内外钢铁产业的前沿技术，积极地筹划由吸收消化国内外先进技术和二次创新为主转向自主创新。从这个角度来说，莱钢能在激烈的市场竞争中夺得一席之地，保持在大型H型钢、粉末冶金等领域的全国单项冠军地位，在国际金融危机的冲击之下仍不放弃储备技术资源，这本身就说明莱钢在技术进步和创新方面始终未曾懈怠，科技莱钢的建设为企业做大做强提供了有力的支撑。

中国共产党十八次代表大会报告中提出：“科技创新是提高社会生产力和综合国力的战略支撑，必须摆在国家发展全局的核心位置。”① 莱钢在市场竞争的外在压力和追求超越的内在动力下，成功地促进了技术进步和创新，其生动实践已经充分证明：“国有企业的发展和进步，必须突出科技创新这个主题。”②

2. 处理好自主创新与模仿、引进再创新的关系

国有大中型企业要成为自主创新的领军企业，必须找准定位，建立研发投入的有效机制，为提高企业自主创新能力提供资金保证，加强企业技术研发机构建设，制定实施知识产权战略等等。其中一个关键环节，就是处理好自主创新与跟踪模仿、引进消化吸收再创新的关系。莱钢在这方面作出了实践探索和理论思考，强调自主创新与引进先进技术并不矛盾，自主创新的一条有效路径就是在引进国内外先进技术的同时，抓好消化、吸收和再创新工作，然后才能在更高的起点上进入自主创新阶段。

如何加快企业技术创新过程、缩短技术创新周期？一般来说，走技术跨越式发展道路是一种很好的选择。布莱基斯（Brezis）较早地提出了企业可以通过“跨越式”技术创新快速提升技术水平，并形成自主创新能力。对于“跨越式”创新机制的客观性，布莱基斯和齐东（Tsiddon）指出：由于先进企业形成明显的路径依赖甚至“锁定”，而后进企业则对新产生的技术源保持较高的敏感性，

① 胡锦涛：《坚定不移沿着中国特色的社会主义道路前进　为全面建成小康社会而奋斗——在中国共产党第十八次全国代表大会上的报告》，人民出版社，2012，第21页。

② 习近平：《在大庆油田发现50周年庆祝大会上的讲话》，《中国石油报》2009年9月23日。

有动力获取新的外在技术①。

企业的技术创新方式按照技术来源可分为自主创新、引入模仿创新和合作创新三大类。自主创新是企业主要依靠自己的研发力量，致力于率先使某种新产品（或服务）商品化的过程。自主创新的优势在于，将会形成有利于自主创新企业的较强的技术壁垒，其不足之处在于自我研发中的成功率及商业转化率很低，风险较大、成本相对较高。引入模仿创新是企业通过技术引进（如购买专利技术）方式获取技术来源，加以消化、吸收和改进的过程，在此基础上再进一步进行创新。对于实力比较雄厚的企业宜选择自主创新战略，它要求企业资金雄厚，有较强的营销能力及持续创新能力，自主创新式跨越具有市场和技术的率先性。对不具备上述特点的经济技术相对落后的企业宜选用引入模仿、合作等创新模式。

近年来，我国国有企业创新发展的轨迹与趋势，正努力从跟踪模仿创新向开创性创新转变，从单项技术创新向集成创新转变，从面向性能指标的技术创新向科研生产设备全寿命周期的能力创新转变。

一方面，随着我国的经济发展和产业技术水平的提高，以自主知识产权为基础的产业技术来源会变得越来越重要。一味地进行技术模仿，尽管可能获得短期的经济利益，但从长期来看，将丧失技术创新的能力。特别是对于重要的战略产业和核心技术，实际上很难从简单的国际转移中获得。自主创新能力已经成为企业竞争力的决定性因素，国有企业应从注重跟踪模仿向重视自主创新转变，从注重单项技术开发向加强集成创新转变，注重提高科技原始创新能力，不断加快国有企业科技创新、转化和技术更新的速度。

另一方面，莱钢的实践充分说明，自主创新绝不是否定、排斥引进先进技术，而是在引进国内外先进技术的同时，抓好消化、吸收和再创新工作，从而在更高的起点上推进企业的自主创新。值得强调的是，在抓好原始创新和引进消化吸收再创新的同时，还应大力提倡集成创新。集成创新是通过有效集成各种要素，通过优化组合的创新，从而达到“1 + 1 > 2”的集成效应。事实上，当前世界上许多创新都是在现有技术基础上通过技术集成而产生的，它是企业自主创新的一种重要形式，是我国国有企业在现阶段提升自主创新水平的重要途径。

---

① Brezis, Krugman and Tsiddon, “Leapfrogging in International Competition: A Theory of Cycles in National Technological Leadership,” *American Economic Review*, Dec., 1993. 转引自雷宏振、张美玲《企业技术创新“跨越式发展”模式的比较分析》，《科学管理研究》2008 年第 2 期。

3. 处理好技术创新与坚持市场导向、追求利润目标的关系

莱钢树立了市场用户第一的理念，建立了产销研一体化的运行机制，根据市场信息反馈，加强现有产品的改进和新产品的开发，获得了客户的认可，也获得了良好的效益回报。坚持市场导向，也是新日铁等世界先进钢铁企业的成功之道。新日铁是日本最大的钢铁企业，2012 年 10 月 1 日与住友金属正式合并，成立了新日铁住金股份有限公司。新日铁研发工作的一大特点就是，坚持强化研发和工程技术的结合，保证研发工作的实用性，强化以用户为主的研发体制，强化满足用户建议的方案。

从根本上说，技术创新是企业实现经济效益的一把利器，两者是相统一的。企业具有自主创新能力，不仅在于能够产生科研成果，更在于能够进行成果转化、产业化应用和市场开拓。客户才是企业经营活动的出发点和归宿，一切不符合市场需求的产品或服务都无法获得客户的“货币投票”，技术创新取得其商业价值的最终环节也是客户。某些传统国有企业习惯于从内部优势出发，而不是从客户的需求出发进行技术创新，这就常常导致产品或服务不能被客户接受，这样的技术创新显然难以取得良好的商业价值。

但是，我们不得不承认，某些技术创新又是一种代表未来发展方向的战略储备，可能暂时不会体现在利润指标上，甚至对企业当前实现更高的经济效益形成了较大压力。这是因为，创新活动本质上也是一种投资，需要资金投入，需要承担风险，面临很多的不确定因素。而企业为了提升竞争力，可以选择在三个方面进行投资：市场推广、设备投资和技术创新。到目前为止，对企业竞争力影响最大的是第一种——市场推广（也就是扩大市场规模），其次是设备投资，最后才是技术创新的投资（特别是自主技术创新的投资）。尤其是对于国有企业负责人而言，负有国有资产保值增值的经济责任，而且经济绩效与个人发展前途息息相关，如果进行创新就有失败的风险，而不创新也可能保住现有的一亩三分地。因此，一些国企负责人常抱有“不求有功但求无过”的心态，在创新机遇面前裹足不前。

处理好追求技术创新与追求利润目标的关系，关键是全面地理解市场对技术创新的导向作用，弄清什么是真正的“以市场为导向”。市场导向是一种“由外而内”的企业思维。吉玛（Atua hene-Gima）认为，企业在技术创新过程中追求市场导向，容易造成企业的战略短视。事实上这种观点混淆了顾客导向和市场导

向，市场导向本身并不会造成企业的战略短视。斯特拉（Slater）和奈沃（Narver）区分了顾客导向型企业与市场导向型企业，前者强调了解顾客现有需求，这种策略适合比较稳定的产业环境，在变动的市场环境中则容易造成战略短视和被动；后者不但重视顾客的现有需求，还会积极探寻顾客潜在需求①。所以，市场导向不但使技术创新容易获得商业价值，而且其由外而内的思维还能够强化部门之间的协调，其探寻顾客潜在需求的思维有助于扩大企业的经营范围，不会失去变动环境中产生的创新机会。

4. 处理好技术创新与观念创新、管理创新、机制创新的关系

到目前为止，技术创新还没有成为中国企业竞争力的主要支撑点，相对于优势跨国公司而言，中国企业整体上在核心技术方面还有一定的差距，大多还处于产业链低端，国有企业有责任在这一方面谋求突破，作出表率。莱钢 43 年的实践经验证明，创新则兴，不创新则衰。然而，创新能力绝非一蹴而就的，它并不单纯是一个资金投入的问题，也不单纯是一个市场化过程，需要企业在战略定位、思想观念、管理机制等各个方面全面推进，需要企业、政府、科研机构之间通力合作与共同努力。

一提起创新就认为是技术创新，这是现在社会上大部分人的观点，甚至很多政府部门、企业都这么认为。事实上，创新是一个经济学名词而非技术名词，包含技术、管理、商业模式等各个方面。创新是一种提升资源价值创造或实现能力的行为。泰勒的科学管理是一项创新，它使得企业价值创造能力大为增长；戴尔的直销模式是创新，改变了产品送往消费者手中的方式，提高了产品价值实现的能力；谷歌公司本身就是一项重大创新，它改变了人们获取信息的渠道和方式。莱钢早就清楚地认识到，自主创新是一项系统工程，科技创新必须与观念创新、体制创新和管理创新结合起来。因此，莱钢以观念创新为先导、体制创新为保障、管理创新为基础，整合为持续创新能力。

目前，我国国有企业仍在一定程度上存在自主技术创新意识淡薄、科技创新内生动力不够、自我研发生产能力薄弱的问题。在我国现行国有企业管理体制下，企业追求利润的动力已经得到了解决，但是追求创新的动力依然不足，之所

---

① 杜海东：《企业技术创新的制约因素及管理策略：市场导向视角的分析》，《科技管理研究》2011 年第 3 期。

以出现这一悖论，除了上面提到的认识根源之外，还有一个重要原因在于国有企业的管理体制和绩效考核机制。首先，考核指标重业绩轻创新，虽然在新的国企考核办法中也强调对技术创新能力、资源节约水平、可持续发展能力的考核，但未予以具体、量化；其次，考核期限不利于创新，业绩考核分年度考核和经营者任期考核，这使企业经营者必须把保证年度效益目标放在首位，往往与企业创新周期不对称；最后，考核方式重结果轻过程，这会引导企业追求眼前利润最大化，而对关系到长远发展的创新失去应有的热情。

因此，在推动国有企业技术创新方面，不能继续依靠传统的行政动员。要激活创新的热情，必须建立有效的绩效考核机制，通过改革国有企业的干部考核体系和人才激励机制，促使企业从长远发展战略出发，克服短期行为，增加技术研发投入，增强企业自主创新的内在动力。从国家层面来讲，目前我国的国家创新体系尚未建立起来，国家对提高全社会技术创新能力和效率的调控和推动、扶持与激励等功能有待健全。例如，知识传播系统依靠的是产学研用的结合，但我国大学和科研机构中科研人员从事的研究工作大多与企业所需脱节，科技成果很难转换为经济效益。同时，知识产权保护制度的不完善也使得知识创造者在科研成果转化方面的利益得不到保障，阻碍了技术扩散①。

进一步推动国有企业的技术进步与自主创新，还需要企业、政府、科研机构共同努力，构建官产学研相结合的自主创新体系。从莱钢近年来所取得的重要技术创新成果看，都不是只依靠企业自身的力量，而是得益于与其他科研机构的合作和行业协会的支持。例如，2012 年，莱钢有两项科技成果被授予中国钢铁工业协会、中国金属学会冶金科学技术奖二等奖，“120 立方米高炉科研解剖研究”由莱钢与北京科技大学共同研发，“烧结烟气有机胺脱硫及副产硫酸工艺技术的研究与应用”则由莱钢和山东省冶金设计院股份有限公司、北京中钢信科技发展有限责任公司共同研发。

自主创新要以企业为主体，只有科研开发的主力和经费集中在企业，才能谋求市场利益。同时，我国高校、科研院所在人才、技术、信息、研究设备等资源方面集中了大量的创新资源，如果能与企业优势互补，相互促进，将大大提高国企整体技术创新的有效性，同时还能降低技术创新的风险，缩短创新项目的开发周期。

① 金碚：《技术创新有待成为产业竞争力主要支撑点》，《中国企业报》2011 年 6 月 24 日。

国家“十二五”规划纲要提出，重点引导和支持创新要素向企业集聚，加大政府科技资源对企业的支持力度，加快建立以企业为主体、以市场为导向、产学研相结合的技术创新体系，使企业真正成为研究开发投入、技术创新活动、创新成果应用的主体。

钢铁工业“十二五”发展规划则更为具体地提出，增强冶金科研院所、高校和工程设计单位的创新动力，鼓励大型钢铁企业加大研发投入力度，推动建立企业、科研院所、高校、工程设计单位和下游用户共同参与的创新战略联盟。只有建立这样的基本框架，才能促进国有企业开展技术创新。

美国、日本、韩国等许多国家都围绕重大的创新课题，由政府部门牵头，组织企业和研究单位形成研发联盟，取得了良好的效果。我国国资委也可以牵头企业就重大创新课题建立联合研发平台并为其申请费用资助，建立国有资本经营预算制度，促进企业自主创新能力的提高①。此外，国家应加大对企业自主创新的资金支持力度，财政、税收等政策要对自主创新型企业给予优惠，对有实力、有创新精神的企业给予与高新技术产业同样的税收优惠、信贷担保等政策支持；创造良好外部环境，采用高新技术改造传统产业，扶持企业技术改造；广开融资渠道，并尽快建立有中国特色的风险投资基金体系，建立高新技术企业与风险投资协作的动力机制，使资本市场成为支撑国企自主创新的一个平台。

① 王玉荣、杨素云：《国有企业自主技术创新现状、问题及对策》，《中国科技投资》2008 年第 8 期。

六　创建资源节约型、环境友好型企业

莱钢是典型的长流程大型钢铁联合企业，是国内最早重视循环经济和节能减排的钢铁企业之一。作为一个特大型国有企业，特殊的地理位置和强烈的社会责任感，促使莱钢以科学发展观为指导，比较早地适应世界发展循环经济的潮流，主动转变经济发展方式，履行社会责任，发展循环经济，建设生态莱钢，取得了令人惊喜的成绩，形成了具有莱钢特色的循环经济运行模式。2009 年 4 月 23 日，在全国循环经济座谈会暨“循环经济专家行”的启动会议上，当时的莱钢主要负责人代表莱钢在会上作了典型发言，得到时任中共中央政治局常委、国务院副总理李克强的高度肯定。莱钢发展循环经济之所以能够走在全国前面，是因为莱钢自觉地贯彻落实科学发展观、加强生态文明建设。莱钢发展循环经济的经验为我国钢铁行业发展循环经济提供了有益的借鉴。

（一）后发工业化国家发展中的自觉行动

改革开放以后，中国开始了集中精力全面建设社会主义现代化时期。实现工业化，是建设社会主义现代化的重要任务。作为一个后发工业化国家，经过多年探索，党的十六大明确提出走新型工业化道路的要求。党的十七大高度重视资源节约和环境保护工作，把循环经济形成较大规模作为实现全面建设小康社会奋斗目标的新要求，明确提出必须把建设资源节约型、环境友好型社会放在工业化、现代化发展战略的突出位置。大力节约能源资源，保护生态环境，建设资源节约型、环境友好型社会，发展循环经济是必然选择，是后发工业化发展中的自觉行动。

循环经济是在生产、流通和消费等过程中进行的物质消耗减量化、资源再利用、废弃物资源化活动的总称，是应对资源供给不足和环境污染压力、优化产业技术结构和产业组织结构、提高资源和能源效率、促进碳循环、提高碳效率、减少温室气体和其他污染物排放、转变经济增长方式、促进国民经济绿色化的新经济发展模式。

循环经济的产生和发展，是人类社会在日益严重的资源环境约束和环境污染面前，对“先污染、后治理”的工业化道路进行反思的结果，是人类探求可持续发展道路的必然选择。循环经济是欧美发达国家为了解决由后工业化或消费型社会结构导致的大量废弃物引起的环境保护和可持续发展的问题而兴起的。1972年联邦德国颁布《废弃物处理法》，在循环经济实践道路上开了历史先河，成为世界上实践循环经济最早的国家。发达国家的循环经济首先是从解决消费领域的废弃物问题入手，向生产领域延伸，最终旨在改变“大量生产、大量消费、大量废弃”的社会经济发展模式。

循环经济以“3R原则”为经济活动的行为准则：减量化原则（Reduce），指在生产和服务过程中，尽可能减少资源消耗和废弃物的产生，核心是提高资源利用效率，用较少的原料和能源投入来达到既定的生产目的或消费目的，从经济活动的源头就注意节约资源和减少污染；再使用原则（Reuse），指产品多次使用或修复、翻新或再制造后继续使用，尽可能延长产品的使用周期，防止产品过早地成为垃圾；再循环原则（Recycle），指废弃物最大限度地转化为资源，变废为宝、化害为利，既可减少自然资源的消耗，又可减少污染物的排放。

中国作为一个正处于工业化中期的新型工业化国家，粗放型增长方式不仅造成资源浪费大，而且污染物排放量高。新型工业化国家只有同步解决生态退化、环境污染以及复杂的经济与社会等复合问题，才能真正走上可持续发展之路。这种国情加之发达国家的教训，使中国自觉地选择了改变“高消耗、高污染、低效益”的传统经济增长模式，解决复合型环境污染问题，保障全面建设小康社会目标的顺利实现。党的十六大报告提出：“坚持以信息化带动工业化，以工业化促进信息化，走出一条科技含量高、经济效益好、资源消耗低、环境污染少、人力资源优势得到充分发挥的新型工业化路子。”① 发展循环经济是我国走新型工业化道路的具体体现。

我国的循环经济实践最先从工业领域开始，其内涵和外延逐渐拓展到包括清洁生产（小循环）、生态工业园区（中循环）和循环性社会（大循环）三个层

---

① 中共中央文献研究室编《十六大以来重要文献选编》（上卷），中央文献出版社，2005，第16页。

面。在我国，循环经济的研究与实践都还处于起步和探索阶段。

我国循环经济的发展以2004年为界，大致可划分为两个阶段。

第一阶段（这个阶段分为四个小阶段）："三废"利用主导阶段（1990年以前），末端治理主导阶段（1990～1998年），从末端治理走向清洁生产的阶段（1998～2002年），从清洁生产转向基于生态经济的现代循环经济战略的阶段（2002～2004年）。

我国的循环经济活动最早表现为废弃物的综合回收利用，其目的是解决资源匮乏问题。随着经济的快速发展，伴随着资源、能源的大量投入，向环境排放的污染物种类、数量大幅增长，环境污染问题日益严重，因此围绕工业点源的末端治理成为中国环境保护的主要手段和途径。这种末端治理的做法并没有能够有效解决环境问题，走西方国家的"先污染、后治理"的老路已经走不通。在这种情况下，清洁生产作为源头削减、全程控制的战略被引入了中国。在推行清洁生产和生态战略的基础上，我国的循环经济从企业层面的清洁生产逐步向区域层面的生态型经济转变。

第二阶段的突出特点是把发展循环经济上升为国家发展战略，把环境保护的行为上升为国家行为。由于循环经济"低消耗、低排放、高效率和高价值"的优点，党的十六大以后，在科学发展观的指导下，循环经济从理念变成行动，得到迅速发展，在理论、实践、政策和制度创新等方面都取得了重大突破，成为我国贯彻落实科学发展观的一个基本战略选择。

2003年10月11日，党的十六届三中全会提出了坚持以人为本，树立全面、协调、可持续发展的科学发展观战略，这是中国共产党在新的历史时期，结合中国改革开放新形势所提出的全新的发展战略。胡锦涛在2003年中央人口资源环境工作座谈会上明确指出，要加快转变经济增长方式，将循环经济的发展理念贯穿到区域经济发展、城乡建设和产品生产中，使资源得到最有效的利用。最大限度地减少废弃物排放，逐步使生态步入良性循环。党的十六届五中全会提出："要把节约资源作为基本国策，发展循环经济，保护生态环境。"① 2005年国务院发布了《关于加快发展循环经济的若干意见》，提出要大力发展循环经济，实现经济、环境和社会效益相统一。国家"十一五"规划纲要把发展循环经济作为重

① 中共中央文献研究室编《十六大以来重要文献选编》（中卷），中央文献出版社，2006，第1064页。

大战略任务，提出："坚持开发节约并重、节约优先，按照减量化、再利用、资源化的原则，大力推进节能节水节地节材，加强资源综合利用，完善再生资源回收利用体系，全面推行清洁生产，形成低投入、低消耗、低排放和高效率的节约型增长方式。积极开发和推广资源节约、替代和循环利用技术，加快企业节能降耗的技术改造，对消耗高、污染重、技术落后的工艺和产品实施强制性淘汰制度，实行有利于资源节约的价格和财税政策。在冶金、建材、化工、电力等重点行业以及产业园区和若干城市，开展循环经济试点，健全法律法规，探索发展循环经济的有效模式。强化节约意识，鼓励生产和使用节能节水产品、节能环保型汽车，发展节能省地型建筑，形成健康文明、节约资源的消费模式。"党的十七大提出了促进循环经济形成较大规模的新要求。2009 年通过的《循环经济促进法》提出发展循环经济是国家经济社会发展的一项重大战略。2012 年党的十八大提出大力推进生态文明建设，建设美丽中国。

发展循环经济，不仅是建设节约型社会的客观要求，也是钢铁企业自身发展的内在需要。为了规范和推动钢铁产业循环经济发展，国家有关部门在国家发展循环经济的法律法规和宏观政策基础上，制定了产业准入和清洁生产标准、结构调整与产业准入政策、财税与价格政策等一系列法规和政策措施。与此同时，采取了发展循环经济的一系列重要行动措施：第一，试点带动促进钢铁全行业循环经济全面开展。2005 年，我国正式公布了《钢铁产业发展政策》，循环经济被列入产业发展的重要位置。同年，国家发改委在山东济南市召开了"加强钢铁产业政策引导发展循环经济"现场会。这是中国第一次召开重点行业循环经济现场会，国内产钢大省和大型钢铁企业全部参与。钢铁行业先后 2 个批次共 10 家企业列入国家循环经济试点。莱钢成为全国第一批 5 家试点钢铁企业之一。第二，淘汰落后产能，促进钢铁产业节能减排。第三，产业布局调整与企业兼并重组。按照国家的要求，莱钢和济钢合并成立山东钢铁集团，山钢集团兼并日照钢铁。第四，推动技术创新。莱钢应用转底炉技术处理钢铁厂含铁粉尘，解决了保护高炉炉衬的问题。经过试点，钢铁行业形成了以上海宝钢为代表的在全面现代化先进技术体系基础上实现循环经济，以山东莱钢为代表的传统技术改造升级发展循环经济的长流程钢铁行业循环经济典型模式。这种模式将炼焦、炼铁、炼钢、轧钢、电力、建材、化工等集成为一体化的跨行业综合循环经济联合体，实现了余压余热梯级利用、污水分级循环利用、煤气回收综合利用、固体废弃物全面回收利用。

自2001年始，山东省先后制定了一系列政策、法律和法规，以促进山东省循环经济的快速发展，不断在层次和模式上探索、总结循环经济发展经验，逐渐形成了独具特色的山东“点、线、面”立体推进的循环经济实践模式。在“点”上，全省企业推行清洁生产，建立ISO 14000环境管理体系认证，强化企业循环经济发展。在行业层面上，分门别类制定实施行业循环经济发展引导标准，优化产业布局，力推产业结构调整，通过企业之间跨行业关联形成循环经济产业链网，构建多个行业企业组成的生态工业园，建立“线”上的中循环。在社会层面建立全省区域的“大循环”。以行政单位区域为单元，以“点、线”建设为支撑，建立生态循环经济产业体系，实现循环经济大发展。

循环经济以节约资源和保护环境为目标，具有一定的公益性。作为具有强烈社会责任的国有企业，主动担负起率先发展循环经济的重任，在实现科学发展方面走到了前面。莱钢就是其中杰出的代表。

（二）莱钢是中国推进循环经济的先行者

发展循环经济是莱钢自觉“落实科学发展观，走新型工业化道路”的结果。莱钢是中国推进循环经济的先行者。

1. 对发展循环经济的认识

莱钢在发展循环经济、建设生态文明方面，行动早，见效大，主要得益于莱钢领导班子对科学发展观的深刻理解和认识，得益于莱钢人在发展循环经济上的认识，即企业生存之所系、发展之所求、社会之所期。

（1）生存之所系。随着经济社会的快速发展，节能降耗、保护环境已成为国际社会普遍关注的问题。莱钢人深刻地认识到，企业是社会的一员，必须增强节能降耗、环境保护的责任意识、危机意识、社会意识，以及环境保护“关乎企业生存、危及企业发展”的意识。

（2）发展之所求。莱钢地处山区，资源、能源及环境容量有限。一个真正的优势企业不仅体现在规模优势上，更重要的是体现在价值创造能力上。莱钢要做强，根本出路就是不断提高价值创造能力。一方面，通过大力发展循环经济，切实转变发展方式，提高运营效率和资源综合利用水平，降低发展成本；另一方面，把发展循环经济作为一种新的产业来对待。比如粉末冶金、余热余能发电、煤焦油加工、苯加氢、合成氨、固体废弃物利用等项目都可以做成大产业。通过加大投资力度和产品深度开发，提高循环经济在集团收益中的比例，实现企业价值最大化，快速提升盈利水平，将莱钢建设成为实实在在的钢铁强企。

（3）社会之所期。莱钢着眼长远，牢固树立可持续发展意识，从对国家、对社会、对企业、对子孙后代高度负责的态度，重视和加强环保、节能、循环经济建设，搞好规划，狠抓落实，不断拓展新的发展空间，努力提高经济效益、社会效益和环境效益，实现内涵式发展、清洁发展、和谐发展、可持续发展，使天更蓝、地更绿、水更美，人与自然、社会更和谐。

莱钢人认为，节约水源、能源、保护环境，充分体现了科学发展观的本质要求，是企业的社会责任，也是企业的使命。

莱钢人在学习生态经济理论的过程中认识到了循环经济的重要性。在他们看来，发展循环经济是钢铁工业转变经济增长方式的最佳选择，是实现节能减排，建设资源节约型、环境友好型社会的重要途径。

莱钢人通过建设学习型组织，系统思考，发现钢铁企业是一个能量转换单位，是一个系统，是一个循环，与循环经济耦合；钢铁工业具有制造链长、吞吐量大、排放量多的特点，只有把企业视为经济社会环境这个大生态链上的一环，大力发展循环经济，才能在制造钢材的同时，更好地肩负起能源转换、社会废弃物消纳处理等多重功能。

莱钢人认为，“循环经济”关键在“循环”，根本在“经济”。在微观层面上，要求企业节能降耗，提高资源利用效率，实现减量化；对生产过程中产生的废弃物进行综合利用，并延伸到废旧物资回收和再生利用；根据资源条件和产业布局，延长生产链条，促进产业之间的共生耦合，实现企业价值最大化；在宏观层面上，要求对产业结构和布局进行调整，将循环经济理念贯穿于经济社会发展的各个领域和各个环节，建立和完善全社会的资源循环利用体系。

2009 年，莱钢主要负责人在国家发改委循环经济座谈会上指出，资源节约和环境保护已上升为基本国策和国家战略。转变发展方式，发展循环经济，提升发展品质，已为经济社会发展的大势所趋。着眼于企业，面对新一轮经济结构调整和发展方式转变，通过发展循环经济提高资源综合利用水平，将成为今后企业界的竞争焦点和主攻方向之一。

莱钢人在实践中提出了一系列新的指导循环经济发展的理念：“安全是最大的幸福，环保是最好的福利”“不是企业消灭污染，就是污染消灭企业”“超标排污就是违法，污染环境就是犯罪”“环境是资源，环境是生产力”“推行清洁生产，是实现可持续发展的根本途径”“促进资源综合利用产业规模化、处理专业化”。这些理念反映了莱钢人对这个问题认识的深度，对这一目标追求的执著，对任何违背这个发展要求的行为的警觉。

作为国有特大型企业，莱钢实践着自己的责任与担当。正像莱钢领导所说："莱钢要为国家多贡献‘金山银山’，更要为老区人民留下绿水青山。只有这样，才能经得起历史的检验，经得起群众的检验，经得起社会的检验。"① 伴随着循环经济的实践，莱钢人以科学发展观为指导，认识到了发展循环经济是建设生态企业，走可持续发展道路的需要，是倡导“绿色消费观念、建设节约型社会”的要求，是建设生态文明的战略选择。

2. 发展循环经济的重要节点

莱钢一贯重视环境保护和节能减排，发展循环经济是莱钢重视环保、综合利用资源和节能的结果。莱钢循环经济发展的历程大致经历了以下几个重要节点。

（1）学习、研究循环经济理论。

“十五”期间，莱钢在快速做大企业规模的同时，时刻关注钢铁工业发展对自然环境、经济社会造成的压力和影响，时刻关注地处山区特殊地理环境的莱钢的可持续发展问题。

莱钢人早在2001年就开始了自我超越、改善心智模式的修炼活动，以系统思考的方法、以团队学习的精神，建立了莱钢新的愿景：建设生态型企业。从此，莱钢奏响了生态工厂建设、实施清洁生产和循环经济的前奏。

在学习型组织理论指导下，在公司领导的亲自主抓下，2000年莱钢开始着手环保、节能、循环经济理论研究。2001年确立了“莱钢建设生态化钢厂”课题，成为行业内重视节水、节能、环保、发展循环经济最早的企业之一。莱钢先后与国内的东北大学、北京钢铁研究总院联合组成了专家课题组，联合东北大学的陆钟武院士，前冶金工业部副部长、北京钢铁研究总院院长、工程院院士殷瑞钰等一批专家，进行研究，全面开展节能和循环经济理论的研究与应用，完成了《莱钢建设生态化钢厂》报告。2002年委托冶金规划院编制《莱钢“十五”节水规划》，莱钢节水技术改造工程作为“冶金企业废水零排放示范工程”，被列入了

① 参见《节能减排：莱钢的责任与担当》。

国家第八批国债项目，莱钢成为行业内重视节能减排和发展循环经济最早的企业之一。

《莱钢建设生态化钢厂》报告首先分析了钢铁行业面临的形势和存在的问题，指出加快钢铁工业生态化进程是走新型工业化道路的必然选择，提出了在钢铁行业率先建设生态化钢厂的战略思想，计划用5～8年时间把莱钢建设成为国内第一个生态化示范钢厂的战略目标，指导我国同类钢铁企业的绿色化、生态化转型，为我国钢铁工业走新型工业化道路、实施可持续发展战略提供示范。

《莱钢建设生态化钢厂》报告指出，钢铁工业的生态化应该具备以下三种功能：其一，钢铁产品制造功能。即将原料和能源转化为质量好、成本低且能够满足用户要求的钢材，供社会（生产和生活）消费。其二，能源转换功能。钢铁生产过程伴随着能源转换过程，在完成生产钢铁产品的同时，为企业自身或社会提供热能、电能、可燃气和蒸汽等。其三，部分大宗社会废弃物消纳处理功能。在钢铁生产过程中还可以利用和处理大量的社会废弃物，例如处理各种不同来源的废钢、废轮胎、废塑料、社会垃圾及社区废水和污水等。

《莱钢建设生态化钢厂》报告还指出，生态化钢厂重点是指钢铁企业内部向生态化转型，是运用生态学原理，通过钢厂内部各个环节之间的协调和优化、资源和能源的综合分配及利用，形成类似生态系统的物质链和能源链，使物质和能源实现多级利用与高效产出，达到能耗最小化、废物再资源化、污染物排放量最小化及效益最大化的协同优化。

以生态化钢厂理论为指导，莱钢制定了“十五”规划。莱钢“十五”规划在节能降耗方面提出从全局出发，以系统节能的观点，不断创新，与产品结构、工艺结构、技术改造相结合，提高能源利用效率，实现吨钢综合能耗≤800千克、吨钢可比能耗≤680千克、能源占总成本比例≤23%、能源亏损率≤2.3%的目标。具体措施如下：

完善节能管理体制，创建节能工厂，形成水、煤气、蒸汽闭路循环；

搞好煤气的回收和煤气综合利用，主体生产线取消燃油加热炉，加大热电厂锅炉混煤气力度，最大限度地发挥煤气效能，减少一次能源购入量，实现热线生产燃料完全自产自用；

大力推广应用变频调速器和节能型变压器；

积极采用焦炉干熄焦、焦炭调适技术；

合理利用中间产品显热，缩短工艺流程，实现转炉钢系统全连铸，全一火成材，充分利用烟气显热，淘汰冷料工艺；

提高电炉吃铁水比例，实现电炉钢系统基本全连铸；

抓好工业炉窑的余热余压利用，尽快建设高炉 TRT①。

对循环经济理论的学习、研究，使莱钢人充分认识到了环境是经济社会发展的基础，环境问题的本质是发展问题，发展循环经济是解决环境问题的治本之策，循环经济理论是环境文化的基本组成部分，坚持用循环经济理论指导并规范经济社会活动，将环境文化渗透到发展循环经济的自觉行动中。在进入“十五”时期后，莱钢把环境建设提高到企业的战略发展、企业形象，实现安全文明生产、凝聚职工的高度来认识，坚持环境建设与生产经营同步发展。

莱钢九届一次职代会和第四次党代会明确了环境建设的目标：第一步，利用 2～3 年的时间，实现绿、净、美的目标，建成环境优美、职工生活方便的良好环境；第二步，再经过几年的努力，使钢城处于空气清新、天蓝水绿的环境中。

2000 年 12 月 29 日环境建设动员大会后，2001 年 1 月 14 日成立了以莱钢集团公司总经理为主任的环境建设委员会，副总经理为环境建设办公室主任，统管集团的环境建设工作，按照“统一规划、突出重点、分步实施、全员参加、迅速推进”的工作思路，全面掀起了环境建设新高潮，2001 年环境建设取得显著成效。

推行清洁生产是莱钢发展循环经济、创建节约型企业、实现可持续发展的重要举措。作为国家冶金局确定的 14 家清洁生产示范试点单位之一，2001 年 7 月炼钢厂率先在公司进行清洁生产审核的工作。在冶金清洁生产技术中心两位专家的指导下，先后经过了筹划与组织、预评估、评估、方案的产生和筛选、可行性分析、方案实施及总结与持续清洁生产阶段，从能耗、水耗、物耗和环境四个方面设置了清洁生产短期、中期和长期目标，确定并实施了无费或低费方案 37 个，可行的中费或高费方案 13 个。

2002 年，莱钢以“促进人和自然的协调与和谐，使人们在优美的环境中工作和生活”为主题，认真落实九届三次职代会和环境建设工作会议精神，树立大环境建设观念，突出重点，点面结合，较好地完成了 2002 年的环境建设目标。

---

① 《莱钢志》第 4 卷，第 558 页。

控烟、除尘、废水治理取得进展，6个单位实现废水零排放，莱钢成为山东省国有大中型企业第一个省级清洁工厂。钢区景观风貌基本形成，“厂在园林中”开始变为现实。从2002年8月开始，逐步实现了氧气消耗日考核、煤气消耗日考核、新水消耗日考核、固体废弃物日考核。根据年度计划，制订日消耗计划。每周进行能源现场检查。通过内部网络传输实时数据，每天由专人负责统计。日考核及现场检查的结果在每天公司的晨会上公布，对出现的问题限期整改，制定严格的复命制度。

2005年5月，莱钢将清洁生产审计范围进一步扩大，组织轧钢厂、炼铁厂、热电厂、锻压厂、机制公司等生产工艺不同的五个单位推行清洁生产审计工作，继续总结推行清洁生产的经验。

（2）制定《走新型工业化道路实施纲要》。

2002年党的十六大报告提出走新型工业化道路的要求，这是从世界经济发展新阶段的特征和我国国情出发，为在全面建设小康社会阶段基本实现工业化而作出的科学规划。2003年，莱钢根据党的十六大报告精神制定了《走新型工业化道路实施纲要》。

该纲要分析了我国钢铁行业面临的形势。作为传统产业的钢铁制造业，在半个多世纪的发展历程中，由于起步较晚、装备水平低、结构性矛盾突出，加之企业求速度、重规模的意识强烈，在技术进步、资源综合利用、环境保护等发展质量方面远远落后于发达国家，尽管连续七年成为世界第一产钢大国，但距世界钢铁强国的目标仍有很大距离。进入21世纪后，面对严重的结构性供求矛盾和资源、能源、环保等多种制约因素，如何把握发展方向，拓展更广阔的生存和发展空间，是每一个钢铁企业必须作出明确回答的问题。就发展道路而言，只有起点没有终点，关键在于过程。作为资源和能源消耗大户的钢铁企业，对于节约资源、保护生态环境有着不可推卸的责任。在新的经济环境下，钢铁企业要适应经济和社会发展的客观要求，调整经营理念和发展思路，从全社会、全民族的利益出发，积极承担起促进社会发展和人类文明进步的责任，在不断提升管理、技术、人才优势的同时，着力提高企业发展品质，关注环境、资源等社会性问题，谋求经济发展与人类、资源、环境的协调，在新型工业化道路上持续、健康、快速前进。

该纲要分析了莱钢发展的现状和形势。莱钢经过30多年的建设与发展，抓住利用外资改扩建和股票上市两次大的发展机遇，逐步从一个一般性地方钢铁企业发展成为工艺结构比较完善、产品结构趋于合理的大型钢铁联合企业。世纪之交，莱钢制定并实施了做大做强的发展新战略，通过新一轮结构调整，实现了生产工艺、产品结构、管理水平和经济效益的大幅提升，已经具备了一定的市场竞争力和可持续发展能力。但是，同国内外先进企业相比，莱钢在科技进步、信息化建设、能源利用、规模效益等方面还缺乏明显的竞争优势。在莱钢即将进入全国10大钢铁企业行列的同时，在反映企业发展质量的指标方面还远远落后于其他兄弟企业。中国钢铁工业协会2002年统计数据显示，莱钢在列入对比的全国92家钢铁企业中，企业总资产报酬率为3.51%，列第38位；资本保值增值率为111.1%，列第25位；成本费用利润率为3.3%，列第43位；全员劳动生产率为每人每年5.17万元，列第45位；污染物综合排放合格率为86.45%，列第39位；钢铁工业经济效益综合指标为1.087%，列第46位。通过比较，莱钢人认识到了自身巨大的差距。

该纲要提出，提高质量是企业的生命，是企业可持续发展的源泉。面对世界钢铁行业迅猛发展、市场需求逐步饱和的新形势，面对钢铁行业众多的制约因素，加之莱钢靠山、隐蔽的特殊地理环境，在快速推进“十五”发展规划、实现跨越式发展的新时期，莱钢必须慎重地考虑莱钢的发展质量问题。莱钢要实现可持续发展，实现从优秀到卓越，走百年强企之路，必须改变传统的经营理念和管理模式，走科技振兴之路、信息带动之路、生态环保之路。坚持以科技为先导，以信息化为纽带，加快结构调整步伐，优化生产工艺，重视资源综合利用和环境保护，全面提高企业发展质量，以有限的资源为社会创造更多的财富，以良好的形象深深地融入社会结构中，不断拓展新的发展空间。因此，坚定不移地走新型工业化道路，是历史赋予莱钢的神圣职责，也是莱钢实现做大做强战略目标的必然选择。

该纲要的指导思想为：以党的十六大精神为指针，以信息化建设为纽带，以科技进步为动力，以提高核心竞争力为根本，充分发挥人力资源优势，合理配置资源，不断优化产品和工艺结构，提高产品科技含量，降低资源和能源消耗，减少环境污染，实现良好的经济效益、社会效益和环境效益，努力拓宽企业的生存与发展空间，实现莱钢发展与社会和自然环境的友好与和谐统一。

该纲要提出的发展目标为：全面提高莱钢发展品质，再造企业价值空间，实现从优秀到卓越，建设以高科技、信息化、生态型为主要特征的，具有超强核心竞争力和可持续发展能力的现代化新型莱钢。

《走新型工业化道路实施纲要》的制定，表明莱钢认识到发展循环经济是建设资源节约型和环境友好型社会的重要载体，是走新型工业化道路的必由之路，标志着发展循环经济成为莱钢的发展战略，被放在了企业发展中的重要位置，推进了莱钢循环经济发展。

（3）制定《生态莱钢发展纲要》。

2003年，莱钢在制定《走新型工业化道路实施纲要》的基础上，确定了以建设资源节约型、环境友好型企业为指导原则，制定了《生态莱钢发展纲要》，明晰了循环经济发展的具体路径。

该纲要界定了生态型莱钢的基本内涵。生态莱钢是依据循环经济理论和工业生态学原理，在莱钢内部各个生产工序及其相关企业群之间，采用无废或低废生产工艺，优化配置各种生产要素和资源，通过物质集成、能量集成和信息集成，搭建有序流动、闭路循环的物质链、能源链，达到能源高效利用、废物减量循环、环境质量优化、效益稳步提高的绿色生产目标，实现企业的可持续发展。

该纲要提出了节能目标、综合利用目标和环境目标。

该纲要从优化工艺、能源结构、减少污染物排放、推广新技术、延伸产业链、实现资源综合利用等方面，全方位地制定了创建生态型莱钢的主要措施：

> 优化工艺，提高设备效率，降低总体能耗水平；研究应用润磨工艺、废气烘烤、钠基膨润土、智能控制等球团高效生产技术，竖炉利用系数达到每平方米每小时8.0吨以上；研究应用优化原料结构、无热返矿烧结、点火技术、设备研究、低温烧结、智能控制等烧结高效生产技术，烧结机利用系数达到每平方米每小时2.0吨；优化喷煤工艺，提高送风温度和富氧率，高炉喷煤量达到每吨200千克；研究应用改善炉料结构、增加兑铁水比例、溅渣护炉、节电及废钢预热等电炉高效生产技术，每吨降低冶炼电耗30~70千瓦时。

①优化能源结构，使能源发挥最大效能，高效利用煤气资源。扩大煤气用户，优化煤气管网系统，完善输配送系统，实现煤气的零放散；淘汰落后的燃气烧嘴，推广蓄热式和贫氧燃烧方式，应用燃烧自动控制，实现煤气的高效利用；研究应用燃气、蒸汽联合发电（CCPP）技术，焦炉煤气提纯生产清洁能源，实现煤气的升值利用。提高余热余能回收利用水平。回收利用焦炉、高炉、转炉煤气及焦炉、高炉、转炉、电炉等高温烟气余热；回收烧结矿、球团矿、铁水、钢

坯、钢材等固体显热；提高钢坯热装热送温度、应用高炉顶压发电技术（TRT），缩短能源链之间的“距离”；研究回收冷却系统、高炉冲渣水等低温余热，降低炉体表面散热损失，利用热泵技术，有效利用低温余热资源；研究应用煤炭调湿（CMC）、高炉脱湿鼓风等技术，减少物料水分对生产过程的影响；优化改造蒸汽、氧气、煤气、电力等动力系统，利用剩余氮气替代压缩空气，实现动力系统优化运行。

②实施废水零排放工程，减少新水消耗。采用图拉法处理高炉渣、煤气干法除尘等节水新技术，降低新水消耗量；系统优化用水工艺，实施厂内、分厂之间废水串级使用，提高工业用水循环利用率；采用强制制冷措施，杜绝间接冷却水外排；优化改造地下管线；建设污水处理厂；实现水利用的极限目标。研究加热炉无水冷却工艺，提高循环冷却水系统浓缩倍数；开发高效、低毒、无污染的水处理药剂；应用水处理系统自动控制和水质在线监测技术、绿化微灌技术；治理废气污染源，实现废气达标、减量排放；治理特钢一炼电炉烟尘、炼铁厂1号2号750立方米高炉出铁场烟尘、4×120立方米高炉出铁场烟尘、转炉二次烟尘、炼钢混铁炉烟尘、烧结筛分粉尘等重大废气污染源，实现厂区环境质量根本好转；治理较大的废气污染源，实施焦炉除尘、焦炉煤气脱硫、烧结烟气脱硫、高炉槽上槽下除尘、铁水预处理除尘、炼钢石灰窑除尘、轧钢加热炉煤气化改造、粉煤灰密闭运输改造、烧结原料场除尘改造，使厂区环境质量达到三级标准；治理分散点源，实施燃煤炉窑煤气化改造、煤场原料场扬尘治理、除尘设施二次扬尘治理、淘汰厂区生活锅炉、除尘设施高效化改造、道路交通扬尘治理、环境美化绿化，使厂区环境质量达到二级标准。

对新改扩建项目，严格执行国家环保“三同时”制度，坚持以新带老，高起点，高标准，推广应用国际国内先进清洁生产技术和污染治理技术，实现增产减污。

③延伸产业链，提高固体废弃物综合利用水平，不断增加其附加值，实现废弃物资源化。包括：钢渣、高炉渣采用微粉技术，升值利用；高炉污泥升值利用；利用尾矿生产高档建材；转炉采用LT粉尘热压块技术，实现粉尘循环利用；滚筒法处理液态钢渣，钢渣冷却和破碎一次性完成技术；开发利用电炉钢渣，电炉除尘灰升值利用技术；利用废钢屑生产铸态钢球技术等；建立能源中心，提高能源管理现代化水平；建立覆盖焦化、烧结、炼铁等主要生产单位的能源管理系统，对水、电、风、气（汽）等能源及原料、成品、工艺参数进行分布式数据采

集、集中处理、统一管理，实现数据共享、能源合理高效使用。

④建立资源综合利用公司。整合现有固体废弃物处理、利用能力，成立资源综合利用公司，发挥技术优势，充分利用国家优惠政策，实现固体废弃物资源的统一管理调配、集中开发利用。

《生态莱钢发展纲要》的制定，表明莱钢对建设生态文明高度重视，建立起建设生态文明与发展循环经济的有机联系，找到了实现企业可持续发展的有效途径，使“生态莱钢”成为新兴工业化道路的重要支撑，使莱钢发展循环经济的战略具体化，有力地推动了莱钢向循环经济建设迈出了实质性步伐。

2004 年，莱钢以科学发展观为指导，从领导到职工形成了关心环境、重视环境建设的广泛共识，为“生态莱钢”建设奠定了坚实基础。2005 年，莱钢以山东省科学发展观现场会为契机，在现代钢铁景观风貌建设方面实现了大跨越，实现了钢铁企业园林化，受到了各级领导的高度赞赏，宣传了莱钢，提高了莱钢的知名度和美誉度，极大地增强了莱钢的社会影响力。

在落实《生态莱钢发展纲要》的基础上，“十五”时期以来莱钢循环经济工作取得很大成效。5 年来莱钢用于环保、循环经济、环境建设的总投资达到 21.72 亿元，为推动环保、节能、循环经济持续健康发展，不断提高发展质量，提供了物质基础和技术保障。围绕建立“3223”（3R：减量化、再使用、资源化；两提高：提高资源效率、提高吨钢减负量；两降低：降低吨钢生态包袱、降低末端排放量；三大功能：钢铁制造功能、能源转换功能、社会大宗废弃物消纳处理功能）循环经济运行体系进行了积极探索。积极推广应用行业成熟的先进适用技术，持续优化工艺和产品结构，调整和改造生产流程，优化配置资源，提高了环境保护和循环经济的技术含量。“十五”期间，莱钢钢产量逐年增长，主要消耗指标大幅下降，吨钢综合能耗由 872 千克下降到 679 千克；吨钢耗水量由 13.58 吨下降到 3.53 吨，达到国内第一、世界先进水平；累计节约电 33.83 亿千瓦时，节约水 3.23 亿吨，节约动力煤 297 万吨，实现节能降耗效益 36 亿元；各类污染源点得到有效控制，环境面貌日益改观。莱钢认真贯彻落实党中央和山东省一系列指示精神，以科学发展观统领全局，努力转变经济增长方式，加大环境保护力度，持续开展节能降耗，大力发展循环经济，不断提高发展品质，实现了速度、质量和效益的统一，向发展循环经济迈出了实质性步伐，为莱钢“十一五”时期循环经济发展创出了路子。

（4）成为国家第一批循环经济试点单位。

由于莱钢在发展循环经济方面成效显著，2005 年被确定为国家第一批循环经济试点单位。这对莱钢发展循环经济是一次巨大的鼓励和机遇，增强了发展循环经济的自觉性和信心。

2005 年 12 月，根据国家发改委的要求，莱钢制定了《循环经济试点方案》，确立了发展循环经济的指导思想、基本原则、目标和主要任务。

指导思想：树立和落实科学发展观，走新型工业化道路，坚持资源开发与节约并重、把节约放在首位的方针，以节约资源和提高资源利用效率为核心，以节能、节水、节材、节地、资源综合利用和发展循环经济为重点，开发和应用新工艺、新技术、新材料，优化工艺流程和产品结构，加快经济增长方式转变，建立节约型经营模式，把莱钢建设成为节约型企业。

基本原则：节约为本，全员参与的原则；依靠科技，优化结构的原则；最低消耗，最大效益的原则。

目标：建立比较完善的循环经济政策支持体系、技术创新体系和有效激励约束机制；建立科学规范的循环经济指标评价考核体系；建立装备结构大型化、资源利用高效化、物质消耗减量化的高效清洁生产体系；实现“两全”（固体废弃物全消纳、余热余能全转换）、“三零”（废水零排放、气体零放散、能源零燃煤）、“四延伸”（延伸建材产业链、粉末冶金产业链、煤化工产业链、钢结构产业链）；各项经济技术指标达到或超过行业先进水平，吨钢综合能耗降到 640 千克，吨钢耗新水保持在 3.5 吨以下，废弃物回收利用率达到 99%；资源效率达到 66.67%（以 2005 年为基数，到 2010 年产品性能提高到 30%），吨钢生态包袱降到 1950 千克，吨钢生态减负量达到 320 千克，吨钢排放量减至二氧化碳 1600 千克，二氧化硫 1.5 千克，氮氧化物 5.06 千克；实现钢铁企业与社会资源的合理利用，实现企业价值最大化；成为国家发展循环经济示范企业和钢铁行业第一批清洁生产企业。

主要任务：主体生产流程完成现代化改造，建立起资源充分利用、能源高效转化、废弃物充分资源化、排放最小化的发展循环经济、建设节约型企业的体系。把莱钢建设成为循环经济示范企业；提高余压、余热、余气发电能力，实现电力自给自足（包括电炉、机械、矿山用电等）；废弃物回收利用率达到 99%；大气污染物排放降到最小；研究和开发社会废弃物利用技术，实现社会废弃物资源化、能源化，开发新资源、新能源；研究和开发余热、余能、余气供应周边社会的技术与运行方式，实现企业与社会资源的高效交流；实现资源效率最大化、经济效益最大化；实现社区友好、环境友好；实现企业与区域经济共同发展，人与自然和谐；建立完善的控制体系，保证循环经济正常运行。

成为国家第一批循环经济试点单位，使莱钢发展循环经济成为一项国家支持的自觉行动，为莱钢发展循环经济赢得了政府的有效支持，获得了与同行交流学习的机会，极大地提升了莱钢发展循环经济的水平，是莱钢发展循环经济的重要的一步。

由于从2006年下半年起，国家采取了包括区域限批在内的一系列污染减排措施，为适应形势要求，莱钢在编制《环境保护“十一五”专项规划》的同时，制定并实施了《环境保护提升方案》《污染物排放内部控制标准》等一系列环保管理制度和文件，作为体系文件的支持性文件，进一步理顺了环保管理流程。另外，公司与各个单位主要负责人签订了《节能减排目标责任书》，将污染指标层层分解，责任到人。实行环保职能战略规划推进与QES体系管理的有机融合，加强环境管理体系三级监控，制定了《环保督查及检测管理办法》，公司在对厂区环境进行监测和督查的同时，各个分厂车间对日常环保工作进行检查。管理体制和制度的不断完善，为莱钢环境保护工作和循环经济工作的顺利开展提供了制度保障。

在这个阶段，在莱钢领导的重视下，莱钢的循环经济得到了实质性的发展，引起了社会的高度关注。

2005年3月3日，《大众日报》在头版头条发表了《生态莱钢增钢不增水》的报道：“国内外冶金行业一道难题在莱钢被悄然破解——吨钢耗水的理论极限值公认为4立方米，而莱钢的这一指标达到了3.75立方米，水的循环利用率提高到96.77%，年节水总量1088万立方米，足以满足10个大明湖。国家发改委称，莱钢吨钢耗水指标达到国际先进水平。”2005年6月6日，由中国钢铁工业协会主办的全国转炉“负能”炼钢工艺技术战略研讨会在莱钢召开。莱钢作为中国第一家将干法除尘技术全面应用于高炉、转炉的企业，在会上作了典型发言。中国工程院院士殷瑞钰等专家称赞莱钢走在了中国钢铁企业的前头。2005年6月22日，参加山东省科学发展情况交流现场会的省五大班子领导成员，带领各个地市主要领导参观莱钢，对莱钢发展循环经济的做法给予了高度评价。原山东省委书记张高丽在介绍莱钢发展循环经济经验的内参上批示，要求常委和副省长传阅。

2007 年 1 月 26 日，莱钢召开了节能环保循环经济推进动员大会，对循环经济工作进行动员和部署。莱钢领导在讲话中指出，在保护环境、节能降耗、发展循环经济方面，尽管角度不同，但其目的只有一个，那就是提高资源能源利用水平，最大限度地减轻经济发展对生态环境造成的影响。发展循环经济就是要实现经济增长方式的根本性转变，实现经济发展与环境保护同步进行，这是解决资源能源和环境约束的根本途径。人类社会发展到今天，之所以把环保作为重要的战略任务，是因为我们以前走的是先发展、后治理的错误道路，环保已严重滞后于经济发展。在这种情况下，我们必须把环境保护和发展循环经济放到同等重要的位置，既要补上环保的欠账，又不能出现环保的新账①。

这次会议明确了循环经济的内涵。主要体现在三个方面：首先是发展，是用发展的办法解决资源约束和环境污染的矛盾；其次是一种新型发展，就是从重视发展的数量向重视发展的质量和效益转变，从线性发展向循环式的发展转变，从粗放型增长向集约型增长转变；最后，是一种多赢的发展，在提高资源利用效率的同时，重视经济发展和环境保护，重视人与自然的和谐与友好。这次会议还明确了莱钢发展循环经济的总体思路：以科学发展观和构建社会主义和谐社会的思想为统领，以实现经济效益、环境效益、社会效益最大化为目标，以技术进步和创新为支撑，加快转变经济增长方式，优化工艺结构和运行方式，发挥钢铁生产“三大功能”，完善“三个产业链”，加快建设生态工业园区，把莱钢建成资源节约型、清洁生产型、环境友好型、持续发展型的一流钢铁强企。

2007 年，全国冶金节水、污水处理技术研讨会暨现场节水经验交流会在莱钢召开，推广了莱钢的节水经验。

进入“十一五”时期后，随着国家环境保护法律法规的进一步实施，减排成为国家调整产业结构、淘汰落后企业的重要手段。为了进一步做好环境保护工作和节能减排工作，2007 年莱钢成立了环境保护部，与技术资源部合署办公，将环境保护与技术创新相结合，发挥技术创新对环保和节能减排的支撑作用。同年 4 月 10 日，为适应莱钢环境保护职能调整和加强环境保护工作的需要，莱钢成立了环境保护委员会，管理体制进一步优化，走向精细化、技术化和专业化。

2009 年 12 月，莱钢能源中心项目被国家列为首批工业企业能源中心建设示

---

① 参见莱钢领导《加大环保力度，发展循环经济，把莱钢建成一流钢铁生态工业园区》，2007 年 1 月 26 日。

范项目。

2010年,《莱钢循环经济标准化试点实施方案》通过山东省质量技术监督局和山东省经济信息化委员会的审核,莱钢被列入山东省循环经济标准化试点单位。

通过努力,莱钢实现了“十一五”期间的循环经济目标、任务。“十一五”期间,莱钢各项经济技术指标达到或超过行业先进水平:吨钢综合能耗降到640千克,吨钢耗新水保持在3.5吨以下,废弃物回收利用率达到99%;资源效率达到66.67%(以2005年为基数,到2010年产品性能提高到30%),努力实现资源利用率年均提高4%;吨钢生态减负量年均提高83千克;吨钢生态包袱年均降低20千克;吨钢末端排放量年均降低70千克的总体目标。实现钢铁企业与社会资源的合理利用,实现企业价值最大化;成为国家发展循环经济示范企业和清洁生产企业。

(5)制定循环经济能源环保“十二五”发展规划。

为了深入推进莱钢循环经济发展,建设生态文明,实现绿色发展,莱钢以国家钢铁工业“十二五”规划为依据,制定了循环经济能源环保“十二五”发展规划。

钢铁工业“十二五”发展规划将“坚持绿色发展”作为一项基本原则,在节能减排、循环经济、低碳发展等方面提出了具体要求,这为莱钢推进循环经济、促进生态文明建设提供了重要指导。“十二五”及今后一个时期,莱钢深入贯彻落实科学发展观,按照钢铁工业“十二五”发展规划的部署要求,坚定不移地走新型工业化道路,以产品升级、成本改善、创新提升为重点,深入推进转方式、调结构,积极推行清洁生产、低碳生产和资源能源综合利用,全面提升发展品质,深化生态文明建设,实现科学发展、绿色发展、可持续发展。

规划提出,到“十二五”时期末,在资源能源综合利用方面:吨钢综合能耗降到600千克标煤以下,吨钢耗水量小于3.3吨,二次能源回收利用率达100%,固体废弃物综合利用率达99%以上,自发电比例达到65%以上;在环境治理和生态保护方面,生活区大气环境质量达到国家一级标准,工业区大气环境质量达到国家二级标准;工业水重复利用率大于98%;厂区绿地覆盖率≥35%;吨钢二氧化硫排放量低于1.0千克,吨钢化学需氧量排放低于0.02千克,吨钢烟(粉)尘排放量低于1千克。

为了实现上述目标,将重点做好以下工作。

一是持续深化工艺结构调整。围绕品种质量、节能降耗、清洁生产、“两化”(工业化、信息化)融合等重点,应用新技术、新工艺,对现有生产设施、装备、生产工艺条件进行改造,不断优化生产流程,实现工艺装备升级,提高资源能源综合利用水平。开发应用新一代可循环钢铁流程技术，非高炉炼铁技术，高效低成本洁净钢生产技术，高强度、长寿命、耐腐蚀产品制造等节能减排前沿技术，实现高效、低耗、文明生产。

二是促进产品升级换代。适应国家产业转型升级需要，将提高钢材产品质量、档次和稳定性作为结构调整的重中之重，全面提高钢铁产品性能和实物质量，加快标准升级，有效降低生产成本。提高铁水预处理、炉外精炼比例；以洁净钢平台建设为重点，理顺工艺流程，推广使用新一代控轧控冷等工艺技术。从生产和使用两个方面，加强钢铁产品标准与下游建设、制造标准规范的衔接，进一步提升建筑、机械、轻工、造船等行业用钢材的产品质量，促进钢铁产品向高性能、高寿命、低消耗方向发展。围绕战略性新兴产业，积极开发钢铁新材料，促进钢铁产品升级换代。

三是开发推广二次能源利用技术。按照国家节能减排总体要求，降低钢铁单位增加值能源消耗、二氧化碳排放和用水量，减少二氧化硫排放总量。进一步完善干熄焦、烧结余热回收、负能炼钢、连铸坯热送热装等技术；努力在其他关键共性技术方面取得新突破，如低温余热利用技术、烧结烟气脱硫技术、冶金废渣显热利用技术、固体废弃物资源化等技术，为促进节能减排、发展循环经济提供技术支撑。加强冶金废渣、含铁尘泥等固体废弃物的综合利用，拓展钢铁资源能源回收利用产业，实现冶金废弃物资源化；加强与其他产业的融合，提高循环经济发展水平；延伸产业链，促进钢材精深加工，提高产品附加值。

四是以建设能源管控中心为依托加强能源管理。“十二五”能源管理规划，在制度建设、体制优化、体系完善、信息化建设、流程优化等方面的基础上，高起点、高标准地推进能源中心建设，进一步完善能源管理体系，确保生产稳定供应和动态调配；充分优化能源系统，实现能源的合理配置；提高集中管理与自动化操作水平，全面提高劳动生产率。加大工作力度，尽快使能源中心建成投运。

五是持续推进环境建设，改善区域生态环境。坚持“总体规划、分步实施、标本兼治、全面提升、重点突破”的原则，企业和地方联手，上下结合，全员参与，加快推进“生态莱钢”建设。加强污染源点治理，完善脱硫设施，强化监督控制，确保各类排放达标；加快污水处理厂建设，提高污水处理水平和重复利用率，实现工业用水零排放；加强河道治理，绿化周边山丘，进一步涵养水源、消纳扬尘、改善大气质量；加强道路建设和厂区绿化美化，畅通物流运输、改善厂区环境面貌。通过“十二五”时期的不懈努力，实现清洁生产、文明生产、环境友好、绿色发展的目标。

莱钢循环经济“十二五”规划，说明发展循环经济成为莱钢发展战略的重要组成部分，表明莱钢循环经济已经走上了可持续发展之路，为莱钢在“十二五”时期发展循环经济勾画了蓝图，提供了指导。

依据“十二五”规划，2011 年，莱钢积极践行“转调创提”活动的要求，认真贯彻落实科学发展观，创新超越，强化能源介质平衡，加强发电设备运行维护，加快余热余能利用项目建设，积极推进资源高效利用，全面推行清洁生产，在循环经济方面取得了较大的进步，吨钢综合能耗持续降低，资源、能源利用水平显著提高。

为推动莱钢可持续发展，建设资源节约型、环境友好型企业，对《循环经济实施细则》（2011 年）进行了修订。指导方针为生态理论工业化、技术创新边界化、三大功能完善化、资源利用“3R”化、企业生态文明化。总体目标为与 2010 年相比，到 2015 年末，吨钢综合能耗降低 15 千克；吨钢耗水降低 0.13 吨；固体废弃物实现高效综合利用。

（三）发展循环经济的做法与成效

通过多年实践与发展，莱钢在发展循环经济方面形成了一套独特的运行模式，取得了巨大成效。

1. 发展循环经济的做法与特点

莱钢在 10 多年的循环经济实践中，形成了具有莱钢特色的循环经济运行模式，逐步建立起“3223”循环经济运行体系，即遵循“3R”原则（减量化、再使用、资源化），实现“两提高”（提高资源效率、提高吨钢减负量）、“两降低”（降低吨钢生态包袱、降低末端排放量），完善“三大功能”（钢铁制造功能、能源转换功能、社会大宗废弃物消纳处理功能）。在此基础上，经过丰富和发展，“3223”循环经济运行体系逐步完善成为遵循“五化方针”（生态理论工业化、技术创新边界化、四大功能完善化、资源利用“3R”化、企业环境友好化），围绕“四大功能”（钢铁产品制造功能、能源转换功能、内部废弃物消化功能、社会废弃物消纳处理功能），依靠“四个支撑”（管理创新、技术创新、工艺优化、政策支持），建立“四个循环”（铁素资源回收利用、二次能源回收利用、固体废弃物回收利用、水资源循环利用），实现“四个提高”（经济效益、产品水平、资源能源利用效率、环境质量水平）的节能减排和循环经济运行模式，走上了节约生产、清洁生产、科学发展的道路，有力地支撑了莱钢的可持续发展，为建设资源节约型、环境友好型企业作出了积极的贡献。莱钢发展循环经济的具体做法如下。

（1）构建“四个循环链”，实现资源能源高效利用。

莱钢充分发挥钢铁工业发展循环经济的四大功能，抓住关键环节，实施重点突破，逐步完善了工序内部的小层次、工序之间的中层次、企业与社会的大层次六个循环层次上的钢铁产业链，实现了资源能源的高效循环利用。

建立铁素资源回收利用循环链，充分利用钢铁生产过程中的铁素等资源。根据氧化铁皮、除尘灰、炼钢渣、转炉污泥等主要固体废弃物含铁量高、可以作为原料进入冶金流程的性质，建立了“原料化再利用，内部全闭路循环”的含铁固体废弃物循环链，形成了三条主要循环利用路径：一是氧化铁皮、除尘灰、转炉污泥等细粒度料直接返烧结工序利用，作为原料生产烧结矿。2007 年，莱钢与北京科技大学合作，开展了转底炉直接还原处理钢铁厂含锌尘泥成套工艺高技术产业化示范工程，攻克了除尘灰脱锌、碱金属等工艺技术难题，有效地解决了固体废弃物循环的边界技术，为除尘灰进入烧结工序再利用提供了技术保障。莱钢年处理尘泥 32.9 万吨的第一座转底炉已建成投产，投产后将全部消化莱钢现有的尘泥，以消除尘泥直接返烧结利用对烧结、炼铁产生的不利影响，年增经济效益可达 2 亿元以上。莱钢与宁夏宏岩公司签订了拟建 8 条转底炉生产线的技术总承包协议，并与重钢、迁安等钢铁企业进行技术合作洽谈。

二是钢渣等大径度料经筛选加工再利用。对钢渣等经过一定的分选、加工工艺后形成粒钢、小块铁、废钢、钢精粉等产品，分别供高炉、电炉、转炉利用，剩余的尾渣作为水泥、墙体材料等建材的原料利用。

三是氧化铁皮的粉末冶金化高效利用。莱钢自主研发了国家“863”攻关成果——“轿车用高性能水雾化钢铁粉末规模化生产技术”，将氧化铁皮作为生产粉末冶金的原料，建成了亚洲最大的粉末冶金生产基地。

建立非金属固体废弃物回收利用循环链，多渠道消纳钢铁生产过程中的固体废弃物资源。利用高炉渣、焦化副产品、粉煤灰、石灰石尾矿等废弃资源，建立了以建材生产线为核心的非金属固体废弃物利用基地。利用西安建筑科技大学校长、工程院院士徐德龙的专利技术，建设了 200 万吨矿渣微粉生产线，使 300 万吨高炉渣全部实现高效资源化。每年利用高炉渣生产矿渣水泥500万吨，矿渣微粉300多万吨，产值达7.5亿元。建设了苯加氢等焦化副产品深加工项目，已开发煤化工产品14种，年产值达8亿元。2011年固体废弃物综合利用率达到98.87%。

建立水资源利用循环链，实现工业用水闭路循环。为克服水资源对莱钢发展的瓶颈制约，莱钢把节水提到战略高度，坚持开源节流并重。利用价格引导节水，从2003年开始，内部新水价格提高到每吨5元。大胆尝试无水或少水工艺，根据工艺特点建设分散污水处理设施，实现水的串级利用，形成了“三干多串零排放”节水模式。“三干”即采用高炉全干法除尘技术、转炉全干法除尘技术、焦炉干熄焦技术。“多串”即按质供水，串级利用，优化用水工艺。焦化、烧结、炼铁、炼钢、连铸、轧钢、热电等热线生产主要工序，均实现了内部多级串级利用，并实现了厂与厂之间的串级利用。“零排放”即通过污水处理后回用，力争实现零外排。莱钢钢铁生产主要工序已稳定实现废水“零排放”。2011年工业水重复利用率达到97.37%，吨钢耗新水下降到2.94吨，连续多年保持了行业领先水平。莱钢1000多万吨产量的耗水量，与1997年166万吨钢时的耗水总量持平。开工建设了年处理能力800万吨的污水处理厂，将厂区污水、渗漏水、厂区生活污水全部回收处理，形成中水回用钢铁生产或清洁绿化等。

建立二次能源回收利用循环链，充分利用二次能源提升工业附加值。在钢铁生产过程中，会产生大量煤气，部分煤气除二次用于生产外，其余被全部当做废气排放掉，这既造成污染，又造成浪费。为使这些富余煤气的价值得以充分利用，“十五”时期以来，莱钢推广应用了煤气回收利用、燃气—蒸汽联合发电、干熄焦发电、低温余热发电、高炉余压透平发电等先进技术，形成了一条完整的二次能源循环利用产业链，实现了能源利用与环保工作的共进双赢。积极推广应用焦炉、高炉、转炉煤气回收利用技术，努力做到煤气的零放散。一方面，将煤气作为一次燃料直接用于焦炉、炼铁热风炉、炼钢、轧线加热炉等生产，推广应用蓄热式数字加热炉、顶燃式热风炉等先进工艺技术，不断提高煤气热效率。另一方面，实施燃气—蒸汽联合发电等一批发电项目，将煤气转化为清洁高效的电能。目前，莱钢煤气全部回收利用，2011年自发电比例达到42%，2012年计划提高到60%，自发电量达到25亿千瓦时。

建立余热余压利用循环，提高企业效益，惠及周边群众。积极采用高炉余压透平发电技术、干熄焦发电技术、低温余热发电技术，实现了高品质余热余压全部回收利用。同时，积极研究探索高炉冲渣水低温余热利用技术、转炉余热锅炉蒸汽发电技术、烧结机余热蒸汽发电技术等，逐步提高低品质余热余压的利用水平。利用钢铁生产过程中的余热为热源，实施低温余热采暖改造，向周边居民供暖，供暖面积达到400万平方米，有2万多户莱钢职工和周边居民受益。

建立脱硫废弃物利用循环，保护生态环境，实现废弃物资源化。焦炉煤气脱硫、烧结机烟气脱硫形成的硫素废弃物难以处理，容易形成二次污染。对此，莱钢一方面发挥产业链优势，将焦炉煤气形成的硫膏，按照内部市场交易方式，全部转移给相关子公司，当成生产硫酸的原料。每年转移消化硫膏6000吨。另一方面，围绕烧结机脱硫，开发了“烧结烟气有机胺脱硫及副产硫酸工艺技术”，建成投运了4号265平方米烧结机有机胺脱硫项目。该技术最大的创新性就在于其将脱硫产生的硫黄直接延伸生产成硫酸，省去了脱硫石膏二次倒运处理环节。该技术得到了鉴定委员会主任殷瑞钰院士的肯定，认为具有国际先进水平，为克服传统的脱硫工艺因生成硫膏、脱硫石膏等硫素废弃物而造成二次污染探索出了一条崭新的道路。莱钢的4号265平方米烧结机有机胺脱硫项目可年产硫酸1.24万吨，增经济效益500万元。近年来，莱钢每年都较好地完成了政府下达的节能和减排指标。

延伸产业链条，拓展钢铁产品价值空间。莱钢高度重视钢铁产品自身的资源节约、强度提高、使用寿命延长，围绕主导产品，开发了2000兆帕超高强钢、轻型薄壁H型钢、F型钢、高强度建筑用螺纹钢等产品，大大提高了资源利用效率。依托H型钢产品，莱钢独家承担了建设部重点研究课题——“H型钢钢结构节能住宅建筑体系研究”。这项成果推广应用后，不仅可节省建筑用钢材17%以上，而且可以实现建筑钢材的可回收、再利用。莱钢已形成了H型钢生产、钢结构加工、房地产开发产业链，具备年产30多万吨的钢结构加工能力。自主开发的中低速磁悬浮轨排F型钢，开发技术与标准化工作，成为“‘十一五’国家科技支撑计划”子课题，填补了我国该领域技术空白；以此为依托，培育了以F型钢轧制和轨排制作等7项专利为核心的技术链和F型钢生产、轨排制作安装服务产业链。中国南车集团等单位正在运用莱钢的技术和产品。自主开发的抗震钢筋，既增强了高层建筑的稳固性，又延长了钢材的使用寿命，降低了钢材使用量。莱钢在其他钢铁产品的研发生产中，也逐步向集约化、减量化、高效化拓展。

（2）依靠“四个支撑”，保障循环经济发展。

循环经济是一个系统工程。莱钢在转变观念、提高认识的基础上，系统思考，统筹规划，科学管理，持续创新，为资源节约型莱钢构筑了强有力的支撑保障体系。

第一个支撑是管理创新。

一是健全循环经济管理制度和目标考核体系。莱钢将发展循环经济纳入企业发展战略，瞄准国内外先进水平，制定实施了《莱钢循环经济试点实施方案》，确立了发展循环经济的总体思路、目标和措施，制定和完善了循环经济管理制度；打造推进执行平台，工作措施落实到位，建立了晨会制度、月例会制度和专题调研制度。晨会制度进一步完善了监督约束机制，晨会部署的工作当天要有复命，提高了执行力；月度例会制度推广先进经验，有效地保证了循环经济工作快速推进。2006 年以来，莱钢制定实施了《循环经济实施细则》《环境保护提升方案》《循环经济实施细则推进考核办法》《节能减排循环经济目标责任书考核办法》等实施方案和考核制度，总经理与各个单位第一负责人签订了《节能减排循环经济目标责任书》，把各项目标、指标细化分解到每个工序，自上而下形成了公司、厂、车间、班组四级循环经济推进网络和组织保障体系。

二是完善循环经济持续改进机制。引入卓越绩效模式，建立从战略、规划、计划、实施到评价、考核、改进，不断辨识潜力、创新技术和管理、环环相扣、螺旋式上升的循环经济持续改进机制，有效地保证了各项措施的落实。推行六西格玛精准管理，针对循环经济、能源利用、环境保护、清洁生产等环节实施六西格玛项目，促进节能减排循环经济工作走上了精益六西格玛科学发展轨道。

三是制定促进循环经济发展的相关标准体系。近年来，研制完成企业标准 44 项，其中节能标准 16 项、环境保护标准 7 项、固体废弃物回收利用标准 21 项，初步建立了循环经济企业标准体系，有力地推动了循环经济的发展。其中，《企业节能规划编制指南》上升为国家标准，《高炉煤气干法除尘节能运行技术规范》等 9 项标准上升为地方标准。

第二个支撑是技术创新。技术创新和技术进步是发展循环经济、转变增长方式的重要支撑。没有技术上的突破，就没有质量上的跨越。莱钢按照“自主创新、重点跨越、支撑发展、引领未来”的方针，加快技术创新体系建设，不断提高技术创新对发展循环经济的贡献率。

一是坚持自主研发和引进相结合，借鉴国外发展循环经济的成功经验，引进核心技术与装备，努力突破制约循环经济发展的技术瓶颈。利用行业先进适用技术，加快对主体工艺流程的技术改造，提升生产工艺，提高运行效率，降低总体能耗，减少污染物的产生和排放。

二是重点引进和组织开发有普遍推广意义的资源节约和替代技术、能量梯级利用技术、延长产业链和相关产业链接技术、“零排放”技术、有毒有害原材料替代技术、回收处理技术、绿色再制造技术，以及降低再利用成本的技术等。

三是推广应用煤气并网、蒸汽回收、余热发电等新技术，实现冶金余热余能回收利用和煤气零放散，实现能量的梯级利用、资源的高效利用和循环利用，使资源、能源利用效率达到国内同类企业先进水平。

莱钢利用科技创新发展循环经济，得到了业内组织的高度评价。组织完成的“钢渣资源化处理平台（CPT）技术研究与应用”“钢铁企业高炉煤气干法利用稳定运行的研究与实践”获中国资源综合利用科学技术进步一等奖，“钢铁企业余热利用的研究与应用”获中国资源综合利用科学技术进步二等奖。

第三个支撑是工艺装备。对钢铁企业而言，工艺结构的不配套是最大的浪费。莱钢按照发展循环经济的要求，制定实施了“炼铁系统赶超全国一流水平优化大纲”“提高核心竞争力工程方案”等重大系统化技术管理措施，对老系统实施配套改造、填平补齐，实现了全工艺流程优化，主体设备产能不断实现较大的突破，中小型和H型钢两条具有20世纪90年代国际先进水平的生产线，分别从40万吨和50万吨的设计能力，实现了100万吨和107万吨产能的重大突破，轧机作业率从50%左右提高到90%以上，轧钢电耗、燃耗降低30%；积极淘汰落后产能，淘汰了4座128立方米高炉、4座25吨电炉、2座42孔焦炉等落后生产工艺，实现了工艺连续紧凑、高效低耗运行。

第四个支撑是国家政策。国家出台了一系列产业、技术、税收等政策，对企业节能减排和发展循环经济具有一定的导向、激励和约束作用。莱钢始终认真学习和研究这些政策，结合企业实际加以运用。莱钢通过参与国家发展循环经济重大课题研究，获得节能减排、循环经济国债补贴资金2100万元。2000年以来通过综合利用项目认定，已获得国家1.4亿元的税收优惠。目前，莱钢以联合国清洁发展机制（CDM）为契机，扎实推进节能减排循环经济项目建设，在实现节能减排、保护环境的同时获得可观的经济收入。

从总体来看，莱钢的循环经济发展模式（参见图6－1和图6－2）的做法可概括为：传统长流程大型钢铁联合企业通过技术创新实现内部资源与能源的高效和循环利用，同时对外通过产业链条的延伸，实现附加功能。具体体现在以下几个方面：一是强化技术创新的支撑作用，不断优化钢铁制造流程，提高流程高效、紧凑、连续化程度，实现绿色制造，实现钢铁生产过程中不产生或少产生废弃物和污染物；二是围绕铁素资源、非金属固体废弃物、二次能源和水资源，建立四个循环产业链条，大力促进资源和能源的高效循环利用；三是对废弃物和污染物进行再资源化、再能源化和无害化处理，协调经济效益和环境效益，将最终排放量减到最小；四是尽力发挥社会友好功能，在生产过程中处理和消纳社会废弃物，努力成为社会工业生态链的重要一环。

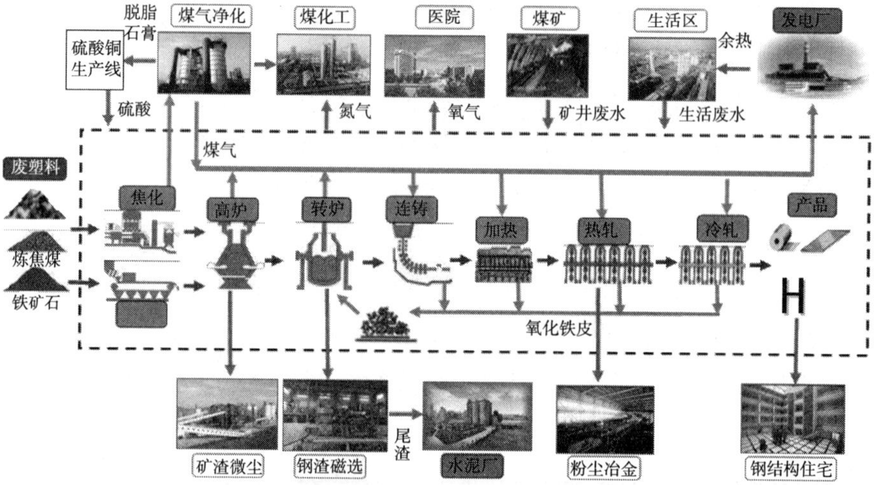

图 6-1　莱钢循环经济模式

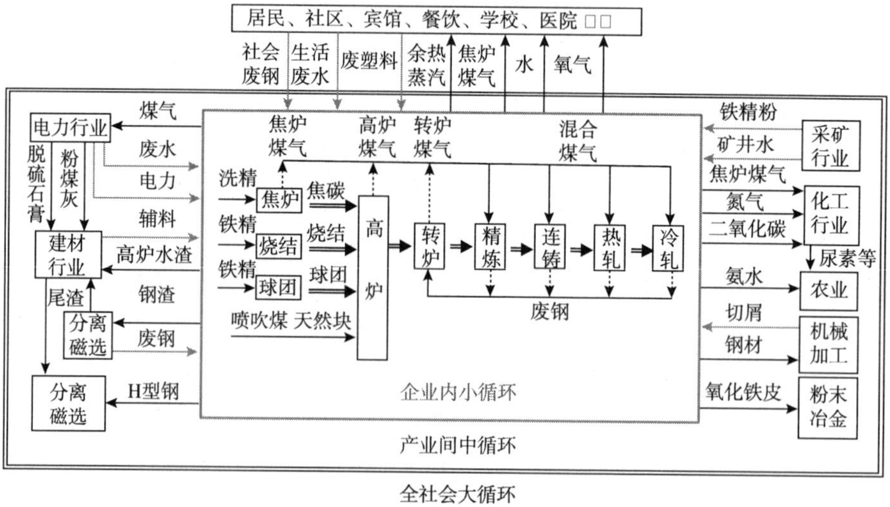

图 6-2　莱钢大中小循环

莱钢发展循环经济主要有以下几个突出特点。

其一，思路超前，起步较早。莱钢 2000 年就着手循环经济理论研究，2001 年确立“莱钢建设生态化钢厂”课题，比较早地形成了发展循环经济的清晰思路，成为行业内重视环保和发展循环经济最早的企业之一。

其二，技术领先，基础扎实。莱钢以技术创新作为推动发展循环经济的根本动力，实施科技兴企战略，坚持引进消化吸收和自主创新相结合，积极推广应用行业成熟的先进适用技术，持续优化工艺和产品结构，调整和改造生产流程，优化资源配置，提高了环境保护和循环经济的技术含量。“十五”时期以来，先后引进顶燃式热风炉、数字化蓄热式加热炉等世界先进设备和技术；自主研发一系列行业先进适用技术，实现了高炉、转炉、焦炉、烧结、制氧等主体设备的大型化、现代化。认真落实建设项目环保“三同时”制度，新建项目环保装备达到国内先进水平。适时淘汰装备落后、污染严重的小高炉、小电炉、小轧机；高标准推广和应用国际先进清洁生产技术和污染治理技术，冶金“三干”技术、粒煤喷吹等十几项行业新技术得到了成功应用，大大提高了设备运行效率，提升了技术经济指标水平，降低了资源能源消耗，控制了污染源点。

其三，重点突破，成效显著。适应结构调整和转变增长方式的要求，投资重点由规模扩张转向工艺设备配套改造、产品深加工以及环保、节能和循环经济项目。抓住节水、节能、节材、节地、环境治理等关键环节，实施重点突破，各项工作均取得了实质性进展。实施冶金废水零排放工程，坚持开源节流并重，积极推广节水新工艺，加强管理、监督与考核，吨钢耗水保持了国际先进水平；积极推进冶金“三干”技术，水耗、电耗、物耗大幅降低，不仅实现了高炉、转炉、焦炉高效低耗运行，也为钢铁工业发展循环经济提供了成功范例；充分利用煤气和余热余能资源，加快 TRT、CCPP 发电项目建设，自发电比例大幅提高；努力实现工业废渣资源化，氧化铁皮、除尘灰、粉煤灰、高炉渣、钢渣、石灰石尾矿等固体废弃物利用率稳步上升，带动了粉末冶金、水泥、煤化工等相关产业快速发展；以 H 型钢等产品为依托，延伸钢铁产业链，培育了房地产、钢结构等新的经济增长点。注重环境友好，适应生态平衡要求，先后投资近 7 亿元进行污染治理和环境建设，污染物排放得到有效控制，山丘绿化、河道治理、道路建设、厂区绿化美化等环保工作卓有成效，生态环境不断改善。

其四，系统推进，全面提升。按照党中央和山东省的要求，以科学发展观为指导，坚持系统思考，全面发展，制定实施了《莱钢循环经济试点方案》《莱钢循环经济实施细则》，采取签订《节能减排循环经济目标责任书》《安全环保责任书》等一系列管理措施，将节能、环保、循环经济融入生产经营建设的全过程，纳入了构建和谐企业体系。从基础工作抓起，对钢铁生产链条的各个环节进行系统优化，不断提高物流水平和价值创造能力。同时，对主业链条延伸的“三个循环链”，即气体和余热余能回收利用循环链、工业用水循环链、固体废弃物再利用循环链，进行了优化和提升，提高了资源能源综合利用水平。探索延伸企业层次、产业层次、社会层次产业链，拓展了循环经济的发展领域，提高了循环经济对经济、环境和社会效益的贡献率。积极参与国家发展循环经济重大课题研究，获得节能、循环经济国债补贴资金 2100 万元。莱钢环境保护、节能降耗、发展循环经济取得了阶段性成果，在行业内产生了一定的影响，得到了国家发改委和山东省委、省政府的充分肯定。

其五，承担责任，和谐共建。积极参加节能自愿协议试点，向社会和政府承诺用能和环保目标；高标准推广应用国际先进清洁生产技术和污染治理技术，先后投入 8400 万元，完成了 11 项重点水污染治理工程，在水源地上游建起了 14 道拦河坝，有效地涵养和补充了水源；制定实施了《莱钢大气污染治理规划》，投资 2 亿元，完善废气治理设施。随着钢产量的增加，污染物排放得到了有效控制。适应区域生态平衡的功能要求，“十五”期间，累计投资 7 亿元，与地方联手，绿化周边山丘，治理改造河道，畅通厂区干道，建设人文景观，改善环境质量。注重集约用地，为了不占良田耕地，在荒山野坡上搞建设，大型 H 型钢工程仅场平、强夯、筑基等就增加投资 7 亿多元，按照国家钢铁行业建设用地指标估算，共减少用地 1860 亩。山东省委、省政府领导及上级土地管理部门对此给予了高度评价，并组织全省土地工作会议代表到莱钢参观。持续环境建设，营造了优美宜人的生态环境、和谐文明的人文环境。

2. 发展循环经济的成效

莱钢作为国有大型钢铁联合企业，面对地处山区、资源能源缺乏、厂区分散等制约因素，牢固树立科学发展观，系统思考发展定位，明确社会责任，突出循环经济在企业发展中的地位，全力打造钢铁循环经济产业链，逐步从高能耗、高水耗、高污染、高投入的粗放型发展模式中摆脱出来，走上了建设资源节约型、环境友好型企业的新路子，实现了发展速度与质量效益的统一，促进了企业与经济社会、自然环境的和谐发展。循环经济取得了显著成效，循环经济的各类指标得到了全面改善，实现了经济效益、社会效益和环境效益的同步提高，促进了企业可持续发展，拉动了区域经济社会发展，创造了宜人的工作和生活环境。

莱钢从大力发展循环经济的实践中尝到了甜头，实现了经济效益、产品水平、资源利用水平、环境质量的同步提高，为企业的和谐发展、可持续发展奠定了基础。昔日童山濯濯、土地干裂、禾苗稀疏的荒山野岭，神奇般地演变为花木葱茏、绿草如茵、碧波环绕的现代化生态钢铁工业园区。

（1）经济效益。

其一，经济效益大幅提高。2006～2008 年，累计实现销售收入 1676 亿元、利税总额224 亿元、利润总额94 亿元，连续4 年位居全国钢铁企业前列。循环经济对经济效益的贡献率持续提高。企业发展品质不断提高，2010 年莱钢集团实现销售收入 668 亿元。

其二，产品水平大幅提高。产品结构实现了以螺纹钢为主向以型钢、板带钢为主的重大转变，形成了高效的铁素循环链，建成了亚洲最大的高新技术产品——粉末冶金生产基地，国内规模最大、规格最全的 H 型钢生产基地。2010 年通过认定的 8 台 TRT 发电机组、4 台汽轮发电机组、2 台干熄发电机组、1 台 CCPP 发电机组以及矿渣水泥、硫酸铵等 5 种资源综合利用产品，实现税收优惠 3000 余万元，通过认定的环境保护专用设备和节能节水设备，实现税收 1000 余万元①。

莱钢集团粉末冶金公司装备、技术、规模在国内称雄，在国际粉末冶金界也辟开了一席之地，拥有了与国际巨头同台交流合作的话语权。这是一个发展循环经济、变废为宝的经典之作。经过十几年的发展，粉末冶金公司现已成为国内唯一拥有还原制粉和雾化制粉 2 条生产线的钢铁粉末生产基地和国家“863”成果产业化基地，是亚洲最大的粉末冶金生产基地。2007 年粉末冶金产量达 5.5 万吨，实现销售收入 2.55 亿元。立足现有的装备和技术优势，主要生产还原铁粉、水雾化铁粉、粉末冶金制品 3 大类产品。其中莱钢牌还原铁粉和水雾化钢铁粉末 2005 年被评为山东省名牌产品。产品被广泛应用于汽车、摩托车、空调、电焊条、热敷材料等十几种行业，畅销国内 25 个省、市、自治区，并远销日本、韩国、泰国、德国等国家和地区。

其三，生产成本大幅节省。加强内部钢铁及含铁物质的回收与循环利用，减

① 《莱钢年鉴（2011）》，山东省地图出版社，2011，第 185 页。

少了外部采购资金支付。2011 年，内部回收钢铁超 41.82 万吨，同比增加 53.55%；豆钢超 7.62 万吨，同比增加 224.32%；氧化铁皮超 15.75 万吨，同比减少 0.52%；含铁污泥 10.07 万吨，同比减少 4.03%；钢精粉约 9.5 万吨，同比增加 29.48%。按照平均市场价格计算，共节省外购资金 5.5 亿元。“十五”时期以来，莱钢通过大力发展循环经济，积极推进节能减排清洁生产，实施水资源节蓄并举，努力提高生态质量，在向社会贡献 5100 万吨钢、230 亿元利税的同时，累计节水 4.23 亿立方米。这不仅支撑了一个 1000 万吨级的钢铁企业，也满足了区域百姓生产生活需要。

（2）生态效益。

作为国家第一批循环经济试点单位，莱钢把企业视为经济社会这个大生态链上的一环，大力实施节能减排，更好地肩负起了保护环境与生态的社会责任。

2006 年以来，莱钢累计投资 5.7 亿元，完成了烧结机脱硫、烧结厂原料区域除尘系统改造等 90 余项重点污染治理工程。2008 年污染物综合排放合格率为 97.62%，二氧化硫、化学需氧量排放总量比 2005 年分别减少 1/4。

余热余能高效回收利用，不仅减少了污染，还使莱钢的自发电达到了 50%。莱钢已经不是以前概念上的钢铁企业。莱钢不仅是钢材生产单位，还是一个能量转换单位，富余能源发电自给率从 10% 提高到了现在的 50%。莱钢还是一个垃圾转换单位，通过健全铁素资源循环利用产业链，实现了含铁固体废弃物资源的价值提高；通过打造固体废弃物循环利用产业链，实现了冶金废渣的综合利用。预计到“十二五”时期末，自发电可达到 60%。

建立起了工序内部小循环、工序之间中循环、企业与社会之间大循环的钢铁循环经济产业链，有力地支撑了清洁节约生产和可持续发展。各类消耗指标大幅下降，按全国平均铁钢比计算，吨钢综合能耗由 2000 年的 872 千克下降到 2011 年的 597.39 千克；吨钢耗新水由 2000 年的 13.58 吨下降到 2011 年的 2.94 吨，连续多年保持国内领先、国际先进水平。工业废水实现零排放，水的重复利用率达到 97.4%，固体废弃物综合利用率提高到 98.6%，废气排放达标率 98.8%，基本实现“零放散”。“十五”时期以来，累计节电 70.54 亿千瓦时，相当于莱钢以目前水平生产 1500 万吨钢的用电量；节水 8.01 亿吨，相当于 70 个杭州西湖的蓄水量；自发电量 74.7 亿千瓦时，节约能源 132 万吨标准煤，实现节能降耗效益 75 亿元。

国家发改委三次表扬莱钢的循环经济工作。2007 年国家发改委、中钢协联合在莱钢召开了全国冶金系统节水现场经验交流会，推广莱钢的经验和做法。在2009年全国循环经济座谈会上，李克强对莱钢的循环经济和清洁生产给予了充分肯定。莱钢先后被省政府授予“节能突出贡献企业”“资源节约先进企业”“清洁生产先进企业”“优秀循环经济企业”等称号，被中国资源综合利用协会授予“全国资源综合利用十佳企业”。

“十五”时期以来，莱钢以节水技术改造为中心，坚持源头削减、过程控制、综合治理相结合，实施节水改造项目87个，累计投资13亿元。

（3）社会效益。

莱钢为我国发展循环经济作出了贡献，创造了良好的社会效益。

2004年8月，中国钢铁工业协会在莱钢召开“全国高炉煤气全干法除尘工艺技术研讨推广会”，在全行业推广莱钢高炉煤气全干法除尘工艺技术。2005年6月，中国钢铁工业协会在莱钢召开“全国转炉‘负能’炼钢工艺技术战略研讨会”，重点推广莱钢转炉煤气全干法除尘技术。“焦化酚、氰废水零排放技术的研究与应用”获得山东省科技进步一等奖，“莱钢工业废水零排放的研究与应用”获得山东省科技进步二等奖。在2005年12月举办的全国建设节约型设计展览会上，莱钢的高炉煤气全干法除尘技术被国家发改委列在综合展区的重大技术前列，党和国家领导人吴邦国、温家宝、贾庆林、曾庆红、黄菊、吴官正等在展览会现场对莱钢的工作给予了高度评价，并提出了殷切的希望和要求。

2009年6月11～12日，“循环经济专家行”一行26人到莱钢调研，高度评价了莱钢的循环经济工作。10月25～27日，莱钢参加了2009年中国（莱芜）钢铁博览会，展示了莱钢循环经济模式和亮点技术。11月20～22日，山东节能减排暨循环经济新技术产品展洽会在淄博国际会展中心举办，莱钢作为莱芜市循环经济的亮点企业参展。2010年，国家发改委将莱钢循环经济发展模式确定为国家循环经济发展典型案例，并在全国推广。2010年山东省在莱钢召开了全省循环经济与清洁生产工作会议。国家发改委三次表扬莱钢的循环经济，在莱钢召开了全国现场会，推广莱钢的节水经验。

2009年莱钢“以节能减排增效为目标的企业循环经济体系建设”获得中国钢铁协会、中国金属学会管理创新成果一等奖、第十六届全国管理创新成果二等奖。“企业循环经济模式的构建与实施”成果获山东省首届企业管理奖。“莱钢循环经济关键技术研究与应用”获中国钢铁协会、中国金属学会冶金科学技术一等奖。

高炉煤气全干法除尘、转炉煤气全干法除尘、顶燃式热风炉技术、高炉粒煤喷吹等先进技术在莱钢使用成功，先后在重钢、天铁、天管、沙钢等国内钢铁企业推广应用，发展为设计首选项目，并走出国门，落户泰国、印度，实现了跨国技术输出，为中国冶金技术的提升作出了突出贡献。

在莱钢的带动下，2005 年国内吨钢水耗有十几家企业达到 5 吨以下，行业平均达到 8. 28 吨，2006 年达到 6. 56 吨，大约是 2003 年平均水平的一半。

依托主导产品 H 型钢，莱钢独家承担了建设部重点研究课题——“H 型钢钢结构节能住宅建筑体系研究”，形成的《莱钢钢结构绿色节能住宅建筑体系技术指导细则》，通过了建设部的鉴定，形成了 H 型钢生产、钢结构加工、房地产开发产业链，对实现钢铁资源的循环利用，降低传统建筑材料开发过程中对环境的破坏产生了积极的作用。实现了建筑钢材产品可回收、再利用。目前，莱钢已开发钢结构节能住宅 130 万立方米，先后有上海“世福汇”钢结构制作安装、咸阳丽彩天玺等 7 个项目获得“中国钢结构建筑金奖”。

莱钢加强企地协调，有效地解决了农业与工业争水问题。莱钢厂区布局分散，有 20 多个村庄分布在厂区。由于历史的原因，建厂以来，大部分村庄由莱钢供水。每逢旱季，就出现截流灌溉的现象，造成水资源的极大浪费。为解决企业与农民用水问题，减少水资源浪费，莱钢投资帮助地方百姓打水井 21 眼，并配套建设了输水管道，建立了独立的供水系统，既满足了地方百姓的生产生活用水，也减少了跑冒滴漏，保障了莱钢供水的安全。

“这十几年来，莱钢的发展史是节能环保史，也是企地情谊不断加深的历史。”莱钢一位副总经理如此说。多年来，莱钢坚持企地一家、发展一体的理念，对地方经济社会发展进行反哺和全方位辐射带动。水乳交融、互惠互利新型企地关系的建立，实现了企地双方的共建双赢。为回报地方的支持，莱钢对与钢城百姓生活息息相关的道路建设、河道治理、山体绿化、集中供暖等各项工程已累计投资 7 亿多元。莱钢努力实践着“认真贯彻‘工业反哺农业’的方针，持续拉动钢城经济社会发展，共同建设‘经济发达、城市繁荣、人民富裕、环境优美、社会和谐’的新钢城”的诺言。

莱钢是国内具有代表性的传统长流程大型钢铁联合企业，企业在自然条件、资源和能源条件、交通和区位，以及市场、技术、人才方面没有独特优势，在工艺装备方面也是新建的先进工艺装备与老旧的落后工艺装备并存。通过强化冶金循环经济关键共性技术的研究与应用，莱钢不断优化钢铁制造流程，实现绿色冶炼，成功地打造了铁素资源循环利用产业链、固体废弃物循环利用产业链、二次能源循环产业链和工业水循环利用产业链。莱钢模式对于我国大型钢铁联合企业，特别是典型长流程钢企发展循环经济具有重要的借鉴意义。

（四）发展循环经济的主要经验

莱钢发展循环经济的认识、实践历程及其取得的显著成绩，标志着莱钢已经开拓出了一条发展循环经济，建设资源节约型、环境友好型企业，向“生态莱钢”迈进的正确道路，这条道路的开拓时间虽然并不很长，但是其中蕴涵的宝贵经验值得总结。通过梳理与思考，我们初步认为，莱钢发展循环经济的主要经验有如下几点。

1. 理念领先、领导重视是关键

莱钢地处鲁中山区，资源、能源供给及环境容纳量有限，之所以在发展循环经济方面走在了前面，并且取得了巨大成效，理念领先、领导重视是关键。思路决定出路。善于学习的莱钢，对循环经济这个来自国外的先进理念，及时地进行消化，通过全公司上下的学习，内化为莱钢人的共识。特别是莱钢领导的观念先行，并自觉以科学发展观为指导，走在了全国钢铁企业的前面。

莱钢人在转变观念、提高认识的基础上，系统思考，统筹规划，科学管理，持续创新，为资源节约型、环境友好型企业构筑支撑保障体系。正是因为认识早，所以能够走在全国前列；正是自觉以科学发展观为指导，所以从贯彻落实科学发展观、转变经济发展方式的角度认识发展循环经济，才能增强发展循环经济的自觉性，真正重视发展循环经济，把循环经济既作为可持续发展的内在动力，又作为加快经济增长方式转化的外在动力，作为贯彻落实科学发展观的具体实践。

发展循环经济不仅理念先行，而且从一开始，莱钢的领导层就高度重视，加强对循环经济发展工作的组织和领导，确定了专门机构和专人负责，做到层层有责任，逐级抓落实；研究制定了循环经济发展的推进计划和实施方案，加强了部门之间的合作，建立了有效的协调工作机制，扎扎实实地推进了循环经济发展。领导的高度重视，是莱钢循环经济发展较早、持续进行的有效保证。

莱钢的经验说明，中国作为后发国家，要想避免西方发达国家工业化走过的

“先污染、后治理”的老路，必须理念先行，增强走新型工业化道路的自觉性；领导必须高度重视，身体力行。这样，发展循环经济才能落到实处，才能进一步实现国家的科学发展、和谐发展。

2. 科学规划是前提

制定科学的循环经济发展规划，是循环经济工作取得成效的前提条件。莱钢发展循环经济之所以取得很大成效，前提就是自觉地以科学发展观为指导，通过运用学习型组织理论的系统思考思想，在转变观念、提高认识的基础上，制定了科学的规划。通过制定规划和试点实施方案，明确发展循环经济的基本思路、主要目标、重点任务、政策措施及重点项目。正因为有科学规划，莱钢才能真正重视、有条不紊地发展循环经济。绝不能把循环经济仅仅视为环保的手段，而要视为一种发展方式的转变、一种新型文明——生态文明的再造，才能够系统思考，把循环经济作为一个系统工程去推动，保证循环经济的可持续发展。

推进循环经济发展是一项系统性、综合性很强的工作，需要思想观念、法制建设、体制机制、激励措施、技术创新等方面的有机配合。科学的规划，起到了至关重要的作用，有助于增强发展循环经济的自觉性、系统性、计划性，保证循环经济的持续发展。

3. 科学管理是导向

科学管理是发展循环经济的重要导向。莱钢建立健全了各项能源管理、循环经济、环境保护规章制度，制定了循环经济目标体系、循环经济责任体系和循环经济考核体系，实施了《循环经济实施细则》《节能减排循环经济目标责任书考核办法》《钢渣产品回收利用技术规范》等，并着力抓好制度的落实，使各项管理措施执行到位，达到既定的目的。

2006 年莱钢根据《循环经济试点实施方案》制定了《循环经济实施细则》和《循环经济推进考核办法》，把各项指标细化分解到工序，同时制定《工艺技术升级指南》，构建做强莱钢的技术支撑体系。每月召开一次“做强莱钢技术支撑体系例会”，使循环经济工作强力推进，有效落实。

2010 年，集团公司与炼钢厂、规划发展部等 28 个单位和部室签订了《节能减排循环经济目标责任书》，分解落实考核指标 165 项，全年兑现责任奖励 156 万元。莱钢确立了严格的企业考核和激励政策，形成了明确的导向，有效地推进了循环经济的发展。

发展循环经济涉及不同经济主体的利益。这些不同的利益，需要科学的管理进行协调统筹，需要有效的制度进行保障，需要明确循环经济发展中不同经济主体的权利与责任。莱钢发展循环经济的经验表明，制度建设与创新是发展循环经济的基础，是循环经济得以健康持续运行的重要支持力量。

4. 科学技术是支撑

开发应用资源高效利用和循环利用的关键技术，是循环经济发展的重要支撑。只有突破传统的发展模式，积极推进技术、新工艺，实现循环经济技术的创新和应用，成为发展循环经济的强大动力，才能大幅提升循环经济水平。莱钢自主研发和应用了高炉煤气全干法除尘、转炉煤气全干法除尘、干熄焦等一系列新技术，在焦化、烧结、炼铁、炼钢、连铸、轧钢、热电工序实现水的多级串级利用和循环利用。冶金“三干”技术的创新与应用，与旧的湿法工艺耗水相比，降低了许多；轿车用高性能水雾化钢铁粉末规模化生产技术的创新与应用，使氧化铁皮的利用附加值提升数倍；转底炉直接还原处理钢铁厂含锌尘泥成套工艺高技术产业化技术创新与应用，开拓了钢铁尘泥的高效利用途径。2006 年与 2000 年相比，钢产量增加 5 倍多，新水耗量基本没有增加，吨钢耗新水由 13. 58 吨下降到 3. 53 吨，达到世界先进水平。莱钢的经验表明，循环经济发展取得显著成效的重要支撑，是通过自主创新和引进、消化、吸收、再创新掌握了一些关键技术。

循环经济的发展从一定意义上说是一次技术革命，循环经济的建设需要有相应的能源、材料、信息等配套技术载体。科学技术是推进循环经济发展的重要支撑和核心动力，循环经济的每一个原则的贯彻都离不开先进的处置和转化技术。

莱钢发展循环经济的经验表明，没有先进技术的输入，循环经济所追求的经济和环境效益等目标将难以从根本上实现。具有创新而实用的污染治理技术、废弃物利用技术和清洁生产技术，将极大地促进循环经济的发展，提高循环经济的成效。因此，发展循环经济应重视科技投入，用高新技术提升循环经济发展的水平，加快先进适用技术的推广，建立符合中国国情的循环经济技术支撑体系。

5. 完善政策是保障

循环经济发展所涉及的资源、环境在很大程度上属于公共产品，具有公益性，存在强烈的“外部效应”，其私人成本、社会成本、私人收益与社会收益不一致，政府需要出台有效的激励约束政策，才能形成有利于循环经济发展的机制，做到既“循环”又“经济”，循环经济才能得到持续发展、长期巩固和提高。

莱钢在发展循环经济的过程中，始终得到了政府的支持。各级政府在法律、政策、技术、税收、资金等方面给予了莱钢很大支持。政府的法律保障、规划指导、政策措施、资金投入、技术开发和项目建设，极大地调动了莱钢发展循环经济的积极性，使莱钢能够克服各种不足，有力地促进了莱钢循环经济的发展。

我国发展循环经济还处于初级阶段，目前的循环经济政策以命令控制性政策为主，以市场机制为基础的政策少而且效率不高，还没有形成循环经济发展所需要的保障政策和约束机制。莱钢发展循环经济的成功经验表明，完善的政策将是循环经济持续发展的制度保障。

6. 全员参与是基础

发展循环经济是集经济、技术和社会于一体的系统工程，需要各个方面的共同努力。发展循环经济涉及全体公民的切身利益，公众参与是发展循环经济的基础，是推进循环经济发展的根本动力。

莱钢在发展循环经济的过程中，围绕大力发展循环经济主题，开展了形式多样的系列宣传教育活动，加大了循环经济理念、实践和先进典型经验的宣传力度，通过论坛、培训、技术交流会、展览会、科学知识普及等，循环经济理念逐步深入人心，社会氛围更加浓厚，提高了全公司特别是各级领导对发展循环经济重要性和紧迫性的认识，引导全公司树立正确的消费观，鼓励使用绿色产品，抵制过度包装等浪费资源行为，把节能、节水、节材、节粮、垃圾分类回收、减少一次性产品的使用逐步变成每个职工的自觉行为，逐步形成了节约资源和保护环境的生活方式与消费模式。公司职工的全员参与是莱钢循环经济能够持续发展的社会基础。

推进循环经济建设是涉及全社会的系统工程，既需要政府的倡导和企业的自律，更需要一个信息完备、渠道畅通、社会认知、全民参与的配套服务体系。莱钢在循环经济方面取得的成功在很大程度上应该归功于莱钢加大宣传力度、提高公众意识的不懈努力。莱钢的经验表明，公众参与不仅为发展循环经济提供了良好的社会氛围，而且在循环经济发展的许多领域，如绿色消费、节约资源能源、回收利用废弃物等方面，承担着直接的责任和义务。

（五）发展循环经济的启示与思考

循环经济是国际社会推进可持续发展的一种实践模式，它是将清洁生产和废弃物的综合利用融为一体的经济，在本质上是一种生态经济。循环经济作为一种科学的发展观，一种全新的经济发展模式，具有自身的独立特征。它显示着人与自然的关系，从一个重要方面标志着“以人为本”的实现程度，显示着科学发展观的实现程度，体现着社会主义制度的优越性。

莱钢发展循环经济的经验证明，中国选择循环经济的发展模式，是实现经济增长方式根本性转变、走新型工业化道路的重要前提，也是中国作为一个以公有制为主体的社会主义国家为人类应尽的责任和贡献，是中国走科学发展道路的必然选择。

目前，循环经济受到各国的高度重视，深刻地影响了人类社会的生产生活。中国作为一个后发和赶超型国家，发展循环经济具有重要的现实意义和长远的战略意义。中国在现代化进程中遇到的突出问题就是资源短缺、环境容量有限。随着工业化、城镇化、信息化进程的加快，经济发展与资源环境之间的矛盾越来越尖锐。中国要走出一条新型工业化、新型城镇化道路，就必须坚定不移地创新发展模式，加快转变经济发展方式。循环经济一头连着资源，一头连着环境，能够实现经济增长、资源节约、环境保护的有机统一，是发展理念的创新、发展模式的创新，是突破资源环境约束的重要措施，是转变经济发展方式的可行途径，是落实科学发展观、建设生态文明的重要方式。党的十八大高度重视生态文明建设，为我国发展循环经济提供了前所未有的机遇。

莱钢发展循环经济是形势使然。

1. 坚持和发展中国特色社会主义的内在要求

社会主义作为人类社会发展的一个新社会形态，是人类文明形态和文明发展理念、道路和模式的重大进步。社会主义以人与自然、人与人、人与社会和谐共生、良性循环、全面发展、持续繁荣为基本宗旨，以建立可持续的经济发展模式、健康合理的消费模式与和谐的人际关系为主要内涵，倡导人类在遵循人、自然、社会和谐发展的客观规律基础上追求物质与精神财富的创造和积累。发展循环经济是社会主义优越性的体现。恩格斯早就指出："我们不要过分陶醉于我们人类对自然界的胜利。对于每一次这样的胜利，自然界都对我们进行报复。"① 所以，我们要学会与自然和谐共处。作为社会主义的具体模式和当代形态，中国特色社会主义是物质文明、精神文明、政治文明和生态文明全面发展的社会，内在地要求发展循环经济。坚持和发展中国特色社会主义，必须高度重视发展循环经济。

2. 中国走新型工业化道路的具体体现

科学发展观是中国共产党的最新指导思想。科学发展观的核心是以人为本，强调发展的目的是不断满足人民群众日益增长的物质与文化需要，提高人民的生活质量与水平，促进人的全面发展。落实科学发展观要求必须坚持统筹兼顾，统筹人与自然和谐发展；必须坚持全面协调可持续发展，坚持生产发展、生活富裕、生态良好的文明发展道路，建设资源节约型、环境友好型社会，实现速度和结构质量效益相统一、经济发展与人口资源环境相协调，使人民在良好的生态环境中生产生活，实现经济社会永续发展。如果追求片面发展，导致生态严重破坏，人民的生活环境恶化和生活质量下降，就背离了科学发展观的要求，违背了发展的初衷。

发展循环经济是转变经济发展方式的有效途径。经济又好又快发展的重要标志，是结构优化、资源节约、生态良好。实现经济又好又快发展必须加快转变经济发展方式。如果高消耗、高排放的经济发展方式得不到根本转变，全面建设小康社会的目标就难以实现。发展循环经济，能够最有效地利用资源和保护环境，提高经济增长的质量和效益，促进国民经济又好又快发展。

发展循环经济是中国走新型工业化道路的具体体现。中国作为一个后发国家，要想实现赶超性目标，就必须克服资源短缺和生态环境重负的制约，实现科学发展。这就要求中国必须开创一条新型的工业化道路。"第三次工业革命"就是这种呼声。国际经验和我国发展循环经济的实践表明，循环经济依靠科学技术手段和市场机制，对社会生产和再生产活动中的资源能源实施"减量化、资源化和无害化"调控，提高社会经济活动的生态效率，达到资源能源低消耗、经济高产出、污染低排放，实现经济、社会和生态效益的统一。循环经济的这一本质特

---

① 《马克思恩格斯文集》第9卷，人民出版社，2009，第559～560页。

征符合新型工业化道路的五个标准，即科技含量高、经济效益好、资源消耗低、环境污染小和人力资源优势得到充分发挥。

因此，发展循环经济是走新型工业化道路的具体途径。要坚持以科学发展观为指导，把循环经济的理念贯穿于产业发展、城乡建设、区域开发等经济社会发展的各个领域、各个环节，促进资源循环式利用，鼓励企业进行循环式生产，推动产业循环式组合，倡导社会循环式消费，逐步形成集约型、节约型的生产方式和消费方式，努力做一个负责任的政府、企业、公民，对现在负责，对未来负责，对人类负责。

发展循环经济、建设“资源节约型、环境友好型”企业，是贯彻和落实科学发展观的具体实践，是企业履行社会责任的具体体现。随着经济社会的快速发展，节能降耗、保护环境，已成为政府和社会普遍关注的问题。莱钢作为大型国有企业，牢固树立责任意识、大局意识、可持续发展意识，本着对国家、对社会、对企业高度负责的态度，大力发展循环经济，搞好节能减排，实现集约发展、内涵式发展、清洁发展、可持续发展。

3. 实现全面建成小康社会奋斗目标新要求的必然选择

党的十八大报告提出，到2020年，要在优化结构、提高效益、降低消耗、保护环境的基础上实现人均GDP比2010年翻一番。人口众多、资源相对不足、环境容量有限是我国的基本国情。我国正处于工业化、城市化加速发展的阶段，资源消耗总量大，加之粗放型的增长方式，资源环境约束日益突出，已严重制约经济发展。在实现工业化的过程中，能源消耗总量还会增加。资源和环境问题，是伴随实现全面建成小康社会目标全过程的硬约束，必须坚持不懈地走新型工业化道路，大力节约能源资源，保护生态环境，建设资源节约型、环境友好型社会，循环经济是必然选择。要按照党的十八大报告的要求，不断实践、不断创新、不断完善，促进循环经济扎实有效地向更深和更广发展。

4. 建设生态文明的重要内容和客观要求

党的十七大首次提出建设生态文明，党的十八大提出大力推进生态文明建设，建设美丽中国的目标。

推进生态文明建设，是涉及生产方式和生活方式根本性变革的战略任务，必须把生态文明建设的理念、原则、目标等深刻融入和全面贯穿到我国经济、政治、文化、社会建设的各个方面和全过程，坚持节约资源和保护环境的基本国策，着力推进绿色发展、循环发展、低碳发展，为人民创造良好的生产生活环境。

建设生态文明，是关系人民福祉、关乎民族未来的长远大计。面对资源约束趋紧、环境污染严重、生态系统退化的严峻形势，必须树立尊重自然、顺应自然、保护自然的生态文明理念，把生态文明建设放在突出地位，融入经济建设、政治建设、文化建设、社会建设的各个方面和全过程，努力建设美丽中国，实现中华民族永续发展。如果不计代价，片面追求经济增长，就必然导致能源资源约束突出，生态环境破坏严重，人与自然关系紧张，反过来影响人与人、人与社会的和谐。

发展循环经济，建立全社会的资源循环利用体系，以最少的能源资源消耗、最小的环境代价实现经济社会的可持续发展，是建设生态文明的必然选择和重要内容。因此，全社会要像莱钢这样，增强发展循环经济的社会责任感，建立符合现代生态文明的生活方式，大力营造绿色消费、文明消费的社会氛围，以高度的自觉行动，在实践中培育和弘扬先进的生态文化和文明生活方式，形成节约资源和保护环境人人有责、人人有为、人人受益的机制，逐步建立与发展循环经济相适应的道德规范和行为准则，投身于发展循环经济的伟大实践中。

5. 政府的重要职责

循环经济以节约资源和保护环境为目标，具有一定的公益性，仅仅靠市场机制无法解决问题，需要在充分发挥市场的激励和导向作用的同时，充分发挥政府的政策保障和激励作用。政府要从战略和全局的高度增强发展循环经济的紧迫感和责任感，建立领导负责制，解决发展循环经济过程中的重大问题。为此，为了推进循环经济发展，政府需要做好以下几个方面的工作。

其一，搞好规划。要把发展循环经济作为编制经济社会发展规划的重要指导原则，用循环经济理念指导编制各类规划。要加强对发展循环经济的专题研究，加快节能、节水、资源综合利用、再生资源回收利用等循环经济发展重点领域专项规划的编制工作。要建立科学的循环经济评价指标体系，研究并提出国家发展循环经济战略目标及分阶段推进计划。

其二，健全法制。要研究和建立完善的循环经济法规体系。要抓紧制定发展循环经济的专项法规，加快制定用能设备能效标准、重点用水行业取水定额标准、主要耗能行业节能设计规范、强制性能效标识、再利用品标识等标准规范。要加大执法监督检查的力度，逐步将循环经济发展工作纳入法制化轨道。

其三，完善政策。要通过深化改革，形成有利于促进循环经济发展的体制条件和政策环境，建立自觉节约资源和保护环境的机制。结合投资体制改革，调整和落实投资政策，加大对循环经济发展的资金支持；进一步深化价格改革，研究并落实促进循环经济发展的价格和收费政策；完善财税政策，加大对循环经济发展的支持力度；继续深化企业改革，研究和制定有利于企业建立符合循环经济要求的生态工业网络的经济政策；充分发挥社会中介机构和非政府组织发展循环经济的积极作用。

其四，重视技术研发应用。根据循环经济试点工作中遇到的技术瓶颈问题，政府有关部门在国家重点基础研究发展计划、国家科技支撑计划和国家高技术发展计划等专项科技计划方面，要组织实施一批共性和关键技术攻关，支持建设一批循环经济示范项目，积极支持技术服务体系建设，提高我国循环经济技术支撑能力。

其五，宣传教育。发展循环经济需要全民参与，全社会监督。要通过广泛的宣传教育，使全社会充分认识发展循环经济的重要性和紧迫性，增强责任感和自觉性，提高公民参与循环经济意识，提倡绿色消费，使循环经济观念渗透到社会生活的各个方面，成为民众的自觉生活习惯，使循环经济的思想在民众心中扎根，营造发展循环经济的有利氛围；加强循环经济人才培养，推动循环经济研究，为发展循环经济提供人才支撑和智力支持。要加强生态文明宣传教育，增强全民节约意识、环保意识、生态意识，形成合理消费的社会风尚，营造爱护生态环境的良好风气。政府有关部门和新闻媒体要组织和开展循环经济系列宣传活动，继续加强地方、行业、企业循环经济培训，普及循环经济发展理念和相关知识，营造有利于发展循环经济的社会氛围。

循环经济是缓解可持续发展资源瓶颈的重要基础，也是落实科学发展观、转变经济发展模式的必然要求，是实现企业可持续发展的必由之路。要贯彻落实党中央、国务院关于节能减排和发展循环经济的一系列指示精神，牢固树立科学发展观，加快转变经济发展方式，不断实现循环经济发展的新突破，努力为钢铁工业发展循环经济闯出新路子。

进入“十二五”时期以来，国家对循环经济继续高度重视，特别是党的十八大进一步强调搞好生态文明建设，这为发展循环经济提供了重要的机遇。在当前钢铁行业普遍不景气的情况下，莱钢继续以高度的责任感，转变经济发展方式，更加重视发展循环经济，将其作为摆脱经济困境的根本之策和首要战略。

发展循环经济，是钢铁企业深挖内潜、提质增效的重要举措，是钢铁企业的生存之道。钢铁工业经过“十五”时期以来的迅猛发展，高产量、高成本、低效益已成为行业的主要特征。目前全行业经营发展难以为继。同时，资源的约束也日益突出，企业可持续发展受到严峻挑战。只有按照科学发展观的要求，加快转变发展方式，走科技含量高、经济效益好、资源消耗低、环境污染少、人力资源优势得到充分发挥的新型工业化路子，才能把钢铁主业做强，才能沿着可持续发展的道路越走越宽广。

莱钢的循环经济工作迈出了坚实的一步，今后还有很长的路要走。这就需要借鉴、吸收兄弟单位和同行业的成功经验和做法，继续探索和完善莱钢循环经济发展模式，在国家政策扶持和国家有关部门的大力支持下，努力提升莱钢循环经济发展水平，为国家节能减排与环境保护作出更大的贡献。在今后的工作中，莱钢将以国家循环经济试点为契机，继续努力探索出一条具有莱钢特色、符合钢铁工业可持续发展的循环经济之路，把莱钢建成资源节约型、清洁生产型、环境友好型、持续发展型的一流钢铁强企，为构建社会主义和谐社会作出新的更大的贡献。

发展循环经济是实现以人为本、全面、协调、可持续的科学发展观的本质要求，是转变经济发展方式、加快建设资源节约型、环境友好型社会的重要战略举措，意义重大，任务艰巨。莱钢在山东省委和山钢集团的领导下，正在全面贯彻落实党的十八大精神，以科学发展观为指导，开拓创新，真抓实干，努力开创一条具有中国特色的循环经济发展之路，为实现全面建成小康社会的目标而努力奋斗。

七　企业文化建设与人文莱钢创建

“文化是民族的血脉，是人民的精神家园。”① 企业文化是企业的旗帜和灵魂，是企业软实力的体现，是企业管理和企业长远发展的关键与核心。43 年来，莱钢不断开拓创新、锐意进取、放手作为，在企业文化建设方面取得了重大成就，形成了莱钢独特的企业文化，以其独特的魅力，蜚声国内钢铁行业。

莱钢企业文化是怎样培育和发展的？莱钢究竟拥有什么样的企业文化？

简言之，莱钢的企业文化，是一种学习型文化、创新型文化、人本型文化。

（一）企业文化建设过程

莱钢，是 20 世纪 70 年代建设的“小三线”钢铁厂。建厂初期，企业文化较为单一。但是，43 年风雨兼程，莱钢走过了不平凡的道路。在这条道路上，莱钢人用自己的辛劳、汗水、热血乃至生命，书写着不朽的历史篇章，创造了独特的属于自己的历史和文化。

莱钢的企业文化，是在有着丰厚历史文化积淀的齐鲁大地上，在党领导人民进行社会主义建设、改革、开放、发展的历史进程里，在建设莱钢、改革和发展莱钢的伟大实践中，培育和发展起来的。43 年间，莱钢人先是形成了以“团结奋斗，艰苦创业，改革创新，争创一流”为核心的企业文化；继而随着改革开放的不断深入，形成了以“学习、超越、领先”为主要精神的企业文化；又随着山东钢铁集团的重组，正继往开来、与时俱进，倡导并融合进“共创、共进、共赢”的山钢企业文化。43 年来，莱钢企业文化的每一步迈进、每一次丰富和升华，无不展示着莱钢人的精神世界，彰显着莱钢人的世界观、人生观、价值观，

① 胡锦涛：《坚定不移沿着中国特色社会主义道路前进　为全面建成小康社会而奋斗——在中国共产党第十八次全国代表大会上的报告》，人民出版社，2012，第 30 页。

展现着当代工人的理想、信念、价值选择和精神追求。

1. “艰苦创业”打造“生长钢铁的土地”

20 世纪 60 年代末 70 年代初，中国的基本状况是：政治上备战备荒，准备迎接外敌入侵，立足于打大仗；经济上物资匮乏，比较贫穷落后，生活水准普遍不高，需要大力发展生产，而国内的政治环境又在某种程度上不利于发展生产；文化上百花凋零，极“左”思潮泛滥，中华民族优秀的传统文化，多被当做“封资修”扫进历史的垃圾堆。这样的政治、经济、文化背景和现实，是襁褓中的莱钢面临的生存环境。

实际上，莱钢的诞生，是政治上压倒一切，备战备荒、加强国防建设的产物。莱钢当时就是一个为了战争需要而生产钢铁的工厂。几乎一切都白手起家的莱钢，只有一个奋斗目标，就是在荒山野岭中尽快把钢铁厂建起来，早出钢、快出钢，完成国防建设赋予的历史使命。因此，从建设开始，莱钢人就和那个时代的特点一样，在非常困难的条件下，团结一心，艰苦奋斗，战天斗地，期待辉煌。这是早期莱钢人精神风貌的真实写照。

时代需要艰苦奋斗的精神。在建设莱钢的实践中，莱钢人焕发出了高昂的热情。20 世纪 70 年代初，为响应国家号召建设莱钢，来自全国各地的干部、复员军人、设计人员、农民等，汇集在莱芜这块当时并不产钢的土地上，在条件非常艰苦的环境下，团结奋斗，艰苦创业，倾心倾力，要把莱芜打造成“生长钢铁的土地”。

莱钢早期建设过程中展现了“要钢不要命”的精神，充分显示了当时人们为了建设好国家而忘我奋斗、无私奉献的集体主义热情，充分显示了人们为了改变贫穷落后面貌、为了增强国力而艰苦创业的文化追求。

这样一个过程，积淀成了一种特定历史时期的特定文化，形成了一种特定的精神，这就是“团结奋斗，艰苦创业”。莱钢的建设正是这样一种精神面貌的体现，也是莱钢文化萌芽的一种历史真实。在这样一种历史文化的激励之下，莱钢一座座厂房拔地而起，一项项工程胜利竣工。初期就建成了当时山东省最大的 620 立方米高炉及其辅助设施，为山东钢铁事业和国家冶金事业作出了重要贡献。“团结奋斗，艰苦创业”的莱钢精神文化，在建设者艰难困苦的奋斗过程中，渐渐生根、发芽，逐渐成长为一种精神、一种文化、一种魂魄。莱钢早期的这种文化精神，奠定了日后莱钢企业文化建设坚实的基础；这些精神财富，成为日后莱钢企业文化建设的丰厚沃土。

2. “改革创新”凝练企业精神

改革开放新时期是莱钢企业文化大发展的时期。随着时间的推移、实践的发展，趁着改革开放的东风，改革创新的精神、积极向上的热情，已经逐渐在整个莱钢建设者中弥漫和洋溢。莱钢企业文化精神也在不断地丰富和发展中，成为牵引莱钢不断创造辉煌的巨大精神动力。

莱钢在企业文化建设方面，有意识地、自觉地总结和弘扬莱钢企业文化是从1985年开始的。前面提到的“团结奋斗，艰苦创业”的莱钢精神，实际上在最初的岁月里，并没有明确的字眼来界定这种文化和精神。但是，这种文化和精神，的确存在于莱钢和莱钢人日常的工作、生活和学习当中。真正自觉地总结莱钢精神和莱钢文化，有一个历史过程。

1985年3月16日，时任中共中央政治局委员、中国人民解放军总参谋长的杨得志同志为莱芜钢铁厂题词：“发扬创业精神，再作新的贡献”。杨总长的题词，包含着对莱钢的关怀、鼓励和期望。这就促使当时的莱钢领导和工人们思考，什么是莱钢的创业精神。经过一段时间的总结，4月10日，《莱钢报》刊登了杨得志的题词，并配发了评论员文章《发扬创业精神》，明确指出“创业精神，就是艰苦奋斗、勇于创新的精神”①。此后，总结和提炼还在继续。1986年4月18日，莱钢第三届第一次职代会的报告首次使用“团结奋斗、艰苦创业”的词语，明确提出莱钢精神就是“团结奋斗，艰苦创业”。这是莱钢人对自己企业文化和企业精神的初步总结、凝练和创制，成为莱钢文化的基色。

“一九七八年十二月召开的十一届三中全会，是新中国成立以来我党历史上具有深远意义的伟大转折。”② 党的十一届三中全会掀开了新的历史性的一页。这样一次重要的会议，对全国各行各业、大小单位都产生了直接的深远的影响。莱钢当然也不例外。随着时间的推移和实践的发展，改革创新的精神已经逐渐在莱钢人中形成氛围。在前期提炼为“团结奋斗、艰苦创业”的基础上，需要新的总结。应该说，这个时期的企业文化凝练，还需要契机。1989年4月5～7日，

① 《莱钢日报》1985年4月10日，第1版。

② 中共中央文献研究室编《十一届三中全会以来重要文献选读》（上卷），人民出版社，1987，第327页。

时任山东省委副书记、省长赵志浩到莱钢进行调查研究，在听取了厂领导工作汇报之后，他对“团结奋斗，艰苦创业”的莱钢精神给予了充分肯定，并建议再加上“改革创新，争创一流”，这样更符合时代精神和实践特点。于是，这个时期的莱钢企业文化就渐次演变和凝练为“团结奋斗，艰苦创业，改革创新，争创一流”，成为莱钢企业文化在当时的核心内容。1989 年 4 月 15 日，总厂召开职代会代表团团长会议，通过决议，把“团结奋斗，艰苦创业，改革创新，争创一流”作为莱钢精神正式确定下来。

企业文化精神的进一步总结和凝练，对莱钢的生产实践起到了巨大的促进作用。在企业精神的感召下，莱钢很快趁着改革开放的东风，扬帆起航，先是甩掉了亏损的帽子，继而在不断努力下，到 1990 年达到年产钢 50 万吨以上。这样，企业文化精神逐渐就为莱钢的建设、发展、生产实践，铺就了通往钢铁强企的快车道。“改革创新，争创一流”成为这一时期企业文化核心内容里的亮点，莱钢也由此点亮了新时期新的企业文化建设的明灯。

企业文化建设的魅力逐渐彰显。随着实践的不断深入，莱钢企业文化建设的明灯越来越亮，不断促使莱钢迈出新的步子、实现质的飞跃，使莱钢通往钢铁强企的道路越走越宽广。1995 年 6 月，莱钢召开党政工负责人会议，时任总厂负责人作了《关于组建企业集团》的报告，拉开了成立莱钢集团的序幕。1997 年 8 月 21 日，莱钢股份公司创立，8 月 28 日莱钢股份在上海交易所成功上市。1999 年 5 月 18 日，莱芜钢铁集团有限公司创立大会和挂牌仪式在莱钢工人文化宫举行。集团公司的成立，是莱钢发展史上新的里程碑。伴随着改革创新的步伐，到 2000 年底，莱钢已经能够年产 270 万吨钢。在世纪之交，莱钢这只昔日的“丑小鸭”，已经逐渐成长为亭亭玉立的“白天鹅”。莱钢一直把凤凰作为自己的吉祥物，它象征着莱钢人团结向上、奋发图强的进取精神。在企业文化大发展的环境里，和着改革创新的步伐，莱钢这只“在钢花飞舞中冶炼出来的凤凰”，沐浴着炽热的钢水，浴火重生，嬗变成一只美丽的“金凤凰”。

3. “学习、超越、领先”创造“莱钢速度”“莱钢奇迹”

企业文化建设是企业发展的长期性事业。良好的企业文化建设，能助推企业在激烈的市场竞争中立于不败之地。关于企业文化建设的重要性，著名经济学家于光远曾说过：“三流企业靠生产、二流企业靠营销、一流企业靠文化。”莱钢随着自身的发展和积累，成功上市以后，已经由一个早期的“小三线”企业，实现了华丽的转身，开始了新一轮的大发展。在这样一个战略机遇期，在这样一个大型的国有企业里，怎样实现良性、持续、快速、高效的发展，成为摆在莱钢人面前的一个值得深思的大问题。

于是，一场轰轰烈烈的积极主动打造自己的企业文化，以企业文化建设来助推企业长足发展的系列工程，在1999年以后全面铺开。学习型组织理论的应用及学习型党组织建设在莱钢的实践与创新，使莱钢企业文化得到大幅提升和全面提高。

1999年前后是我国理论界宣传和推广学习型组织理论的重要时期。莱钢人作为新时期的弄潮儿，敏锐地观察和思考，迅速发挥其一贯的机遇意识特长，结合企业自身发展的实际，不断把学习型组织理论在企业学习、运用和推广，取得了十分明显的效果。在前期企业文化建设的基础上，莱钢人已经感觉到，企业大了，打造一种属于自己的独特的企业文化，不仅有必要，而且十分重要。

1999年5月，莱钢引入学习型组织理论，先在炼钢厂进行创建学习型企业试点并取得成功，在企业文化建设中开始呈现新的姿态。莱钢也因此成为中国钢铁行业里首家引进和推行学习型组织理论的企业。不断全面推进学习型企业建设，使得莱钢人心智不断改善，增强了做大做强的愿望。

到2000年底，莱钢制定实施了新世纪初的发展战略，提出了尽快做大做强的发展目标。集团公司高层决心在加快发展的进程中，形成一种能够与职工、客户、供应商以及各相关方长期共享利益的企业文化。

2001年8月，莱钢在设计核心竞争力方案时，将企业文化作为重要内容，组织人员对建厂以来企业文化建设情况进行归纳、整合、提炼，加入新的时代内容，积极提升和建设新时期适应新形势的企业文化。同时，结合创建学习型企业的最新成果，形成了学习型企业文化建设的基本框架。

2002年6月，莱钢成立了企业文化部。这标志着莱钢企业文化建设进入了一个新的历史阶段，达到了一个新的水平。莱钢企业文化部的成立，是莱钢企业文化建设史上的重要举措，它标志着莱钢企业文化建设进入了日常化、正规化、制度化阶段。莱钢企业文化部成立后，按照“专家指导、以我为主”的原则，组织专人进行企业文化设计，在对莱钢传统企业文化进行全面梳理、再造和提升的基础上，构建了具有鲜明时代特征和自身特色的理念识别系统、行为识别系统、视觉识别系统，形成了系统性的企业文化体系。

在企业文化建设系统工程中，莱钢贯彻落实科学发展观的要求，总结和提炼了企业的精神、愿景、使命、核心价值观等，形成了完善的企业理念体系，“共赢共享，直到永远”的核心价值观得以确立，成为引领莱钢未来发展的企业文化核心内容。同时，随着时代的进步和企业发展的要求，不断丰富和发展莱钢精神，把莱钢精神逐步推进到“学习、超越、领先”阶段，而“团结奋斗，艰苦创业，改革创新，争创一流”则成为企业的传统得以继承和坚持。

莱钢企业文化全面系统性的提升和发展，为莱钢的发展和创新增加了日益强大的精神动力和支持。

“十五”技改期间，莱钢人创造的“莱钢速度”“莱钢奇迹”是莱钢企业文化综合力量的集中展现。“十五”技改期间，莱钢人创造了这样的高速度：4 号 750 立方米高炉从决策到建成投产仅用了 5 个月 19 天，创造出了 3 天达产的世界一流水平；6 号制氧机从投产到达产仅用 42 小时 50 分钟，创造出了全国领先水平；7 号制氧机试车仅 39 小时 58 分钟，氧气产量就达到设计能力，再次刷新纪录；大型 H 型钢生产线高炉仅用了 11 个月零 8 天就建成投产，比国内同类高炉的先进工期整整提前了半年。

这些堪称“莱钢奇迹”的成就的取得，是莱钢“学习、超越、领先”精神力量的彰显，是莱钢人坚持持续创新、持续超越的最好例证，是莱钢企业文化中“共赢共享，直到永远”价值理念的最好注解。正如中铁十四局莱钢工程指挥部指挥李玉春评价说：“我们参加过很多全国各地的工程建设，但经历像莱钢这样大的工程、这样快的速度，还是第一次。真是创造了奇迹，比当年的‘深圳速度’还‘深圳’。”

正是由于莱钢企业文化系统工程综合力的作用，有了“学习、超越、领先”的核心理念引领和凝聚，莱钢人创造了“莱钢速度”和“莱钢奇迹”，实现了令同行羡慕的高速发展，取得了令人瞩目的辉煌成就。

4. “共创、共进、共赢”导入融合创新

2008 年 3 月，莱钢重组进入山东钢铁以后，企业文化建设也进入了一个崭新的导入融合创新阶段。所谓导入融合创新，是在导入山钢文化的基础上，重点把莱钢原有的企业文化与山钢的企业文化相互融合，在水乳交融的基础上，实现莱钢企业文化的自觉和再创造、再创新，最终实现文化的高度自信、高度自觉，使企业文化建设在企业生产经营、产品销售、对外服务、自我完善、自我发展的过程中形成高度的文化软实力。

按照山东省国资委的统一部署，组建山东钢铁集团，莱钢被作为其中之一并入山东钢铁，开始了一个新的历史征程。面对这样一个重大的历史性事件，莱钢积极作为，在企业文化建设中迅速找到了新的支点，这就是积极导入山钢文化，把莱钢企业文化与山钢企业文化进行高度统一和有机融合，开启了莱钢企业文化建设历史性的一页。莱钢的企业文化建设导入融合阶段，现在还在进行之中。

并入山东钢铁集团之后，莱钢企业文化建设以山钢文化导入为主线，对内统一思想、凝聚力量，对外树立形象、塑造品牌，充分发挥了企业文化对企业发展的引领和推动作用。在《山钢集团企业文化手册》《企业文化导入方案》《企业文化建设管理办法》等规章制度的规范和指导下，莱钢集团公司党政领导认真进行集体学习并迅速转发全公司。在认真学习规章、文件精神的基础上，研究制定了切实可行的落实方案，以公司和公司党委的名义下发文件，积极有效地开启了山钢文化导入工作。导入山钢文化，重要的在于要使山钢文化落地生根，发生实效。

为了做好山钢文化的导入并与莱钢企业文化融合，莱钢作出了积极的努力，做了大量深入细致的工作。

首先，广泛宣传，营造导入山钢文化的浓厚氛围。举办了《山钢集团企业文化手册》发放仪式，公司领导集体学习了《山钢集团企业文化导入方案》和《企业文化建设管理办法》等内容，举办了学习践行山钢文化骨干培训班，开展了山钢文化集中学习教育活动，利用各种载体展示了山钢集团理念识别系统和视觉识别系统。

其次，切实行动，将山钢文化落实到各个环节。积极推进文化牌、广告牌、宣传栏、网站、办公用品、宣传品、劳保用品等文化宣传载体原有标识、理念的更换，积极展示、宣传山钢文化，利用高速公路出口、公司办公楼附近、厂区重点位置等重要场所的户外广告展示山钢标识和山钢文化理念，同时利用重要活动充分展示山钢文化。

最后，入脑见行，认真加强两种文化的高度融合。为了进一步做好导入融合工作，在保持山钢文化统一性的前提下，莱钢人大力弘扬莱钢文化传统的精髓，注重发挥“团结奋斗，艰苦创业，改革创新，争创一流”的企业传统和“学习、超越、领先”的文化理念对职工的引领作用，使山钢文化与莱钢个性的优秀文化传统共融共生，相得益彰，实现了莱钢文化与山钢文化的水乳交融。

莱钢全力认真、积极稳妥地开展企业文化的导入和融合，有效地促进了山钢文化的导入以及莱钢企业文化与山钢文化的融合，提升了整个企业的文化软实力。

纵观莱钢企业文化建设的历程，可以清晰地看出，莱钢的企业文化建设，总是随着时代发展的脉搏一起跳动。莱钢作为一个不断发展中的国有企业，总是紧跟着时代的步伐，不断前进。在我国社会主义建设和改革开放的实践中，企业文化总是发挥着重要的引领作用。

（二）企业文化建设的举措

莱钢企业文化建设的做法，彰显了莱钢独特的文化和独特的企业风采。在莱钢企业文化建设的举措中，重视学习型企业文化建设，以丰富多彩的方式营造浓厚的企业文化氛围，加强企业文化的融合创新，通过建章立制加强企业文化建设职能管理，以多种方式方法加强企业廉洁文化建设等，是莱钢企业文化建设的亮点。莱钢企业文化建设的这些举措，决定了其能够在这个时代成为同行业的佼佼者，成为我国钢铁战线上的旗帜和标兵。

1. 倾力打造学习型企业文化

学习型企业文化的创建，是莱钢企业文化建设的一大亮点。莱钢以创建学习型企业为载体，着力构建学习型企业文化。在莱钢，学习型企业与学习型企业文化之间是这样一种关系：学习型企业文化是在创建学习型企业的实践中形成的，反之，学习型企业文化又指导和深化了学习型企业的创建；同时，学习型企业的进一步发展和建设，又丰富和提升了学习型企业文化，使企业文化更好地落地生根，产生实效。

（1）打造学习型企业文化的历程。

学习，是21世纪最重要的能力和品质。邓小平曾经谆谆告诫：“全党同志一定要善于学习，善于重新学习。”① 抓住学习这个关键点，在这个关键点上狠抓落实，并且往实效上寻找学习的着力点，这无论是对于一个人，还是对于一个组织都十分重要。莱钢以学习为抓手，积极创建学习型企业文化，成就了其企业文化建设中的亮丽姿彩。

① 《邓小平文选》第2卷，人民出版社，1994，第153页。

莱钢自1999年底引进学习型组织理论，经历了自发引进、总结推广、由点到面、全面深化四个阶段，先后制定了《深度推进学习型企业创建的意见》和《创建学习型企业评价体系》等一系列文件，对创建工作提出了任务目标和要求。

①自发引进阶段。首先是莱钢炼钢厂自发学习和引进学习型组织理论。1999年12月初，莱钢炼钢厂中层干部学习了学习型组织理论的基本概念，并聘请上海明德学习型组织研究所所长张声雄教授到厂作专题讲座。2000年2月3日，炼钢厂党政联合下发了《关于创建学习型工厂的实施意见》。在引进学习型组织理论的过程中，炼钢厂"1234"的建设思路新颖独到，效果明显。

②总结推广阶段。莱钢积极总结炼钢厂的经验，在全集团公司逐步推广。2000年8月17日，集团公司在炼钢厂召开创建学习型工厂现场会，对炼钢厂的创建成效给予充分肯定。从2000年下半年开始，集团公司组成调研组，先后三次深入炼钢厂进行调研，在总结炼钢经验的基础上，集团公司肯定了炼钢厂创建学习型企业的经验和做法，认为炼钢厂创建学习型企业系统、全面、有效，是提升企业管理水平、促进企业发展的现实选择。

2001年6月20日，集团公司召开推广炼钢经验动员大会，党政联合发文作出《关于学习推广炼钢经验的决定》，号召全集团学习炼钢厂创建学习型企业的做法。2001年12月，在莱钢集团公司九届二次职代会上，当时集团公司主要负责人在职代会报告中，专门提出"积极创建学习型企业，培育独特的企业文化"的要求，确定总的目标是"把莱钢从传统的'等级权力控制型组织'改造为'学习型组织'，通过创建学习型企业，持续不断地提高学习力，提高职工的素质和技能，最终提高莱钢的核心竞争力"①。因此，莱钢先后下发了《关于进一步深化创建学习型企业的实施意见》等一系列文件和规定，通过培育、推广创建典型等形式指导各个单位进行各有特色的创建工作。全集团形成了学炼钢经验、创学习型组织的浓厚氛围。

③由点到面阶段。莱钢通过下发文件，选择试验点，逐步在集团公司进行学习型企业创建工作。在创建学习型企业取得初步成效的基础上，2002年莱钢下发了《关于进一步深化创建学习型企业的实施意见》，大力推动整个集团公司开展学习型企业创建工作。2003年6月，莱钢召开创建学习型企业深度推进会议，在全集团公司深度推进学习型企业建设工作。先后制定下发了《深度推进学习型企

① 《莱钢日报》2001年12月17日，第4版。

业创建的意见》和《创建学习型企业评价体系》等一系列文件，对深化创建工作提出了目标和要求。2003 年，莱钢党委确定在炼钢厂和焦化厂开展建设学习型企业的试点工作，逐渐积累经验，丰富实践，把理论进一步应用到现实生产实践当中。

④全面深化阶段。莱钢通过进一步总结前期学习型企业创建工作的经验，决定在全集团公司全面铺开学习型企业创建工作，进一步落实学习型企业建设任务。2004 年 6 月，莱钢召开管理创新大会，决定把创建学习型企业作为企业管理创新的主线，持续深入地开展下去。在认真总结试点工作经验的基础上，莱钢党委制定下发了《关于开展创建学习型党组织活动的意见》，在公司各级党组织中全面启动和展开。莱钢学习型党组织建设活动的全面启动和展开，标志着莱钢学习型企业建设上升到一个新的水平、新的层次和新的高度。

（2）学习型文化创建重点。

莱钢创建学习型企业以实事求是、联系实际为前提，始终贯穿“学习是基础，改善心智是关键，创新是核心，持续发展是目的”这一条主线，以创建学习型班组、学习型车间、学习型工厂、学习型公司、学习型党组织和学习型职工等为基本途径，变机械思考问题的方式为系统思考的思维模式，变被动的反应性工作为积极的主动性工作，通过在工作中学习，在学习中工作，激发职工的积极性和能动性，激活企业的生命力和创新力，增强企业的竞争软实力。

在全面铺开学习型企业建设的过程中，莱钢的学习型党组织、学习型工厂、学习型部室、学习型车间、学习型班组、学习型党组织、学习型团组织、学习型家庭等创建活动，渗透到企业的方方面面，形成了强大的学习动力和良好的学习氛围。莱钢结合实际，着重加强以下关键环节的建设。

第一，学习是基础。学习，可以升华生命的意义。创建学习型企业贵在学习。只有有效地学习，形成良好的学习氛围，使学习成为广大职工工作和生活的重要组成部分，企业的学习力和创新力才有坚实的基础。莱钢把企业精神确定为“学习、超越、领先”，既把学习作为一种精神，又把它视为超越、领先的前提条件。莱钢把学习作为创建工作首要的一步，并赋予其新的内涵，使广大职工在学习中体会到了生命的价值和意义。莱钢以学习为抓手，着力建设学习型企业文化，在实践中取得了实实在在的效果。学习，是莱钢企业文化建设的基础所在。

第二，改善心智模式是关键。在建设学习型企业文化的实践中，莱钢高度重视职工心智模式的改善，通过组织学习在职工中培育积极的心态，以全新的理念促进职工转变思维模式，带动管理方式和工作方式的转变，提升团队的执行力。莱钢在全集团倡导自省精神。过去曾存在一种不良习惯，出了问题、有了麻烦，总是过多地强调客观问题，推诿扯皮，甚至把“能推的责任推出去”看成一种能力。通过创建学习型企业，莱钢强化“不归罪于外”的理念，使这种状况发生了根本性的变化。现在有了问题，大家首先从自己身上找原因，主动承担责任，积极进行整改，使工作效率大大提高。过去，炼钢厂4号连铸车间生产工和维修工是一对“冤家”，生产中出了问题总是互相埋怨，各执一词，互不相让，最后还要靠车间领导调查取证，进行裁决。但是，自从炼钢厂在全厂职工中倡导“不归罪于外”的理念后，这种情况几乎看不到了。出现问题后，分析会上生产工和维修工总是先剖析自身的原因，然后共同研究整改措施。良好的心态使双方的关系越来越融洽，大家互相帮助，形成了很好的协作关系，车间生产也更顺了。在一次表彰会上，生产工主动向车间领导提出：“军功章有我们的一半也有维修人员的一半，我们建议给维修工奖励。”

第三，创新是核心。“创新是一个民族进步的灵魂，是一个国家兴旺发达的不竭动力，也是一个政党永葆生机的源泉。”① 让创新成为平常事，是莱钢人在进行学习型企业建设过程中创造性的做法。学习型企业的本质在于创新，学习的效果最终要体现在创新能力的提高上。在风云变幻的市场面前，只有不断创新，才能保持优势地位，实现超越发展。因此，在创建学习型企业的过程中，莱钢始终注重把握创新这个关键环节。

莱钢为创新合理定位，打破创新的神秘感，让职工认识到：创新并不是高不可攀的事情，也不是专家、学者的专利，人人可创新、事事可创新、时时可创新，只要能有效地改善工作、改进工艺、提高效率、创造价值，就是创新。莱钢在企业内努力营造尊重知识、尊重人才、尊重创造的浓厚氛围。注重人才的培养和使用，把那些创新意识强、善于思考、勇于探索的技术人员和管理人员放在重要岗位上；加大对创新成果的奖励力度；建立创新成果的推广应用机制；建立集决策、研发、生产、销售、用户研究于一体的现代化技术创新体系，形成了良好的创新环境。

莱钢创建学习型企业，不刻意追求形式，也没有固定的模式，而是注重实际

---

① 中共中央文献研究室编《十六大以来重要文献选编》（上卷），中央文献出版社，2005，第9页。

效果。各个单位在把握学习型组织理论本质特征的基础上，结合各自的实际，创造性地开展工作，从内容到形式都体现了创新性。例如，公司机关提出了创建“三型部室”（学习研究型、自主管理型、开拓创新型）的目标；焦化厂实施“六为零”（安全零事故、设备零故障、产品零库存、废水零排放、决策零失误、管理零缺陷）管理；炼钢厂确立“4416”班组建设体系（提高四力：学习力、创新力、凝聚力、超越力；四个一样：领导在与不在一个样，有检查和没检查一个样，夜班与白班一个样，厂内与厂外一个样；一个境界：自主管理；六大品格：忠诚、明理、尽责、求是、创新、超越）等。全集团涌现出了一批以炼钢厂为代表的具有创新思维、勇于探索、敢于实践的典型，使学习型企业创建活动不断向纵深发展。

第四，持续发展是目的。创建学习型企业不是搞形式主义，而是立足于解决企业持续快速发展过程中出现的问题。保持企业持续发展，是莱钢创建学习型企业的目的之一。这体现了正确处理加强企业文化建设与企业生产实践的关系。企业文化建设、学习型企业建设最终都要落实到企业的持续发展上。推进企业发展是最终的目的。莱钢在创建学习型企业的过程中，注重把创建工作与企业经营管理工作紧密结合，注重与企业长远发展紧密结合，做到相互促进、共同提高，最终的结果和目的就是为了企业又好又快地发展。在创建学习型企业的过程中，莱钢注重用发展来解决企业前进中的问题。通过创建学习型企业，逐步树立起“学习、超越、领先”的强烈意识，形成了浓厚的学习促进企业发展的文化氛围。莱钢不断在这种理念指导下，调整优化产品结构、工艺结构、组织结构，推进体制改革，提高企业管理水平，促进了企业持续、快速、健康发展。

（3）学习型文化建设的成效。

在创建学习型企业文化的过程中，莱钢形成了自己鲜明的特色。比如，莱钢创建的学习型企业文化，注重对人的自身完善和提高、强调工作与学习不可分离、突出团队学习等。此外，他们还强调注重隐性知识与显性知识的相互转化。这些独特的亮点，彰显了莱钢的特色，促进了莱钢自身的发展。

首先，通过创建学习型企业文化，形成了系统思考的思维方式，创新了工作思路和工作方法。比如，在创建学习型企业文化之前，面对问题往往只见树木不见森林，习惯于找问题的“症状解”。而通过创建学习型企业文化，莱钢人逐步形成了从系统的角度看待问题、解决问题，进而寻求问题的“根本解”。这就使学习型企业文化提升到了一个新的境界。

其次，通过创建学习型企业文化，逐步改善了大家的心智模式，遇到问题不归罪于外，积极面对问题，解决问题。通过创建学习型企业文化，善于从自身寻找原因，遇到问题先内省，从自身找问题的症结，寻找自己应负的责任，自我解决问题。这就使职工的心智模式达到了一个新的层次。

再次，通过创建学习型企业文化，形成了“学习、超越、领先”的文化氛围，大家从心智深处不自我设限，提升了超越力。在创建学习型企业文化之前，对于难做的事情、没有做过的事情，人们习惯于认为不可能做到，自我设置心理障碍，自我设置做成事情的极限，进取精神受到了限制。通过创建学习型企业文化，莱钢人形成了这样的共识：决定了的事情一定要办到，该达到的水平一定要达到；能办到的事情坚决办，不能办到的事情要创造条件办到。有了这样一种状态，想不成功都难。这展现了莱钢人精神状态的一个新的面貌。

最后，也是最可贵的，莱钢通过创建学习型企业文化，形成了创新的文化氛围。“人人可创新，事事可创新，时时可创新”蔚然成风，创新成了家常便饭，创新成了常态，创新促进了莱钢的突破性发展，使莱钢的发展提高到了一个新的水平。

2. 以多种形式营造企业文化氛围

在学习型企业文化建设过程中，莱钢注重广造声势，全面铺开，大力营造浓厚的、形式多样的企业文化氛围。以内容丰富的文体活动为载体，不断开展形式多样、内容新颖、干部职工喜闻乐见的文化活动，营造浓厚的企业文化氛围，使干部职工耳濡目染，收到了良好的文化熏陶效果。

（1）以企业文化为核心内容，培训和教育职工。

莱钢着眼于企业共同价值观的培育和践行，集团公司各级企业文化管理部门着力加强企业文化宣传教育，加大了对职工的培训教育力度。莱钢编印了《莱钢企业文化手册》，开展了《莱钢企业文化手册》的集中学习教育活动。通过举办不同层次的培训班、企业文化知识大赛等形式，加强了企业文化的灌输和教育。2008 年 3 月，莱钢并入山东钢铁之后，莱钢继续开展山钢文化的教育、宣传、导入和融合工作，形成了浓厚的学习山钢文化、融入山钢文化、发扬莱钢文化的优良氛围。

（2）以铺天盖地的方式，广泛宣传企业文化。

莱钢对于自身企业文化的宣传不遗余力。在莱钢，能时时处处感受到莱钢的企业文化氛围。外在的、能看得见的，如企业文化一条街、企业文化长廊、灯箱、广告牌、横幅、彩旗等，都直接向人们传达和诉说着莱钢的企业文化。内在的、能感受到的，如莱钢的报纸、电视、内部网络和刊物等，让人们不断地接受莱钢企业文化的熏陶。企业文化建设已经影响到每一个人，在莱钢职工那里，能够感受到企业文化作用下的人们的文化自信、文化自觉、向上精神、创新意识、进取动力。

（3）以切实可行的方式，不断改善职工心智。

心智的改善和修炼对一个人的工作、学习和生活十分重要。莱钢在进行企业文化建设的过程中，注重对职工的心智的提高和历练。这项工作，是一项长期积累和不断磨炼的过程。莱钢注重做实做细，不断通过各种方式改善职工的心智模式。大力开展心智体验活动，让职工在活动中逐渐改善自己的思想、行为、情感，增强自信和相互信任，加强合作，形成强大的团队合力。莱钢还通过常规的升国旗、军训、晨颂等具体形式，让职工在具体的活动中增强爱国主义情感，提高“爱厂如家”的责任意识和见诸行动的工作意识。此外，还大力开展品格提升培训、绩效团队培训等企业文化体验活动，使职工在互动的氛围中感受新的文化理念，改善自己的心智模式。

（4）以丰富多彩的形式，大力发展群众文化。

通过广泛开展多种多样的文体活动，带动、发展群众性文化活动。莱钢支持各种文体协会的建立，经常开展各种文体活动。莱钢文体协会包括莱钢职工业余合唱团、艺术团、女子管乐队、拔河队等。莱钢文联、体委等群众性组织经常组织丰富多彩的文体活动，每年从元宵节民间艺术表演拉开全年文体活动的序幕，全年做到“月月有比赛，周周有活动”。歌咏比赛、越野赛、游泳比赛、篮球赛、网球赛、乒乓球赛、健美操赛、长跑比赛、拔河比赛等各种赛事活动精彩纷呈。摄影、集邮、美术、书法、围棋等活动，同样吸引着众多职工积极参与。莱钢职工业余合唱团、拔河队、女子管乐队等群众文化团体享誉国内外。丰富多彩的群众性文化活动的广泛开展，既充实了职工的业余文化生活，丰富了职工的精神生活，又陶冶了他们的情操，起到了鼓舞士气、凝聚人心、振奋精神的良好作用，为建设和谐莱钢、人文莱钢、幸福莱钢作出了积极的贡献。

（5）以成功经验为基础，发挥典型示范作用。

莱钢企业文化建设中有一个鲜明的做法，就是善于不断总结企业文化建设过程中的成功经验，认真倡导和推广企业文化建设的先进典型，充分发挥典型的示范带动作用，引导企业文化建设向纵深推进。企业文化主管部门，及时挖掘各个单位企业文化建设的成功经验和做法，在全公司进行广泛推广，认真选树企业文化示范单位，发挥示范单位的引领和带头作用。近年来，莱钢每年开展“感动莱钢人物”评选活动，以优秀的典型引导人，用模范的事迹感动人，以高尚的情操陶冶人，用先进的文化引领人，起到了典型示范作用。此外，莱钢文化部还精心组织编写了《激活企业软资本：方法与案例》和《共享金苹果——莱钢企业文化建设案例选编》等具有典型引领、经验示范作用的教材，组织大家学习，产生了很好的教育效果。

3. 融合创新促进企业文化发展

莱钢将企业文化融入企业管理和企业发展之中，融入企业的精神文明建设和思想政治工作之中，以此推动企业各个方面工作的有效开展。

（1）将企业文化与企业管理紧密融合。

莱钢开创了运用先进文化理念创新管理工作的新局面。莱钢的企业管理，形成了文化管理、知识管理、信息管理、权变管理、艺术管理、执行管理、人本管理和系统管理八个方面相互依存、相互作用的有机管理体系。中层管理者善于从文化的层面提升管理绩效。这个方面的实例比比皆是。

比如，炼钢厂2003年提出的“品格炼钢”管理思想，就是要着力提升职工的六大品格，提升企业品格和产品品质，为企业持续发展奠定基础、提供动力。2006年炼钢厂又提出了“哲学管理”思想，初步建立起具有炼钢厂特色的哲学管理体系。哲学管理是将马克思主义哲学应用于企业管理、与科学发展观相联系、为探索企业管理的新途径提供的一个全新的管理思路创新。哲学管理是炼钢厂运用马克思主义哲学指导管理活动的自主探索，是炼钢厂哲学管理生动实践的高度概括和真实再现，具有重要的管理创新理论意义和现实实践价值。莱钢集团“以深度推进学习型组织创建为目标的哲学管理”荣获全国第三届企业管理创新十佳案例。山东省委书记姜异康视察莱钢后说：“你们在创建学习型企业过程中运用哲学原理管理企业的做法很好，希望你们在这方面继续探讨，不断总结经验，全面推广。”莱钢将企业文化建设与企业管理紧密融合，形成了一大批具有坚强战斗力的先进基层团队。比如3号井的“锯齿”团队和4号转炉的“黑蚂蚁”团队，是这些基层团队的优秀代表。

莱钢将企业文化融入战略规划和日常的各项管理之中，以此推动管理的改进与提高，使企业文化在推进企业管理的过程中不断丰富和创新。运用系统思考的文化理念，制定实施了《炼铁系统赶超全国一流水平优化大纲》《莱钢电炉钢提高核心竞争力工程》《成本系统优化》《产销研一体化》《产供研一体化》等一系列管理创新方案，解决了制约企业发展的一系列问题，促进了企业发展。莱钢企业文化建设上，通过车间、科室、班组等建设特色团队文化，真正促进了企业文化落地，提升了管理水平。

（2）将企业文化与企业发展紧密融合。

莱钢善于将企业文化贯穿于企业发展的重大事项或关键阶段，贯穿于重大的科技进步、管理创新、结构调整以及重大的改革进程当中，使企业文化成为引领莱钢发展的强大力量。

“十五”时期，莱钢提出了企业快速发展的九大理念：比较优势，抢占资源，快速推进，数一数二，整合内部资源，创造双赢，抢占前沿技术，经营资产，资本运营。这些理念指导决策，引领莱钢抢得发展先机，5 年内钢产量增长 4 倍，销售收入增长 5 倍多，莱钢由地方骨干企业大踏步跨入全国钢铁行业的第一梯队，跻身“十大钢”之列，实现了历史性的超常规、跨越式的发展。

“十二五”时期，莱钢决策层坚持系统思考的理念，在科学把握钢铁行业发展形势和莱钢基本状况的基础上，提出了“十二五”时期的发展战略：“坚持系统提升，创新运营模式，推进产业协同，做强钢铁主业，支撑山钢发展。”此外，公司主要领导还提出了“建设天蓝地绿水清气净的生态莱钢”“保护环境是企业不可推卸的义务”“节能减排是企业义不容辞的责任”等一系列理念，引领莱钢加快建设资源节约型、环境友好型企业。这些发展战略无不体现了企业文化的理念，体现了企业文化和企业发展的有机统一，对于尽快实现莱钢“由大到强”的转变，全面提升莱钢的竞争力，使山钢集团“优化内陆”战略在莱钢有效落地，起到了有力的支撑作用。

（3）将企业文化与精神文明建设紧密融合。

莱钢在企业文化建设过程中，紧密结合精神文明建设实际，把两者交融在一起，同步发展。莱钢注重在企业文化建设中突出职业道德、社会公德、家庭美德的教育，把企业文化内容融入莱钢精神文明建设之中，莱钢开展的“双十佳”评选、文明莱钢、平安莱钢建设等都具有鲜明的特色。另外，莱钢通过企业文化建设不断加强精神文明建设，有效地推进了社区文化的开展。社区文化活动全面开展，拓展了企业文化建设的空间，丰富了企业文化建设的载体，充分体现了企业文化建设的社会使命。

企业文化建设与精神文明建设紧密结合。2006 年以来，莱钢开展了“感动莱钢人物”评选活动，并在每年年底举行隆重的颁奖典礼，由集团公司领导为“感动莱钢人物”颁奖。开展评选“感动莱钢人物”活动以来，共发掘了感动事迹近 1000 件，表彰了近 300 件，其中有 2 人被评为全省道德模范，7 人获提名奖，3 人获省管企业道德模范奖，4 人获山钢道德模范奖。

此外，从 20 世纪 90 年代中期起，莱钢就组织开展了家庭美德建设。在家庭美德建设方面，成立了家庭文化建设协调委员会，制定了家庭文化建设总体规划，把家庭文化建设与创建“文明楼”“文明单元”活动和创建“巾帼文明岗”“双文明立功活动”结合起来。开展了“敬业爱岗争一流，家家文明树新风，人人参与见行动”的主题系列活动和评选“五好家庭”“家庭政委”等活动。

2002 年起以创建“文明家庭、学习型家庭”为载体，倡导家庭成员树立终身学习、共同成长的理念，提高思想道德素质和生活质量。能源动力厂供水车间的“幸福笔记”，诠释了家庭生活文化建设结出的硕果。莱钢通过一系列丰富多彩的家庭美德建设活动，活跃了家庭的文化生活，营造了企业文明祥和的氛围，起到了凝聚人心的作用。这些精神文明建设成绩的取得，与莱钢坚持将企业文化建设与精神文明建设融合在一起是分不开的。

（4）将企业文化与思想政治工作紧密融合。

企业文化管理是一种先进的管理，是一个企业高层次管理的体现。企业文化管理与企业思想政治工作有着密切的联系。思想政治工作在企业生产和管理过程中，既是一种企业管理行为，又是实现企业生产经营中心任务和企业生产发展目标的重要保证，也是国有企业的政治优势所在。“思想政治工作是一切经济工作的生命线，是我们党的传家宝。”① 将企业文化管理与思想政治教育工作紧密结合，也是莱钢企业文化建设的亮点。

莱钢充分发挥多年来形成的思想政治工作优势，将理想信念教育与建立共同愿景相结合，围绕企业的中心工作，采取灵活多样的形式和方法，提高职工素质，增强凝聚力，创造和谐的人文环境和发展环境，使思想政治工作与企业文化建设相得益彰。例如，特殊钢厂把思想观念的取舍上升到文化整合与建设的高度，以“品牌特钢，追求卓越”为愿景目标，以“共赢共享，直到永远”的核

① 中共中央文献研究室编《十三大以来重要文献选编》（中卷），人民出版社，1991，第 603 页。

心价值观为统领，建立了以“感恩”为重点的价值体系，形成了以管理职责“零边界”、质量管理“零缺陷”、设备管理“零故障”、工序衔接“零间隙”、生产管理“零热停”、管理操作“零失误”、工作响应“零距离”为主要内容的“七零”管理理念，有效地实现了思想政治教育工作与企业文化建设工作的高度融合与创新。

莱钢还注重将形势任务教育、转变观念与改善心智模式等相结合，将班组学习、党团员教育与团队学习、建设学习型党团组织相结合。坚持教育优先，在具体把企业文化建设与思想政治、教育工作相结合的过程中，注重把先进的思想观念固化，整合为先进的企业文化理念，不断促进文化理念认同与思想观念教育取向一致。同时，注重抓好教育培训工作，促进职工理念转变，改善心智模式，推动职工在认同的基础上践行企业文化理念。此外，在企业文化建设与思想政治教育工作有机融合的过程中，莱钢还一直坚持搞好集体学习工作。这里所说的集体学习是指各个层面的团队式学习。例如，注重加强班组学习，注重教育广大党员和团员。他们没有把这种教育孤立起来进行，而是与企业文化理念里的团队学习相结合，在推动建设学习型党组织、团组织的过程中，带动班组学习和强化对党团员的教育工作，成效十分明显。

4. 建章立制落实企业文化职能管理

企业文化最终要落实到企业生产经营过程中。莱钢通过一系列制度措施，把企业文化落实到企业发展战略和生产建设的各个环节。通过加强企业文化职能管理机构建设，健全了企业文化管理机构。同时，出台了一系列文件和规章制度，用于规范企业文化建设，使企业文化建设有章可循。通过有条不紊的长期规划和年度计划，把企业文化建设落到了实处。

（1）加强企业文化职能管理机构建设。

为深入落实企业文化职能管理战略，2002 年 6 月，莱钢在集团公司层面成立了企业文化部，专职管理全集团公司的企业文化建设和与企业文化相关的职能落实工作。同时，在各个二级单位也相应成立了企业文化建设领导小组和企业文化科，形成了党政工团齐抓共管企业文化建设的运行机制。这样，莱钢就在机构上加强了企业文化职能的管理工作。

莱钢企业文化部成立以后，积极开展工作，认真履行职责，在企业文化建设过程中发挥了领导、推进、引领、指导等作用。比如，加强监督工作，每月、每年认真推动基层单位企业文化建设情况的考评和考核，使企业文化建设在各个基层单位落到实处。再如，对于莱钢标志的宣传和使用，各单位必须到企业文化部进行审核和备案。对于那些外部擅自使用莱钢标志和山钢标志的，莱钢与当地工商部门、法律部门积极开展联合行动，认真治理和整顿，维护了莱钢品牌和山钢形象。

各个二级单位企业文化建设领导小组和企业文化科，积极配合集团公司企业文化建设的具体部署和安排，主动结合本单位实际，开展既与集团公司企业文化建设要求相一致，又能够充分反映本单位实际、展现本单位精神风貌的企业文化建设工作。比如，棒材厂结合单位实际，创造性地开展企业廉政文化建设，建造了具有自身特色的廉政教育基地——镜园。通过一块块石碑，一个个故事，讲述着古今中外为官、为人、处事的道理，具有很强的教育意义和实地感，创新性地把企业廉政文化形象化、具体化，起到了良好的教育作用。

（2）出台一系列文件和规章加强企业文化建设。

为了进一步规范企业文化建设工作，莱钢集团公司先后制定下发了《关于全面推进莱钢企业文化建设的意见》《企业文化建设管理办法》《企业形象视觉识别系统管理和使用规定》《企业文化建设考评体系》等文件和规章，使企业文化建设有章可循、有“法”可依。

有了制度、规章可循，莱钢企业文化建设高潮迭起，各个单位通过各自不同的形式积极开展企业文化建设和企业文化落地工作。为了使企业文化真正走入党员干部职工的心中，并转化为实际行动，各个单位妙招迭出。军训、升国旗、读书长廊、文化理念牌、企业文化一条街、企业文化知识竞赛等，各具特色，亮点纷呈，无不催化着企业文化走进职工的内心深处，潜移默化地成为职工的自觉行动。炼钢厂企业文化通廊，是企业文化建设建章立制过程中结出的硕果。炼钢厂通过在厂房观光走廊两侧，以图文并茂的形式，展示企业文化做法、活动和成果，向行人时时讲述着莱钢企业文化建设的故事，影响着每一位莱钢人和参观者。“没有规矩不成方圆。”莱钢企业文化建设有了一系列文件和规章的支撑，企业文化不断推陈出新，开出艳丽的花朵，结出丰硕的果实。

（3）规范落实企业文化建设工作。

莱钢企业文化部执行企业文化职能战略，每年制定年度工作目标和计划，下发年度《企业文化建设要点》，并根据《企业文化建设考评体系》，将企业文化建设规划分为组织领导、践行理念、营造氛围、文化交流、树立形象等五个维度，每月对各个二级单位企业文化建设情况进行考核，与经济责任制挂钩，保证了企业文化建设能够落实到位。

莱钢每年年末根据月度考评结果和全年的综合评价，对集团公司所属各个二级单位企业文化建设和对集团公司年初制定的目标任务完成情况，进行全面考察，然后在全集团公司按照得分高低进行整体排序，以此作为年度评选文明单位和企业文化建设先进单位的主要依据，来推动和规范企业文化建设工作。

莱钢集团公司领导、各个二级单位的领导，都十分重视企业文化建设工作。领导积极支持企业文化建设，带头实践企业文化理念，倾力推行企业文化活动，使企业文化建设形成了蓬勃发展、积极向上的局面。集团公司和很多二级单位，都设立了企业文化建设创新成果奖，奖励企业文化建设中的创新成果，起到了典型示范作用。

莱钢企业文化建设通过加强职能管理机构建设，不断出台一系列文件和规章制度，形成了党政工团齐抓共管的运行机制，运行着一整套行之有效的企业文化建设机制，使企业文化建设走向了规范化、正规化、科学化以及高效率的良性发展道路。莱钢企业文化建设硕果累累，曾经荣获“山东省企业文化建设示范单位”“全国企业文化建设优秀单位”以及“中国企业文化建设十佳单位”等荣誉称号。

5. 多措并举建设廉洁文化

反腐倡廉是一项庞大的系统工程，它不仅是一项长期的政治斗争，也是一项尖锐的文化斗争，是腐朽文化和廉洁文化之间的较量。因此，要从根本上预防和遏制腐败，就必须重视廉洁文化建设。莱钢坚持“清正为人，勤勉做事”的廉政理念，不断加强廉政文化建设，形成了独具特色的莱钢廉洁文化。

（1）积极推进企业廉洁文化建设活动。企业廉洁文化是以廉政理念为核心、廉政理论为指导、廉政制度为基础，并辅之以丰富的文化内涵，最终以廉政教育活动为表现形式的一种企业衍生文化。企业廉洁文化是企业文化的重要组成部分。莱钢在加强企业文化建设的过程中十分注重建设企业廉洁文化。莱钢党委、纪委结合党风廉政建设和反腐败工作的要求，大力开展廉洁文化活动，以活动带动和促进廉洁文化建设。莱钢积极开展遵守党纪政纪活动，创新形式，力求实效。认真落实法律法规教育，开展了岗位廉洁教育、法纪条规教育和案例警示教育等。莱钢还坚持落实民主生活会、廉洁承诺、廉政谈话、个人重大事项报告等监督制度，提高各级干部的廉洁自律责任意识，全面推进廉洁文化建设。

（2）认真构建反腐倡廉宣传教育长效机制。莱钢以“增强制度意识，争做执行表率”为主题，以学习贯彻《中国共产党党员领导干部廉洁从政若干准则》和《国有企业领导人员廉洁从业若干规定》为主线，多种形式开展理想信念教育、党性党风党纪教育和廉洁从业教育，组织党员领导干部学习反腐倡廉有关理论知识、重要精神和制度规定。充分发挥“一个刊物、两个基地、三个平台”反腐倡廉长效机制作用，定期向党员领导干部编发廉洁教育电子刊物，组织党员干部、重要岗位人员以及干部家属参观党风廉政建设教育基地；利用报刊、电视、网络宣教专栏，开展反腐倡廉形势教育、政策法规宣传教育、正反两个方面的典型教育，宣传廉洁经验、廉洁典型；坚持施教于先，关口前移，通过组织观看警示教育片、进行专题廉政教育和廉政谈话等形式，加大了重要节假日、干部任用前等关键时段的教育力度；实行理念引领，以廉政标语、廉洁贺卡、廉政漫画、廉政警言标牌等物化形态，以及评选廉洁勤政典型、开展家庭助廉等活动的带动效果，营造了良好的廉洁文化氛围。

（3）努力推进党风廉政建设责任制。为了进一步加强党风和反腐倡廉建设，明确领导班子、领导干部在党风和反腐倡廉建设中的责任，促进企业科学发展，莱钢根据中共中央、国务院《关于实行党风廉政建设责任制的规定》《国有企业领导人员廉洁从业若干规定》以及山钢集团加强企业党风建设的有关要求，结合企业实际，2011 年 4 月制定了《莱芜钢铁集团有限公司党风廉政建设责任制》。明确规定，实行党风廉政建设责任制，要坚持党委统一领导，党政齐抓共管，纪委组织协调，部门、单位各负其责，依靠职工群众支持和参与的领导体制和工作机制。实行集体领导与个人分工负责相结合，按照谁主管、谁负责的原则，一级抓一级，层层抓落实，同时成立反腐倡廉工作领导小组。反腐倡廉工作领导小组办公室设在纪委、监察处，负责党风廉政建设责任制的日常组织协调工作，形成了廉洁文化的保障机制。

（4）坚决促进检查、考核与监督制度的落实。莱钢落实山钢党委《党建工作、党风建设和反腐倡廉工作责任制》与考核制度，对领导班子和领导干部履行责任情况和年度重点任务的完成情况进行检查考核；每月对各个单位各部室领导班子和领导干部落实责任制情况进行考核，每年组织一次党风廉政建设检查；责任制考核实行定性与定量考核相结合，与领导班子和领导干部廉洁经营考核以及绩效考核等挂钩；考核结果作为领导干部业绩评定、奖励惩罚、选拔任用以及领导班子总体评价、先进评比的重要依据；检查考核情况定期向党委报告，同时在适当范围内予以通报；领导干部执行党风廉政建设责任制的情况及其作风状况，列入民主生活会、述职述廉、民主评议、民主测评等内容；党委常委会将执行党风廉政建设责任制的情况，作为向党委全委会报告工作的一项重要内容；推进党务公开，深化厂务公开，建立走访座谈、问卷调查等党风廉政建设评价机制，动员和组织党员、职工群众有序参与，发挥党内监督、社会监督、群众监督、舆论监督、法人治理监督等多种监督形式的综合作用。通过不断的检查、考核与监督，将廉洁文化建设真正落到了实处。

廉洁文化建设是党风廉政建设和反腐倡廉工作的实践创新，是促进企业持续健康发展的动力和保证。莱钢通过廉政文化建设净化了企业内部和外部环境，提高了企业的核心竞争力。廉政文化建设不同于原来的运动反腐，而是通过制度反腐、文化反腐，在莱钢营造出了有利于企业持续、快速、健康发展的政治环境、社会环境、生活环境和文化环境。

总之，企业文化建设中的企业价值观、战略目标、企业精神、文化理念等明确以后，在各种场所、标识、管理制度中体现出来并不难。然而，要把企业文化真正内化为全体职工的思维方式、行为习惯和共同追求，却是一个长期的、艰难的过程。莱钢正是通过不断建设学习型企业文化、努力营造形式多样的文化氛围、不断对企业文化建设进行融合创新，建立健全企业文化建设管理机构、出台文件发布规章形成机制，不断加强企业廉洁文化建设等具体的独具特色的措施，促使企业文化建设与生产经营管理工作浑然天成。各级领导干部和一线职工自觉参与进来，真正成为企业文化建设的主体，自觉践行企业文化，形成了企业文化在生产经营管理中的巨大张力。

（三）企业文化建设的成效

莱钢通过不断推进以学习型为主的企业文化建设，推动了莱钢人学习力、执行力、凝聚力、创新力、影响力等的不断提升。在莱钢，企业文化已成为树立企业形象、凝聚职工力量、推动企业发展的强大动力。

1. 强大的团队学习力

其一，具备了深入人心的学习文化理念。在莱钢，“工作学习化、学习工作化”的文化理念深入干部工人的日常工作、生活、学习当中。广大党员、职工养成了勤于学习、善于学习、乐在学习、崇尚学习的良好习惯，团队学习力显著提升。莱钢职工盛行上班做好三件事：工作、学习和研究。他们把学习与工作统一起来，把自身全面发展与企业发展统一起来，在工作、学习和创新中感受和分享生命的价值和意义。莱钢大力开展阅读有助于观念创新方面书籍的群众性学习活动，使党员、干部的思想观念发生了根本转变，由“要我学”变为“我要学”。近年来，莱钢广泛开展了学习《致加西亚的信》《谁动了我的奶酪》《执行》《细节决定成败》等群众性的读书活动，转变了干部职工的学习理念，提高了干部职工的学习力，形成了强大的团队学习力。积极主动地努力学习，巧妙地运用新知识、新理念、新管理理论，已成为莱钢人流行的时尚。

其二，形成了完善的问题管理机制。莱钢在企业文化建设过程中，注重发扬“学习、超越、领先”的企业精神，善于引导干部职工围绕工作中的问题开展反思、学习，加强学习精神的内化，逐步完善和构建问题管理机制。问题管理机制以发现问题为起点，在发现问题的基础上，开展对问题的诊断工作。摸清楚问题的症结所在，组织团队和相关人员进行深入研究，制订详尽的研究计划，在研究中找到解决问题的策略和措施，形成解决问题的最优方案，从而推动问题得以解决。在问题解决以后，还要进行效果评估，把那些好的方案和措施，通过制度的形式加以固化，形成解决相关问题的最优化方案，然后备案用来以后解决同类问题。可见，莱钢在企业文化建设过程中，就问题管理机制，形成了一个“发现问题—诊断问题—研究措施—解决问题—评估效果—固化解决方案”等环节构成的闭环管理流程。这个流程展示了莱钢的问题管理机制，成为莱钢学习型企业文化的一大亮点。此外，各个二级单位根据自己的具体情况，按照一切从实际和生产实践出发的原则，形成了较为完备的学习机制。比如，有的单位形成了“双休一日学”“40+4”（即每周工作40小时，学习4小时）等学习制度。广大职工真正感悟到了学习的真谛，增强了学习的自觉性、主动性和计划性。

其三，团队学习力具有自我再生能力。当一种学习力达到一定的程度，这种学习力将会像滚雪球似的进行自我再生，自行创造。随着实践的发展，近几年莱钢自觉地在企业文化建设中进行自我再造。本着“系统思考，创意无限”的企业哲学，从2011年以来大力开展了“转方式，调结构，创新超越，系统提升”活动，围绕产品结构调整与技术创新、工艺与产业结构调整等七大核心问题，成立了跨部门、跨单位的“无边界团队”；通过团队学习、成果共享，研究出了一系列解决问题的办法，有力地促进了“转方式，调结构”的顺利开展。这种团队自我学习能力产生了很好的效果，棒材厂有效解决“打捆机故障率偏高”的问题就是一个很好的例证。棒材厂中小型车间针对打捆机故障率偏高的问题，成立了跨专业的“无边界团队”加以研究，通过跟踪记录、改造革新、加强维护等措施，成功地将打捆机故障率降低了70%，极大地促进了车间生产。在过去，仅靠棒材厂单个中小型车间、或者单靠棒材厂自身，这个问题很难解决，因为这是一个系统问题，关联很多部门和单位。所以，进行再生性学习，增强团队学习力以后，解决这类问题就会更加有力。

2. 卓越的职工执行力

其一，职工的执行力得到了显著提升。莱钢坚持以文“化”人，用先进的文化理念，打造一流的职工队伍。莱钢文化理念中的“学习、超越、领先”“不归罪于外”“细节决定成败”“没有任何借口”“嫉慢如仇”等先进的理念，已经被广大职工认知并自觉运用到各项工作和生活之中，职工和团队的执行力显著提高。职工与团队的这种执行力，在莱钢工程建设中得到了充分展现。“十五”技改一期工程只用了11个月22天，就打通了一条从原料、烧结、焦炉到炼铁、炼钢、连铸等复杂的钢铁系统生产线，创造出了前所未有的“莱钢速度”。这种执行力，是莱钢企业文化内化力的外在表现。台湾某公司负责人参观莱钢建设“十五”技改一期工程后说，这样的工程在台湾至少需要三年时间才能完成。由此可见，莱钢企业文化建设理念深入人心，职工与团队执行力大幅提升，形成了很强的战斗力。

其二，职工的战斗力得到了显著加强。莱钢通过不断进行企业文化建设，不断宣传、贯彻优秀的企业文化理念，使职工在面对艰难繁重的任务时，敢于自我超越、挑战极限，有条件要完成，没有条件创造条件也要坚决完成，表现出坚强的战斗力和高效的执行力。通过一系列教育培训活动，锻造了莱钢人这样的品质：在任务面前“永不说不”，“定了的事情一定要办到，该达到的水平一定要达到”。这种品质，在工作中最突出的表现，就是卓越的执行力和战斗力。

3. 超强的企业凝聚力

莱钢之所以有超强的企业凝聚力，是因为莱钢人始终把莱钢真正当成自己的家。莱钢不仅是他们的物质家园，更是他们的精神家园。莱钢始终散发和传递着一种正能量，形成了一种强大的“场”，感召和吸引着干部和职工为之奋斗和献身。

其一，“共赢共享，直到永远”。莱钢坚持以先进的文化教育人，用先进的文化理念打造一流职工队伍。企业的凝聚力、向心力不断增强，人气不断提升。莱钢秉持“共赢共享，直到永远”的企业核心价值观，在进行企业文化建设过程中提出并践行“与职工共创辉煌”的理念，不断坚持“双层双元”的原则，致力于企业与职工共同价值的实现，致力于使企业与职工“共享”发展成果，使职工在促进企业发展中实现自身的全面发展，大大提高了企业的凝聚力、向心力。与此同时，莱钢还不断推进企业“以人为本”和职工“以莱钢为家”的高度融合，使企业自身的人气不断提升，形成了职工强大的内聚力和企业超强的凝聚力。

其二，“培训是最大的福利”。首先，积极构筑适应企业发展的培训体系，开展多个层次、多个方面的培训，优化职工的知识结构和技能结构，全面提高职工的综合素质。其次，秉持“人尽其才，才尽其用”的人力资源管理理念，注重培养高层次人才，通过采取与高等院校联合办学、选派人员到国外留学深造等形式，努力打造优秀的高级经营管理人才队伍、高级专业技术人才队伍和高级技能人才队伍。由于工作成绩突出，成效显著，莱钢教育培训工作获得了“国家技能人才培育突出贡献奖”。最后，为职工的学习、成长搭建平台，形成了企业与职工共同发展的良好环境。职工热爱莱钢、扎根莱钢、建设莱钢、奉献莱钢的热情一直很高。为了企业的发展，广大干部职工舍小家顾大家，无怨无悔，真诚奉献。

其三，“工作着是美丽的”。莱钢在企业文化建设过程中，注重理念引导。在“工作着是美丽的”“与职工共创辉煌”“爱企业就是爱自己”等先进文化理念的熏陶下，职工的工作激情得以激发，职工的生命之火得以长燃，企业的旺盛人气得以凝聚。莱钢结合实际不断开展职工职业生涯规划设计，对操作人员、技术人员、管理人员分别设计成长路径，采取公开招聘、竞争上岗等办法，打破岗位、身份限制，为职工脱颖而出创造了良好的条件，企业的凝聚力显著增强。

4. 内生的企业创新力

其一，“人人可以创新”。在企业文化建设过程中，莱钢强调的一个重要理念，就是“人人可以创新，事事可以创新”。这在很大程度上打破了创新的神秘感。莱钢不断倡导“有效地改进工作就是创新”的理念，尊重群众的首创精神，宽容对待失败，使创新“飞入寻常百姓家”。职工认识到，创新并不是高不可攀的事物，只要能有效地改善工作、提高效率、创造价值，就是创新。正是这样一个理念的形成，使得创新在莱钢成为人人可以为之的事情，融入了莱钢人的日常工作、生活和学习之中。莱钢着力营造创新环境，形成了尊重知识、尊重人才、尊重创造的浓厚氛围，极大地增强了企业的内生创造力。

其二，“事事可以创新”。与人人可以创新相对应，莱钢人认为事事可以创新，把这一理念也落实到了企业管理和职工的日常工作、生活和学习当中。莱钢还倡导全员、全面、全过程创新，使创新融入生产经营、管理、技术、党的建设、思想政治工作等各个方面，涌现出了丰硕的创新成果，显著增强了企业的创新力。莱钢从2000年开始就逐步提出并建设学习型党组织，这从全国来说是最早的，也是党的建设的一项重要创新。

其三，“创新成就辉煌”。创新促进发展，创新铸造辉煌。莱钢从创新文化理论中形成的生产力，极大地带动了经济效益的提高。在创新理念的影响和推动下，莱钢自2002年以来，每年获得集团公司以上级别的各类创新项目400多项。2004 ~2005年连续获得第十届、第十一届国家管理创新成果一等奖。在莱钢，技术创新硕果累累，其中自动化部职工自主研发的“数据制造执行系统”（DMES系统），专家评价具有世界领先水平。西门子等公司专程前来考察。有的单位领导考察后说：“你们这套技术的确先进，但更了不起的是你们这支年轻的队伍。”莱钢还创造性地开展思想政治教育、党的建设、精神文明建设等工作，召开了4届思想政治工作创新大会，表彰创新成果77项，出版了《思想政治工作创新100法》，在国内率先建立和实施了廉政效能管理体系。

5. 良好的企业影响力

莱钢将企业文化渗透于生产建设、经营管理、对外交往等各个方面，引领和推动了企业科学发展、和谐发展、又好又快发展，提升了企业良好的影响力。

其一，塑造了优良的莱钢品牌形象。莱钢导入了卓越绩效管理模式，企业文化理念中践行“精品立世，追求卓越”的质量管理理念，实施全过程质量监督，产品品质持续改善。经过多年的坚持和积累，莱钢有8个产品获得“国家冶金实物质量金杯奖”，2个产品被评为“冶金行业品质卓越产品”，9个产品获得“省级名牌产品”称号。热轧H型钢成为全国冶金行业首批中国名牌之一。2008年莱钢获得“全国质量奖”。通过企业文化建设的一系列制度和措施，莱钢的品牌影响力显著扩大。

其二，提高了莱钢的知名度。莱钢通过践行诚信文化，赢得了忠诚的客户群体，扩大了自己的知名度和影响力。通过践行企业文化理念中的“精品赢得市场，诚信创造未来”的经营宗旨和落实“为客户提供满意的产品和服务”的山钢使命，注重满足不同层次客户的需求，坚守对用户的承诺，赢得了用户的信赖。莱钢先后获得并保持了“全国名优产品售后服务优秀企业”“国家重合同守信用企业”“全国AAA级信誉企业”等荣誉称号。坚持诚信，信守承诺，让莱钢赢得了广大客户，获得了广泛的知名度。

其三，提高了莱钢的美誉度。莱钢长期以来坚持践行责任文化，树立了良好的社会形象，获得了远近闻名的美誉度。莱钢秉承“共创、共进、共赢”的核心价值观，在自身发展的同时，勇于承担社会责任，取得了良好的社会效益。通过创建“科技莱钢、数字莱钢、生态莱钢、人文莱钢”，走出了一条新型工业化道路。莱钢坚持大力发展循环经济，努力建设资源节约型、环境友好型企业。在企业实现跨越式发展的同时，吨钢综合能耗、水耗大幅下降，吨钢耗新水连续多年保持国内领先、国际先进水平。长期以来，莱钢累计投资23.92亿元治山、治水、治气，使当地绿化覆盖率达到了40%，初步形成了山、水、林、企一体化的花园式生产、生活空间，获得了“全国绿化模范单位”荣誉称号。同时，莱钢主动“反哺”社会，带动地方经济社会发展。积极发挥国有大型企业的带动、辐射作用，先后与当地合资兴建了20多个企业，还有近100家企业依靠和利用莱钢的产品搞深加工。目前，钢城区在莱钢务工的农民达到了3.3万人左右，占全区劳动力的48%，较好地解决了农村剩余劳动力的就业问题，为当地经济社会发展作出了突出的贡献，获得了广泛的社会美誉度。

其四，提高了莱钢的社会影响力。莱钢秉持先进的企业文化理念，长期关注、支持社会公益事业的发展，获得持续不断的社会影响力。本着“打造钢铁精品，真诚回报社会”的企业使命，莱钢每年都为国家希望工程、弱势群体、贫困地区等提供大量的捐款捐物，奉献爱心。通过开展“1+1”结对助学活动，使临沂、淄博、聊城等9个地市的1000余名失学儿童重返校园。莱钢还慷慨解囊，扶危济困，连续多年每年为省慈善总会捐款达100万余元，援助汶川灾区2200多万元，赢得了社会各界的广泛赞誉，获得了“中华慈善奖”，树立了优良的社会公众形象。

莱钢企业文化体系的设计与实施，使莱钢以统一的、优秀的企业形象展示在世人面前，并不断得到强化，赢得了广泛的社会赞誉。莱钢的社会知名度、美誉度、影响力显著提高，产品的知名度显著扩大。通过加强学习型企业文化建设，赢得了“南有江淮，北有莱钢”的美誉。近年来，全国各地1000余家企事业单位到莱钢参观考察。国务院发展研究中心、上海明德学习型组织研究所、山东省经贸委等部门先后在莱钢召开研讨会、现场会，总结推广莱钢经验。全国创建学习型企业研讨会、学习型企业在莱钢行动研讨会、山东省创建学习型企业工作座谈会等在莱钢召开。全国创建学习型社会论坛2008年年会、全国冶金企业文化论坛先后在莱钢举办。莱钢企业文化建设的实践得到了社会各界的广泛关注。2008年7月，时任中华全国总工会副主席、书记处书记徐德明同志到莱钢视察之后说：“真是百闻不如一见。莱钢的企业文化不呆板、不机械、不搞形式主义，很有文学色彩，很浪漫。企业文化有根，根在实践当中，根在职工心中。”① 莱钢先后获得“全国企业文化建设优秀单位”“中国企业形象建设十佳单位”“中国优秀企业（品牌）形象十佳单位”“中国企业文化十大创新单位”“山东省十大企业文化品牌”等荣誉称号。

（四）在创建“人文莱钢”的过程中深化企业文化建设

进入21世纪以来，莱钢在追求企业价值最大化的过程中充分体现人的价值最大化，努力实现企业发展与职工发展的和谐统一，积极建设“人文莱钢”，充分体现“人文关怀”，营造了良好的“人文环境”，推动企业管理向文化管理迈进，营造了干事创业的浓厚氛围，打造了一支特别能吃苦、特别能战斗、攻无不克、战无不胜的钢铁队伍。在创建“人文莱钢”中，重视机制建设、强化人文关怀，增强了企业文化建设的人性化，推动了莱钢实现人与企业共赢共享、共同发展，落实了山钢文化中的核心价值观“共创、共进、共赢”。

1. 机制建设推进人文莱钢创建

“工作着是美丽的！”莱钢通过强化这一企业文化理念，不断通过各种措施、各种机制保障职工权益、实现职工利益，注重人文关怀，凝聚起了旺盛的人气。通过加强人文关怀，企业关怀职工，职工感恩企业，形成了共建和谐的浓厚氛

① 《莱钢日报》2008年7月28日，第1版。

围，提升了企业的凝聚力。为了加强人文关怀，莱钢建立了一系列机制，用来保障建设“人文莱钢”的目标得以实现。

（1）畅通诉求，建立“人文莱钢”的渠道机制。

沟通是现代管理的重要手段。不断完善职工的诉求表达机制，打通沟通渠道，保障职工的知情权、参与权、监督权和表达权，是满足职工心理诉求的重要途径。通过沟通来统一思想、达成共识，凝聚力量、消除误解，才能让职工与企业同呼吸共命运。为此，莱钢集团建立了领导电子邮箱沟通平台，规范了信访制度，完善了领导接待制度，为广大职工群众提供了多种便捷的反映诉求的渠道。每月定期汇总本单位有可能引发信访的各种不安定因素，收集可能引发大规模集体上访和群体性事件的苗头性、倾向性信息。定期召开信访工作例会，通报信访工作情况，研究解决信访问题，督办信访案件的落实，部署信访工作，不断增强工作的预见性和针对性。通过关注职工诉求，建立“职工恳谈会”“职工在线”等平台，畅通职工诉求表达途径，及时了解职工的诉求并落实解决相关问题。

（2）加强教育，建立“人文莱钢”的导向机制。

抓典型、树榜样，深入开展主题系列活动，是加强思想政治工作和企业文化建设的重要方法和手段。莱钢集团在“人文莱钢”创建中加大树典型工作的力度，深入持续开展主题系列活动，注意打造品牌活动平台。

首先，加强思想观念教育。引导干部职工进一步强化“好”字优先、科学发展、节能减排、和谐发展的理念等先进理念，大力弘扬“万众一心，众志成城”的抗震救灾精神，进一步培育“全员经营、全面市场化”的理念，促进职工牢固树立“我的岗位是市场的一部分”“我的工作就是为市场和用户服务”“上道工序应为下道工序提供优质服务”等新理念，实现公司价值取向一致化、整体效益最大化。

其次，充分利用多种形式、载体、阵地等加强形势任务教育。使广大职工认清形势，坚定信心，明确任务，正视困难，开拓创新，调动起立足岗位推动企业发展的积极性、主动性。

再次，进一步拓宽调研工作的内容、范围，针对影响企业发展的难点、和谐企业建设的重点、职工思想的问题点、生产经营的关键点，深入开展调查研究工作，促进问题解决，保证全年各项任务目标的顺利实现。

最后，结合实际，积极创新活动形式、载体。围绕科学发展、节能减排、结构优化、降本增效、提高产品质量、提升工作效率开展丰富多彩的活动，不断增强效果。莱钢通过改善职工学习、生活、工作、文化娱乐等方面的条件，把莱钢打造成了“令人向往的地方”。

（3）解决问题，建立“人文莱钢”的利益机制。

莱钢紧紧把握职工思想脉搏，关注职工热点、焦点、难点问题，做好舆情信息预警工作，真实、全面、及时地整理上报舆情信息，及时为职工解疑释惑，为莱钢的发展营造出了和谐稳定的良好环境。开展思想政治工作调研，以调查问卷等形式了解、掌握企业思想政治工作情况，了解、掌握职工群众对思想政治工作的认识，总结经验、发现问题，进一步推进思想政治工作扎实有效地开展。党的十八大报告明确指出：“注重人文关怀和心理疏导，培育自尊自信、理性平和、积极向上的社会心态。”① 莱钢注重人文关怀和心理疏导，坚持贴近一线、贴近群众、贴近实际，创新方式方法，坚持以人为本。通过建立送温暖基金、职工互助储金、职工医疗互助基金、职工意外伤害互助金、慈善协会莱钢分会5条保障线，利用多种渠道帮助各类困难职工和家属。注重职工心理健康，积极加强职工心理疏导。不断探索建立人文关怀和心理疏导的工作机制，真正帮助职工群众解决了一系列实际问题。莱钢被评为“全国创建和谐劳动关系模范企业”。

（4）文明创建，建立“人文莱钢”的牵引机制。

莱钢以弘扬社会主义核心价值体系为重点，不断强化精神文明和思想道德建设，弘扬企业精神，深入开展群众性精神文明创建活动，不断加强企业文化建设，在全体干部职工中树立起共同理想信念，推动形成了知荣辱、讲文明、树新风、促和谐的良好风尚，更好地促进了企业的和谐发展。以“感动莱钢”人物评选活动为重心，年底评选表彰年度感动莱钢人物，结合评选活动深入开展多种形式的职工道德教育、道德实践活动，营造出了良好的道德文明风尚。积极开展“打造服务品牌”工作，强化措施、细化方案、抓好教育，推进服务品牌的创建，促进管理水平、服务质量的提升，开创了“双十佳”创建的新局面。“双十佳”成了莱钢精神文明建设和企业文化建设的知名品牌。莱钢还加强对莱钢文明单位、莱钢思想政治工作优秀单位、莱钢十佳文明窗口、莱钢十佳文明服务职工表彰工作，打造出了以人为本、凸显人文关怀的良好形象，进而真正抓好了精神文明建设、企业文化建设，深入推进了“文明莱钢”“和谐莱钢”“人文莱钢”的

---

① 胡锦涛：《坚定不移沿着中国特色社会主义道路前进　为全面建成小康社会而奋斗——在中国共产党第十八次全国代表大会上的报告》，人民出版社，2012，第32页。

建设工作。

2. 以人为本强化莱钢人文关怀

重视人，关心人，以人为本，增强人文关怀，在建设“人文莱钢”方面，莱钢扎扎实实地做了很多工作。莱钢注重发挥国企思想政治教育工作的优势，把人文关怀融入思想政治工作，不断创造各类人才成长的条件，打造良好的适宜人才成长的环境。

（1）发挥思想政治工作优势，坚持以人为本，重视人文关怀。

多年来，莱钢坚持用科学的理论武装人，用榜样的力量引导人，通过开展主题系列活动、创建学习型党组织、建立廉政效能体系和职工思想动态预警机制、推行厂务公开、评比表彰先进、慰问救助困难职工等多种有效的途径和方法，极大地调动了职工的积极性、创造性，激发了职工旺盛的斗志和高昂的工作热情。充分发挥思想政治工作优势，将形势任务教育、转变观念与改善心智模式相结合，将班组学习、党团员教育与团队学习、建设学习型党团组织相结合，将理想信念教育与建立共同愿景体系相结合，围绕企业的中心工作，采取灵活多样的形式和方法，提高了职工素质，增强了凝聚力，创造了和谐的人文环境和发展环境。

（2）满足各类人才成长需要，激发人才潜能，促进人才成长。

通过进行劳动、人事、分配制度改革、建立各类人员培训基地和实行专业技术人才特殊奖励政策，莱钢为各类人才实现自身价值搭建了广阔的舞台，满足各类人才成长的需要，最大限度地释放每个人的潜能。以培养懂经营、会管理的复合型人才为重点，建设了职业化、现代化的高素质管理人才团队。坚持“服务现场，引领市场”的技术研发理念，以提高技术创新能力为重点，培养了一支高层次的专业技术人才队伍。以职业教育和技能培训为基础、以培养高级技工和技师为重点，打造了一个高技能的人才团队。莱钢还逐步推进职工职业生涯设计和职业发展规划，实现了企业发展与人才发展的“双赢”。

3. 创建“人文莱钢”促进人企和谐

莱钢通过企业文化建设的一系列措施和做法，不断贯彻和深化人文关怀理念，加强了人文莱钢建设。通过宏大的愿景体系凝聚职工与企业共发展，提升了职工的幸福指数，促进了职工与企业和谐“共享”。

（1）确立美好发展愿景，提高职工幸福指数。

进入21世纪后，莱钢在加快推进新世纪发展战略实施的进程中，根据党的十六大提出的走新型工业化道路的战略要求，适时提出了打造“科技莱钢、数字莱钢、人文莱钢、生态莱钢”的宏伟蓝图，确立了建设“全员学习型企业、绿色生态型企业、持续发展型企业”的共同愿景。这一美好的愿景体系，将企业的发展目标与职工的理想追求紧密结合，把实现愿景的过程作为引导职工在企业发展中树立正确的价值观的过程，促使职工在企业的发展中实现自身的全面发展，提高了职工的幸福指数，形成了莱钢职工“以莱钢为家”的良好局面。

（2）树立莱钢品牌形象，促进企业和谐发展。

积极实施“人文莱钢”战略，把培育和建设优秀企业文化同建立现代企业制度、提升企业核心竞争力紧密结合，以先进的文化促进企业发展，在发展中不断丰富企业文化的内容。莱钢利用各种形式教育和引导广大职工深刻理解和把握“共赢共享、直到永远”作为核心价值观的丰富内涵，继承“团结奋斗，艰苦创业，改革创新，争创一流”的企业传统，弘扬“学习、超越、领先”的企业精神，树立“严细实快、精益求精”的企业作风，坚持“系统思考、创意无限”的企业哲学，践行“与顾客共谋发展、与职工共创辉煌”的企业道德，创造了“让同行信服、让世界瞩目”的辉煌业绩。同时，以创建学习型企业为载体，在打造“人文莱钢”的实践中，进一步丰富和完善莱钢企业文化的理念识别系统、行为识别系统和视觉识别系统，构建了具有鲜明时代特征和莱钢特色的企业文化体系，促进了企业的和谐发展。

（五）企业文化建设的经验

企业文化是灵魂，是牵引、推动企业发展的动力。在21世纪的今天，企业生存和发展的国际国内环境发生了巨大的变化，企业文化成为企业在国际国内环境中生存发展、兴衰成败的关键性因素。未来企业的竞争就是企业文化的竞争。莱钢充分认识并及时地抓住了这一点，近年来强力推进企业文化建设，倾力把企业文化塑造成为学习型企业文化、创新型企业文化和人本型企业文化。这是莱钢企业文化建设的“三驾马车”，将牵引莱钢快步前行，成就莱钢为共和国铸造钢铁脊梁的伟业。

1. 学习型企业文化提供发展的动力

学习型企业文化是莱钢人用汗水和智慧培育出来的，是莱钢人共同创造的软资本、软实力。它随着时代的前进而前进，随着企业的发展而发展，它对打造“钢铁强企”、持续提高竞争力将长期发挥作用。

莱钢的企业文化，是学习型企业文化，这个论断是有根据的。那么，其根据是什么？如何判断学习型企业文化？

其一，企业整体组织要有一个共同的愿景。而整体组织即母组织里的每个子组织以及组织里的每个成员，要围绕这个组织的共同愿景，制定并实施子组织和成员个人的子愿景。莱钢企业文化建设，十分注意并落实这一愿景体系建设。比如，莱钢整个集团公司制定的愿景为：建设“全员学习型、绿色生态型、持续发展型”钢铁强企。而每个二级单位和分厂，也结合自身实际，制定了适合本单位的愿景。同时，企业里面的个人，基本上结合自身实际和岗位特点，设计了自我生涯规划和个人愿景。从大到小、从上到下，从组织到个人，莱钢形成了系统的、层次分明的愿景体系，符合学习型组织的特点，落实了学习型组织的基本要求。

其二，从企业整体到子单位以至于个人，形成持续学习、善于学习、创新学习的态势。在莱钢，时时处处都能感受到学习的浓厚氛围。用型钢厂党委书记的话说就是：“在莱钢，学习是一件铺天盖地的事情。”在莱钢，学习已经成为组织、子单位、个人等的一种由制度、行为、思想、意识等共同作用而塑造成的自觉习惯。莱钢在持续学习、善于学习、创新学习的态势里，十分强调“终身学习”。终身学习是组织中的成员具有持续学习的能力，在工作、生活过程中善于持续学习、善于创造性学习、养成终身学习的习惯，形成良好的学习环境和氛围。莱钢在学习型企业文化建设过程中，形成了组织和职工持续学习、善于学习的良好习惯，并把这一习惯不断坚持和发扬。他们倡导并践行“学习工作化，工作学习化”，做到“上班三件事，工作、学习和研究”，形成了优良的持续学习、善于学习、创新学习的态势。

其三，落实团队学习的理念。团队学习不同于个体学习。团队学习不但重视个人学习和个人智力的开发，更强调组织成员的合作学习和组织智力的开发。莱钢特别重视团队学习，加强集体学习。在集团公司中，形成了集体学习的制度。在各个二级单位中，领导层也坚持开展集体学习，到支部、班组，更是将团队学习发挥到最好。他们思想政治意识共同提高，生产建设技术共同研究，产品生产共同协作，质量服务共同攻关，形成了集体学习、群体攻关的态势。莱钢这种将各个单位都打造成学习型团队的做法，促成了莱钢的学习型组织的落地生根，促使学习型文化在莱钢“定型”，为莱钢发展提供着源源不断的动力。

2. 创新型企业文化打造领先的基础

今天，世界经济一体化趋势更加明显，国际国内市场高度融合，发展速度很快，如何应对变化多端的市场，是一个重大命题。在这种形势下，企业固守不变，或者被动地等待变化，抑或变化得不够快，都有可能被市场无情地淘汰。因此，“变”是唯一、永恒的真理，不断创新是唯一能够作出的选择。倾力打造和提升企业文化建设，不断把企业文化塑造成为创新性企业文化，是一个企业领先于市场、走在时代前列的关键。

企业源源不断的旺盛生命力，来源于不断创新。这些创新包括了技术创新、制度创新、组织创新、市场创新以及文化创新等。在所有这些创新中，不断形成创新能力，打造创新文化，营造创新氛围和环境，形成创新的良性运转机制，构建起创新的企业文化氛围，形成内在的自我不断创新，才是最根本的。抓住这一点，就抓住了创新性文化建设的关键和核心。莱钢在企业文化建设过程中，已经形成了持续的创新型企业文化。创新型企业文化在莱钢的“定型”，奠定了莱钢在市场竞争中能够超越领先的文化基础。

创新性企业文化建设，帮助莱钢拓展了新的市场。文化的核心是一种价值，是一整套价值体系。通过建设创新性企业文化，莱钢充分把握了创新的价值和关键，形成了一套完整的价值体系。这套价值体系，为莱钢拓展了新的产品和形象市场，打开了无限的广阔空间。创新型企业文化建设，丰富了莱钢的产品种类，增强了产品的竞争力。在莱钢，每一种产品、每一类服务都是创新的对象，都是提升发展的目的。经过创新型文化熏陶濡染出来的莱钢产品和服务，有着巨大的市场空间和品牌知名度、美誉度。通过创新型企业文化建设，转变了干部职工的价值观念和创新理念，促使企业向着创新发展的轨道前进，这是干部职工创新理念在实践中的成功实现。干部职工接受创新观念，内化创新理念，形成了强大的企业向心力和凝聚力，为企业的发展奠定了创新文化基础。

创新型企业文化贯穿于企业创新发展的全过程和每一个环节。创新型企业文化通过以创新为基点，不断影响和塑造着企业管理者和职工的价值观念、思维方式、行为方式、创新选择等，对企业的创新发展起着内在的、持续不断的推动作用。莱钢在企业文化建设过程中牢牢把握住创新，使创新型企业文化的“定型”更加牢固，成为企业全面发展的制胜法宝。

3. 人本型企业文化成为精神支撑

人是社会生产过程中最重要、最关键的因素。在社会生产过程中，人既是生产活动的手段，又是生产活动的目的。企业在进行生产时，首要靠的是人，最重要的是为了人。这里的“人”是一个宽泛的概念，是与企业生产、销售、服务等相关的所有人的总体概念，广而言之指的是广大人民群众。企业的所有活动由这些人开展，在很大程度上是为了这些人开展。建设一种什么样的企业文化，怎样在企业文化建设过程中体现人的价值和意义，十分重要。这是企业文化建设的根本问题。社会主义国有企业的企业文化建设，应该把目标和核心指向企业的干部职工，因为干部职工既是社会主义国有企业的生产者、建设者，更是国有企业的主人，是所有者，利益实现者。这是国有企业文化建设的内在归宿。

发展生产的最终目的是为了人，也就是以人为本。莱钢在企业文化建设过程中，注重把握学习型企业文化建设和创新型企业文化建设，同时充分发展了人本型企业文化。人本型企业文化建设，是国有企业建设企业文化的出发点和落脚点。作为国有企业的莱钢，通过创建“人文莱钢”，坚持以人为本，形成了鲜明的人本型企业文化。国有企业落实以人为本的企业管理理念，理所当然，莱钢已经走在了前列。

莱钢始终把发展生产为了人放在首位，注重发展是为了落实好企业内外两个方面的责任，实现好企业职工的根本利益。从企业外部来讲，莱钢作为一个国有企业，尽到了国企应尽的社会责任。在上缴国家利税、地方税收等方面作出了巨大贡献，是山东省有突出贡献的企业。从企业内部来看，莱钢通过建设人本型企业文化，在为莱钢人提供殷实的物质生活的同时，也建设了莱钢人幸福的精神家园。人本型企业文化在莱钢的扎实建设，从根本上提高了莱钢企业文化的品位。

（六）企业文化建设的启示与思考

党的十七届六中全会报告指出：“没有文化的积极引领，没有人民精神世界的极大丰富，没有全民族精神力量的充分发挥，一个国家、一个民族不可能屹立于世界民族之林。”① 一个企业也应该重视和加强企业文化建设。企业应该把企业文化建设作为增加企业经济效益、推进企业长远发展、提高企业管理水平和改善职工综合素质的一项重要工作做实、做细、做到位。通过对莱钢企业文化建设的全面考察和综合分析，企业文化建设的重要启示在于：企业文化建设的目的要与企业发展的实践紧密相连。中国的企业要积极结合自身的实际情况，建设具有中国特色的企业文化。作为国有企业，还需要结合自身的实际和优势，打造出中国国有企业的企业文化品牌。

1. 重视企业文化与企业效益、企业实践的关系

企业文化建设与企业实践之间是相互作用、相辅相成的关系。企业文化建设，来源于企业长期实践的需求；在企业长期实践中，企业文化建设得以形成和发展。要注重将企业文化建设融于企业实践，注重企业文化软实力与企业硬实力之间相互促进的良性互动关系。

企业文化建设融于企业的生产实践当中。融于生产建设实践中的企业文化，是企业文化建设的根基。企业文化建设的这种融合，体现在企业具体的生产经营活动和活生生的生产关系及人与人之间的多层次关系当中。企业的现实生产经营活动和现实的人与人之间的关系，是企业文化建设的基础。企业文化建设要在实践过程中，不断发挥其“软”性作用，体现企业文化建设的效果。

莱钢注重企业文化与现实生产实践紧密结合，注重企业文化建设为莱钢企业效益、建设发展服务。在莱钢企业文化建设的历史中，在每一个重要的发展时期，都体现企业文化的具体内容和作用。“十五”技改时期曾经创造了“莱钢速度”的辉煌业绩，也正是在那个时期，莱钢人归结和凝练了“嫉慢如仇、快速行动”“落后一步就是失败”的文化理念。

企业文化是在企业长期发展生产和社会实践过程中，逐步积累和形成起来的产物。在企业文化建设过程中，既要注重企业文化建设自身的规律性，也要重视企业在生产实践过程中的历史阶段性。没有相应的历史阶段，就达不到相应的历史文化水平。企业文化建设不能硬性人为地拔高，但是当企业社会实践达到了较高的程度和水平时，企业文化建设如果明显滞后，就不能适应企业生产发展和经济效益提高的内在

① 《中共中央关于深化文化体制改革，推动社会主义文化大发展大繁荣若干重大问题的决定》，人民出版社，2011，第7页。

需要。因此，企业文化建设要与整个社会的实践活动、企业自身的实践活动相适应，才能够取得更大的成就，进而促进企业效益的提高和企业社会实践的发展。

总之，要在企业实体改革和社会精神价值系统的互动中，培育和提升企业精神文化。一定要充分重视构筑精神价值系统存在的土壤和基础。精神价值系统的转型与提升，需要现实社会条件支撑，需要肥沃的土壤。精神价值系统的转型与提升，不是孤立的，必须有坚实的社会基础，即生产力较高发展基础上新的社会制度与社会关系基础。

企业文化建设的最终目的，不是为了文化而建设文化，而是紧扣其最终的职能和定位，把握好文化软实力与企业硬实力的关系，最终落实到企业经济效益的提高、企业发展速度的增长、企业经济规模的扩大、企业职工的全面发展等方面。企业文化建设要把握好企业文化与企业效益、企业实践的关系。

2. 构建具有中国特色的企业文化

企业文化的具体内容、具体形式来源于企业的具体实践，与企业的外部环境、内在精神状态息息相关。它是企业在生产经营过程中逐步形成和发展起来的独特的企业文化。企业文化绝不是千篇一律的，而是各具特色、精彩纷呈、姿态各异。世界上不同国家、不同地区、不同民族都具有不同的企业文化理念、形式、内容、载体、风格等。这就启示我们，在企业文化建设过程中一定要结合自身的实际，从现实出发，建设具有自身特色的企业文化。

中国的企业文化不同于日本的、美国的、欧洲各国的企业文化。它是在中国大地上，在几千年优秀传统文化的熏陶下，在近百年来中国共产党领导革命、建设、改革文化的濡染下，学习、借鉴西方企业管理和企业文化建设的有益成果，而形成的中国特色企业文化。

中国特色企业文化，综合汲取了中国优秀的传统文化和中国社会主义建设文化，同时还吸纳了各种文化因素，包括工业文化、商业文化、商品文化、市场文化、现代科技文化等现代文化要素。其中，反映社会主义公有制的价值精神，也是中国特色企业文化精神价值的重要来源。

通过对莱钢企业文化建设的考察和分析，可以看出，莱钢企业文化建设具有较为典型的中国特色、中国风格，同时又与世界先进文化理念接轨，具有强烈的时代特征。比如，莱钢职工行为规范借用了“三大纪律八项注意”的形式，不仅形式新颖，易于被职工接受，而且承接了中国革命传统文化，增强了传统文化新的时代感。此外，莱钢企业愿景里的建设“全员学习型、绿色生态型、持续发展型”钢铁强企的企业文化理念，又包含和融合了当今世界可持续发展的文化理念和国内大力倡导的科学发展、可持续发展、绿色生态发展的社会主义文化理念。而学习型文化在莱钢铺天盖地的存在和发挥作用，更是对当今世界学习型组织理论的应用和创造。这些足以说明，莱钢企业文化建设是先进、成功的。

中国企业文化建设应该结合中国的具体实际来进行，既不能照搬照抄，也不能墨守成规，而应该综合上述多种因素进行新的综合和创造，创新出中国企业适应新形势、面向21世纪、完成新的发展任务的具有中国特色的企业文化。

3. 打造国有企业文化的品牌

中国的国有企业在中国特色社会主义现代化建设过程中，承担着重要的职责，发挥着重大的作用。国有企业独特的功能和现实经济定位，决定了企业文化建设的独特性。国有企业应该不断丰富自身的企业文化现实底蕴，打造出国有企业文化的锃亮品牌。

国有企业文化，具有自身的文化独特性和先进性，这是国有企业体现社会主义性质的重要功能所决定的。国有企业应该首先在企业文化方面传承和发扬公有制基础上的新文化、新价值、新精神，自觉弘扬社会主义核心价值观，为企业文化建设注入新的时代内容，体现和彰显社会主义先进文化。这是由国有企业的独特性和先进性所决定的。

因此，国有企业应该走在时代的前列，打造出一张张鲜明锃亮的国有企业文化品牌，彰显我国社会主义先进企业文化。对此，莱钢在企业文化建设过程中注重发挥企业自身国有企业的作用，不断打造出了鲜明的国有企业文化品牌。莱钢的企业宗旨“为小康社会铸造钢铁脊梁”，体现了莱钢作为一个国有大型钢铁企业的社会主义责任感。而其企业道德“与顾客共谋发展、与职工共创辉煌”，则体现了社会主义的以人为本原则，展示了国有企业的良好风范。莱钢企业文化建设，体现了社会主义国有企业的重要特征。这就是全心全意依靠广大工人建设国有企业的“人本型文化”，极为尊重企业职工，具有强烈的社会责任意识，充分保障工人的主人翁地位，不断增强广大工人的幸福感等。这些都反映了国有企业文化建设的本质特征，使得莱钢企业文化建设处于较高的水平之上。

莱钢企业文化建设中还有很多具体内容，体现了国有企业文化建设的特点，值得我们深入学习和继续研究。

八　自觉履行企业社会责任，促进地方经济社会健康发展

在43年的建设和发展中，莱钢始终维护工人的主人翁地位，始终视产品质量与信誉为生命，始终恪守企业道德，始终致力于推动地方经济社会协调发展，始终弘扬社会主义主旋律，彰显着社会主义国有企业负责任、重担当的正义形象。进入21世纪以来，莱钢更是遵循科学发展观与构建和谐社会的根本要求，坚持企业生产经营、生态环境建设与追求社会和谐同步发展，将企业经济效益、环境效益、社会效益并重，自觉地践行着企业社会责任，有力地维护和推动了地方经济社会发展，强有力地证明了社会主义国有企业的社会价值。

（一）经济效益最大化与企业社会责任良性互动

莱钢因国家政治任务而诞生。新生的莱钢用13年的时间结束了“有铁无钢”和持续亏损的历史。经过43年的发展，如今的莱钢，已经成为一个追求经济效益最大化与自觉履行企业社会责任良性互动的大型钢铁强企。

1. 莱钢的建立就是承担社会责任的开始

20世纪中叶，中华人民共和国成立之后，为了维护国家经济主权、实现经济独立、振兴民族经济以及加快国家工业化进程等，国有企业应运而生。这就决定了中国的国有企业在诞生之初所担负的责任，远远超过追求经济利益最大化这一经济目标。也正是这些国有企业，在创造经济成就、缔造共和国经济基础的同时，也创造着巨大的精神财富，引领和推动着中国社会主义先进文化和民主政治建设。尽管当时中国还没有“企业社会责任”这样的概念和意识，但是，作为“共和国长子”的国有企业，在其诞生之初就承担了国家、社会、人民的重托和期望。应该说，中国的国有企业所担负的社会责任，远远超过西方学术界对于企

业社会责任的界定范畴①。并且，在此后的社会主义建设、改革和发展过程中，国有企业始终履行着国家、社会和人民所托付的社会责任。

莱钢因备战备荒的国际国内形势而诞生。这就决定了作为地方国企的莱钢，已经不是西方经济学意义上追求经济效益最大化的经济组织。她自诞生之日起，就担负着国家的政治任务。为了完成祖国的重托，第一代莱钢人在条件极其艰苦的山沟里，用简陋的工具塑造着莱钢的雏形。他们所体现的战天斗地的工作热情和大无畏的牺牲奉献精神，他们所展现的钢铁工人的精神面貌，他们所奠定的“莱钢精神”，与共和国建设历程中所形成的“铁人精神”“雷锋精神”等一道，汇聚成中国社会主义先进文化的重要组成部分。

在共建莱钢的过程中，第一代莱钢人与当地群众所建立起的鱼水情深、你我不分的情谊，为企地共建、企地协同发展奠定了坚实的基础。

莱钢人对于民主管理的探索，对于人人参与技术革新的尝试，对于工厂内部人与人平等关系的坚持，体现了社会主义国有企业经济民主的精神，维系着广大工人对企业、对社会主义公有制、对国家和社会的认同感和归属感。

初生的莱钢处于计划经济条件下，当莱钢建设初具规模之后，不可避免地经历了生铁被调往青钢这样的统筹安排。这种计划经济条件下的指令，造成了“莱钢不产钢”的历史局面。可以说，此时的莱钢是在为山东省的钢铁生产和山东地方经济发展作出牺牲和奉献。

莱钢的这些奉献和付出，已远远超出学术界关于企业社会责任的界定范畴。但是，也正是这些奉献和付出，让我们看到了莱钢一路走来的承担，看到了以莱钢为代表的国有企业的社会担当。

2. 重视经济效益与树立企业社会责任意识

20 世纪 80 年代，企业社会责任概念进入中国。此后，伴随着社会主义市场经济的发展以及企业作为市场经济主体地位的确立，中国的国有企业经历了自发

① 企业社会责任（Corporate Social Responsibility）概念最早由英国提出，通常指与主要利益相关者、价值相联系，遵从法律，并尊重人类、社会和环境的一系列政策和实践。企业社会责任与三个方面相联系：可持续竞争力；吸引优质的投资者；建立可持续和更加公平的增长机制，这种机制将使包括贫困者在内的社会各个阶层受益。这个概念对中国企业履行社会责任起了推动作用，但不能完全归结于此。国有企业的社会责任，主要是由公有制的性质决定和要求的，此外还有企业领导的意识。

地承担企业社会责任到自觉地践行社会责任的转变。

改革开放之初，由于片面追求经济效益、速度和高额利润，我国企业在一定程度上把路子走偏了。粗放型的经济增长方式和企业社会责任意识的缺失，使得企业对资本积累和自身发展的重视，远远超越了其对环境、社会、政府甚至对国家应该承担的责任和义务。各种违法经营、浪费资源、污染环境、损害消费者利益和社会公共利益的现象层出不穷。有学者把1978年改革开放到20世纪90年代以前的这段时间称为企业“社会职能的卸载和社会责任的缺失阶段”①。

此后，随着国际贸易的发展和跨国公司的进入，人们对于环境和社会问题开始关注和反思，企业社会责任的先进理念开始进入国内，企业社会责任意识开始萌生，一些大型企业开始探索并进行企业社会责任的实践。国有企业在继续履行国家、社会、人民赋予的社会责任的同时，也在学习国际社会关于企业社会责任的理念，并试图将传统的国有企业社会责任与国际社会对企业社会责任的要求结合起来。

即使在追求速度和效益的社会大背景下，莱钢也始终将诚信和质量放在首位；始终维护职工的利益，尊重职工的主人翁地位；始终注重推动地方经济发展；关键时刻为政府分忧解难……莱钢与共和国其他负责任、有担当的国有企业一道，在改革发展的道路上自发地践行着国有企业的社会责任，也孕育着中国特色的企业社会责任意识。

以下几个案例足以说明莱钢的社会责任和担当。

改革开放初期，莱钢在全面推行承包责任制的同时，及时进行人事、用工、分配、医疗、后勤等各个方面的改革，既提高了企业的生产效率，调动了职工的生产积极性，又为职工的生产生活提供了良好条件。对于在改革过程中精减下来的富余人员，莱钢并没有将其推向社会，而是进行全厂性的人员安置，成立转岗培训中心，对其进行集中培训，体现了莱钢作为国有企业对职工主人翁地位的重视。

1992年，莱钢成为全国第一家由国家批准实现国务院利用外资发展钢铁工业战略决策的企业，利用国际金融组织的援助进行股份制改组。在国内对于股份制问题的理论探讨和实践探索都远未成熟且缺乏成功经验可资借鉴的情况下，莱钢既要立足于企业的长远发展，又要及时抓住亚洲开发银行贷款资金的时机，决

① 刘玲：《国有企业社会责任研究》，《理论界》2007年第9期。

定先拿出在一个时期内都不具备脱离莱钢条件的一个分厂和一个车间进行内部股份制试点，做到了积极与稳妥兼顾。

1996 年 12 月 27 日，山东省政府批准莱芜钢铁总厂作为独家发起人，以莱钢最优质资产，即第一铁厂、第二铁厂、炼钢厂、特钢厂、轧钢厂、锻压厂、焦化厂 7 个单位的净资产共计 69165.20 万元投入股份公司，按 65.03% 的比例折成 44980 万股国有法人股，以募集方式设立股份有限公司。1997 年 8 月，莱芜钢铁股份有限公司创立大会暨首届股东大会召开。莱钢人形象地将这一过程称为“左手画方，右手画圆”。巧妙地画好了股份的“方”和总厂的“圆”的莱钢，初步形成了两条完整、先进、合理的钢铁主业生产线：高炉、转炉、连铸、中小型材、H 型钢、热带生产线和电炉、炉外精炼、特殊钢产品生产线；资本运营和证券业务在莱钢落地生根。

20 世纪 90 年代末期，莱钢根据山东省政府的要求兼并了几个困难企业，人员多、包袱重的现实，使得莱钢的吨钢劳动费用比同类企业高出 60 元左右，仅靠钢铁主业解决 3.8 万名职工的吃饭和企业发展问题，实属困难。而且，随着钢铁行业市场竞争的不断加剧，人员负担过重、劳动生产率低下、效益低等诸多困难和问题，严重困扰着莱钢的生存和发展。一些企业实行“减员增效”“下岗分流”等措施扭亏减负。当时，也有人劝说莱钢领导层实行这样的改革措施。莱钢领导层亲自到生产一线了解工人的生产和思想状况。在公司高层会议上，时任董事长对班子成员说：“每一位职工在各自岗位上勤勤恳恳，默默奉献，为企业作出了积极的贡献。我们要尽最大努力争取让每一位有敬业精神的职工都有活干、有饭吃。”“不让一个职工下岗”成了莱钢对职工的承诺。为了在提高钢铁主业效率的同时拓宽就业渠道，分流安置富余人员，莱钢在进行非钢项目的建设论证时，把安置效益同经济效益同步考虑，力求达到两者结合的最佳点，努力做到经济增长点和新的就业岗位“双增加”。用发展解决前进中的问题成为莱钢制定 21 世纪发展战略的基本思路。

3. 企业社会责任建设推动企业经济效益提升

作为一个负责任的国有大型企业，莱钢主动发布企业社会责任年度报告，接受社会各界监督。同时，积极投身企业社会责任建设，真正把企业社会责任纳入企业发展战略。对于莱钢而言，践行企业社会责任已经成为一种自觉行为。伴随着企业社会责任意识的不断增强和企业社会责任建设的不断深入，莱钢走上了经济效益最大化与社会责任良性互动的轨道。从以下几个案例，我们可以看到莱钢企业社会责任建设所推动的企业经济效益的提升。

为了解决企业安全生产问题，2000 年，莱钢开展了学习型企业创建活动。学习型企业建设，使莱钢人从外在形象到内在气质和思维方式都发生了巨大变化。莱钢也因此获得了源源不断的发展动力：职工队伍充满朝气、文明礼貌、奋发向上；厂区被评为省级“清洁工厂”“花园式工厂”“山东省现代管理样板企业”；主要经济指标全部由全国排名 30 位左右进入先进行列，多项指标位居全国第一；转炉工序实现了负能炼钢；成本系统优化第一年实现经济效益 1.98 亿元。莱钢依靠整合内部资源，走出了一条投入少、见效快、产出多、效益高的路子。

在发展最困难的时候，莱钢对职工不离不弃，不让一个职工下岗，不让一个职工看不起病，不让一个职工子女上不起学。莱钢职工用忠诚和实际行动回报莱钢。他们喊出了“莱钢有困难，我们来承担!”的心声，并且利用停产时间抓紧技能培训，抢修设备；他们人人、时时、处处降本增效，为莱钢的发展献计献策，仅技改工程指挥部一个部门的 40 项合理化建议，就减少投资 3100 多万元。

莱钢的决策者深刻地认识到，在全面建设小康社会的历史进程中，莱钢作为一个特大型国有企业，必须在科学发展观的指导下走好新型工业化道路，正确处理企业发展和社会发展同步、与自然生态协调的关系，这样才能在强手如林的竞争大潮中勇立潮头，把莱钢做大做强，打造长盛不衰的百年强企。莱钢确立了“建设全员学习型、绿色生态型、持续发展型钢铁强企”的共同愿景。2001 年，莱钢在中国冶金系统率先通过 ISO 9002 质量体系、ISO 14001 环境管理体系和 OHSAS 18001 职业安全卫生管理体系的认证，是全国冶金行业最早的“三证”齐全的企业。2005 年，莱钢进行质量、环境、安全管理体系整合，体系运行绩效和环境管理水平不断提高。在流动资金异常紧张的情况下，莱钢投资 9000 多万元建成了国内第一个烧结机尾气脱硫项目，减轻二氧化硫排放 90% 以上。莱钢被媒体称为“勇于承担社会责任的企业”。

自觉履行企业社会责任，为莱钢塑造了良好的社会形象和品牌效应。2002 年莱钢承担的上海“世福汇”大厦钢结构工程，合同期为 100 天，实际只用 68 天完成。该工程高强度螺栓通孔率为 100%，焊缝探伤一次合格率为 100%，采用了 10 余项新技术、新工艺和新施工模式，通过了上海市金属结构建筑“金钢奖”验收，获得了首届中国建筑钢结构金奖这一象征中国国内钢结构建筑最高奖励的金杯。出色的工程质量和良好的口碑，使得莱钢建设公司与中福地产置业有限公司合作的上海119号、97号工程顺利开工。2003年，莱钢开发建设的济南艾菲尔花园项目，被山东省建设厅确定为“山东省钢结构住宅示范试点工程”，并夺得第二届中国建筑钢结构金奖。2008年，莱钢获得京沪高铁工程供货权，并成功签订了京沪高铁全线部分车站建设的钢材供货合同。莱钢承担的两个“863”项目，推动了我国粉末冶金工业的快速发展，使我国的钢铁粉末产业一跃进入世界先进行列，莱钢也因此成为可以左右国内甚至国际粉末冶金市场的龙头企业。莱钢雾化粉的投产，更是每年为我国粉末冶金制品行业及应用厂家，节约采购资金近3亿元。

莱钢在与北美最大的球团生产和供应商美国控件有限公司（CCI）的合作中，联手买断了美国EVTAC球团厂，不仅为莱钢的原料供应提供了保障，还使得EVTAC球团厂重生，450多名美国工人重新就业。美国国会资深议员奥博斯达先生，称莱钢是“救活美国企业的中国钢厂”。莱钢在国际市场上树立了良好形象，赢得了广泛合作。

（二）自觉履行企业社会责任，回报国家与社会

国务院国有资产监督管理委员会认为，企业履行社会责任的核心是实现可持续发展。也就是说，以完成企业创造经济价值为基础，在追求经济效益的同时，对利益相关方负责，使企业的发展与环境保护和社会发展相协调，实现企业发展与环境保护和社会价值的综合价值最大化①。

莱钢作为一个大型国有企业，在43年的发展历程中从未停止过践行企业社会责任的脚步。在《莱芜钢铁股份有限公司2008年度社会责任》报告中，莱钢对企业社会责任的界定是：企业在创造利润、对股东负责的同时，承担对职工、对社会和环境的社会责任，包括遵守商业道德、安全生产、职业健康、保护劳动者的合法权益、产品质量、节约资源、促进环境及生态的可持续发展等。其实，莱钢所做的比莱钢自己以及社会各界对企业社会责任的要求更多、更好。莱钢真正把国家、社会和人民的长远根本利益放在第一位，并融入自己的发展前景和发展战略。在贯彻落实科学发展观的历史潮流中，在建设社会主义和谐社会的历史

① 楚序平：《国有企业为什么能践行社会责任》，新浪财经，http://finance.sina.com.cn/hy/20100715/15288301232.shtml，最后访问日期：2010年7月15日。

进程中，在推动地方经济和社会发展的道路上，莱钢由于其在社会责任方面的勇于担当，给国家、社会和人民留下了美好印象和光辉形象。莱钢是当之无愧的自觉践行企业社会责任的榜样。

1. 共赢共享，维护利益相关者的利益

学者们提出利益相关者理论，并运用这一理论回答企业的经营活动应该对谁承担社会责任的问题①。在企业发展的长期过程中，莱钢确立了“共创、共进、共赢”的核心价值观，成为在企业规模、竞争能力和投资回报等方面都表现卓越的钢铁强企。

（1）用优质产品和服务回报客户和消费者。

优质的产品和服务是企业安身立命之本。莱钢以“提供符合市场和客户要求的高质量、高附加值钢铁精品和超值服务”为目的，坚持走做大做强、持续发展之路。近年来，莱钢紧紧围绕市场需求，以提升价值创造力、满足用户个性化需求为目标，大力调整产品结构，进行工艺产品技术升级改造和新产品的研发。莱钢是目前国内规模最大、品种规格最全的H型钢生产基地，其产品覆盖国标、日标、欧标、英标、美标、韩标系列。

在生产经营中，莱钢贯彻“精品立世，追求卓越”的质量工作理念，以提升产品实物质量和管理的精益含量为方向，不断提升质量管理水平。莱钢的型钢产品先后获得国家重点新产品奖、山东省产品质量奖、国家冶金产品实物质量金杯奖、“中国名牌”产品等荣誉称号；板带钢通过CE认证、FPC认证，获得“山东名牌产品”称号，产品出口到欧洲、南美、东南亚地区；齿轮钢、轴承钢、优质碳素结构钢、合金结构钢等特钢产品均获得“山东名牌产品”和“冶金产品实物质量金杯奖”荣誉称号，其中齿轮钢连续五年产销量位居全国第一，得到中国齿轮协会的优先推荐。莱钢是国内首批拥有HRB 400、HRB 500高级别钢筋生产许可证的企业，所产高级别钢筋具有抗拉强度高且数值稳定、延伸性能与焊接性能好、抗震性能优的特点，被三峡工程、奥运会工程、大亚湾核电站、京沪高铁等国家重点工程采用；莱钢钢筋以其优良的品质实现了连续五年质量异议为零的目标；热轧带肋钢筋先后通过日本JQA认证、韩国KSA认证、英国CARES认

① 冯梅、陈志榴、王再文：《中国国有企业社会责任论——基于和谐社会的思考》，经济科学出版社，2009，第12～13页。

证、阿联酋 DCL 认证。

2008 年，莱钢获得全国质量奖，2010 年成为首家获得“全省质量管理奖”的冶金企业并荣获“山东省省长质量奖”。该奖是山东省质量领域的最高奖。在获得该奖项的 10 家企业中，莱钢是唯一的冶金企业。2011 年，中国建筑材料流通协会对莱钢进行了调研评估，从企业运营、产品质量管理、交易诚信、市场信誉、企业荣誉及社会责任五个方面进行考核，最终莱钢凭借在棒材产品销售供应方面优质的服务、过硬的产品质量，被评定为“全国保障性住房建设用材优秀供应商”①。

莱钢提出“为客户和消费者创造价值”。在制定或修订营销战略的过程中，莱钢将营销社会责任作为重要内容进行描述，界定营销社会责任，提出推进计划或实施目标，建立营销社会责任的执行与控制体系。同时，加强客户关系管理，创新服务手段，为顾客创造更大的价值。把营销道德标准的实施融入控制体系中；规范营销行为，倡导文明经商，维护市场秩序；在处理市场竞争的问题上，反对恶性降低价格、制假贩假、虚假广告等不规范的竞争行为。对投诉实施全面管理，确保客户投诉得到及时有效的解决，维护客户合法权利；对产品质量异议，依据相关规定限时办理，原则上一次性处理完毕；根据客户对产品技术需求与产品质量的关系以及公司质量管理特点，确定合理的质量异议处理控制与缺陷改进流程；延伸服务，利用自身技术优势解决用户的工艺技术难题，指导用户改进工艺；根据各类钢材具有不同的加工特点，积极组织相关部门对各类钢材的使用进行客户培训，并在钢材上粘贴使用说明书。

客户的认可和众多的奖章、荣誉见证了莱钢在践行“打造钢铁精品，真诚回报社会”的企业使命过程中的付出和努力。莱钢先后被授予“全国名优产品售后服务优秀企业”“全国质量管理先进企业”“全国质量工作先进集体”“山东省 AAA 级信誉企业”等荣誉称号。

（2）用优秀的业绩和分红回报股东和债权人。

在莱钢股份，“回报股东”是一项非常明确的内容。莱钢自上市以来，在做大做强主业、规范发展的同时，坚持倡导股权文化，不断增强尊重、服务与回报股东的意识，切实保障股东权益，使股东分享公司持续发展的成果。

① 《莱钢获评全国保障性住房建设用材优秀供应商》，中国建材网，http：//www.bmlink.com/news/359951.html，最后访问日期：2013 年 7 月 22 日。

（3）关爱职工，缔造和谐劳动关系。

作为一个国有企业，莱钢一直重视维护职工的主人翁地位，视职工为企业发展的主体，把职工作为企业最宝贵的财富。莱钢把“与职工共创辉煌”作为企业道德建设的重要内容，做到“人尽其才，才尽其用”。

保障职工的安全和健康是企业的重要责任，也是维护职工生命权的具体体现。莱钢从1999年的“3·10”爆炸事故中汲取教训，把安全生产放在第一位，坚持贯彻执行“安全第一，预防为主，综合治理”的方针，严格遵守国家各项安全生产的法律法规，以职业安全健康管理体系为载体，突出安全标准化建设，强化职工安全教育培训，加强现场监督检查，积极推进本质安全化工作。

莱钢层层签订《安全生产绩效考核责任书》，逐级分解责任目标体系，落实安全生产责任，夯实安全管理基础；强化安全培训教育，举办多期特种作业人员资格培训班和安全生产管理人员资格培训班；扎实开展“安全生产月”活动，全面提高职工履行岗位职责和有效防范事故的能力；深入开展“安全生产基层基础年”活动；组织开展危险源深度辨识、风险评价活动，科学判定危险等级，制定相应的安全对策，提高风险控制能力；修订和完善应急预案，提高非正常状态下的应急处置能力。

在职业病防治方面，莱钢认真遵守《职业病防治法》《尘肺病防治条例》等法律法规，坚持“预防为主、防治结合”的职业病防治工作方针，建立健全职业卫生管理制度和职业病防治管理网络，完善职业卫生管理档案，不断加大职业危害因素治理力度，认真做好职业病危害因素检测和职工健康监护工作，对发现的职业禁忌人员及时调离其岗位并妥善安置，职业卫生管理绩效逐年持续提升。

维护职工的就业权是企业的重要责任。在莱钢最困难的时候，吨钢价格被拦腰一斩，钢产量减少一半，但莱钢决策层郑重承诺：莱钢绝不让一个职工下岗，绝不让一个职工看不起病，绝不让一个职工子女上不起学。在全球经济萎缩的背景下，一些大型跨国公司也因为人力成本的上升而不得不进行裁员，但莱钢发挥国有企业优势，一直秉持“不让一个职工下岗”的信条，保障和维护职工合法权益。

在莱钢，股东会研究决定问题必须经过职工代表大会讨论通过。莱钢的改制强调必须先召开职代会，把职工意见吸收进来。11个单位改制非常平稳。莱钢遵循平等自愿、协商一致的原则，与职工签订劳动合同，建立劳动关系，严格依法规范劳动合同的签订（续订）、解除（终止）等日常管理工作。莱钢在改制设计上，实行一票制，要求红利必须与职工工资共同增长。莱钢职工的工资每年都在增长。2011 年，职工人均工资达到 6 万元。莱钢按时足额缴纳各项社会保险费；及时落实职工退休、工伤及生育保险待遇；落实职工带薪休年假制度，依法保障职工正常的休息休假；建立了完善的职工绩效管理体系，将考核结果与职工薪酬分配、晋级晋职挂钩；进一步加大对中层管理人员的考核奖惩力度；进一步完善薪酬激励机制，制定实施了《新岗效工资制方案》，体现向一线职工倾斜的原则，提高夜班费标准，将生产工人的夜班津贴标准在原有基础上提高了一倍。

组织、教育职工，不断提高职工的素质，是体现职工主人翁地位的重要体现。多年来，莱钢坚持发挥思想政治工作优势，组织、教育、引导职工成为与企业同呼吸共命运的共同体。自 1990 年针对钢材市场疲软、资金匮乏、原材料短缺等困难，首次开展的“企业有困难，我们怎么办”大讨论活动以来，莱钢坚持开展主题系列活动。党委每年都根据当年企业面临的形势任务和中心工作，确定一个贯穿全年的主题，凝聚职工精神。同时，坚持以经济技术创新为载体，通过多层次的劳动竞赛和岗位练兵，提高职工素质，激发职工的生机与活力。尊重技术人才，将首席技师、优秀技能人才纳入公司统一管理，提高技能人才津贴标准；申报设立了山东省“技师工作站”，搭建了技能人才引进和培养的合作平台；把培训作为最好的福利，不断加大职工培训开发的力度。仅 2010 年，莱钢就举办各类培训班 395 期，培训 27035 人次。

“让职工脑袋同口袋一样富有”是莱钢不懈的追求。注重职工的精神文化生活，促进职工全面发展，是莱钢的另一特色。伴随着莱钢的不断发展和职工对精神文化生活要求的不断提高，莱钢更是把职工文体活动作为提高职工素质和生活水平的重要内容。莱钢工会下设包括音乐、书画等在内的 14 个文艺协会。每年的元宵节民间艺术表演会准时拉开全年文体活动的序幕，达到月月有比赛、周周有活动。各个二级单位除了参加集团公司的各项赛事外，还结合本单位实际安排各种小型多样的文体活动，职工的文化生活丰富多彩。1988 年成立的莱钢艺术团在历届“钢花杯”文艺汇演中都备受关注和赞誉，艺术团的众多作品获得省级和全国大奖；莱钢的女子拔河队在全国、在世界上都赫赫有名；莱钢的女子管弦乐队曾赴上海参加国际比赛；莱钢合唱团被誉为“钢铁森林中飞出的高雅音符”，曾在国家大剧院演出；莱钢培养出了自己的心理健康咨询师；莱钢的健美操、长跑也都成绩斐然；炼钢厂的国旗班闻名全国；炼钢厂职工自己创作表演的说唱评书《家》在全国职工文艺大赛上获得一等奖，其得分更是超过了职业选手组队……莱钢加强心理疏导和人文关怀，让职工追求“阳光心态，生命的意义”。

莱钢以“不让一户家庭看不起病，不让一名职工子女因家庭困难上不起学”为目标，建立全覆盖困难群体帮扶救助机制，相继设立了送温暖工程基金、职工医疗互助基金、城市居民最低生活保障救助金、职工意外伤害互助基金四项保障基金，为困难职工撑起保护伞，最大限度地保障职工权益。2010 年，在资金异常紧张的情况下，莱钢拨付 700 万元启动了国内钢铁行业首个慈善机构——莱芜市慈善总会莱钢分会，成为职工的“第五条保障线”。在莱钢，无论是对困难职工的生活救助、大病救助、意外伤害互助还是对其他弱势群体的救助，都有章可循，保障了对困难职工的及时救助。有一个感人的故事：莱钢一位普通职工换肾、换肝，总费用 70 多万元。莱钢没有将这位职工推向社会和家庭，而是按照企业职工大病救助的规定，承担绝大部分费用。这位职工手术至今已存活 7 年，且身体好转。身体逐渐恢复的他要求回厂上班。他说，感谢莱钢，是莱钢救了他的命，他要好好工作以回报莱钢。

莱钢职工物质生活富裕、精神生活充实、心态健康阳光的形象与气质真正体现了当代工人的风采，体现了莱钢和谐的劳动关系。2005 年，莱钢获得“全国创建和谐劳动关系模范企业”称号；2012 年，被授予全国机械冶金建材系统“劳动关系和谐企业”称号。而莱钢也确实把和谐劳动关系纳入考核范围，工会进行每半年检查和全年检查。通过无记名投票，2012 年，职工对劳动关系和谐满意率达 95% 以上。

（4）与供应商共谋发展，维护双方利益。

莱钢遵循“共赢共享”理念，坚持“合理价格”原则，以“用户满意服务明星”和“文明窗口”创建为载体，为供应商提供便利条件，维护供需双方利益。面对复杂多变的外部环境，莱钢通过积极培育战略合作伙伴，对大宗关键物资，通过签订战略合作协议，增强对资源风险和供应风险的控制力，推动市场走向有序竞争和规范发展，实现采购效率最高和供需双方利益的最大化。同时，加强供需双方高层交流，建立信息交流共享机制，通过战略峰会、座谈会等形式，增进沟通和信任，实现合作双赢与共同发展。通过中联钢采购网，对钢材、建材类物资实现了电子采购；通过双密钥电子邮箱，实现了五金、交电、化工、橡胶类物资的网上招标，使采购业务更加规范、流程更加透明，促进了莱钢与供应商和谐关系的建立和采购效率的提高。

2. 关键时刻伸援手，维护地方经济社会稳定

随着社会主义市场经济的发展，中国的国有企业已经成为市场经济的微观主体。但是，出于历史的原因，它们所承担的社会责任既有像现代西方企业那样来自企业自身发展的需要，又有外部各级政府主管部门的附加要求。这就造成中国国有企业的社会责任和担当既体现在对利益相关者、社会公众等方面，还体现在替国家和政府的分忧解难方面。在莱钢发展的过程中，为政府分忧解难的事例比比皆是。

在齐鲁大地上，莱钢参与鲁银公司重组、接手天同证券、救活齐鲁证券的故事传为美谈；莱钢接手山东省冶金厅下属的几个面临倒闭、破产的企业，使其焕发新的生机的事迹令人津津乐道；莱钢按照要求援建新疆的事迹，可歌可泣，可圈可点。

鲁银投资的主营业务自 1998 年以来业绩持续下滑。2002 年鲁银投资主营业务收入为 1.1 亿元，净利润亏损 2.6 亿元左右。根据山东省委、省人民政府指示精神，山东省财政厅要求终止原山东省国有资产管理局对第二大股东——山东省经济开发投资公司行使国家股权利的委托和授权，将公司国家股股权委托由莱芜钢铁集团有限公司经营管理，股东权利由莱钢集团行使。2001 年 7 月 4 日，莱钢集团公司派出人员对鲁银投资集团股份有限公司（以下简称“鲁银投资公司”）的经营和管理情况进行调查了解。经与省政府有关部门协商，莱钢集团公司受托经营管理了鲁银投资公司 7.38% 的国家股、收购了鲁银投资公司 10.58% 的社会法人股，合计持有鲁银投资公司 17.96% 的股权，成为鲁银投资公司的第一大股东。2002 年 9 月 25 日，鲁银投资公司召开临时股东大会，莱钢集团公司正式入主董事会、监事会，进入高级管理层。

为化解“鲁银投资”退市风险，经中国证监会核准，2003 年 1 月，莱钢集团与鲁银投资签订了《资产置换协议意向书》。2003 年 10 月 17 日，莱钢集团公司以热轧带钢生产线资产和所持粉末冶金公司 83.04% 的股权与鲁银投资公司所持齐鲁资产管理有限公司（以下简称“齐鲁资产公司”）43.69% 的股权和部分债权（应收账款）进行了置换。通过资产置换，鲁银投资公司当年扭亏为盈，摘掉了 ST 帽子。资产置换后，莱钢集团公司持有鲁银投资公司股权 3606.56 万股，持股比例为 14.52%，仍为鲁银投资公司第一大股东。

近几年，鲁银投资公司生产经营稳步发展，2011 年实现净利润 3 亿元。以

2011 年 12 月 31 日总股本为基准每 10 股配送红股 10 股、派发现金红利 1.20 元（含税）对 2011 年度的利润进行了分配。配送红股完成后，莱钢集团公司持有鲁银投资公司的股权由 3606.56 万股增至 7213.12 万股，并分得现金股利 432.79 万元。

2003 年，齐鲁证券有限公司①成立后因证券市场低迷等问题，造成资金链断裂，陷入经营困境，山东省政府决定由莱钢集团公司接管齐鲁证券有限公司。在山东省政府的协调下，根据山东省人民政府〔2003〕48 号会议纪要，莱钢集团公司于 2003 年 12 月 29 日向齐鲁证券有限公司垫付资金 3 亿元。2004 年 10 月，中国证监会同意齐鲁证券有限公司注册资本由 5.12 亿元增至 8.12 亿元，核准莱钢集团公司的股东资格，将 2003 年 12 月垫付的 3 亿元转为对齐鲁证券的出资，莱钢集团公司所占比例为 36.9458%，为第一大股东，此举无疑救活了齐鲁证券。2006 年 4 月，莱钢集团公司受让齐鲁资产管理有限公司持有的 16663.95 万元股权（比例为 20.52%）、省国际信托投资有限公司持有的 10543.12 万元股权（比例为 12.98%）后，合计持有齐鲁证券公司 57207.07 万元，持股比例为 70.45%。

2006 年 12 月，由于重组天同证券公司的需要，经中国证监会批准，齐鲁证券有限公司注册资本增至 22.12 亿元。本次增资，莱钢集团公司受让威海市财政局持有的 3000 万元股权、德州德信资产管理有限公司持有的 784.79 万元股权，并新增投资 5.22 亿元。增资扩股和受让股权完成后，莱钢集团公司向齐鲁证券有限公司累计出资 114167.77 万元，按照 48.4544% 的股权比例享有股东权益，成为齐鲁证券有限公司第一大股东。

2007 年 11 月，莱钢集团公司董事会通过决议，同意齐鲁证券有限公司第三次增资扩股。经中国证监会批准，2008 年 4 月齐鲁证券有限公司注册资本由 22.12 亿元增至 52.12 亿元。莱钢集团公司累计出资 317494.63 万元，持有股权 239237.77 万股，持股比例为 45.8992%。

2010 年 3 月，莱钢集团公司将所持齐鲁证券公司 1000 万股权以 3501.74 万元的价格通过产权交易市场进行挂牌转让。转让股权后，集团公司累计向齐鲁证券出资 313992.89 万元，持股数额为 238237.77 万股，持股比例为 45.7073%。

---

① 齐鲁证券有限公司前身系于 2001 年 5 月由齐鲁资产管理有限公司、山东省国际信托投资有限公司、泰安市基金投资担保经营有限公司、济宁市投资中心、德州市德信资产管理有限公司、山东省齐鲁投资管理有限公司、威海市财政局、淄博市财政局、烟台市财政局 9 家单位所属的 24 家证券营业部联合重组成立的山东省齐鲁证券经纪有限公司。

齐鲁证券公司项目投资回报显著，莱钢集团公司自投资齐鲁证券有限公司以来，累计收到现金分红 18.49 亿元。截至 2011 年末，齐鲁证券所有者权益为 111.18 亿元，莱钢集团公司享有权益 50.82 亿元，扣除投资分红，投资增值 61.85%。

沂蒙冶炼厂是直属于山东省冶金厅的正县级单位，原来坐落于沂蒙山区的一个村庄里，因为经营不善而面临倒闭。按照山东省冶金厅的要求，该厂由莱钢接手。莱钢投资 2400 多万元为其在莱芜建立新的厂房、购进新的设备，建立了超硬材料厂。但是，这并没有改变其亏损的命运：其主导产品金刚石严重亏损达 1000 余万元；原在册职工为 689 人，其中在职职工 338 人，离退休职工 351 人，富余人员的安排是一个大问题。莱钢决定对超硬材料厂全部资产进行重组，将其并入莱钢机械厂，进行组织结构和管理体制的调整，以便集中优质资产配股资本金，解决其产品单一、长期亏损、不适宜独立经营的问题。后来金刚石生产线停产，莱钢机械厂成立绿化队，分流和妥善安置金刚石产品停产后的富余人员。

成立于 1958 年的黑旺铁矿，随着矿山服务年限的延长，资源濒临枯竭，近 4000 名职工面临下岗。1995 年，黑旺铁矿整建制划归莱钢。1999 年 5 月，莱钢对黑旺铁矿进行改制：改制后的淄博锚链有限公司注册资本为 3109.78 万元，其中莱钢集团公司出资 2309.78 万元，占总股本的 74.27%，职工持股会出资 800 万元，占总股本的 25.73%。2002 年，经过市场调研和考察论证，以锚链公司原建安公司为基础，在淄博高新区投资成立淄博莱钢钢结构有限公司。2004 年，淄博莱钢钢结构有限公司整建制划归莱钢建设有限公司。2004 年 11 月，开采了 40 多年的矿山正式闭坑，500 名职工失去工作岗位，依托矿山发展的锚链和管业失去支撑。在这个特殊困难时期，莱钢绝不让一个职工掉队。“十五”期间，该公司先后向莱钢集团其他单位输送分流 374 人，向莱钢钢结构有限公司分流 139 人，离退休、解除合同 429 人，退养 432 人，极大地减轻了矿山转产接续的人员安置压力。

除此之外，山东省冶金矿山建设公司、韩旺铁矿等其他几个属于山东省冶金公司的企业也因为效益不好面临倒闭、破产。当时，山东省把它们交给了莱钢。现在经过改制，它们也都重新焕发出生机和活力，成为莱钢集团的重要组成部分。

山钢集团接到援建新疆的政治任务后，莱钢奉命接受了此任务。目前，莱钢已投资 20 多亿元到新疆项目的建设中，并派一位副总经理全权负责。目前，人员已经到位，部分生产线已投产。莱钢在新疆的项目建设流程短、节奏快，有一些当地人都感到“受不了”，但是莱钢人硬是坚持了下来。

也正是在一次次为国家、为政府分忧解难的过程中，莱钢历练成了为国为民、勇于承担的国有企业的优秀代表，体现了中国特色社会主义国有企业的大气魄和大胸怀。

3. 积极参与公益事业和慈善活动，彰显社会大爱

莱钢作为负责任、有担当的国有大型企业，把自觉履行企业社会责任作为推进社会主义物质文明和精神文明建设的重要内容。在社会公益和慈善的社会大爱舞台上，莱钢演绎了一幕幕动人的故事。

2002 年，莱钢成立红十字会组织，作为山东省红十字会的直属和理事单位。在 10 余年的时间里，全公司有 10000 多人参加了无偿献血活动，献血总量达到了 260 余万毫升。

作为山东省慈善总会的理事单位，莱钢每年都组织大型募捐活动，并积极参加其他各种募捐，已连续 4 年参与了山东省慈善总会组织的“慈心一日捐”活动，累计上缴职工募捐款 460 万元。

2007 年，新汶矿务局煤矿发生透水事故，莱钢捐赠 300 万元；同年，向莱芜市捐赠 50 万元用于莱芜战争纪念馆的建设。

2008 年 5 月 12 日，四川汶川大地震后，莱钢迅速组织了募捐活动，第一批向山东省慈善总会捐款 1824 万元，并参加了山东省大型电视直播募捐晚会，莱钢党员缴纳特殊党费 300 多万元，团员缴纳特殊团费 25 万元，青年文明号捐款 9 万元。莱钢承担了为山东省抗震救灾前线指挥部建设 1000 平方米钢结构板房临时办公居住点的任务，建设资金和物资全部由莱钢承担。作为汶川地震对口援建单位，在余震频发的灾后第一时间，由一位副总经理亲自带领由 40 多名技术过硬、作风顽强的骨干组成的莱钢抗震救灾队伍，带着饮用水和食物，拉着板材支援灾后重建。莱钢仅用 20 天时间就完成了投资 500 多万元、建筑面积达 1500 平方米的 83 间钢结构板房的任务。四川北川群众和山东省领导对莱钢的建设速度、质量和高度的社会责任心给予了很高评价。莱钢医院 2 名医务人员奔赴灾区参加灾民救治。

作为山东省残疾人福利基金会理事单位，莱钢积极投身残疾人福利事业。2008 年，莱钢参加山东省残疾人福利基金会组织的“支持残奥，文化助残”活

动，捐款20万元。2009年5月参加中国扶贫基金会发起的“寄一份包裹，送一份关爱，‘5·12’灾区学生关爱行动”，捐款5万元；6月参加山东省残疾人福利基金会联合《齐鲁晚报》开展的“慈善、自强”——爱心扶助残疾人“五小”（小按摩店、小维修店、小美发店、小吃店、小裁缝店）创业活动，捐款10万元；9月，参加山东省残联、文明办、旅游局、团省委等有关部门联合开展的“我和你心连心”旅游助残活动，捐款4万元……

这样的善举，在莱钢数不胜数。多年来，莱钢持之以恒地资助希望工程，先后资助了近1000名失学少年重返学校。莱钢连续5年资助山东吕剧团500万元。2012年莱钢成立了钢铁企业首家慈善门诊，以缓解特殊困难群体看病、治病难问题。

由于慈善工作成绩突出，2008年莱钢获得全国中华慈善奖，一位副总经理代表莱钢到北京人民大会堂参加了颁奖典礼，并受到了胡锦涛等国家领导人的接见。由于工作成绩突出，2008年莱钢红十字会获得中国红十字总会授予的“全国最佳企业红十字会”称号（全国共10家企业获得此称号）。

4. 诚信纳税，建设美好社会

税收是国民收入和社会产品分配、再分配的一种形式，它取之于民、用之于民。对于纳税主体而言，诚信纳税不仅体现着良好的信誉，而且无形中积累着更多的资产；对于国家和社会而言，诚信纳税是国家强大、社会发展、人民生活水平提高必不可少的财政来源，是传播诚信这种社会“正能量”的有效途径。诚信纳税，与国家和人民的根本利益息息相关。

作为一个大型国有企业，莱钢始终是诚信纳税的典范。按时申报纳税、依法缴纳应纳税款、自觉维护税法，莱钢自觉地履行着纳税义务，为推进小康社会建设作出了重大贡献。在莱芜市地税纳税排行榜中，莱钢始终位列榜首；在“山东省年度首批A级纳税信用等级单位”名单中，莱钢依然位列前茅；中国纳税500强企业，莱钢赫然在列。仅“十一五”时期以来，莱钢就上缴税金209.4亿元，位居山东省年度纳税百强企业前列。多年来，莱钢保持了全国全省“守合同重信用企业”荣誉称号。莱钢通过纳税把“诚信”二字演绎得淋漓尽致，把建设美好社会付诸踏踏实实的实际行动。

（三）带动区域经济社会发展，营造和谐的企地关系

由于是“三线”企业，莱钢建厂之初遵循了靠山、分散、隐蔽的建设要求，形成了厂中有村、村中有厂的格局。经过43年的建设和发展，莱钢与莱芜更是水乳交融，互相支撑；莱钢人与莱芜人也形成了难分难舍、情同手足、亲如一家的深情厚谊。莱钢与莱芜这种患难与共、命运相连的紧密关系，决定了莱钢在支撑地方经济社会发展方面发挥着重要作用。莱钢已成为莱芜立市、兴市、强市的支柱企业。“同住一个城市，共建美好家园”成为莱芜和莱钢共同的追求。

1. 改善城市环境，积极参与市政基础设施建设

莱芜是莱钢人赖以生存的家园。莱钢人及其家属有10万多人生活在莱芜。莱钢在改善莱芜市容市貌、提高城市化建设标准方面承担着义不容辞的责任。

莱钢紧跟时代步伐，坚持以科学发展观为统领，坚持以人为本，把治理环境、建设环境、保护环境、经营环境纳入企业发展的战略予以高度重视，建设“生态莱钢”。莱钢提出了“环境是资源，环境是生产力，环境是竞争力”“我们要把自己的家园建设得更加美好”等一系列环境发展新理念，明确了环境治理的总体目标：第一步，利用2 ~3 年的时间，实现绿、净、美，整体上水平；第二步，再经过几年的努力，把莱钢建设成为空气清新、天蓝水绿、令人向往的地方。为此，莱钢制定并实施了一系列环境建设的规章制度，每年定期召开环境建设工作会议。从2007年开始，每天晨会要通报前一天的环保督查情况，正式将环境保护纳入经济责任制的考核内容，对未完成考核目标的单位实行“一票否决”，并取消责任人的当年年薪。莱钢环境治理区域不断扩大，投资规模逐年递增，真正把环境建设工作纳入企业发展的重要议事日程。

莱钢的绿化工作全国闻名。为了使钢铁产业与环境和谐发展，莱钢提出了“绿色钢城”建设。通过绿化、美化及景观建设，使原来的垃圾河道变成莱钢职工和莱芜市民休闲娱乐的绿色长廊；投资1200万元，绿化银山生态园，绿化面积达到2300余亩；投资3000多万元，建成占地1200余亩的南湖生态园；在污染较为严重的污染区种植大量抗逆性植物和防护林地，减少环境污染。2010年，全国冶金绿化年会在莱钢召开。当时，中国钢协一位副会长评价莱钢的工作时说：“到现在为止，莱钢是搞得最好的。”莱钢不仅是山东省绿化委员会常务理事单

位，而且相继荣获“全国绿化模范单位”“全国冶金绿化先进单位”“山东省绿化工作先进单位”等荣誉称号。莱钢主业的17个二级单位被授予省级花园式单位，7个二级单位被授予莱芜市级花园式单位，有2人获得全国绿化奖章、6人获得山东省绿化奖章。

莱钢不仅进行城区绿化和厂区绿化，还不断加强宣传教育、创新活动形式，引导广大职工积极参加义务植树，深入持久地进行着绿化荒山的工作。走出莱芜城区，去棋山的路上，两边郁郁葱葱的林木给人以清新的享受。通过深入了解才知道，原来道路两边都是光秃秃的荒山，是莱钢人的坚持和付出让荒山变绿，让当地的老百姓得到真真切切的实惠。这一切要归功于2002年莱钢在全公司开展的“每人种活1棵树”义务植树活动。按照要求，所有莱钢在职职工均承担植树义务，并实行包栽包活管理的责任制度；植树成活之后，无偿交给当地老百姓。至今，这项活动已坚持10年。为了结合“生态莱钢”和“绿色莱钢”建设的要求，义务植树的标准也已从最初的“每人每年种活1棵树”提高到“每人每年种活4棵树”，年植树总量从最初的3万多棵提高到现在的12万多棵。仅“十五”期间，莱钢就累计投资近6亿元推进义务植树活动，累计栽植各类乔木60余万株、新增绿化面积200余万平方米，为加强生态环境保护、创造良好的生态条件作出了重要贡献。

为职工身体健康保驾护航的莱钢医院，目前已成为集医、教、研、防为一体的综合性三级乙等医院，是莱钢职工和莱芜人民共同享受的医疗资源。该院开展的以微创技术、心外科技术、显微外科技术、口腔种植牙技术、烧伤整形治疗技术为代表的品牌特色医疗服务，主要质量、效率指标基本达到了三级甲等医院的标准要求。医院成功组织“断臂（肢）再植、大面积烧伤、重度复合外伤”等多起重大工伤抢救，积极参与汶川抗震救灾，成功救治68名铊中毒病人；承担泰山医学院大学四年级临床医学专业320名学生的理论教学与见习带教任务；承担泰山医学院、菏泽医专、山东医专等6所医学院校近1000名医学生的实习任务，涉及医疗、护理、口腔、麻醉、检验、药剂、影像等8个专业。

在市政基础设施建设方面，莱钢更是不遗余力。莱钢投资7000多万元，与莱芜市政府联合实施“牟汶河治理工程”，对原始河道进行清淤、筑堤、建坝，在20余千米的河道上修建了6座橡胶坝和6座滚水坝，建成蓄水量达1300万立方米的人造湖泊，使地下涵养水量达到3000多万立方米，极大地改善了区域生态环境；投资5000多万元进行莱钢大道的建设；莱钢的体育场、医院、学校等基础设施与莱芜市民共享；钢城区的水电路等基础设施建设都是跟莱钢共建、共享；莱钢免费为厂区周围的农村打井，解决老百姓吃水难的问题。受国际大环境及钢铁行业整体发展的影响，2011 年莱钢的经济效益并不是很好。在这种情况下，莱钢仍然投入 3000 多万元进行环境治理。2012 年，莱钢进行了南湖治理。2007 年以来，莱钢投资 2.4 亿多元，修建道路 16 条，累计里程 40 余千米，形成了“四纵四横”的交通网络，为企业跨越式发展提供了快速的物流通道，为莱芜城市化建设和居民生活需求提供了便利。在环境建设方面，仅“十五”时期以来，莱钢就投资 7 亿元以上，修公路、治河道、搞绿化、建公园、通暖气，完善医疗、教育、商业、娱乐等公共服务设施。这不仅改善了莱芜市民的城市居住环境和生活设施，而且使广大人民群众在服务莱钢、支持莱钢的过程中找到了致富途径，物质文化生活水平不断改善。

2. 珍惜土地，维护农民利益

土地是农民赖以生存的生产资料。莱钢的建设不可避免要占用一部分土地。莱钢人深刻认识到被占地农民为莱钢的发展所作出的贡献，因此尽力使他们共享莱钢建设发展的成果。他们认真贯彻落实国家和地方的有关政策，设身处地为农民着想，保障农民的合法权益。首先，在建设用地补偿方面，莱钢严格遵守国家补偿政策，在建设资金高度紧张的情况下，仍然首先保证农村土地拆迁补偿、人口安置等各种费用，绝不拖欠农民一分钱。其次，在工程建设过程中，优先安排被占地农民或农村集体经济组织承揽施工任务，想方设法增加农民收入。再次，在吸收农村富余劳动力方面，通过企地联手培训，加大对被占地农民的倾斜力度，多批次招收农民合同工近 1000 人到莱钢生产一线。最后，在提高失地农民保障方面，协助地方政府建立被占地老年人生活补助制度，解除失地农民老年人的后顾之忧。

莱钢的发展离不开莱芜广大人民的支持，莱钢也重视维护当地居民的利益。在“十五”时期开局时，莱钢的领导层就提出，莱钢的建设和发展绝不占用老百姓的一亩好地。莱钢要促进莱芜经济发展，就要把改扩建项目落在当地，但是又不能占用耕地，不能损害农民利益。莱钢人甘当新时代的愚公。莱钢大型 H 型钢获得国家有关部门批准后，有人建议建设地点选择在相对平坦的地方以减少投资和时间，提高建设速度。但是，这样会占用农村一部分耕地。莱钢的决策者们不同意这一方案。他们说，农民兄弟的利益一分也不能侵占，大型 H 型钢项目不能占用农民一寸良田。最终这一项目选择建在一个山头上，没有占用一分耕地，没有搬迁一户农民。在无法耕种的荒山野岭上建成的莱钢大型H型钢工程，把一座山头削去一半，挖掘土石方1300多万立方米，其建筑密度达到0.7，投资强度为321万元/亩。按照国家钢铁行业建设用地指标计算，减少用地1860亩，莱钢为此多支出成本7亿多元。

莱钢使有限的土地产生出最大的效益，最大限度地保障了当地政府和失地农民的利益，受到山东省领导的高度评价和社会各界的广泛好评。

美国资深议员奥博斯达先生到莱钢考察后，对莱钢维护农民利益的做法大加赞赏。他说："我走了世界上许多钢铁厂，像莱钢这样的企业我还是第一次看到。"

3. 节能减排，保护环境，促进可持续发展

为了建设环境友好型企业，促进可持续发展，莱钢严格执行国家各项环境法律法规，不断加强环保基础管理和加大环保投入力度，推进节能减排和清洁生产，有效地控制重要的环境因素，强化环保管理三级监控，推广应用先进环保技术，节能降耗、减污增效。

莱钢积极参加节能自愿协议试点，向社会和政府承诺用能和环保目标；高标准推广应用国际先进清洁生产技术和污染治理技术，做钢铁工业环保技术的探索者和开拓者。

莱钢成立了环境保护委员会，设立了环境保护部和环境保护科，自上而下建立起完善的环境管理网络，加强环保管理制度，理顺环保管理流程，形成环保培训教育机制，增强全员环保意识和技能。实施结构优化，淘汰落后，实现源头削减；加强生产过程控制，稳定工艺参数，优化原料配比，实现过程削减与源头削减同时进行。莱钢相继淘汰高耗能、高污染的4座128立方米高炉、3座20吨电炉、2座4.3米焦炉等落后工艺设备。近年来，莱钢投入近150亿元改善工艺结构和产品结构，建起了一批大高炉、大转炉、大烧结机、大制氧机，对节能降耗产生了显著效果。目前，莱钢做到了环保设施与主体生产设施同时设计、同时施工、同时投入使用，确保新投运的环保设施达到设计能力和排放标准；建立了长期清洁生产审计机制，实现主要工序单位全部开展清洁生产审计，主要生产工艺设备和技术指标、资源能源利用指标、污染物指标、废物回收利用指标达到清洁生产一级标准或二级标准。同时，大力推进环保技措项目的实施，实施3×105

平方米烧结机烟气脱硫除尘改造、机尾除尘改造等一批污染减排项目，减排指标均达到莱芜市政府下达的污染减排计划要求。

4. 关爱生命，关注未来，促进人口与资源环境和谐发展

计划生育作为我国的基本国策，对于推动科学发展、促进社会和谐、统筹解决我国人口问题具有重要意义。莱钢作为一个国有大型企业，始终围绕改革发展稳定大局，围绕贯彻和落实计划生育基本国策这个重要任务，广泛宣传人口和计划生育政策法规，严格贯彻落实计划生育政策，一以贯之地保持了低生育水平的稳定，圆满地完成人口责任目标。多年来，莱钢坚持把宣传国情国策、优生优育科普知识、移风易俗作为重点，积极传播科学文明进步的婚育观念，大力倡导社会性别平等的先进理念，破除男尊女卑、重男轻女的封建思想，消除性别偏好，大力倡导婚育新风，推进新型婚育文化建设。2000 年、2005 年，莱钢两次被中共中央宣传部、国家计生委授予“全国婚育新风进万家活动先进单位”荣誉称号。

为提高人口素质，莱钢积极普及预防出生缺陷的科学知识，倡导科学婚检，积极开展免费婚检、孕产期保健、产前筛查和诊断、产后访视、新生儿疾病筛查等工作。莱钢出生缺陷率不断降低。同时，莱钢大力普及婴幼儿抚养和家庭教育等科学知识，开展婴幼儿早期教育，加强独生子女社会行为教育。莱钢一批批独生子女健康茁壮成长。

莱钢积极开展生育关怀行动，落实独生子女父母退休奖励补助，关怀独生子女困难家庭。莱钢建立了计划生育协会组织，定期组织志愿者到基层开展志愿者服务、走访慰问、社会宣传，帮助群众解决生产、生活、生育方面的实际问题。莱钢的计划生育工作连续多年实现了山东省奖励目标，受到了山东省委、省政府的表彰和奖励。莱钢计划生育委员会被山东省人事厅和山东省计划生育委员会授予“先进集体”称号；2000 年、2011 年被国家计生委、国家计生协会授予“全国计划生育工作先进单位”称号。

积极有效的卫生防疫工作能够起到预防、控制疾病传播，防止传染病传播流行的作用。莱钢卫生防疫站从 1975 年建站以来，承担了控制、消灭传染病，开展卫生监督、卫生知识宣传等社会工作。特别是 2003 年“非典”时期，莱钢卫生防疫站更是做了大量工作，保障了莱钢职工的健康和活力，为莱钢的生产建设起到了保驾护航的作用。

5. 带动莱芜经济社会发展

莱钢从山沟里一个名不见经传的地方企业，发展成为享誉行业的钢铁强企，其中浸染着一代代莱钢人的奋斗和奉献，也凝聚着一代代莱芜人民的无私支持和帮助。在鲁中这片充满奋斗和奉献精神的大地上，莱钢与莱芜市人民一起创造了钢铁强企的神话，一起谱写了企地协同发展的篇章。正如莱钢集团董事长、总经理所说，莱钢的发展凝结着广大莱芜人民的心血和汗水。可以说，莱钢是国家的，也是莱芜人民的。

莱钢作为具有年产1400万吨钢的综合生产能力、总资产达810亿元的大型钢铁企业集团，有近4万名职工、14家子公司和11家改制公司。在目前和今后很长一段时间内，莱钢都是莱芜市最大的企业、最重要的优势和品牌。2011年，莱钢集团生产钢1420万吨、生铁1440万吨、钢材1400万吨，实现销售收入726亿元，利税总额51.8亿元，其中利润25.3亿元。莱钢的快速发展带动和促进了地方经济社会的发展，使莱芜和莱芜人民充分享受到了莱钢发展的成果。

莱钢是莱芜的第一纳税大户。2000年，莱钢上缴税金4亿元；2001年，莱钢上缴税金4.85亿元；2002年，莱钢上缴税金5.899亿元。三年平均，莱钢占全市国税收入的30%以上，占地税收入的50%以上。时任市委书记李玉妹说："我们的工资都有钢铁味。"① 1990~2007年，莱钢累计实现利税170亿元，相当于为国家上缴了一个多莱钢②。2001~2010年企业实现利税总额400多亿元。2011年，莱钢纳税26.5亿元；仅"十五"时期以来，莱钢向莱芜市上缴税金就达196亿元。在多年的莱芜市纳税排行榜中，莱钢都以绝对优势雄踞第一。

莱钢是莱芜的支柱企业。2005年，莱钢钢产量达到1000万吨，自身实现产值370亿元。在这一年，莱芜市全年规模以上工业企业实现产品销售收入588.15亿元，同比增长32.72%，工业对GDP增长的贡献率高达75.4%。莱芜从"八五"时期到"十一五"时期的20年间，整个莱钢在莱芜投资近300亿元；仅"十五"时期以来，莱钢累计完成投资就达365亿元，先后建成年产500万吨的银山型钢新区和年产200万吨钢的银前新区。据估算，如果配套充分，莱钢还能

---

① 康与民、韩冰：《源头活水——莱钢集团拉动莱芜发展纪实》，新华网，http://www.sd.xinhuanet.com/news/2003-08/22/content_851380.htm，最后访问日期：2013年7月22日。

② 《莱钢获山东省纳税先进企业称号》，钢管天下网站，http://www.pipew.com/news/detail.asp?id=5001，最后访问日期：2013年7月22日。

带动能源、物流、加工、贸易等相关配套产业近400亿元。莱芜人民形象地说：莱钢感冒，莱芜就要打喷嚏。

莱钢使得莱芜成为钢铁生产和深加工基地。随着莱钢的不断发展壮大和在钢铁行业地位的提升，其对莱芜区域的经济社会发展产生了更加明显的辐射和带动作用。基于莱钢的发展所带来的钢铁产业链的延伸，2003年莱芜市通过了《中共莱芜市委关于建设山东（莱芜）钢铁生产和深加工基地的决议》，把钢铁产业作为莱芜的核心优势产业，把建设钢铁生产和深加工基地看成莱芜经济发展的希望和重点。莱钢先后与莱芜当地合资兴建了几十家企业，还有近100家企业利用莱钢的产品搞深加工。莱钢把钢渣处理、轧辊、粉末冶金等企业，都放在了地方上，并给予技术辅导和管理指导。在莱钢每一个二级企业的周围，都有一批依附于莱钢而生存、发展的企业。在莱钢所在的钢城区有1000多家“钢”字号企业，全区80%以上的GDP和地方财政收入靠莱钢拉动来实现。莱钢和这些企业共同打造了一条支撑地方经济发展的钢铁产业链。目前，莱芜市在钢铁链上的从业人员达10多万人，为钢铁链服务的人员达30多万人。

莱钢是莱芜市的形象和品牌。多年来，凭着对“共赢共享，直到永远”价值理念的不懈追求，莱钢在国内外市场上赢得了良好的口碑和声誉。莱芜市在招商引资过程中，发挥莱钢的品牌影响和带动效应，成效显著。借助莱钢的产业、品牌、市场等优势，企地双方先后赴江苏、浙江、山西等地开展招商推介活动，签约项目达40多个。目前已有20多个项目落地，总投资额为25亿元。特别是，莱钢所在地钢城区招商引资项目的90%以上都是依托莱钢和钢铁产业引进的。生产整体车库的深圳泰达公司看重的就是莱钢的品牌；美国环球汽车零配件公司选择莱芜也是基于莱钢及莱钢所带动的机械加工、粉末冶金等配套产业的完整性；和庄轧钢厂、苗山线材厂、莱新铁矿、莱冶特钢、万力型钢、温岭锻造、泰东实业等招商引资项目的成功，也都与莱钢的带动作用分不开；鲁中冶金、泰钢、九羊公司等老牌钢铁企业的落地生花，也都是因为其与莱钢的密切合作关系……

莱钢推动了莱芜产业结构的优化升级和城市化进程。莱钢所在地钢城区，在建区之前完全不像城区。十几年来，依靠莱钢的带动和拉动，依靠企地协同发展，钢城区发生了翻天覆地的变化，成为名副其实的“城区”。莱芜当地一些农民背靠莱钢这棵大树，搞原材料供应和钢材销售等产前产后服务，成为千万富翁甚至亿万富翁；一些农村种植的精细蔬菜，多数供应给莱钢职工；钢城区农民收入的一半以上直接或间接来自莱钢；莱钢10万人左右的职工和家属队伍对莱芜市的餐饮、旅游、建筑、贸易等行业贡献巨大，是拉动莱芜内需的重要力量；莱钢的建设和发展推动的城市化进程，使得祖祖辈辈的农民在思想观念、生活方式、消费理念等方面发生着根本的改变，成为现代化的市民……

莱钢集团现任领导说，随着发展形势的变化，“十二五”期间莱钢的发展模式将有所调整。莱钢将通过转方式、调结构，走创新驱动、集约经营、内涵式发展之路，进一步提升工艺装备水平和产品质量档次，以此提高单位产品的售价和盈利水平。“十二五”期间，莱钢集团计划总投资 160 亿元以上，其中钢铁主业 100 亿元，非钢产业 60 亿元。“十二五”时期末，虽然莱钢本部钢铁产量不会有大的增长，但是销售收入和利润将会大幅度提高，税收也会有较大增长，对莱芜市 GDP 和财政收入的贡献率将进一步提高，对经济社会发展的辐射带动作用将进一步增强。

（四）各界对莱钢承担社会责任的评价

莱钢不仅因为抓住机遇，敢干、苦干实现快速发展令世人瞩目，也由于勇于担当的品质和自觉践行社会责任的行为获得了广泛的社会认可和高度评价。

1. 莱芜市民与各界领导对莱钢承担社会责任的评价

山东省政府 1998 年就将莱芜定位为“钢铁生产、深加工的现代化工业城市”。莱芜人民对莱钢充满感情。莱芜的干部群众有这样一句话：没有莱钢就没有莱芜市，也不会有莱芜今天的发展。

2005 年，在庆祝莱钢实现年产 1000 万吨钢大会上，时任莱芜市委书记李玉妹说：“莱钢年产突破 1000 万吨钢，成为全国最大的 H 型钢基地，赢得了行业优势地位。这是莱钢人抢抓机遇、科学决策、勇于超越、苦干实干的结果，也是企地共赢共享、共同奋斗的结果。莱钢年产突破 1000 万吨钢，这不仅是莱钢历史发展的里程碑，也是莱芜人民感到光荣、感到高兴、感到自豪的大事，它一定会更加有力地推动莱芜经济社会事业的更大发展。”①

---

① 《莱芜：莱钢举行实现 1000 万吨钢庆祝大会》，山东新闻网，http：//www2. sdnews. com. cn/news，最后访问日期：2013 年 7 月 22 日。

2010 年，时任莱芜市委书记于建成说："长期以来，莱钢在莱芜发展进程中起到了重大的带动支撑作用。可以说，没有莱钢的发展，就没有莱芜的发展。特别是在应对国际金融危机的过程中，我们切实感受到了莱钢对莱芜经济社会发展所作的巨大贡献。让人欣慰的是，面对严峻形势，莱钢抢抓危机倒逼结构调整的机遇，新上了一大批重点技改项目，为企业可持续发展增强了后劲、增创了优势，也为莱芜长远发展提供了坚实支撑。"①

2012 年，莱芜市委书记刘士合在莱芜市莱钢集团企地共建协同发展动员大会的讲话中指出，近年来，莱芜市有一半多工资发放来自莱钢纳税，几万个农村富余劳动力随着莱钢的发展实现了就地转移。当地人形象地说，莱芜人的工资里有着浓重的"钢铁味"，莱芜人发家致富靠的是"吃钢咽铁"。

在莱芜，莱钢不仅是物质财富的创造者、地方经济发展的引领者，更是精神文明的创造者和引领者。当地小商小贩以成为莱钢人而自豪，他们自己花钱买来莱钢的制服穿上。莱钢人在他们眼里就是遵纪守法、诚实守信的代表。

2008 年 4 月，到山东任职不久的省委书记姜异康在视察了莱钢主要生产线后对莱钢领导说："莱钢在快速发展的过程中，十分注重生态环境的保护，为钢铁企业作出了榜样。这次到莱钢的感受很深，莱钢从 20 世纪 70 年代创建发展到今天，能够取得这么大的发展，广大干部职工付出了心血和努力。其中有着很深的内涵，包括莱钢有一个好的领导班子，团结奋斗，严格管理，关心职工，关注发展，带出了一支过硬的职工队伍，形成了一套优良的工作作风，而且引进了一套非常先进的管理理念，实现了跨越式的发展。"②

2. 媒体对莱钢承担社会责任的评价

2000 年，莱钢炼钢厂提出创建学习型企业之后，经过短短 10 余年的实践，职工面貌、厂区面貌发生了很大变化。中央电视台《当代工人》栏目到炼钢厂录制节目，莱钢领导不参与，都是炼钢厂职工自己去做。他们的专题节目《熔炉》捧回了 A 等奖。中央电视台《半边天》栏目组在看到《当代工人》节目后，到炼钢厂采访"三个女政委"。他们说："炼钢厂的干部不愧是共产党的干部。"

---

① 李玉亮：《莱芜市领导班子与莱钢集团新任班子座谈交流》，人民网，http：//sd.people.com.cn/GB/173738/173772/11292274.html，最后访问日期：2013 年 7 月 22 日。

② 刘传佳：《解读科学发展密码——莱钢三十年发展纪实（下）》，《大众日报》2008 年 12 月 24 日。

2007年，中央电视台举办的“CCTV 2007劳动榜样大型推广活动”在莱钢进行拍摄。这次活动之所以选择在莱钢举行，正是看好了莱钢良好的环境氛围。莱钢是1000万吨级钢铁企业，获得了“国家技能人才培育突出贡献奖”，也是我国政府公布的第一批循环经济试点单位之一；由莱钢工人创造的“不断流快速更换定径水口技术”获得世界“居里夫人”金奖，并被评为山东省10大发明专利之一①。

《大众日报》曾撰文评价莱钢是“从大山中走出的钢铁巨人”。文章指出：2004年与1995年相比，莱钢产能提高了5倍，烟尘废气排放量由5900吨降低到2200吨。各类污染物排放总量下降50%。焦化厂“工业废水零排放”项目，获山东省科技进步一等奖。莱钢被山东省评为全省“清洁工厂”，被授予“资源节约先进单位”。增钢不增水、增钢不增人、增钢不增废、增钢不增费用，莱钢走出了一条有自己特色的发展之路，被国内冶金界誉为“莱钢速度”“为小康社会铸造钢铁脊梁”。莱钢正在发展中展现强者风范，正以钢铁般的意志和品质，正以中国钢铁人的雄心和魄力大步走向世界②。

2009年2月1日的《大众日报》头版头条发表文章，赞扬莱钢保障职工权益、自觉践行企业社会责任的传统。文章指出，在莱钢采访，深深感受到国企的责任意识。尤为可贵的是，在困难时期，莱钢利用长期积累的多种“互助基金”和社会保险等，为困难职工提供了生活保障。对致力于做大做强的企业来讲，这应是稳定队伍、吸引人才的长久之计。追求利益最大化是企业的本能，但利益有长远与短期之分，有远见的企业就应像莱钢那样，好日子大家分享，坏日子一起担当③。

对于莱钢节能减排、保护环境的做法，《现代物流报》评论说，莱钢地处鲁中山区丘陵地带，属于北方典型的季节性缺水地域。数年前曾有专家断言，由于受水资源制约，该地区仅可支撑200多万吨钢铁企业的规模，但“十五”时期以来，莱钢实现了由200万吨向1000万吨钢的跨越，而其耗水总量仅与1995年112万吨钢时的耗水总量持平，他们创造性地实施了“三干、多串、零排放”节

---

① 王少坤：《中央电视台“劳动榜样大型推广活动”在莱钢举行　绝技绝活绝招集中展示催生职工追“星”热》，中国机冶建材工会全国委员会网站，http：//jyjc. acftu. org/template/10001/file. jsp? aid =4433，最后访问日期：2013年7月22日。

② 徐泽荣、刘传佳：《莱钢：从大山中走出的钢铁巨人》，《大众日报》2006年7月25日。

③ 马景阳、齐淮东：《莱钢职工：寒冬里感受暖流》，《大众日报》2009年2月1日。

水模式，闯出了一条特大型钢铁企业的节水新路子①。

腾讯网对莱钢勇于承担社会责任的风格评论道，实践证明，莱钢是勇于承担社会责任的企业。莱钢的“共赢共享，直到永远”的核心价值观、“建设全员学习型、绿色生态型、持续发展型钢铁强企”的企业愿景和“打造钢铁精品，真诚回报社会”的企业使命，都体现了企业在持续发展的过程中，不是一味地追求自身利益最大化，还考虑了职工、社会、环境等各个方面的利益，努力追求企业、社会发展的和谐统一，体现了莱钢人勇于承担社会责任的精神②。

3. 莱钢职工的自豪感

40 多年前由不丹国王提出的国民幸福总值（Gross National Happiness）是一个被世界各国普遍接受的衡量幸福快乐的标准。世界各国对于幸福指数所包含的标准设定不尽相同，但是基本上都把物质生活的富裕和精神生活的愉悦充实作为基本的衡量内容。

莱钢在发展的过程中，始终坚持和维护工人主人翁地位，遵循“与职工共创辉煌”的企业道德理念，与职工共享改革发展成果。莱钢从解决职工最关心、最直接、最现实的利益问题出发，使职工成为物质精神都富有的人，使职工由衷地感受到工作的美丽和生活的幸福。根据山东省社情民意调查中心的报告，在山东省 17 个地市、4 个大企业中，莱钢集团职工群众幸福指数位列榜首③。

职工的幸福感激发着自豪感。莱钢职工把莱钢当成自己的家，并以在这个家、为这个家作贡献为自豪。

“全国技术能手”“全国杰出青年岗位能手”“全国五一劳动奖章”“山东省优秀共产党员”等多项荣誉获得者、莱钢炼钢厂 2 号转炉总炉长左炳伟说：“是莱钢给了我创造价值的舞台，是这片热土给予我营养，为一名钢铁工人插上了知识的翅膀……我们愿用全部的智慧和汗水把自己的家建设得更加美好！”④

---

① 《莱钢：吨钢耗新水连续三年居国内领先水平》，新浪网，http：//news. sina. com. cn/c/2006 -01 -17/16508008837s. shtml，最后访问日期：2013 年 7 月 22 日。

② 《使企业社会责任落到实处——反思三鹿奶粉事件》，腾讯网，http：//news. qq. com/a/20081030/002087. htm，最后访问日期：2013 年 7 月 22 日。

③ 《没有金牌的第一——群众文化看莱钢（一）》，莱钢集团网站，http：//www. laigang. com/lgnews/view. asp？ id =3459，最后访问日期：2013 年 7 月 22 日。

④ 《三代人 40 年创业接力铸就钢铁强企　莱钢职工载歌载舞庆“生日”》，中工网，http：//news. workercn. cn/contentfile/2010/04/16/104907680509038. html，最后访问日期：2013 年 7 月 22 日。

课题组访谈归来后，与莱钢“黑蚂蚁”团队座谈的情形仍清晰在目。山东省首席技师、“金蚂蚁”国峰和他的徒弟一起为我们高唱队歌①的情形仍然令人动容。国峰说，他们这个团队之所以取名为“黑蚂蚁”，是因为黑蚂蚁代表着团结、勤劳和团队的精神。当时面对莱钢最大的转炉，谁都没有经验。他们只能把问题当成硬骨头，一点点去啃。“黑蚂蚁”团队的总炉长、“蚂蚁王”是一位陕西人。他说，莱钢很重视技术人员，莱钢为职工提供了职业生涯设计，给他们进步的空间，在莱钢这个温暖的集体中有使不完的劲。

在访谈中，炼铁厂电修车间党支部一位姓赵的书记，自 6 岁跟随父母来到莱钢，至今已在莱钢度过了 42 个春秋。现在，她的孩子也在莱钢。三代人同在莱钢的赵书记说：“莱钢是我们赖以生存的家园。刚来的时候，租住在周围的百姓家里。现在我们姐妹三人都在莱钢，都住着 120 平方米以上的大房子。当莱钢有困难时，我们莱钢职工提出‘莱钢有困难，我们来承担’‘为莱钢生存而战’。这是他们由衷的情感。”

股份炼铁的工会主席说：“莱钢注重人文关怀，特别有人情味。传统的生产工艺决定了股份炼铁的环境较差。近 10 年来，莱钢努力改善环境，发生了很大变化。为了让退休的老工人体会到这一点，每年都会邀请他们到新厂区参观。看到整洁的工厂，他们都觉得是不可思议的事情。我们也希望，人们能对莱钢、对国企给予更多的关注和支持。”

在“莱芜在线”网站上，一名职工发自肺腑地说：“我是一名普通的莱钢职工，也没有什么文凭，但是我热爱我的岗位，我的职业，我为我是一名莱钢职工而感到自豪，过去莱钢很辉煌，可是现在莱钢很困难，其实每个莱钢职工都很担心，如果莱钢效益不好了我们该怎么办，毕竟莱钢是我们赖以生存的地方，我们需要莱钢，莱钢也需要我们，作为一名职工我敢保证，我能做好自己的本职工作，为莱钢扭亏为盈作出贡献。”②

（五）践行社会责任的经验与启示

莱钢作为国有企业的典型代表，自觉地践行着社会责任，体现了中国国有企

① 黑蚂蚁团队的队歌是：“小小黑蚂蚁，力量真神奇，敢啃硬骨头，能把泰山移。”

② 《一个普通莱钢人的心声》，都市网，http：//bbs.0634.com/thread－344699－1－1.html，最后访问日期：2013 年 7 月 22 日。

业的大胸怀、大气魄和大担当，体现了社会主义国有企业的独特气质。莱钢43年的实践，为企业自觉践行社会责任作出了榜样、积累了经验，也给人们以深刻的启发。莱钢践行社会责任的主要经验如下。

1. 把社会责任内化为企业文化

企业文化能够使企业利益相关者形成共同的价值取向、行为规范和精神信念，从而形成促进企业发展的凝聚力，并最终转化为企业竞争力，把企业社会责任作为价值理念融入企业文化建设之中，使勇于承担社会责任成为企业的自觉行为。

独特的地理位置较早地唤醒了莱钢的节能减排意识；突发的炼钢厂“3·10”爆炸事故，促使莱钢下大力气加强安全管理；公有制的企业性质，决定了莱钢以人为本的管理理念，始终维护职工主人翁地位，积极参与社会公益事业；企地互相支撑、共创和谐的传统，决定了莱钢与莱芜协同发展的企地关系。

在企业发展的过程中，莱钢已经把履行社会责任内化为企业文化建设的重要内容。“人尽其才，才尽其用”的人力资源管理理念、“珍爱生命、本质安全”的企业安全管理理念和“工作着是美丽的”这一企业口号，充分展现了对职工主人翁地位和权益的保障；“共赢共享，直到永远”的企业核心价值理念，涵盖了包括客户和消费者、股东和债权人、供应商、职工等利益相关者的利益；建设“全员学习型、绿色生态型、持续发展型”钢铁强企的企业愿景、“打造钢铁精品、真诚回报社会”的企业使命、“为小康社会铸造钢铁脊梁”的企业宗旨、“精品立世、追求卓越”的质量理念和“环境是资源、环境是生产力”的企业口号，则将企业发展与环境保护、地方经济发展、钢铁行业长期发展和国家根本利益结合了起来。

2. 把社会责任纳入企业发展战略

一个优秀的企业，会把自觉践行社会责任作为制定企业发展战略的重要因素，渗透到企业生产经营的过程之中。把企业社会责任渗透到企业发展战略之中，才能摆脱“客观为他，主观为己”的狭隘的企业社会责任观，才能使企业社会责任建设更持久、更坚实。对此，莱钢的决策层认识较早，行动也较早。

在“十五”时期开局时，莱钢董事长就提出：“莱钢坚决不占用老百姓的一亩好地。”莱钢的“十五”技改项目选址在荒凉的银山，引来国内外同行的赞誉。莱钢的决策层始终坚信：“加快莱钢发展，带动地方经济，回报莱芜父老乡亲，是莱钢人始终不渝的信念和追求。”① 他们认为，钢铁企业必须在经济效益、社会效益和环境效益三者之间寻求最佳结合点，真正把社会效益、环境效益放在经济效益之上。莱钢的决策层是这样说的，莱钢的发展战略规划也充分体现了这一点。莱钢确实把重视社会效益、环境效益看成关系企业长远发展的大计。领导人亲自带队搞绿化、搞环保的事迹在莱钢传为美谈。

“勇于承担社会责任，经得起历史、群众和社会的检验”，已经成为莱钢历届领导班子的共识。莱钢领导层甚至把社会责任看成判断一个企业发展价值的试金石。他们说：“作为企业领导者，既要关注企业现实的发展成就，更要为子孙后代留下永续发展的空间；既要关注本企业与职工的同步发展，更要关注经济社会、生态环境的和谐共生。莱钢要为国家多贡献‘金山银山’，更要为老区人民留下绿水青山。只有这样，才能经得起历史的检验，经得起群众的检验，经得起社会的检验。”②

莱钢现任主要领导人把职工看成企业之本，把顾客看成企业生存的关键，把贡献莱芜看成义不容辞的责任，要求企业把职工真正当成“主人”，要求莱钢综合考虑和顾客、供应商、政府和社会的关系。在莱钢的“十二五”发展战略中，“支撑山钢发展”是一项非常重要的内容，体现了莱钢作为山钢的骨干公司对山钢发展战略的有力支撑和对山东省钢铁产业做大做强战略的支持。

多年来，莱钢坚持把自觉履行社会责任纳入企业发展战略，作为企业发展的战略目标之一。在莱钢的发展战略中，把节约资源、清洁生产、富裕职工、造福社会作为企业又好又快发展的重要体现；把追求生产要素与社会要素和谐平衡、同自然环境相协调，看成实现企业又好又快发展的客观要求；把富裕职工、造福社会，看成企业的应有责任。莱钢为莱芜地方经济社会发展，为山东钢铁工业发展，为国家、为社会作出了巨大贡献。

3. 依靠企地双方协同发展，创建和谐企地关系

莱钢与莱芜的企地关系经历了奠基创业阶段（1970～1972年）的“你就是

---

① 康与民、韩冰：《源头活水——莱钢集团拉动莱芜发展纪实》，新华网，http：//www.sd.xinhuanet.com/news/2003-08/22/content_851380.htm，最后访问日期：2013年7月22日。

② 《38年，莱钢复制了28个自己》，《经济导报》2008年11月3日。

我，我就是你”、体制转型阶段（1983 ~1990 年）的“你为了我，我为了你”、利用外资改扩建阶段（1991 ~1999 年）的“你扶我，我扶你”、跨越式发展阶段（2000 ~2005 年）的“不分你我”和做强莱钢阶段（2006 ~2010 年）的“你中有我，我中有你”5 个阶段。其间，因钢设市和因钢兴市，在莱芜成为现实；莱钢的发展也凝聚着一代代莱芜人民的无私奉献和默默付出。莱钢与莱芜共同书写了企地协同发展的历史。

目前，由于受国际大环境和钢铁行业整体低迷等因素影响，莱钢的经营和发展也受到了严重的冲击和影响。莱钢认识到，目前企业发展仍然处于新的创业阶段和发展的爬坡阶段，生产经营和建设任务依然很重，困难依然很多，压力也很大。

当前，莱芜市提出了实现新跨越、大发展的战略目标。今后 5 年莱芜市 GDP 确保实现 1200 亿元、力争达到 1500 亿元，规模以上工业主营业务收入确保实现 3500 亿元、力争达到 4000 亿元，地方财政收入确保实现 80 亿元、力争突破 100 亿元。莱芜市对莱钢寄予了很大期望。

“十二五”期间，莱钢集团有望提前和超额完成 1000 亿元的目标，这意味着在实现莱芜市工业产值 4000 亿元的目标中，莱钢的支撑和贡献至少要超过 1/4。如果加上莱钢带动的相关加工配套产业，对莱芜市今后发展的贡献将更大、地位将更加突出、支撑带动能力将更强。

莱钢与莱芜市双方签订了《莱芜市人民政府、莱钢集团有限公司关于企地共建协同发展的战略合作协议》，把企地合作作为双方的战略任务。同时，莱芜市加大了对莱钢的支持力度。莱芜市委书记刘士合提出了“莱钢兴则莱芜兴，莱钢强则莱芜强，莱钢快则莱芜快，莱钢好则莱芜好”的企地合作的指导思想，把莱芜、莱钢难舍难分、共生共荣的企地关系提到了新的高度。

目前，莱芜和莱钢成立了由莱芜市委书记和莱钢集团董事长任组长、由莱芜市市长和莱钢集团党委书记任副组长的“企地共建，协同发展”领导小组，要求各级各有关部门单位主要负责人作为第一责任人，把服务莱钢作为最重要的工作。莱钢和莱芜互相支撑、协同发展的传统将会继续书写企地和谐发展的崭新篇章。

4. 企业社会责任是体现企业市场竞争力的一个重要因素

体现企业市场竞争力的一个重要因素，就是自觉践行社会责任。企业以追求盈利为目标，但企业不是脱离于自然、社会和公众生活之外的组织。企业追求盈利的方式及其发展模式越来越受到人们的关注。企业践行社会责任的程度、好坏，越来越成为衡量一个企业是否优秀的重要因素。自觉践行社会责任成为影响和体现企业市场竞争力的一个非常重要的因素。

首先，企业自觉践行社会责任，就是在向国家、社会和公众证明自己的盈利能力或者发展能力。企业作为市场经济的微观主体，只有自身盈利了、发展了，才有能力担负起社会责任。所以，一个能够履行社会责任的企业，本身就是具有盈利能力和发展潜力的企业。企业活跃在社会责任的舞台上，本身就证明了自身的发展能力。这就为企业赢得国家、社会和公众信任奠定了基础，为企业的进一步发展创造了良好的外部环境。

其次，企业社会责任能够转化为促进企业发展的动力。企业长期地自觉践行社会责任，就会使企业社会责任意识融入企业的核心价值观。企业关爱职工，职工就能够感受到工作的乐趣、价值和意义，从而全身心地投入企业发展；企业真诚回报股东，股东就会关注企业发展；企业妥善处理与所在地方关系，地方就会竭诚为企业发展提供有力支撑；企业诚信纳税、爱护环境、热心公益，就能在公众心目中树立良好形象，无形中获得社会责任投资回报。

最后，践行社会责任为企业树立形象、扩大影响和获得市场认可提供机会。随着人们对劳工、环境、公众利益的关注，企业社会责任越来越被纳入企业市场竞争的范畴。越来越多的大型跨国公司对其全球供应商进行社会责任评估和审核，“社会责任”越来越多地出现在其订单的附加条件中。目前，我国已有几千家企业接受跨国公司的社会责任调查。企业社会责任观已成为提升企业信誉和公众形象的重要因素。基于这样的形势，企业要获得长远的发展，企业管理也必须从质量管理、环境管理扩展到社会责任管理。将社会责任与企业可持续发展结合起来，企业才能获得良好的责任能力和公益价值评价，企业自身才能在不断创造经济效益的同时推动国家进步和社会繁荣。

莱钢的成功充分证明了这一点。莱钢在发展过程中不断调整产业结构、提升产品工艺，使钢铁生产由高污染、高消耗的产业转变成资源能源低消耗高利用的生态环保产业，既为企业降低了成本、提高了效益，又从根本上缓解了长期以来环境与发展之间的矛盾，实现了企业经济效益、社会效益和环境效益的良好结合，实现了企业与自然、与社会的和谐发展。

5. 国有企业是自觉践行社会责任的引领者

从莱钢自觉践行社会责任的实践，可以看到以其为代表的国有企业的社会责任和担当。国有企业能够成为自觉践行社会责任的引领者。

国有企业是国民经济的重要支柱，是我国公有制经济的骨干和中坚力量，是全面建设小康社会、构建社会主义和谐社会的重要力量。国有企业责无旁贷地成为践行社会责任的先行者和引领者，是由国有企业的性质、地位和作用所决定的。

国有企业大多处于关系国计民生的重要行业和关键领域。特别是，随着社会主义市场经济的不断发展，我国已经形成了一批具有较强经济实力和国际竞争力的大型国有企业集团，对行业发展起到重要的引领作用。这些企业在支撑、引导和带动经济社会发展的过程中发挥着不可替代的重要作用。转变经济增长方式，走新型工业化道路，客观上要求国有企业积极建设资源节约型、环境友好型企业，自觉履行社会责任，并通过自身的模范带头作用，更好地发挥公有制经济的影响力和带动力，促进企业与自然、社会的全面协调可持续发展。

当前，我国国有企业具备担负起践行社会责任的基础和条件：一是公有制的企业性质决定了国有企业内部职工之间平等的生产关系，这就为营造和谐的劳动关系奠定了基础；二是国有企业作为共和国的“长子”，在长期的建设、改革和发展过程中，确实积累了深厚的为地方、国家、社会积极作贡献的传统；三是经过改革和激烈的市场竞争，特别是国际市场的竞争，现存的国有企业大多具有良好的经济效益和国际视野，为履行社会责任奠定了良好的经济基础。

事实上，在自觉践行企业社会责任方面，国有企业也确实发挥了带头作用。发布企业社会责任报告是企业自觉践行社会责任、接受社会监督的基础。中国社会科学院企业社会责任研究中心的调查发现，在国有、民营、外资三类企业中，国有企业发布社会责任报告所占的比重最大，占64.5%；民营企业次之，占27.9%；而外资企业发布社会责任报告的最少，仅占7.6%①。该研究中心还根据经典社会责任理论和国际典型评价方法，从责任管理、市场责任、社会责任、环境责任4个方面分别对中国企业100强、国有企业100强、民营企业100强、

---

① 钟宏武、张蒽、翟利峰主编《中国企业社会责任报告（2011）》，经济管理出版社，2011，第157页。

外资企业100强的社会责任发展水平进行了评价。其中，在中国企业100强中，企业社会责任卓越者1家，为国有企业（中央企业）；在23家领先者中，有21家国有企业（中央企业），2家民营企业；追赶者和起步者分别为36家和35家。调查显示，在国有企业100强、民营企业100强、外资企业100强的对比研究中，国有企业卓越者和领先者的数量（22家）远远超过民营企业（卓越者为0，领先者2家）和外资企业（卓越者和领先者均为0），而国有企业旁观者数量（47家）则远远少于民营企业（80家）和外资企业（78家）①。

国有企业能够并且一直在带头贯彻落实国家的宏观调控政策；秉持诚信经营原则，自觉维护市场经济秩序；尊重工人主人翁地位，维护职工权益；不断致力于生态环境保护和社会公益事业；大力开展节能减排和发展循环经济，积极参与到建设资源节约型、环境友好型企业的进程中来。随着国有企业经济实力和竞争能力的增强，会有越来越多的国有企业把自觉践行社会责任融入企业发展战略，为推动和谐社会建设作出更大的贡献。

---

① 陈佳贵等主编《中国企业社会责任研究报告（2011）》，社会科学文献出版社，2011。

九　以人为本、共赢共享的和谐莱钢

改革开放以来，莱钢通过不断进行体制改革，实行现代企业制度，坚持科技创新，坚持发展循环经济，实现企业可持续发展，在竞争中焕发了生机，提高了活力，生产力实现了跨越式发展，企业不断做大做强，创造的物质财富和社会价值越来越多，“蛋糕”越做越大，成为享誉国内外的一流强企。作为中国国有企业的优秀代表，莱钢在把蛋糕做大的同时，也做好了分蛋糕的工作，实现了公平与效率的历史性统一。

（一）共赢、共享的和谐莱钢

在国有企业改革过程中，分配制度改革一直是焦点问题。党的十八大明确提出：“实现发展成果由人民共享，必须深化收入分配制度改革。”① 因此，搞好国有企业的分配制度改革，不仅是调动企业职工积极性、促进企业经济效益提高的重要手段，也是深化企业改革、建立现代企业制度的内在要求。在社会主义市场经济条件下，国有企业的利益分配遇到了一些新问题。比如，分配方式怎样既符合市场经济的要求又保持公有制性质的要求，实现市场型按劳分配；怎样实现按劳分配与按生产要素分配的结合；怎样实现国家及其他资产所有者、企业与职工个人利益的合理分配；怎样对各类企业职工实行按劳分配。

莱钢的决策者认识到，企业发展一定要坚持双赢理念，处理好企业相关各方的利益关系。在全面建设小康社会的历史进程中，莱钢作为一个特大型国有企业，必须首先正确处理国家、企业以及利益相关者的关系，实现企业发展和社会发展同步，才能在强手如林的竞争大潮中勇立潮头，奔向做大做强的成功彼岸，

① 胡锦涛：《坚定不移沿着中国特色社会主义道路前进　为全面建成小康社会而奋斗——在中国共产党第十八次全国代表大会上的报告》，人民出版社，2012，第36页。

打造长盛不衰的百年强企。这就要求企业对内形成有利于企业与职工共同发展的良好环境，对外树立大家风范的企业品格，维护相关方的利益，不断增强相关方对莱钢的信任度和忠诚度，充分体现“为小康社会铸造钢铁脊梁”的企业宗旨。

1. 坚持社会主义分配制度是实现和谐莱钢的前提

莱钢人对国有企业发展中如何实现企业内部、外部的和谐稳定有着清醒的认识。当今世界正处在大发展、大变革、大调整时期，全球思想文化交流、交融、交锋呈现新特点，不稳定、不确定因素逐渐增多。尤其是随着通信、交通等条件的日益改善，网络问题社会化、社会问题网络化的趋势日益明显，使得人们受外界影响越来越大，思想活跃度越来越高。伴随着竞争的日趋激烈，社会矛盾新老掺杂、关联渗透，导致部分人工作生活压力加大，心理负担加重。许多民营企业，在国际金融危机爆发以来表现出较强的竞争力和抗风险能力，对莱钢这样的国有企业也是极大的挑战。莱钢人认识到，作为社会主义国有企业，在企业发展中必须坚持社会主义基本经济制度及由此决定的基本分配制度。

莱钢在43年的发展中，充分认识到企业要正常发展，必须发挥公有制的优势，按照社会主义本质的要求发展生产力，才能实现做大做强的目标。目前，在金融危机以及国外跨国公司力图控制我国的重要产业的情况下，企业只有更加强大才能与之抗衡。因此，对莱钢来说，必须提高企业技术装备水平，发挥规模经济效应。只有这样，才能维护市场经济秩序，促进社会和谐。莱钢的实践证明，强大的国有企业是我国发挥政治优势的主要物质基础。正如江泽民同志指出：“没有国有经济为核心的公有制经济，就没有社会主义的经济基础，也就没有我们共产党执政以及整个社会主义上层建筑的经济基础和强大物质手段。”①

莱钢人认为，要实现共赢共享，就要处理好企业发展过程中利益相关者的利益分配，就要处理好“做大蛋糕”和“分好蛋糕”的关系。在社会主义制度下，应当也能够把“做大蛋糕”与“分好蛋糕”统一起来，在“做大蛋糕”的同时“分好蛋糕”，在“分好蛋糕”的同时“促进蛋糕做得更大更好”。当前我国收入分配失衡主要体现在初次分配环节，不合理的收入差距的形成和持续扩大，也主要来源于初次分配领域。只有抓住了初次分配的牛鼻子，解决了初次分配问题，二次分配等方面的改革才会有良好基础。

---

① 《江泽民文选》第3卷，人民出版社，2006，第71页。

莱钢无论是在企业改制之前还是之后，始终都把职工的利益放在第一位，坚持按劳分配的原则。所有制决定分配制度。莱钢人在企业改革与发展的过程中，在公有制为主体、多种经济成分共同发展的基本经济制度上，努力探索既符合市场经济要求又体现所有制性质的国有企业分配体制。在实践中，莱钢坚持按劳分配为主体，多种分配方式共存，实现按劳分配与按生产要素分配相结合，统筹各方利益关系，实现共赢；在内部分配上，实现效率与公平相统一，保持合理差距，实现了劳动报酬增长和劳动生产率提高同步。尤其是在党的十五大之后，我国对分配制度进行了重大调整，莱钢集团的决策者要求全体职工学习国家的政策，根据公司的实际情况作出符合公司实际的分配标准，而且要求新的决策必须得到公司职工的支持。莱钢认为，按劳分配和按生产要素分配，尽管分配的依据不同，但是在坚持社会主义公有制经济的基本分配原则下，可以实现两种分配原则的结合。

2. 正确处理国家与企业之间的利益分配关系

国民收入的初次分配，无论是在国有经济还是在集体经济中，都要涉及国家、企业和个人三者的利益。三者各自在国民收入初次分配中所占的份额，体现了三者的利益关系。应该说，三者的根本利益是一致的，但又存在根本利益一致前提下的不同利益差别。正确认识和处理收入分配中这三者之间的物质利益关系，是我国社会主义现代化建设中长期存在的一个重大问题，它直接关系到我国能否成功地建立和完善社会主义市场经济体制，关系到我国能否保持经济的持续、快速、健康发展和社会稳定。

因此，国家与国有企业的利润分配关系，作为经济体制的一个重要组成部分，其合理与否直接影响到企业的活力乃至整个经济和运行机制的效率。只有建立起规范稳定的国家与国有企业的利润分配制度，才能适应社会主义市场经济的要求，才能为建立现代企业制度创造条件。

对于莱钢这样的国有企业来说，国家以所有者身份，取得企业国有资本收益。国家作为国企股东，在企业建立和发展过程中作为出资人，有权参与其利润分红。在社会主义市场经济条件下，国家对国有企业具有社会管理者、资产所有者的双重身份和与其相适应的双重职能，是国有企业实行税利分流、重建国有资本财政收入制度最基本的理论依据。马克思说：“在我们面前有两种权力：一种是财产权力，也就是所有者的权力，另一种是政治权力，即国家的权力。”① 根据政治权力，国家对企业征税，根据所有者权力，国家从企业取得税后的部分利润，较好地体现了政企分开的原则，有助于现代企业制度的建立与完善。莱钢根据国家对国有企业的管理规定，在各个时期做到严格按照国家制定的标准执行，在43年的发展中，为国家的发展作出了巨大的贡献。莱钢坚持把国家资产经营好，确保国家这个最大股东的收益。

莱钢作为山东省属国有企业，严格按照《山东省企业国有资产监督管理条例》的规定执行国家与企业的利益分配。2011年，山东省通过了《山东省企业国有资产监督管理条例》。该条例明确规定企业国有资本收益，是指国家以所有者身份依法取得的国有资本投资收益。具体包括：其一，利润收入，即国有独资企业按规定计算上缴的利润。省属国有独资企业按10%的比例上缴；其二，股利、股息收入，即国有控股、参股企业国有股权（股份）获得的股利、股息收入；其三，产权转让收入，即国有独资企业产权转让收入和国有控股、参股企业国有股权（股份）转让收入；其四，清算收入，即扣除清算费用后国有独资企业清算收入以及国有控股、参股企业国有股权（股份）分享的清算收入；其五，其他国有资本经营收入。也就是说，省属国有企业国有资本收益，全部由山东省财政统管。应上缴利润基数为企业按合并口径预计全年实现归属于母公司所有者的净利润，扣除当年按规定提取10%法定公积金后的余额。

莱钢在初次分配中，处理好国家所有资本和其他所有者资本在分配上的利益关系，实现了利益相关者的共赢共享。过去企业缺乏发展的内动力，根本原因是激励机制没有建立起来，盈亏都是国家的事，与企业和职工的利益不挂钩。针对过去的弊端和发展的需要，莱钢提出并确立了“占用要有偿，投资要回报，经营要盈利，流失要追究”的经营管理理念，并且抓住一切机会，利用各种形式，教育和引导各级干部和职工在思想上牢固树立这一理念，用以指导莱钢的每一项工作。在统一认识的基础上，莱钢逐步建立起国有和其他股东资产保值增值的保障体系。

首先是建立了资产经营责任制。集团公司董事长与各个公司的法人代表，签订了《资产经营责任书》，把子公司经营管理者的奖惩、收入与资产经营状况挂钩。其次，将改制时剥离的土地、非经营性资产和闲置资产，委

① 《马克思恩格斯全集》第4卷，人民出版社，1958，第330页。

托相关的子公司经营管理或对外租赁，并签订《资产托管合同》和《资产租赁合同》，明确了双方的权利、责任和义务。更为重要的是，集团公司坚持对各个子公司实施有效的监管。母子公司体制形成后，子公司也具有了法人地位，自主权进一步扩大。加大对子公司的监控考核，是保证资产保值增值的关键性环节，也是集团公司的重要职能。为了把保值增值的目标落到实处，集团公司选拔了具有丰富管理经验的财务、审计专业的中层干部，经过严格的培训和考试，推荐给各个子公司，担任监事会主席，代表集团公司行使监管权。他们认真履行职责，不干预子公司的日常经营活动，但对经营情况十分了解，有效地堵塞了管理漏洞，避免了资产的流失。

“十五”时期以来，莱钢在跨越发展中利税大幅增加，为国家发展作出巨大的贡献。1970～1985年，全厂累计工业总产值达到20.27亿元，缴纳税金达9729万元，共计生产生铁417万吨，钢83万吨，钢材54万吨。1985～2000年，利税由4165万元增加到2.11亿元。党的十六大召开以后，莱钢抓住钢铁工业快速发展的历史性机遇，制定实施了《莱钢走新型工业化道路实施纲要》，及时调整“十五”发展规划，通过配套改造、新项目建设、资本运营等手段，实施“三步走”计划，经过一系列卓有成效的调整、配套、发展，到2005年，产钢1034万吨，列全国10大钢铁企业第六位，实现利润16亿元。2006年，生产钢1080万吨，生铁1000万吨，坯材1075万吨；实现销售收入430亿元，利税41亿元，利润21亿元，均创历史最高水平。2007年实现利润57.9亿元，2008年受金融危机的冲击，实现利润12.8亿元。“十一五”期间，莱钢在战略规划指导下，实现了新的发展。集团钢、铁、材分别由2005年的1034万吨、765万吨、1049万吨，增长到2010年的1250万吨、1348万吨、1249万吨；销售收入、利税、利润分别由2005年的394亿元、32亿元、16亿元，增长到2010年的668亿元、56亿元、30亿元①。在43年的发展中，莱钢已经在原来的基础上创造出了很多个“莱钢”。至2007年底，莱钢拥有总资产620亿元，净资产与1970年建厂初期相比，是国家投资总额的28倍多。相当于38年来，莱钢为国家新建了28个同等规模的钢铁企业②。

① 《扎实推进十二五战略规划　努力实现做强莱钢的历史性跨越——在莱钢“十二五”战略规划推进暨管理创新大会上的讲话》，2011年10月25日。

② 《38年，莱钢复制了28个自己》，《经济导报》2008年11月3日。

3. 合理回报股东，保障投资者权益

资本作为生产要素虽然不创造价值，却是人们在创造财富的过程中所不可缺少的必要要素，对生产的开展、财富的创造也是有贡献的。由于资本作为生产要素属于不同的所有者，又由于某些生产要素的稀缺性，从而决定了资本应该而且必须按贡献参与分配。莱钢抓住机遇，进行股份制改革，解决了企业发展面临的资金难题，同时又努力做好股东的利益分配，实现了企业外部的和谐。

早在1992年，经山东省体改委以鲁体改生字〔1992〕第145号文批准，分别由莱钢总厂锻压厂和莱钢总厂特钢厂冷带车间，改组设立股份有限公司进行试点。两个公司在发展中依照国家法规进行利润分配，坚持了公开、公平、公正和同股同权、同股同利的原则。例如，锻压公司在分配制度上，本着统筹兼顾的原则提取“两金”（即公积金、公益金）；遵循“三公”“两同”的原则，处理股东的利益关系；坚持按劳付酬的原则调节内部分配。公司经理根据股东大会批准的工资总额，制订内部个体分配方案，结合经济责任制考核进行分配，拉开了分配差距，缩短了考核奖励周期，初步形成了内部激励机制。

1996年11月30日，两个公司圆满完成内部试点的历史使命，恢复莱钢锻压厂和莱钢特钢厂冷带车间体制，与莱钢股份有限公司顺利接轨。两个公司股份制的试点，为莱钢实行股份制积累了宝贵的经验，在国内钢铁行业经营业绩普遍不景气的情况下，莱钢的利润率表现出较好的状态。1994 ~1996年，每股收益在同行业中居较高水平，平均每股利润为0.481元，1996年净资产收益率为36.03%。试点期间是莱钢建厂以来发展最快、变化最大的时期，取得了丰硕的成果。1996年，莱钢实现销售收入29.7亿元，实现利税2.75亿元，利润1.03亿元，在全国大中型冶金企业中排名第15位①。

1997年莱芜钢铁股份有限公司创立，标志着莱钢适应社会主义市场经济的发展要求，初步建立起现代企业制度的新框架。企业由单纯的生产经营型向资本经营型转化，以产品优势、规模经济效益、证券市场效益以及通过资本运营获得企业利润的最大化回报股东、回报社会。

莱钢自上市以来，在做大做强主业、规范发展的同时，不断增强尊重、服务与回报股东的意识，切实保障股东的权益，让股东分享公司持续发展的成果。

① 《钢铁企业的精神》（电子版），第39页。

2004年，莱钢出台了《股东权益管理制度》，对作为主要出资人的子公司的股东权益进行规范，加大投资回报收缴力度，要求所有盈利的子公司都向集团公司分红；同时，集团公司也通过各种途径支持子公司的发展，母子公司实现“双赢”。在莱钢各个子公司，“投资讲回报，资产占用要有偿，资产流失要追究”的理念已深入人心。

在企业实现持续快速发展的同时，莱钢始终注重以优良业绩为基础，兼顾股东的现实利益和长远利益，不断回报股东，努力实现股东利益最大化。10派5元（含税）的2003年度分红方案，在钢铁行业上市公司中现金分红比例位居第一；10派4元（含税）的2004年度现金分红比例，位居钢铁行业上市公司第三；10派3.97元（含税）的2006年度现金分红比例，位居钢铁行业上市公司前茅；10派6.12元（含税）的2007年度现金分红比例，位居钢铁行业上市公司第一。莱钢2007年1月18日实施流通股，股东每10股获送1股股票及10.84元现金对价支付，并承诺连续5年派发股息不少于公司该年度可分配利润55%的股改方案，属当时送现最多、承诺时间最长的公司之一。莱钢坚持把国家资产经营好，确保国家这个最大股东的收益。经山东省国资委考核，2007度莱钢国有资产保值增值率达121%。自1997年上市以来，除上市当年实施10送3转增2的分配方案和1999年、2005年未分配外，其余年度分配方案全部为现金分红。截至2009年度，莱钢已累计实施现金分红26.07亿元（含税）。

同时，莱钢加强与投资者的联系，做好服务与沟通工作。确定了“尊重股东，热情服务，积极答复”的服务和沟通原则；坚持有问必答，来函必复，保证投资者与公司联络的信息渠道始终保持畅通；坚持高管人员走访机构投资者制度，加强与各类媒体的沟通合作，搭建投资者见面会、业绩推介会等沟通平台；积极拓展与投资者沟通的广度与深度，进一步提高投资者对公司的认同度，共同建立起长期、稳固、和谐的“共赢共享”利益格局。

在股市上，莱钢被誉为“一个不圈钱的上市公司”。莱钢股份在证券市场上树立了钢铁板块绩优股的形象，连续6年进入上海证券交易所和人民日报社华东分社联合评选的“沪市上市公司50强”行列。2009年，莱钢股份荣获“十佳最重回报奖”和“2009年度上市公司收入百强金牛奖”称号；2010年，莱钢股份公司荣获“2010中国上市公司最具竞争力100强”称号。

莱钢在发展中，严格按照国家关于国有企业利益分配的政策，正确处理国家、企业和利益相关者的分配关系，在初次分配上实现“共赢、共享”，实现了企业外部关系的和谐，社会主义和谐社会在莱钢得到了体现。

（二）以人为本的和谐莱钢

莱钢认识到企业在做大的过程中，必须处理好与职工的利益分配关系，使全体劳动者共享企业发展的物质成果。同时，使职工能够共享公有制基础上赋予职工的民主权利，共享企业创造的优良工作条件与生活环境，共享企业创造的精神文化成果。这样才能体现全体劳动者作为企业主人的地位，才能真正促进和谐企业实现，才能真正促进人的全面发展目标的实现。莱钢在43年的发展中，依靠一支与企业同甘苦共命运、勇于拼搏、甘于奉献的高素质职工队伍，做到了始终坚持全心全意依靠职工办企业，切实尊重职工的主体地位，发扬职工的首创精神；始终坚持按劳分配原则不动摇，发展的一切为了职工，切实保障广大职工合法权益，促进职工全面发展。在企业发展中职工的幸福感得到提高，对企业的认同感增强，企业凝聚力得以提升，企业内部和谐得以实现。

1. 职工的物质利益得到实现

作为社会主义国有企业，莱钢始终把职工的利益放在第一位，妥善处理好公司利益和个人利益之间的关系。职工是企业物质财富和精神财富的创造者，是企业发展的基石。莱钢人认识到，企业要和谐发展，必须统筹好企业与职工的关系，把企业发展与人的全面发展统一起来，从职工群众的根本利益出发谋发展，促发展。在发展生产的同时，必须不断满足职工群众日益增长的物质文化需要，切实保障职工群众的政治、经济和文化权益，使职工共享企业改革发展的成果。这也是进一步发扬党的优良传统和作风、落实全心全意依靠职工办企业方针的具体体现。莱钢始终坚持对职工负责，在初次分配中坚持按劳分配的原则，在分配方案上向一线职工倾斜。保障职工的物质利益，做到企业与职工共享发展成果。

第一，坚持社会主义分配制度不动摇。莱钢认为，作为国有企业，必须坚持社会主义分配制度。在初次分配中，坚持按劳分配和按生产要素分配相结合的原则。效率优先就是要体现按劳分配，同时体现生产要素按贡献参与分配。在分配中要使劳动付出的多少、资本配置效率的高低、技术的先进程度、管理的优劣，根据市场经济规则，按照对价值形成的贡献大小，获得相应的收益分配。

比如，对于职工，莱钢按照工种、个人能力和水平等来确定工资的等级；对于技术要素参与分配，莱钢实行了技术专家、专业技术带头人、优秀技能人才的评聘选拔制度，并发放特殊津贴。对于资本，在实行股份制改革以后，坚持资本参与分红。

又如，轧钢厂初轧车间“三板斧”改革在莱钢引起了积极反响。车间针对实际实行了三项改革新措施，被人们称为“三板斧”。

“一板斧”砍在工资只能升不能降上。当时，莱钢为职工上浮了半级到一级工资。有的职工认为工资上去了就下不来，思想没压力，工作缺动力。对此，车间按不同岗位从劳动纪律、遵规守纪、工作质量、安全生产等18项内容，对上浮工资进行跟踪考核。

“二板斧”砍在岗位相同奖金相同上。以前只要是同一岗位奖金都一样。为解决这个问题，车间建立了职工奖金分配档案，将职工的出勤、工作质量、作风等各方面每天进行一次考核，月底汇兑，拉开奖金档次。例如，有两名职工在同一岗位同是4级工，一个拿了205元奖金，另一个只拿到了47元奖金。

“三板斧”砍在任务分解上。为保证车间生产任务的完成，他们经过测算把奖金与生产捆在一起，每班日产400吨，达不到罚50元，超1吨奖1元。这样车间就出现了各班抢着干、比着干的局面①。

莱钢通过实施各种举措，调动了广大劳动者的积极性和创造性，体现了科学技术、经营管理等复杂劳动的价值，激发广大科技人员和管理工作者的创业活力，让一切生产要素的活力竞相迸发，为做大做强莱钢奠定了坚实基础。

第二，实现职工工资待遇与企业效益同步。企业工资总额同经济效益挂钩办法，是国家对国有企业工资分配进行调控的重要方式，是处理国家、企业和职工三者之间利益关系的重要杠杆。当前，部分行业、企业职工收入水平过高、增长过快，行业之间收入分配差距进一步扩大，成为收入分配领域存在的突出问题。企业应按照建设社会主义和谐社会的要求，从增强企业社会责任感的高度，认真贯彻执行国家有关收入分配政策规定，在企业经济效益增长的前提下，保持职工工资收入水平适度增长，维护企业正常的收入分配秩序，逐步构建科学合理、公平公正的收入分配体系。

莱钢作为社会主义国有企业，无论是在改制之前还是之后，都争取处理好公司利益和个人利益之间的关系。在分配上，莱钢提出效率优先就是要体现按劳分

---

① 《钢铁企业的精神》（电子版），第35页。

配的原则。2005年，莱钢开始进行了工资制度改革，实行岗效工资制，职工的岗位工资实行一岗五薪；2010年5月进行了进一步完善，制定通过了《新岗效工资制方案》，新方案体现了向一线职工倾斜的原则，规定科级干部最高岗位的工资水平要低于操作岗位的最高工资水平，实行以岗位工资为主要内容的岗效工资制。岗位工资标准分为管理、技术、操作3个序列，实行1岗10档。管理人员分为正副处级、正副科级、一般管理人员等7个等级；技术人员按照专业技术职务分为高级师、中级师、助级师、员级4个等级；一线职工按照岗位测评标准分为10个岗次①。通过与年度考核结果相挂钩的岗位工资档次考核晋档。完善和落实职工劳动报酬正常增长机制，逐年提高职工的收入水平。

莱钢在推动企业快速发展的同时，坚持与职工财富共创、成果共享。2004～2009年，职工人均收入年均递增14.5%，人均总收入翻了近1番，达到5.1万元。面对2008年开始的金融危机，莱钢不减薪、不裁员，尽量保持职工工资适度增长，2010年为5.6万元，2011年达到6.0万元。按国家有关政策规定，莱钢为职工缴纳了养老、失业、生育、工伤及医疗保险，按月足额缴纳各项社会保险费，保证了职工的物质利益②。

第三，多渠道解决职工住房问题。在国家住房制度框架下，结合企业实际，研究制定相关制度、规定，莱钢推进住房制度改革，采取有力措施，改善职工住房条件，解决职工住房问题。在1998年住房改革之前，莱钢积极做好职工的住房安置工作。1998年后，在国家大的政策背景下，按照山东省关于住房改革的意见，莱钢积极推进住房货币化分配改革。实行市场经济体制，不意味着所有的事情全部市场化，莱钢并没有对职工的住房问题置之不理。莱钢领导层对此高度重视，多次召开专题会议，研究出台措施，解决职工的后顾之忧。在探索中形成了总体工作思路，即坚持系统思考、统筹规划、分步实施，在遵循市场化原则的基础上，研究利用好国家和地方政府出台的有关政策，积极争取政府的支持和帮助。在国家政策的推动下，通过团购、增加新房源、激活旧房源和周边住房市场、培育旧房交易市场等措施，抓紧解决无房户职工的住房问题，逐步解决职工改善性住房问题，抑制投资性购房，实现莱钢职工人人有房住、家家都舒心的总体目标。

---

① 莱钢集团：《新岗效工资制方案》，2010年5月12日。

② 莱钢工会：《莱钢一线职工收入状况调查汇报提纲》，2010年8月19日。

采用团购的形式，平抑房价、降低职工买房成本，是莱钢解决职工住房问题的重要举措。根据市场上住房价格偏高的问题，莱钢通过与房地产开发商合作，以成本价格购买新建商品房解决职工的住房问题，同时按时发放职工的住房补贴和公积金。2010 年以来，集团公司采取“团购”方式，一次性建设住房近 3000 套，使莱钢房价每平方米直降近 1000 元。目前，莱钢共有生活住宅小区 28 个，住房 21070 套，总建筑面积 150 余万平方米，其中 80 平方米以下的住房 14558 套、80 ~ 100 平方米的住房 1520 套、100 平方米以上的住房 4992 套。

第四，在基本福利问题上，坚持公平、合理化改革。基本福利是莱钢在处理好国家与企业以及利益相关者之间的关系之后，企业内部由企业自主进行的利润再分配。这是调节企业内部收入差距、提高企业公共福利的重要手段，体现了企业发展与职工发展的统一。比如，2006 年莱钢开始对水、电、物业、取暖等生活后勤服务进行了市场化改革，按照市场价格为职工提供服务，同时增加对职工的水、电、物业等费用补贴，补贴标准达到 150 元/月。在采暖上，按照山东省政府采暖标准，普通职工每个采暖期补贴为 1100 元，考虑不加重退休职工的经济负担，莱钢对退休职工同样发放 1100 元的补贴。针对职工子女上学难的问题，在莱钢企业办学全部移交政府的前提下，积极安排需要接受九年制义务教育的职工子女全部入学。针对孩子入托难的问题，企业给予报销一定的入托费。针对看病难的问题，实行了新的医疗制度，打破了职工医疗费用全部由企业承担的办法，实行医疗费用由企业和个人共同担负，个人账户与厂内调剂相结合的运行机制。在医保改革中，按照国家医疗报销模式的要求给职工购买医疗保险①。

第五，坚持关心并维护弱势群体的利益，完善了社会保障体系。针对特殊的生活困难职工，莱钢建立了“五条保障线”，并充分发挥其作用，提高了职工的幸福指数。及时办理团体安康意外伤害合作保险和女职工“四病”保险，建立了职工互助和大病基金，对城市低保、特殊困难职工和就学困难职工子女提供救助。对于困难职工，莱钢加强了救助工作档案管理和基础工作。经过新一轮资金募集，2012 年，参加安康互助的职工达到 27969 人，参与率为 71%，本金合计达 2.92 亿元，各类救助金总额达到 3.8 亿元。近两年集团公司（不含各个单位）累计救助 4767 人，救助金达 1289 万元。

① 部分资料来自 2012 年 6 月课题组在莱钢人力资源部调研时的座谈记录。

2. 职工的民主权利得到保障

国有企业职工的主人翁地位，是由社会主义的性质和国有企业的性质决定的。确保职工的主人翁地位，符合现代企业管理理论的人本管理思想。是否尊重职工的主人翁地位，是国有企业改革能否取得成效的关键。全心全意依靠工人阶级，发挥工人阶级的领导作用，必须保障全体职工的合法权益，巩固工人阶级的主人翁地位。莱钢通过职工代表大会制度、厂务公开等各项体制机制，切实保障职工的民主权利，落实职工的知情权、参与权、表达权和监督权，维护工人群众的权益，支持工人群众当家作主，充分调动了广大职工的积极性和创造性。

(1) 职工代表大会制度化建设，保障民主。

职工代表大会是保障职工民主权利、促进职工和企业共同发展的有效平台和载体。莱钢工会依照法律规定通过职工代表大会，组织职工参与本单位的民主决策、民主管理和民主监督。职工代表大会的主要任务是贯彻和执行党和国家的方针、政策，正确处理国家、企业、职工三者之间的利益关系，在法律允许的范围内行使职权，保障职工的主人翁地位，调动职工的积极性。通过多年的实践探索，莱钢人认识到建立职代会制度，有利于促进企业和谐，从而推进了企业的发展。企业进步了，职工又能与企业共享发展成果，最终实现企业与职工的全面和谐共同发展。

莱钢通过建立职工民主管理制度，充分调动了职工的积极性，汇集了职工的智慧和力量，更好地服务于企业。同时，企业也通过这一平台，更加深入地了解职工心声，急职工之所急、供职工之所需，不断改善企业的管理，为劳资之间的沟通和利益协调搭建了一座直接高效的桥梁。例如，在金融危机期间，莱钢通过职代会向职工说明企业发展面临的实际困难，使企业和职工心往一处想，劲往一处使，共同渡过了难关。因此，职代会的推广不仅有利于协调和稳定企业内部的劳动关系，维护职工的合法权益，还有利于加强企业管理，推进企业民主决策、科学决策、依法经营，更有利于保护和调动广大职工的积极性、创造性，促进企业的健康发展。

职工代表大会有利于增强民主管理。莱钢每次召开职工代表大会，都要在会议前收集提案，在开会时组织职工代表讨论。这一过程，其实就是采集群众意见的过程，也是收集合理化建议的过程。对于领导决策、改进工作方法、创新工作思路，无疑会起到十分重要的作用。

2000年1月，莱钢制定了《莱芜钢铁集团有限公司职工代表大会实施细则》（以下简称《实施细则》）。职工代表大会是集团公司实行民主管理的基本形式，是集团公司职工行使民主管理的权力机构。《实施细则》对职工代表大会和职工代表的权利有了明确规定。《实施细则》规定，享有政治权利并与公司建立劳动关系的职工，均有当选为集团公司职代会职工代表的资格。同时，在人员的组成上，莱钢做到了向一线倾斜，体现了依靠工人阶级办企业的理念。比如，《实施细则》规定集团公司职代会职工代表中一线职工占45%，技术岗和一般管理岗人员占25%，科级及以上领导干部占30%以下；其中女职工代表占20%以上[①]。职工代表的广泛性，充分体现了民主的原则。

职工代表大会制度不断完善，职工民主权利得到进一步落实。职代会、代表团长联席会、民主议事会、情况通报会和职工代表联系人制度得到进一步完善。通过坚持和完善职工代表大会制度，使莱钢职代会建设逐步实现了“四规范、五完善、六必须”的工作思路。“四规范”就是对职代会在时间上、内容上、程序上、管理上进行严格规范；“五完善”就是创新和完善了对职工代表的激励制、监督制、约束制、培训制和考核制；“六必须”就是对企业改革发展目标必须经职代会审议，重要规章制度必须经职代会讨论通过，职工的生活福利安排意见必须经职代会讨论决定，领导干部必须接受职代会的民主评议和监督，业务招待费的使用情况必须向职代会报告，集体合同的草拟、签订及履行情况必须经职代会讨论通过。这些严格的程序和规范的运作，有效地维护了职工的合法权益。

2005年6月出台的《莱钢集团有限公司工会关于进一步完善和规范企业改制中职工（代表）大会工作程序的意见》更明确地提出：“涉及职工切身利益的事项必须作出明确决议。在会议表决过程中，如果发现职工代表对职工安置等方案仍有较大分歧意见，可暂时休会，应组织职工代表讨论，继续发表意见和建议，不宜强行实施表决。”“需要在职工（代表）大会上审议或通过的内容，必须提前组织职工（代表）讨论，征求意见，修改完善政策文件后，再拿到正式会议上审议或通过。不允许不经职工（代表）讨论、提出修改意见，就将正式文件拿到职工（代表）大会正式会议上审议或通过。”“坚持推行职工代表民主选举制、民主评议职工代表制、职工代表信息反馈制、职代会预告预审制和职代会票决制。”所有这些措施，都表明了莱钢集团在职代会建设方面已经实现了常规化、

① 参见《莱芜钢铁集团有限公司职工代表大会实施细则》，2007年1月8日。

制度化。

职代会星级创建显现生机与活力。公司各级工会组织认真贯彻落实《企业工会工作条例》和《山东省企业职工代表大会条例》，健全和完善以职代会为基本形式的民主管理制度，积极开展职代会星级创建活动，推行职工代表选举制、评议制、信息反馈制、职代会预告预审制和票决制五项制度，积极贯彻和落实民主管理制度，尊重和支持广大职工行使民主权利，提高了职代会质量，职代会职权得到较好落实，推动了职代会维权机制建设。目前，已有20个单位被公司命名为“职代会先进星单位”，9个单位被省总工会命名为“职代会优秀星单位”；热电厂、股份炼铁厂5号高炉车间被全国总工会分别授予“全国模范职工之家”和“全国模范职工小家”称号①。

实践证明，莱钢通过加强职工代表大会制度，实现了职工民主参与企业的经营管理，充分调动了职工的积极性。企业也通过这一平台，了解了职工的心声，不断地改善企业的管理。

（2）职工民主参与企业的生产经营管理和决策。

莱钢紧紧围绕生产经营大局，以推动建立和完善现代企业厂务公开民主管理制度为重点，坚持把推行厂务公开民主管理工作作为重要内容来抓，在认识上不断深化、机制上不断完善、形式上不断创新。特别是在应对国际金融危机，保障广大职工民主权利和劳动经济权益以及转方式、调结构等方面，发挥了积极作用，有力地促进了莱钢“两个文明”建设的同步发展和改革的顺利进行。

受国际金融危机大环境的影响，全国钢铁企业经营环境急转直下，经济形势变得非常严峻，职工的思想观念和民主意识也发生了深刻变化，参与企业发展的热情更加主动、更加迫切，对知情权的要求也越来越高。为此，公司在职工中广泛开展“企业有困难，我们怎么办”和“莱钢有困难，我们来承担”等主题的大讨论活动。利用各种宣传工具，将公司的打算向职工公开。组织广大职工举办形式多样的座谈会、主题演讲等，及时向职工传达市场的严峻形势，增强职工的紧迫感、责任感、使命感，把职工的积极性和创造性引导到干好本职工作上来，确保企业困难时期“人心不散”“力量不减”，齐心协力共渡“寒冬”。实践证明，企业越是在困难的时候，越要依靠职工办企业，只要全心全意依靠职工办企

① 莱钢领导：《完善机制，务实创新，不断开创厂务公开民主管理工作新局面——在莱钢厂务公开民主管理工作总结表彰暨理论与实践交流会议上的讲话》，2011年1月25日。

业，将职工视为企业的主人，企业遇到任何困难都可以克服。

厂务公开民主管理制度不断规范和完善。莱钢通过加强厂务公开民主管理质量控制体系建设，把厂务公开民主管理工作与生产经营实际情况紧密结合，使厂务公开民主管理切实融入企业管理制度之中。各个单位建立并逐步规范了厂务公开责任制、考核评估制、责任追究制等制度，为职工民主权利的实现提供了制度保障。通过建立企业与职工风险共担、效益共创、利益共享的机制，引导职工通过民主渠道理性合法地反映问题，通过平等协商化解矛盾，保持和促进劳动关系和谐稳定。对于职工代表提出的意见和建议，做到件件有着落、事事有回音，不断提高职工的满意度，切实调动广大职工的能动性和积极性，促进企业持续、健康、稳定发展。厂务公开、民主管理机制的深化和完善，切实维护了职工的政治权益和切身利益，提高了职工对企业的信任度和满意度，促进了企业和谐稳定发展。

民主恳谈会促进职工民主参与企业的各项决策。实施职工代表民主恳谈制度，是拓宽职工群众参政议政渠道，发挥职工代表民主参与、民主管理，促进企业决策的民主化和科学化的一条有效途径。通过"恳谈会"形式，集团公司领导班子成员与一线职工代表面对面地交流思想，增进情感，就职工关注的问题听取意见和建议，解疑释惑，共商大计；对"职工所需、政策所许、企业所能"的问题努力加以解决。通过这种方式，搭建干群之间的"连心桥"，开动双向交流的"直通车"，实现真诚沟通、真心解难、真情管理。

厂务公开民主管理工作发挥民主决策作用，促进了企业的发展。莱钢工会通过加强改制政策、职代会民主程序的学习培训和宣传教育，监督、指导企业在重组改制过程中严格履行有关制度。运用厂务公开民主管理把好方案审批、财务审计、资产评估、资产处置和职工安置五个关口，不仅促进落实了职工的知情权、参与权、表达权和监督权，而且赢得了职工对企业改革改制的理解和认可，做到了在涉及职工利益等重大问题上充分体现职工意愿，切实维护职工权益。

3. 职工精神文化生活同样富有

当人们来到莱芜钢铁集团炼钢厂时，一定会被其生机盎然的气息所感染。象征着炼钢工艺的大东门巍然屹立，彰显出钢铁工人的骨气。镶嵌在门南楼匾额上的柳体大字，刚劲挺拔，凝结着东方书法艺术的深厚底蕴。被"紫烟""紫气"两园环抱的大东门广场，碧水喷涌、国旗猎猎，向人们展示着国有企业的尊严与豪迈。来自绿茵花丛中的背景音乐，使人在无意中感受到心灵的熏陶和震撼。巨大的炼钢、连铸厂房，在厂区鲜花、绿草、秀木、灵石的映衬之下，仿佛就是大盆景中的点缀。男女混合编队的厂国旗护卫队，飒爽英姿，敢与天安门广场国旗护卫队相媲美。所有楼、门、草坪、花圃、花园寓含哲理、富有文学气息的名称，使整个厂区充满了浓郁的文化色彩。不时会看到一些身穿蓝色服装的工人，步履矫健，脸上洋溢着幸福。这些人，就是莱钢工人，他们为自己成为莱钢人而感到无比骄傲和自豪。

物质贫乏不是社会主义，精神空虚也不是社会主义。通过满足职工多样化、多层次、多方面的精神文化需求，是莱钢提高职工生活质量和幸福指数的重要手段。随着经济社会发展水平的提高，职工群众对精神文化的需求和消费能力也不断提高。在企业发展转型期，一些职工的思想出现困惑，精神焦虑有所增多，莱钢通过丰富多彩的文体活动、人文关怀、心理疏导，解决了职工在精神文化领域中存在的问题，实现了职工的“口袋和脑袋一起富有”。

（1）文体活动——身心舒畅。

群众性文化体育活动广泛开展，职工文化建设展示了风采。以群众文化团体为依托，开展丰富多彩的群众文化活动。莱钢职工组织成立了文联、职工艺术团、职工业余合唱团以及各类协会、俱乐部等近100家职工群众文化团体，常年组织开展各类文化活动，丰富了职工的文化生活。比如，以庆祝建党90周年为契机，成功地举办了“党旗颂”红歌演唱会，“党旗颂”美术、书法、摄影、集邮、收藏、民间艺术联展以及第八届职工艺术节。在工作中逐渐形成了拔河、健美操、长跑、合唱等群众文化品牌。拔河队在全国比赛中屡夺桂冠，女子拔河队代表中国参加世界（室内）拔河锦标赛和世界室内拔河公开赛，夺得520公斤级公开赛冠军、锦标赛亚军。这一成绩是中国拔河队在世界赛场上取得的最好成绩，实现了历史性突破。莱钢职工业余合唱团在第六届、第八届中国合唱节上，分获铜奖和银奖，代表省国资委参加山东省庆祝新中国成立60周年“爱国歌曲大家唱”群众性红歌演唱大赛总决赛获金奖，曾两次受邀参加中央电视台“五一晚会”，作为第一个进入国家大剧院的业余团体，与国家交响乐团联袂演出大型交响音乐会获得成功①。

莱钢通过加大物质投入，组建各种群众文化团体，加强了宣传教育阵地建

① 参见《共享金苹果——莱钢企业文化建设案例选编》，山东电子音像出版社，2010。

设，发挥了各级文化活动阵地的作用。开展各种文化活动，丰富了职工文化生活，增强了职工文化的活力，提升了职工的文化品位和生活情趣，展示了职工的精神风貌，培育了文化品牌。

（2）人文关怀——温暖人心。

思想政治工作，是我们党的优良传统和政治优势，是经济工作和其他一切工作的生命线。党的十七大报告指出："加强和改进思想政治工作，注重人文关怀和心理疏导，用正确方式处理人际关系。"[①] 党的十八大又提出："加强和改进思想政治工作，注重人文关怀和心理疏导，培育自尊自信、理性平和、积极向上的社会心态。"[②] 这些重要论述，充分体现了科学发展观的核心和建设社会主义和谐社会的战略思想，既彰显了我们党以人为本的执政理念，又突出了当代思想政治工作的新视角，为新形势下思想政治工作的创新指明了方向。莱钢根据党的十七大的精神提出要进一步发挥思想政治工作的作用，为企业又好又快发展提供强大的精神动力和智力支持，并制定了建立人文关怀机制的意见。在短短几年时间里，莱钢在人文关怀工作中就形成了一整套体制机制，有力地推动了关心人、尊重人、理解人的工作格局的形成。

营造出了人文关怀的浓厚氛围。莱钢通过人文关怀理念的倡导，更多地关注人的生存状况，重视人的个性发展，既实现了教育人、引导人、鼓舞人、鞭策人，又做到了尊重人、理解人、关心人、帮助人。既讲真理，又办实事，做到了关怀到位、疏导有方，促进了职工的全面发展。各级领导干部树立和落实"善待职工"的理念，用先进的企业文化理念等引导职工的思想和行为，实现了职工的个性追求与共同的理想信念和企业目标的一致、个人愿景与团队愿景的同向。莱钢在实际工作中做到了"以人为本"，对职工各个方面的需要进行了正确的分析，帮助职工不断完善和丰富"自我"。

落实人文关怀制度，抓住职工的心。对于集团公司制定的一系列人文关怀制度，莱钢各个单位都做到了有部门负责，有专人具体抓，有检查和考核，及时把握了职工的思想脉搏。坚持和完善了思想政治工作"访、谈、帮、联"制度，变职工上访为领导干部"下访"。各级干部坚持必要的家访、班组访、基层访、节

① 中共中央文献研究室编《十七大以来重要文献选编》（上卷），人民出版社，2009，第27页。

② 胡锦涛：《坚定不移沿着中国特色社会主义道路前进　为全面建成小康社会而奋斗——在中国共产党第十八次全国代表大会上的报告》，人民出版社，2012，第32页。

假日访、婚丧嫁娶访等工作方法，定期下基层，到一线广泛了解职工现实需要与心理需求，了解职工的思想动态，将职工的利益诉求纳入人文关怀工作流程。按照“送温暖工程”基金管理有关规定，认真组织开展“送温暖”活动，凝聚了人心。莱钢建立的“送温暖工程基金”“职工互助储金”“职工意外伤害互助金”“职工患大病医疗互助基金”“慈善基金”5条保障线，使困难职工家庭切实感受到了组织的温暖。各项基金总额达到3.1亿元，近3年累计救助6395人，救助金额为1622.05万元。做到了没有一户家庭看不起病，没有一名职工子女上不起学。

“职工快线”畅通了网上民声渠道。莱钢积极适应网络时代的要求，按照公司党委领导指示，在广泛调研、学习考察、研究探索的基础上，组织建设莱钢“职工快线”网上互动平台，搭建起干群网络“连心桥”。自“职工快线”运行以来，职工群众以咨询、建议形式积极参与，纷纷围绕民生保障、利益诉求、企业管理等方面，以咨询、建议、反馈等形式，提出自己的意见和建议，各个部门、单位高度重视，认真解答，形成了齐抓共管、共同推动的“大政工”格局。莱钢44个部室单位积极为职工答疑释惑，形成了良好的交流互动。“职工快线”对职工提问的总回复率保持在99%以上，大量咨询类问题得到了及时有效的回复。职工提问的总回复率始终保持在98%以上。“职工快线”的运行解决了大量现实问题，职工提出的住房公积金、职称评定、绩效考核、个人所得税等2800多个咨询性问题得到及时回复。职工反映的班车线路改造、公共辅助设施建设、劳保用品发放等800多件需要解决的实际问题得到解决落实，促进了莱钢管理水平的提升。莱钢搭建“职工快线”信息平台的做法得到山钢集团公司和山东省国资委肯定，在全省国有企业推广。各个单位也结合自身实际，建立和加强了本单位网上互动平台建设，通过开发软件，利用网站、网页、博客、QQ群等多种形式开展网上答疑释惑工作，收到良好的效果。

采取多种举措聚集人心。扩大职工查体范围，莱钢50周岁以上男职工、45岁以上女职工以及退休职工近1.3万人，每年都安排健康体检，集团公司将为此每年支付费用500万元左右。针对职工班车通勤问题，相关单位委托济南市公共交通发展研究院承担莱钢集团职工通勤班车的线路优化，提高了职工乘车的舒适度，缩短了职工在班车上的时间。针对女职工的实际，开展各种活动维护女职工权益。积极引导女职工开展岗位提升、巾帼建功活动，广泛开展技术比武、岗位练兵、技能培训、劳动竞赛、合理化建议等群众性经济技术创新活动。努力维护女职工的合法权益，进一步提升女职工工作的创新力、影响力和凝聚力。启动了为莱钢“巾帼志愿服务”活动，“巾帼志愿服务”队伍深入车间、班组、困难职工家中，开展了各种便民利民的“巾帼志愿服务”活动。针对莱钢地处偏僻山区、青年职工婚恋难问题，成立了红娘协会，帮助青工解决婚恋难题。比如，炼钢厂党委专门下发文件，要求各级党组织和党员当月老、做红娘。近两年，先后有400多名青工经过他们牵线搭桥走进了婚姻殿堂。新疆喀什工程建设启动后，公司从关爱职工这一目的出发，为他们配备电视、电磁炉、微波炉、冰箱、空调及其他生活用品。每一批人员出发时，为他们带上丰富的当地特产，以缓解水土不服。比如，一位职工家属身体有病，既要工作还要照顾年龄尚小的孩子，党委在了解到其家庭情况后，积极与其家属所在单位联系，帮助协调调整工作时间，并多次派人去家中慰问。职工在外施工，公司尽量创造家人团圆的机会，利用观摩、检查等机会派遣其家属前往工程工地探望职工。中秋节前夕，公司还对在省外施工的50多户职工家属进行了登门走访，对所有生病住院的职工进行慰问。

人文关怀是一项民心过程，是莱钢始终重视的问题。莱钢成立了人文关怀机制领导小组，由公司的主要负责人亲自抓，保证了工程的顺利开展。同时，在各个单位成立了包括班组长、党小组长在内的，以各层次的管理人员为主体、思想政治工作者为骨干的，纵到底、横到边的人文关怀大政工队伍。通过各种考核机制，实现了考核与单位党政领导的考评挂钩，形成了党政团齐抓共管的良好局面。莱钢通过不断创新方式方法，人文关怀工作增强了针对性、实效性和说服力、感染力，推动了和谐企业建设，促进了企业又好又快发展。

（3）心理疏导——排除障碍。

加强心理疏导是时代的新要求，是企业的新责任、职工的新期待，是思想政治工作科学化的新内容、新拓展，有着很强的现实紧迫性、必要性。莱钢的钢铁主业本部，从2008年金融危机以来，实际上一直处在亏损状态。为应对日益严峻的生产经营困难局面，保生存、保发展，公司进行了优化机构、减少干部职数和定员，改革维修体制和营销体制。改革举措的推进，必定对一部分干部和职工的心理、思想产生较大影响，部分人会不理解、不支持，甚至可能产生不同程度的心理问题。因此，必须高度重视职工心理健康，切实推进心理疏导工作，为应对危机，实现平稳过渡，营造广泛的心理认同。

公司党委结合莱钢实际，把心理疏导作为一项重要内容纳入企业思想政治工作体系，深入研究、勇于实践，不断创新内容形式、丰富方法手段、完善机制体系，进行了有益的探索，取得了初步效果。

党政领导认识高度一致，切实当好心理疏导的先行探路者。注重顶层设计，科学谋划、积极作为，在认真学习的基础上，结合干部职工思想实际和心理状况，深入研究，不断完善实施方案，提出推进心理疏导的整体思路和框架模式，大大增强了工作的系统性、科学性。

形成了涵盖主要层级的心理疏导推进机制，为心理疏导提供制度保证。建立科学规范的体制机制，是实施心理疏导的重要保证和前提。各个单位初步探索构建了开展心理疏导的体制机制，分别建立起党委领导，支部主抓，以专兼职政工人员为主体、各级管理人员和先模人物为骨干的工作网络，形成了以方案引领，教育引导、重点培训、与思想政治工作一体化推进的格局。比如，炼钢厂把心理疏导、哲学管理与学习型组织建设融为一体，建立了“三线并举”、整体推进的机制。

坚持以人为本，充分尊重职工的尊严与价值、个性与人格。注重从心理层面关爱职工，关注和满足职工的心理需求，化解心理矛盾与困惑，培育健康和谐的心态。坚持遵循心理活动规律，从职工的心理特征及内在需求入手，运用各种科学方法开展心理疏导，通过解释、说明、沟通等方式，帮助职工解决心理问题，促进心理健康与和谐。坚持解决心理问题与解决实际问题相结合，从职工的现实处境和切身利益出发，既从心理、情感、意志、行为等层面进行升华与塑造，有效地化解职工的心理矛盾和困惑，又积极解决职工关心的实际问题，最大限度地减少和消除引发心理失衡的外部诱因。坚持人性化管理，把心理疏导融入企业管理，将职工心理需求满足、健康心境引导作为管理的一部分，完善制度、落实责任，善于在日常管理中疏导职工的心理，将问题解决在萌芽状态。

莱钢通过不断探索与实践，心理疏导得到了广大干部职工的认可和接受，拓展和延伸了思想政治工作的内容和渠道，丰富了基层开展思想政治工作的方式方法。实践中形成的多篇理论研究成果，先后获得全国冶金政研会、山东省政研会和山东省冶金政研会论文评选一等奖。

在企业思想政治工作中，人文关怀和心理疏导是互为因果的。人文关怀要求在工作中关心人、尊重人、理解人，实现人的自身价值和社会价值；心理疏导则是在工作中体现关心人、理解人、尊重人的内心需求的过程。因此，人文关怀的精神需要通过运用心理疏导方法来体现，心理疏导方法运用又强化了人文关怀的精神。两者都以提高人的思想政治觉悟为宗旨，而不是脱离政治性、意识形态性来谈人文关怀和心理疏导。一方面，注重人文关怀和心理疏导，体现了思想政治工作以人为本的价值取向，从关心人、理解人出发，充分考虑人的内在需求，努力实现人的社会价值和个人价值的统一，更好地发挥思想政治工作的效能。另一方面，注重人文关怀和心理疏导，有利于建立思想政治工作思维模式，有利于分清问题的性质，找准切入点，理清工作思路，提高实效性。

莱钢的人文关怀和心理疏导工作卓有成效，得到了各界的肯定，成为学习的楷模。山东省国资委、山东省工商局、兖矿集团等多家部门和兄弟单位到莱钢考察学习。莱钢作为山东省唯一代表，在全国思想政治工作加强人文关怀和心理疏导现场经验交流会上作典型发言。在中国冶金政研会2012常务理事（扩大）会议上作加强心理疏导的典型发言，受到了关注与好评。山东省委常委、宣传部部长孙守刚说："莱钢加强人文关怀和心理疏导，真正把群众放到顶层位置，真心为群众排忧解难，这个经验非常过硬。"

（4）共赢共享的企业文化，凝聚人心。

莱钢围绕提升企业核心竞争力，在继承多年来形成的传统文化的基础上，不断探索新形势下创新企业文化建设的新途径、新方法。1999年，炼钢厂引进学习型组织理论，创建学习型企业试点取得成功，让莱钢人看到了学习型组织理论的巨大价值。同时，莱钢领导班子认识到，在知识经济时代，企业深层次的竞争是企业文化的竞争。莱钢要实现可持续发展，必须与时俱进，不断丰富、修正和发展自己的企业文化。在总结炼钢厂经验的基础上，莱钢决定在全集团范围内深入创建学习型企业，并以此为主要载体建设学习型企业文化，引领和推动了企业持续、快速、和谐发展。

2000年初，莱钢把创建学习型企业文化作为促进企业持续发展的重要举措，坚持以前瞻的眼光、创新的思维、先进的理念、严密的组织体系、科学的运行机制、良好的工作载体来强力推进学习型企业创建工作。2001年，莱钢将企业文化作为企业核心竞争力的重要组成部分，纳入核心竞争力实施方案，组织力量对建厂以来的企业文化建设进行归纳、整合、提炼，勾画了新的企业文化框架并全力推进。随着企业文化在管理中作用的日益显现，企业文化已成为推动莱钢持续发展的三大巨轮之一，为莱钢实现跨越式大发展提供了源源不断的精神动力。

莱钢把企业与职工、企业与社会和谐发展作为企业文化建设的主要内容，将"共赢共享直到永远"作为企业的核心价值观，渗透于生产建设、经营管理、对外交往等方方面面，展现了学习型企业文化的独特魅力。在学习型文化建设过程中，莱钢始终坚持以人为本，用共赢共享的文化成果去丰富职工的头脑，促进职工素质的提高和发展。企业文化建设把提高职工的文化素质和文化生活水平，看成职工搞好经营管理的基础，也是形成企业统一价值观念和企业精神的前提条件，使企业的发展目标变为职工的自觉行动，与企业共命运。特别是企业在面临市场激烈竞争的态势下，在高科技迅猛发展的时代，莱钢人更加清醒地认识到企业要生存、发展，就必须提高职工的整体素质，就必须提高产品的科技含量，就必须重视品牌战略，推出自己的名牌产品，讲信誉、保质量，“诚”和“信”是企业的生命力所在，而这一切，都要靠企业职工的素质来实现。

坚持以人为本，培育新型职工队伍。莱钢把职工的自身发展同打造“全员学习型企业、绿色生态型企业、持续发展型企业”的企业愿景有机结合，着眼于提高职工素质，促进职工的全面发展，构建企业和职工的“命运共同体”。通过倡导“炼钢先炼人”的人本哲学思想，强化职工技能和品格素养的提高，持续致力于锻造一支具有优秀品格的职工队伍。

莱钢既注重职工技能的培训提高，引导广大职工学文化、学技术、强素质，实现由操作型向知识型、技能型、管理型、学习型的转变；更侧重于职工品德的修养和心灵的改善，对全员进行心智体验和品格训练。要求职工在企业做个好职工，在社会做个好公民，在家里做个好成员，全力打造“品格炼钢”品牌。通过加强建章立制工作，加强职工行为规范的建设，着力提高职工的执行力。集团公司对历年来的各项规章制度进行全面系统合理调整，力求规范具有可操作性，并制定了严格的监督考核措施。积极推行执行文化，把遵章守纪、规范操作变成广大职工的自觉行动；通过改善用人环境，激发职工的创业激情。以推进三项制度改革为中心，建立起有利于人才成长的激励、约束机制，出台了《以职工姓名命名技术革新和管理创新成果的意见》，并大张旗鼓地进行宣传，为职工搭建起施展才艺、谋求发展的管理平台。

莱钢的企业文化像一根纽带，把职工和企业的追求紧紧联系在一起，使每个职工都产生了归属感和荣誉感。它可以围绕企业发展目标，凝结成极大的群体合力，产生出奋发进取的集体意识，唤起职工的能动精神，有效地推动企业生产经营发展。它可以得到企业上下职工的内在认同，从而在生产经营实践中形成新的共同价值观和行为准则，成为大家的自觉意识和自觉行为。它可改善人与人之间的关系，使职工情感交融，亲密相交，对企业产生一种依恋之情，形成企业的内聚力、向心力。

比如，在“十五”技改建设工地，炼钢厂职工已养成的良好行为习惯，丝毫没有受到条件和环境变化的影响：上下班排队；在简陋的办公室内，安全帽、水杯排列得整整齐齐；摩托车排列也井然有序。有人问排队下班的砌筑二车间职工王明月：“现场各个单位交叉施工，不排队也没人管，为什么要自觉排队？”王明月说：“现场这么复杂，不排队也可以，但总觉得好像有第三只眼睛在盯着我，说‘你是炼钢职工，自觉排队是你的责任’。”其实，根本没有什么第三只眼睛，这是企业文化对人潜移默化的影响。

莱钢在企业文化建设中之所以能够取得巨大成就，原因在于坚持了社会主义基本经济制度不动摇。在公有制生产关系中，广大职工的利益得到保障，人们之间消除了对抗性经济利益矛盾，培养尊重个人权益基础上的集体主义精神、团结友爱精神，形成了为企业发展共同奋斗、共享奋斗成果的共赢共享的价值观。这是“幸福莱钢”得以实现的源泉。

4. 职工享有美好的工作生活环境

莱钢人坚信，企业发展不能以牺牲环境和资源粗放消耗为代价，发展循环经济是缓解资源约束压力、减轻环境污染的有效措施，是钢铁企业义不容辞的责任。

莱钢致力于发展循环经济，建设“生态莱钢”。建设“生态莱钢”，就是依据循环经济理论和工业生态学原理，按照“两提高、两降低”（提高资源效率、提高吨钢减负量，降低吨钢生态包袱、降低末端排放量）的原则，从优化资源利用、大气环境质量控制、环境建设等方面入手，充分发挥技术与管理优势，在企业跨越式发展的同时，提高企业的发展品质，营造优美的生态环境，达到能源高效利用、废物减量循环、环境优美、效益稳步提高的绿色生产目标。

“十五”时期以来，莱钢把握中国经济快速发展的重要机遇，迅速做大钢铁主业，实现了跨越式发展。进入“十一五”时期，适应钢铁行业发展转型的新形势，莱钢适时提出了由以规模扩张为主向以质量效益为主的阶段性战略转移，制定实施了以“突出结构调整，着力自主创新，打造钢铁精品，做出莱钢特色，建设一流强企”为核心内容的新的发展战略。通过加快技术进步，推广应用余热余能回收、干熄焦发电、烧结机脱硫、转底炉直接还原处理钢铁厂含锌尘泥等先进适用节能减排技术，实现莱钢能效水平持续提升；推进结构调整，提升工艺装备水平，强化企业管理，积极开拓市场，大力发展循环经济等重要举措，提升了企业的发展质量，保持了平稳较快发展。“十一五”时期以来，莱钢全面贯彻落实科学发展观，牢固树立环境经营理念，不断转变发展方式，着力提高发展质量和效益，在环境保护、节能减排、循环经济方面，取得了明显的绩效，形成了具有莱钢特色的可持续发展模式，建立并完善了铁素资源、二次能源、固体废物、水资源四个循环链，经济效益、环境效益、社会效益全面提高。

自2011年开始，莱钢持续开展环保现场专项整治工作，从环保管理、技措技改、环保设施隐患整改、现场管理等方面入手，每年确定几个重点，系统推进，重点突破，取得了明显成效。莱钢实施了烧结机烟气脱硫除尘改造、综合污水处理厂、3200立方米高炉出铁场封闭改造等多个重点项目，区域环境质量明显改善。

莱钢人认为，在一定意义上环境也是生产力、竞争力。因此，要大力加强环境建设，把企业建设与环境的改善有机结合起来，根据莱钢生态环境的特点，突出绿化、美化主题，加大环境卫生整治和投入力度，健全完善环卫设施；加强区域生态防护，促进区域生态平衡；营造干净、整洁、文明、宜人的环境氛围，创造具有莱钢特色的环境文化，不断满足职工对美好生活的追求。

莱钢着眼于提升企业与环境和谐发展的能力；为此累计投入资金23.92亿元用于治山、治水、治气，先后实施节能减排项目125项，显著改善了莱钢区域生态环境质量。莱钢吨钢耗水达到3.2立方米，这一被世界冶金行业视为“打破钢铁企业节水极限”的世界领先指标，在莱钢已连续保持了4年，累计节约新水3.23亿立方米，相当于我国一座100万人口城市居民10年的生活用水。在改善厂区环境质量方面，莱钢认真实施《莱钢大气污染治理规划》，投资上亿元，实施了11项重点治理工程，突出抓好了粉尘控制、二次扬尘治理和脱硫“三个重点”，使莱钢的二氧化硫、化学需氧量排放水平严格控制在山东省政府下达的指标之内。

莱钢相继投资5000万元，新建改建21处景点场所，区域绿化覆盖率已达35%。目前，厂区道路宽敞、绿化植被率高、人工湖宽阔，职工安居乐业，企业呈现出欣欣向荣的良好发展态势。近年来，先后投资6亿余元建设道路、治理河道、修建公园，累计栽植各类乔木70余万株，绿化总面积达500万平方米，为钢城区提供苗木近100万株绿化荒山。为改善职工和周边居民的工作生活环境，莱钢先后租赁2000亩荒山，投资买树苗、挖树坑，为山披绿。在冶金区域，还投入绿化资金1.2亿元，使绿化面积达到390万平方米，绿化覆盖率达到35%，人均绿化面积40多平方米，获得了“全国绿化模范单位”称号。为加大牟汶河治理，2000年以来，每年投入近1000万元，先后在11公里的河流上建起13道拦河坝，蓄水总量达1700多万立方米，有效地涵养和补充了地下水源。

莱钢在着力构建钢铁生产循环链的同时，加大环境保护和环境建设力度，积极参加节能自愿协议试点，向社会和政府承诺用能和环保目标。各类污染源点得到有效控制，污染物排放总量大幅降低，污染物综合排放合格率97.6%，废水排放达标率97.9%，废气排放达标率98.8%，区域绿化覆盖率已达35%。改善了周边的环境质量，营造了优美宜人的生态环境①。

2005年，莱钢作为国家首批循环经济试点单位参加“建设节约型社会展览会”，党和国家领导人吴邦国、温家宝、贾庆林、曾庆红、黄菊、吴官正等视察了莱钢展区，听取了莱钢的汇报，对莱钢的工作给予了肯定。通过企业形象展示，有力地提升了莱钢品牌在国内乃至国际上的知名度、美誉度和影响力。

莱钢环境保护、节能降耗、发展循环经济取得了阶段性成果，在行业内产生了一定的影响，得到了国家发改委和山东省委、省政府的充分肯定。各级领导和高等院校学者多次到莱钢调研和检查指导工作，国内不少知名企业到莱钢学习发展循环经济的经验。2007年7月，全国冶金节水现场会在莱钢召开，推广了莱钢的经验。2009年4月23日，莱钢作为全国循环经济试点示范单位代表，应邀参加了全国循环经济院士行启动座谈会。公司董事长在会上作了典型发言并受到时任国务院副总理李克强的亲切接见，肯定了莱钢循环经济的做法②。2012年2月8日，国家发改委环资司巡视员何炳光、产业司副巡视员余东明等，组成国家发改委生态文明建设调研组到莱钢调研，对莱钢生态文明建设给予了高度评价。

如上所述，莱钢人通过发展循环经济，建设“生态莱钢”，切实改善了职工的生活和工作环境，使职工能够享有美好的工作生活环境，幸福指数大大提高。

（三）和谐莱钢建设的启示与思考

社会主义国有企业生产的目的是促进社会生产力的发展，推动社会进步，提高人的素质，最终实现社会主义目标和人类的解放。莱钢在43年的发展历程中，

① 《以节能减排增效为目标的企业循环经济运行体系建设》，2010年12月27日。

② 《以节能减排增效为目标的企业循环经济运行体系建设》，2010年12月27日。

坚持社会主义公有制与按劳分配原则，不断开拓进取，勇于创新，实现生产力大发展与人的发展同步，发挥了工人阶级的主人翁作用，实现了人作为目的和手段的统一，做到了效率和公平的统一，实现了以人为本。这对于解决和回答国有企业面临的对工人主人翁地位的质疑、对国有企业效益的质疑等问题，具有启示意义和参考价值。

1. 坚持职工作为生产要素和主人的统一

在生产力诸要素中，人是最重要、最活跃的因素。劳动者具备一定的经验和技能，能运用劳动资料作用于劳动对象，使劳动对象按照劳动者的意志发生相应的运动、变化，而成为人们生产、生活的物质资料。劳动者是劳动生产资料生产工具的创造、操作、使用者，是劳动对象自然物质的加工者和明确目的意识性的需求者，在生产力诸要素中起主导作用，是最革命、最活跃的要素。没有劳动者的作用，劳动资料和劳动对象不会按照劳动者的明确目的意识性发生运动、变化。马克思主义认为，人既是主体又是客体。人是主体作用和客体价值的统一，体现在价值上就是人作为目的和工具的统一。

在社会主义社会，生产资料是公有的，不能把它用来作为剥削和压迫别人的手段；消费品的分配实行按劳分配的原则，每一个劳动者都能根据自己提供给社会的劳动的数量和质量，得到相应的生活消费品。全体社会成员都是通过自己的劳动，实现自己需要的满足。任何一个社会成员，都没有权利在自己向社会提供的劳动之外向社会进行索取，没有权利把自己应承担的劳动转嫁给别人，也没有权利无偿地占有别人的劳动成果。因此，每一个人既是实现自己目的的手段，又都是自己手段的目的，每一个人都是目的和手段的统一。

莱钢在43年的发展历程中，始终坚持社会主义公有制，并成功实现了国有资产的保值增值，创造出了巨大的社会财富。这些财富的创造离不开广大工人的辛勤劳动。莱钢的实践证明，在国有企业中，职工本身就是资产所有者，也是生产经营者，他们是企业的主人翁，真正实现了以人为本。应该明确地认识到，国有企业作为以公有制为基础的企业，其实现“以人为本”的条件和应该达到的程度是与私有制企业有质的区别的。私有制企业不可能真正实现“以人为本”，它只能在一定程度上（甚至是被迫的）提升劳动者的地位，而公有制企业则是从根本上要求实现全体劳动者的主体和主人地位，全体劳动者的发展既是企业发展的动力，更是企业发展的目的。在这里，“人”实现了手段与目的的统一，克服了私有制企业中劳动者只是生产的手段的局限。这一本质特征，一定要在企业运行的全过程和各个环节中真正实现。这是需要自觉地努力去培育和创建的。

因此，必须依靠工人阶级，这关系到改革能否保持社会主义方向。我国的经济制度是以公有制为基础的社会主义制度，中国改革开放的方向，不是实行资本主义，而是完善和发展社会主义。如果抛开工人阶级搞企业改革，如果把国有资产无偿或低价转入一小部分人手中，如果公有制企业的广大职工群众的所有权，在企业改制过程中被剥夺而沦为纯粹的雇佣劳动者，那么，我国的社会主义公有制就会转化为资本主义私有制。

莱钢通过职工代表大会制度、厂务公开等各项体制机制，切实保障职工的民主权利，落实职工的知情权、参与权、表达权和监督权，维护工人群众的权益，支持工人群众当家作主，充分调动他们的积极性和创造性。莱钢的实践表明，把工人阶级排斥在改革决策之外，工人阶级就不可能真心地拥护和支持改革，改革的社会基础和民众信赖程度就会非常脆弱和贫乏；撇开工人阶级的改革必定会损害工人阶级的利益，损害职工的所有权、劳动及收入权、民主管理权，导致大量工人失业而无社会保障，引起社会动荡和政治冲突，从而导致改革失败。

莱钢的实践证明，大力提高职工素质，是企业发展的关键。工人阶级只有真正提高自身素质和能力，才能发挥主人翁的作用，真正成为搞好企业生产经营和改革发展的主力军。我们党强调全心全意依靠工人阶级，要求职工参与民主决策、民主管理、民主监督，但如果职工不了解企业情况、不熟悉企业管理内容、不知道党的方针政策和市场动向，怎么参与？所以，广大职工要努力学习，不仅要学科学技术、学业务知识，还要学政治、学经济、学管理、学法律，增强参与能力。莱钢的管理者为职工提高素质创造了必要的条件。

实现工人作为生产要素和主人的真正统一，必须要保证工人的就业权。就业关系个人的收入状况，关乎每个人的生存与发展，就业平等意味着每一个有劳动能力的人都应享有平等的就业权利，这一权利不因个人性别、年龄、民族、地域、文化、经济能力及背景的不同而有所区别。人权中最基本的是人的生存权和发展权。在社会主义条件下，劳动还作为谋生的手段存在，因此，没有生存权就没有发展权。在全球经济萎缩的背景下，一些大型跨国公司也因为人力成本的上升而不得不进行裁员，莱钢则发扬国有企业优势，一直秉持“不让一个职工下岗”的信条，保障和维护职工物质权益。莱钢遵循平等自愿、协商一致的原则，与职工签订劳动合同，建立劳动关系，严格依法规范劳动合同签订（续订）、解除（终止）等日常管理工作。比如，2010 年，莱钢共为 2086 名职工办理了劳动合同的签订和续订。对于改制企业的职工，积极做好安置。10 家已经改制的单位涉及职工总数为 17103 人，领取经济补偿金人员为 7987 人（其中与改制后企业重新签订劳动合同的有 7646 人，自谋职业的有 341 人）；预留费用涉及人员有 9116 人（其中离休的有 139 人；退休的有 5680 人，内退职工有 2106 人，其他人员有 1191 人）。莱钢在大力发展非钢产业的过程中，妥善安置上万名职工，获得了“全国再就业工作先进单位”称号。

2. 坚持效率与公平的统一

我国经过市场化的经济体制改革，市场机制对资源配置和利益分配的基础性作用日益加大，经济效益不断提高。但是，由于市场机制的调节作用还不充分和完善，分配不公引起的收入差距过大问题也日益突出，我国基尼系数已超过了国际公认的警戒线。

形成收入差距过大的原因，在于由商品的市场等价交换进行初次分配的客观机制尚未建立和完善，收入分配缺乏规范和制衡。由于个人的自身素质和能力、机遇以及其他多个方面的因素所决定，收入分配差距不可避免。合理的收入分配差距，是社会经济发展的动力；而不合理的收入分配差距，则会影响社会经济关系的和谐，阻碍生产力发展和社会进步。过大的不合理的收入差距，会形成不同收入群体的分化，造成彼此之间产生对立和不满情绪，从而影响社会稳定和谐。

针对内部不同行业和职工的不同情况，莱钢近年来提出了一系列防止和缩小收入差距的措施，有力地推动了效率与公平的统一。

莱钢建立和完善职工工资收入增长机制，最大限度地保障职工的现实利益。通过完善平等协商签订集体合同机制，坚持每年将职工收入作为重要内容与行政方进行平等协商，逐步形成了工资协商的长效机制。工资集体协商制度让劳动者通过自己的组织和力量，来争取自己的利益，保证了职工工资水平逐年得以提高。近年来，莱钢按照党中央、国务院关于国有企业改革的一系列指示精神，通过改革分配制度，形成收入能增能减的机制。

在制订分配方案时充分反映岗位劳动强度、劳动技能、劳动环境差别和劳动责任制度，对生产人员、工程技术人员和管理人员等不同类型的人员，分别制定不同的工资标准。在技术、管理参与分配的情况下，莱钢对中层干部的工资进行了方案的调整，实行“月度工资 + 月度绩效 + 年度奖”，做到各个技术等级之间收入差距不到5%；管理、技术人员和一线职工收入差距按照适当拉开档次原则，但不超过1.5倍。为了缩小收入分配差距，规范分配秩序，防止收入悬殊，从2008年开始，公司陆续出台了一些政策措施。比如，将夜班费标准翻了一番，进一步提高了一线操作岗位人员的收入水平。通过规范各类单项奖审批流程，杜绝了奖金以现金形式在体制外流动，从而进一步规范了分配秩序，减少了在分配程序上的不合理环节。

通过加强职工的教育和培训，缩小收入差距。劳动者进行教育投资后，在工资上就应有所回报。因此，不同职业之间工资会存在差别，甚至在同一职业中的不同劳动者，其工资也可能会存在差别。对此，莱钢大力加强就业前培训和再就业培训，通过加强就业培训，提高了职工的就业技能的方式，在一定程度上缓解了收入差距拉大的现象。

通过完善绩效考核模式，探索建立适应企业特点的与职工收入密切关联的绩效考核评价体系，让为企业作出贡献的职工得到与其贡献相适应的报酬。发挥职工代表大会在制定分配政策过程中的主导作用，建立和完善集体合同制度，涉及职工利益的绩效考核方案以及分配分案，需通过职工代表大会审议。

不断探索扶弱助困的思路、举措。从2004年开始，莱钢集团公司每年出资100万元，公司工会每年从经费中拿出50万元，每名职工每月缴纳2元，建立起“送温暖工程基金”、大病医疗互助基金、意外伤害互助金和低保基金4条保障线。目前，用于保障困难职工的基金实现了对困难职工的全覆盖。

莱钢的实践表明，效率和公平能够统一。经济活动要提高效率，离不开利益分配的公平。人们进行社会活动的物质动因，是获得经济利益。“人们为之奋斗的一切，都同他们的利益有关。”① 不公平的利益分配，难以调动生产者和劳动者的积极性、主动性和创造性，必然降低经济效益。

在理论和现实中，国内存在的把效率与公平对立起来进而片面强调效率的观点，并不符合经济活动的实际。尽管效率和公平是两个不同的价值目标，但两者是密切联系在一起的。效率是公平的基础。如果没有效率的提高，就只能是贫穷，而在贫穷的条件下，不可能有公平的进步。因此，要实现公平的不断发展，唯一的正确途径就是提高效率。效率的提高依赖于公平。没有平等竞争，就不会产生高效率。所以，效率的提高取决于公平，特别是取决于机会的公平和结果的

---

① 《马克思恩格斯全集》第1卷，人民出版社，1995，第187页。

公平。机会公平是通过激励的方式促进效率，结果公平则是通过补偿的方式促进效率。这就是效率与公平的互动关系。这种关系表明，社会发展的基础是提高效率，是把“蛋糕”做大。而提高效率、把“蛋糕”做大是有条件的，这个条件就是要保证公平，就是把“蛋糕”分好。也就是说，不是等把“蛋糕”做大之后再来解决分“蛋糕”的问题，而是在做“蛋糕”的同时，就开始了“蛋糕”的分配（初次分配）。不然，“蛋糕”是永远做不大的。当然，“蛋糕”做大之后，也需要进一步解决分“蛋糕”的问题（再次分配）。由此可见，效率包含着公平问题，公平隐藏着效率问题。效率离不开公平，公平也离不开效率。效率和公平之间是一种相互依赖、互为前提的关系。我们不能把效率和公平截然分开，更不能把两者绝对对立起来。

实际上，效率和公平都是人类社会永恒追求的两个价值取向。发展经济、提高效率、增加物质财富，是我们追求的目标；同样，保障人的权利、促进社会公平、维护政治平等，也是我们追求的目标。尽管效率和公平是两个不同的价值目标，但都统一于人的全面发展的终极价值。社会发展的最终目的不是没有人性的财富的积累和增加，也不是没有物质基础的空中楼阁式的扩展，而是人的全面发展。无论是效率的提高还是公平的增进，都是为实现人的全面发展服务的。当前，我国人口总量继续增加，就业压力不断增大，生态环境、自然资源与社会发展的矛盾日益突出，各种社会问题凸显，这一切都只能通过发展来解决。为此，莱钢的探索和实践，值得参考和借鉴。

3. 坚持企业发展与人的发展同步

企业的发展和职工个人的成长是相辅相成的，也是一种相互依存的关系。企业是一个整体，是由每一个个体职工组成的，没有企业的发展，就不会给职工提供好的发展环境和发展机遇。同时，企业要更好地发展，促进个人的发展，因为职工个人发展得越好，企业就会做得越大越强。

国有企业是社会主义制度的基石。社会主义的一个本质特征是生产资料公有制，因此，发展国有企业是建设中国特色社会主义的应有之义。国有企业奠定了中国特色社会主义的经济基础，发挥着主导作用。社会主义国有企业的一切制度设计，最终都要服从服务于人的全面发展这一目标。莱钢坚持“双层双元原则”，既考虑企业的发展，又考虑职工的发展，将个人的发展融入企业的发展之中，促进企业发展与促进职工发展紧密结合，在企业发展中充分了解人、尊重人、关心人，保证让绝大多数职工群众享受到改革发展的丰硕成果，最终实现职工的发展。

其一，企业发展要满足职工的现实需求。实现企业职工的全面发展，首先要对职工的各种需求有一个准确的认识和把握。企业职工既有一般人的全面发展的共性问题，也有对企业特定的期望和需求。由于所处企业的性质不同，在企业不同的发展阶段，职工的需求结构都会发生很大的变化。就个体职工而言，由于每个职工在企业所处的地位不同，其需求也会呈现出很强的个性特征。工作生活条件的改善和生活质量的提高，是实现职工全面发展的前提。莱钢通过建立人文关怀和心理疏导机制，通过思想政治工作预警机制等实现思想政治工作创新，加强对职工利益诉求的有效了解，及时有力地调整了企业和职工之间的利益关系。在实践中，莱钢切实维护职工的物质利益，提高职工群众的生活水平和生活质量，保障职工群众在企业的经济、政治和文化等各个方面的权益，把企业全面发展的成果转化为更好地实现职工全面发展的条件，真正使职工群众共享企业发展的成果。莱钢发展的事实证明，国有企业可以为实现人的全面发展提供物质前提和保障，有力地回答了社会上对国有企业的质疑。

其二，企业要为职工发展提供公平公正的发展环境。职工在企业的权益是由其政治地位决定的，这个政治地位取决于企业的制度环境。这个秩序不仅规范着职工在企业中的权利和地位，也决定着职工能否在企业中获得相对公平的发展机遇。所以，企业制度环境的形成和变化都应当有职工参与其中。参与是职工民主政治权利的有效表达，有助于职工树立全面发展的信心。莱钢在发展过程中，通过保障职工的就业权，实行全员、全面培训，真正实现了“培训是职工最大的福利”这一理念，保障了职工发展的起点公平。通过职工代表大会、厂务公开等多项举措，真正实现了职工平等参与企业的生产经营管理，体现了全心全意依靠职工办企业的理念，有力地回答了社会上对工人阶级主人翁地位的质疑。

其三，企业的发展目标、价值观与职工个人发展方向具有一致性。企业发展与职工个人发展之间相互依赖、相互促进，是一个辩证统一的历史过程。职工个人的发展既依赖企业的发展，也决定着企业的发展。职工个人的发展是促进企业发展的内在力量，企业也为职工个人的发展搭建了广阔的舞台，而且企业发展的水平越高，对职工个人的发展越有利。所以，职工个人的发展并不完全取决于自身，而是取决于企业的发展水平和企业为其所提供的工作条件和人际环境。以主流意识形态和企业文化作为国有企业和个人共同的价值观，可以使职工个人的发展有章可循，使企业发展和职工个人的全面发展，呈现出一种健康和谐而又有序的状态。

莱钢在追求企业价值最大化的过程中，充分体现了人的价值的最大化。莱钢围绕“全员学习型企业、绿色生态型企业、持续发展型企业”的企业愿景，着眼于促进职工的全面发展，构建企业和职工的命运共同体，形成了有利于企业与职工共同发展的良好环境，实现了人的全面发展与企业发展的和谐统一。通过加强企业文化建设，倡导“大事业的追求、大舞台的胸怀、大团队的精神、大家庭的情怀”，让“莱钢是我家”成为职工认同的理念，营造了干事创业兴建家园的人文环境。创新人才工作机制，打造高素质管理、高层次专业技术、高技能人才三支高素质的人才团队，使一大批有志于为企业发展献身的职工脱颖而出。坚持在继承传统的基础上，不断创新思想政治工作，发挥思想政治工作动员、教育、引导、激励作用。通过开展主题系列活动、创建学习型党组织、推行厂务公开、评比表彰先进等多种有效的载体和方法，极大地调动了职工的积极性、创造性，激发了职工旺盛的斗志和高昂的工作热情，广大职工自觉地把智慧和力量汇聚到企业的整体目标上，成为推动莱钢快速、健康、协调发展的强大动力。

莱钢的实践证明，企业要和谐发展，必须统筹好企业与职工的关系。职工是企业物质财富和精神财富的创造者，是企业发展的基石。国有企业可以把企业发展与人的全面发展统一起来，从职工群众的根本利益出发谋发展、促发展，在生产发展的同时，不断满足职工群众日益增长的物质文化需要，切实保障职工群众的政治、经济和文化权益，使职工共享企业改革发展的成果。这是进一步发扬党的优良传统和作风、落实依靠职工办企业方针的具体体现。

社会主义国有企业生产的目的，是促进社会生产力的发展，推动社会进步，提高人的素质，最终实现社会主义目标和人类的解放。莱钢作为中国国有企业的优秀代表之一，在坚持社会主义公有制的前提下，通过不断变革各种体制和机制，推动了社会生产力的发展。在初次分配时严格按照国家的政策，处理好国家、企业和个人的分配关系，在企业内部的“再分配”中充分保证职工的各项利益。在企业发展中，莱钢人形成了自己的共赢共享的企业发展模式，职工的幸福感、对企业的认同感大大提高，这有力推动了社会主义在莱钢的实现，从而为发展中国特色社会主义作出了重大的贡献。

参考文献

1. 著作

《马克思恩格斯文集》第1～10卷，人民出版社，2009。

《列宁全集》第33卷，人民出版社，1985。

《列宁全集》第34卷，人民出版社，1985。

《毛泽东文集》第7卷，人民出版社，1999。

《邓小平文选》第2卷，人民出版社，1994。

《邓小平文选》第3卷，人民出版社，1993。

胡锦涛：《坚定不移沿着中国特色社会主义道路前进　为全面建成小康社会而奋斗——在中国共产党第十八次全国代表大会上的报告》，人民出版社，2012。

本书编写组：《十八大报告辅导读本》，人民出版社，2012。

中共中央文献研究室编《十二大以来重要文献选编》（下卷），中央文献出版社，1988。

中共中央文献研究室编《十四大以来重要文献选编》，人民出版社，1995。

冷溶、汪作玲主编《邓小平年谱（1975～1997）》，中央文献出版社，2004。

胡乐明、宋云中主编《国有企业改革发展研究——以中国海洋石油总公司为例》，经济管理出版社，2012。

陈佳贵等编《中国企业社会责任研究报告（2011）》，社会科学文献出版社，2011。

吉利主编《学习型党组织建设的理论与方法》，中央编译出版社，2011。

刘国光主编《共同理想的基石——国有企业若干重大问题评论》，经济科学出版社，2011。

钟宏武、张蒽、翟利峰主编《中国企业社会责任报告（2011）》，经济管理出版社，2011。

张喜武主编《提高国有企业党的建设科学化水平研究：神华集团的探索与实践》，中共中央党校出版社，2011。

中国企业评价协会编著《2010中国企业自主创新评价报告》，中国经济出版社，2010。

黎友焕、刘延平：《中国企业社会责任建设蓝皮书（2010）》，人民出版社，2010。

齐建国主编《中国循环经济报告（2009～2010）》，社会科学文献出版社，2010。

钟国兴主编《从〈第五项修炼〉到学习型政党》，中共中央党校出版社，2010。

宝钢集团有限公司党委组织部、党委宣传部、党校编著《中国国有企业的独特优势：党组织的政治核心作用》，人民出版社，2009。

冯梅、陈志楣、王再文：《中国国有企业社会责任论——基于和谐社会的思考》，经济科学出版社，2009。

海热提编著《循环经济与生态工业》，中国环境科学出版社，2009。

中央企业党建思想政治工作研究会编《中央企业党建思想政治工作优秀研究成果文集》，红旗出版社，2009。

张文魁、袁东明：《中国经济改革30年·国有企业卷》，重庆大学出版社，2008。

张卓元、郑海航主编《中国国有企业改革30年回顾与展望》，人民出版社，2008。

中国企业文化促进会编著《中国企业文化建设调查研究报告（2007～2008）》，中国经济出版社，2008。

陈宗兴、刘燕华主编《循环经济与国民经济建设》，辽宁科学技术出版社，2007。

国务院国资委党建工作局编著《党建研究新视角：股份制与国企党建》，红旗出版社，2007。

黄海峰、刘京辉等编著《德国循环经济研究》，科学出版社，2007。

李荣融主编《探索创新实践：中央企业党的先进性建设实录》，红旗出版社，2007。

张亚光：《中国思想与企业文化》，云南人民出版社，2007。

中共中央组织部组织局编《国有企业党建大有可为》，党建读物出版社，2005。

蒋仁勇：《建设学习型政党研究》，红旗出版社，2004。

连玉明：《学习型政党》，中国时代经济出版社，2004。

张平华编著《中国企业管理创新》，中国发展出版社，2004。

张声雄等：《第五项修炼实践案例》，上海三联书店，2002。

〔美〕彼得·德鲁克：《管理实践》，齐若兰译，机械工业出版社，2009。

〔美〕彼得·德鲁克：《卓有成效的组织管理》，齐思贤译，东方出版社，2009。

〔英〕安格斯·麦迪森：《世界经济千年史》，伍晓鹰等译，北京大学出版社，2003。

〔美〕彼得·圣吉等：《第五项修炼：学习型组织的艺术和实务》，张成林译，中信出版社，1990。

《钢铁脊梁——庆祝莱钢建厂40周年报告文学集》，山东电子音像出版社，2010。

《共享金苹果——莱钢企业文化建设案例选编》，山东电子音像出版社，2010。

《莱钢年鉴（2010）》，山东省地图出版社，2010。

《莱钢年鉴（2011）》，山东省地图出版社，2011。

《莱钢品牌》，山东人民出版社，2005。

《莱钢志》第3卷，中华书局，1998。

《莱钢志》第4卷，红旗出版社，2002。

《莱钢志》第5卷，方志出版社，2008。

2. 内部资料

《莱钢志》第1卷，1987。

《莱钢志》第2卷，1991。

《莱芜钢铁股份有限公司2008年度社会责任报告》。

《莱芜钢铁股份有限公司2009年度社会责任报告》。

《莱芜钢铁集团有限公司职工代表大会实施细则》。

《莱芜钢铁集团有限公司住房委员会关于印发〈关于组织职工团购商品住房管理办法〉的通知》。

《全面履行职责，深化反腐倡廉建设　为莱钢健康稳定发展提供坚强保证——中共莱钢集团有限公司纪律检查委员会向中共莱钢集团有限公司第五次代表大会的工作报告》。

《深化学习型党组织建设，提升党建科学化水平——在莱钢深化学习型党组织建设推进会议上的讲话》，2010 年 3 月 29 日。

《完善机制，务实创新，不断开创厂务公开民主管理工作新局面——在莱钢厂务公开民主管理工作总结表彰暨理论与实践交流会议上的讲话》，2011 年 1 月 25 日。

《围绕中心，服务大局，创新求效，为实现做强莱钢新跨越提供坚强政治保障——在莱钢集团党政工负责人会议上的政治工作讲话》，2010 年 2 月 9 日。

《以节能减排增效为目标的企业循环经济运行体系建设》。

《扎实推进十二五战略规划，努力实现做强莱钢的历史性跨越——在莱钢“十二五”战略规划推进暨管理创新大会上的讲话》，2011 年 10 月 25 日。

《振奋精神，开拓前进，为开创莱钢建设新局面而奋斗——在中国共产党莱芜钢铁厂第一次代表大会上的工作报告》，莱钢内部资料，1983 年 3 月 30 日。

《中共莱钢集团公司委员会、莱芜钢铁集团有限公司关于印发“四好”领导班子创建活动实施办法的通知》，莱钢党委〔2007〕29 号。

《中共莱钢集团公司委员会、莱芜钢铁集团有限公司关于印发处级领导班子和领导干部综合考评办法的通知》，莱钢党委〔2010〕55 号。

《中共莱钢集团有限公司委员会干部理论学习委员会关于 2012 年领导干部理论学习总体安排意见》。

《中共莱钢集团有限公司委员会关于开展“双培”活动的意见》，2008 年 4 月。

《中共莱钢集团有限公司委员会关于开展创建学习型党组织活动的意见》，莱钢党发〔2004〕3 号。

《中共莱钢集团有限公司委员会关于深化学习型党组织建设的意见》，2010 年 3 月 27 日。

《中共莱钢集团有限公司委员会关于深入学习实践科学发展观活动的总结报告》，莱钢党发〔2009〕35 号。

《中共莱钢集团有限公司委员会关于建立思想政治工作人文关怀机制的意见》，2009 年 1 月 8 日。

《中共莱钢集团有限公司委员会关于在思想政治工作中加强心理疏导的意

见》，2011 年 4 月 9 日。

《改善职工住房工作推进（第四次）会议》。

莱钢党委：《加强人文关怀和心理疏导创新，改进企业思想政治工作》。

莱钢党委：《开展网络思想政治工作，给力企业和谐发展》。

莱钢党委：《牢牢把握第一要务，充分发挥政治优势　为建设一流钢铁强企提供强大保障》。

莱钢党委机关报：《大会战》。

莱钢党委宣传部：《对莱钢建立运行职工快线信息平台的调研》。

莱钢党委宣传部：《钢铁企业的精神》。

莱钢党委宣传部：《构建心理疏导体系，培育健康和谐心态》。

莱钢党委宣传部：《以先进文化引领企业发展》。

莱钢党委宣传部：《在科学发展道路上实现新跨越——莱钢贯彻落实科学发展观的实践与思考》。

莱钢工会：《充分发挥工会职能，促进企业和谐发展》，2012 年 4 月 10 日。

莱钢工会：《莱钢一线职工收入状况调查汇报提纲》。

莱钢公益事业部：《“莱钢申报社会责任示范企业材料”之〈加强公益事业〉》。

莱钢集团：《新岗效工资制方案》，2010 年 5 月。

莱钢纪委：《莱钢反腐倡廉工作情况介绍》。

莱钢集团管理创新与进步项目评审领导小组办公室编《莱钢 2009 年度企业现代化管理创新成果》，2010 年 10 月。

莱钢党委：《把创先争优与学习型党组织建设有机融合》。

莱钢党委：《深化认识，创新实践，提升学习型党组织建设科学化水平》。

莱钢领导：《强化创新意识，凝聚团队力量，开创莱钢科技创新工作的新局面——在莱钢科技质量能源环保循环经济工作上的讲话》，2012 年 1 月 12 日。

莱钢领导：《在莱钢党校首期基层党支部书记培训班开学典礼上的讲话》，2011 年 4 月 11 日。

莱钢领导：《在莱芜市莱钢集团企地共建协同发展动员大会上的讲话》。

莱钢领导：《在企地共建“平安莱钢”、“平安钢城”动员大会上的讲话》。

《和谐统一，月映万川——谈莱钢企业文化理念的沟通与贯彻》。

《莱钢企业现代化管理创新成果》。

莱钢企地关系办公室：《莱钢与莱芜企地建设情况介绍》。

《莱钢心理疏导推进会材料汇编》。

《莱钢职工思想动态预警机制》。

莱钢领导：《以十五大精神为指针，坚持三改一加强，在激烈的市场竞争中发展壮大提高——在莱钢总厂八届三次、股份公司一届一次职工代表大会上的讲话》。

莱钢领导：《以“两分”、“三创”为主线，推进工厂制向公司制快速转化》。

莱钢领导：《深化学习型党组织建设，提升党建科学化水平——在莱钢学习型党组织建设深度推进会议上的讲话》，2010 年 3 月 29 日。

莱钢领导：《深化三项制度改革，推进经营机制转换，为把莱钢做强做大提供动力保证——在莱钢集团有限公司九届三次暨股份公司二届三次职工代表大会上的报告》。

莱钢领导：《深化改革转换机制，走向市场加快发展》。

莱钢领导：《莱钢如何应对入世新挑战——莱钢集团有限公司董事长、党委书记在向公司领导班子传达全省经济工作会议精神时的讲话》。

莱钢领导：《坚持一手抓“依靠”，一手抓“当好”，充分发挥职工群众的主人翁作用》。

莱钢领导：《坚持好字优先，推动科学发展，实现建设一流钢铁强企的新跨越——在莱钢集团公司十届五次职工代表大会上的工作报告》，2008 年 1 月 5 日。

莱钢领导：《加强心理疏导，塑造健康心灵不断提升思想政治工作科学化水平——在莱钢心理疏导现场推进会上的讲话》，2012 年 9 月 27 日。

莱钢领导：《加大环保力度，发展循环经济把莱钢建成一流钢铁生态工业园区——在莱钢集团环保节能循环经济推进大会上的讲话》，2007 年 1 月 26 日。

莱钢领导：《积极稳妥地推进主辅分离辅业改制，实现主辅业共同发展——在莱钢集团公司十届二次职代会上的动员报告》。

莱钢领导：《关于深化企业改革，建立现代企业制度中的几个问题》。

莱钢领导：《发挥政治优势，推动科学发展，为把莱钢建成钢铁强企而努力奋斗——在中共莱钢集团有限公司第五次代表大会上的报告》，2010 年 10 月 11 日。

莱钢领导：《发挥政治优势，实现“十五”目标，为把莱钢做强做大而努力奋斗——在中国共产党莱钢集团有限公司第四次代表大会上的报告》，2000 年 12 月 16 日。

莱钢领导：《发挥政治核心作用，促进莱钢振兴，为全面实现莱钢“八五”

计划而奋斗——在中共莱芜钢铁总厂第三次代表大会上的工作报告》，1991 年 7 月 7 日。

莱钢领导：《大力加强思想政治工作，充分发挥保障监督作用，为全面完成莱钢“七五”计划而奋斗——在中共莱芜钢铁总厂第二次代表大会上的工作报告》。

莱钢领导：《大力发展循环经济，促进企业可持续发展》，2009 年 3 月。

莱钢领导：《充分发挥政治优势，提供强大保障动力，以更好经营业绩向党的十八大献礼——在中共莱钢五届五次全委（扩大）会议上的报告》，2012 年 1 月 16 日。

莱钢领导：《参与重大决策，发挥政治核心作用，在搞好国有大中型企业中不断有所作为》。

莱钢领导：《把握规律性，增强有效性，为做强莱钢提供思想政治保证和强大精神动力——在莱钢第四届思想政治工作创新大会暨政研会第七届会员代表大会上的讲话》，2011 年 9 月 29 日。

莱钢领导：《在莱钢组织人事工作会议上的讲话》，2010 年 1 月 29 日。

莱钢领导：《在莱钢组织人事工作会议上的讲话》，2011 年 3 月 8 日。

莱钢领导：《在莱钢组织人事工作会议上的讲话》，2012 年 1 月 17 日。

莱钢领导：《在莱钢学习型党支部建设现场观摩会上的讲话》，2010 年 9 月 9 日。

莱钢领导：《在反腐倡廉大会上的讲话》，2009 年 1 月 21 日。

莱钢领导：《在莱钢处级干部廉政培训班上的讲话》，2008 年 10 月 25 日。

莱钢领导：《在莱芜市莱钢集团企地共建协同发展动员大会上的讲话》。

莱钢领导：《抓住机遇，深化改革，加快生产建设的全面发展——在莱钢第六届职工代表大会第二次会议上的讲话》。

莱钢领导：《转方式，调结构，创新超越，系统提升，为实现做强做大莱钢的战略目标而奋斗》。

中共莱钢集团有限公司委员会：《关于印发〈开展深入学习实践科学发展观活动实施方案〉的通知》，莱钢党发〔2009〕4 号。

中共莱芜钢铁集团有限公司委员会：《牢牢把握第一要务，充分发挥政治优势，为建设一流钢铁强企提供强大保障》。

3. 论文

杜海东：《企业技术创新的制约因素及管理策略：市场导向视角的分析》，

《科技管理研究》2011年第3期。

金碚：《技术创新有待成为产业竞争力主要支撑点》，《中国企业报》2011年6月24日。

李源潮：《以改革创新精神推进国有企业党的建设，把党的政治优势转化为企业科学发展优势》，《求是》2009年第17期。

刘传佳、单保江：《加大科技投入，莱钢“双高”产品销售比重达44%》，《经济日报》2009年4月29日。

中央企业学习实践活动领导小组：《深入开展学习实践活动，推动中央企业科学发展上水平——中央企业学习实践活动综述》，《求是》2009年第16期。

雷宏振、张美玲：《企业技术创新“跨越式发展”模式的比较分析》，《科学管理研究》2008年第2期。

王玉荣、杨素云：《国有企业自主技术创新现状、问题及对策》，《中国科技投资》2008年第8期。

《38年，莱钢复制了28个自己》，《经济导报》2008年11月3日。

刘玲：《国有企业社会责任研究》，《理论界》2007年第9期。

李省龙：《从转轨到转型——现阶段改革的历史定位及其和谐取向的政治经济学分析》，《中国人民大学学报》2006年第6期。

于洪：《德国企业管理特色对我国东北企业发展的启示》，《行政与法》2006年第11期。

雷宇，孙利：《日本企业文化中的管理哲学及其启示》，《日本问题研究》2004年第1期。

金秀芳：《中德企业文化之比较》，《同济大学学报》（社会科学版）2002年第2期。

董辅礽：《关于我国社会主义所有制形式问题》，《经济研究》1979年第1期。

后 记

《为共和国铸造钢铁脊梁——莱钢道路与莱钢经验研究》，是中国社会科学院马克思主义研究院课题组集体智慧的结晶。

我们谨以此书献给全国所有工作和生活在钢铁工业第一线的人们，献给全国所有热爱和关心莱钢的朋友，献给全国所有热爱和关心国有企业发展的同志，献给莱芜钢铁集团有限公司的所有职工，献给山东莱芜地区的父老乡亲。

在中共山东省委宣传部和中国钢铁工业协会的帮助下，在中国社会科学院实行“走转改”的推动下，课题组于 2012 年 4 月到莱钢进行调查研究，截至 2013 年 1 月，先后 5 次到莱钢（个别成员先后 9 次到莱钢），历时共 36 天，每次都深入机关、工厂、生产线、班组，与各级领导干部、一线工人进行座谈。据初步统计，与高管层领导座谈 18 人次，与二级单位领导座谈 38 人次，与班组工人座谈 300 多人次；先后到现场十几次。回京后，课题组先后召开各种类型的会议 14 次，其中工作会议 5 次、统稿会议 4 次、修改稿讨论会 5 次。

调研是学习的过程和受教育的过程。当我们和干部、工人一起座谈时，能够切身感受到他们为国家的钢铁工业作奉献的思想境界；当我们深入生产线上，观看火红的钢水奔流，目睹钢花飞舞时，才亲身体会到了“工作着是美丽的”的真正含义；当我们在每一个厂区看到那些震撼人心的标语和口号，看到张贴在宣传栏上的那些劳动模范的照片、先进事迹介绍和学习心得时，就能够感受到建设学习型党组织迸发出来的伟大力量。

调研也是反思的过程。相当长的一个时期以来，西方新自由主义思潮在中国大地上泛滥。“国有企业效率低下”“必须退出竞争领域”的呼声不绝于耳，有人甚至提出将国有企业全部“私有化”的主张。莱钢道路和莱钢经验，有力地驳斥了那些妖魔化国有企业的观点和主张。

本课题的提纲由经济学家毛立言整体设计，龚云研究员提出了修改意见，经课题组全体成员多次讨论最后确定。毛立言研究员为整个课题付出了许多心血，他的敬业精神和精益求精的学术品格，赢得了课题组全体成员的尊重。

本书写作分工如下：赵智奎，第一部分第一节、第二节；戴立兴，第二部分；毛立言，引言、第一部分第三节、第三部分；栾贵波，第四部分；王佳菲，第五部分；龚云，第六部分；沈阳，第七部分；彭海红，第八部分；于晓雷，第九部分。全书由赵智奎负责统稿，沈阳负责技术处理工作。

写作过程比较艰苦、曲折和烦琐。主要是因为在不到一年的时间里，全部吃透莱钢道路和莱钢经验，有相当大的难度。刚开始时，课题组对此并没有充分的思想准备，但是真正深入进去之后，真感到一时难以驾驭，手足无措。对于某些重大理论问题，课题组成员的观点也不尽一致。提纲经过多次讨论修改，稿子修改次数更多。第二稿完成时正值 2012 年国庆节前夕，征求意见后，有的章节几乎重写，更多的是改写，只有小部分是补充。修改稿完成后，毛立言研究员再次提出完善和加工意见，亲自修改了部分章节；有的返回作者继续修改，2013 年初完成第三稿。此后，我对全部书稿逐章逐句地加以审读和再修改，完成了统稿。最后，在征求意见的基础上，课题组于 2013 年 4 月下旬又修改为第四稿，5 月中旬和 6 月下旬修改为第五稿和第六稿。

诚然，书稿当中还有诸多遗憾，也还有提升的空间，需要精益求精。但是，放下这部书稿，我可以负责任地说，课题组成员没有懈怠，已经尽了全力，全身心投入，拳拳之心展现在书稿的字里行间。

需要特别提出的是，调研成果的取得离不开莱钢各级领导的大力支持与党委宣传部及其他相关部门和单位的密切配合。在此，我们表示诚挚的感谢！

我们希冀莱钢的明天更美好。我们愿意成为莱钢的精神后盾，为莱钢的可持续发展提供智力支持。我们愿意成为莱钢人永远的朋友，祝福莱钢！

最后，让我们在党的十八大精神的指引下，在中国特色社会主义大道上继续阔步前进！

赵智奎

写于中国社会科学院马克思主义研究院

2013 年 9 月 2 日

图书在版编目（CIP）数据

为共和国铸造钢铁脊梁：莱钢道路与莱钢经验研究 / 赵智奎，毛立言主编．—北京：社会科学文献出版社，2013.9
ISBN 978-7-5097-4984-5

Ⅰ．①为…　Ⅱ．①赵…　②毛…　Ⅲ．①钢铁厂-工业企业管理-经验-莱芜市　Ⅳ．①F426.31

中国版本图书馆 CIP 数据核字（2013）第 194759 号

为共和国铸造钢铁脊梁
——莱钢道路与莱钢经验研究

主　　编 / 赵智奎　毛立言

出 版 人 / 谢寿光
出 版 者 / 社会科学文献出版社
地　　址 / 北京市西城区北三环中路甲 29 号院 3 号楼华龙大厦
邮政编码 / 100029

责任部门 / 社会政法分社（010）59367156
电子信箱 / shekebu@ssap.cn
项目统筹 / 曹义恒
责任编辑 / 曹义恒
责任校对 / 秦　晶　高忠磊
责任印制 / 岳　阳
经　　销 / 社会科学文献出版社市场营销中心（010）59367081　59367089
读者服务 / 读者服务中心（010）59367028

印　　装 / 北京鹏润伟业印刷有限公司
开　　本 / 787mm×1092mm　1/16
印　　张 / 25.25
版　　次 / 2013 年 9 月第 1 版
字　　数 / 465 千字
印　　次 / 2013 年 9 月第 1 次印刷
书　　号 / ISBN 978-7-5097-4984-5
定　　价 / 68.00 元